북한
우표와
국가
상징성

북한 우표와 국가 상징성

안재영 지음

경인문화사

감사의 글

필자의 고향은 갈라진 한반도 남쪽에 최북단 마을, 파주 장마루다. 10대 중후반까지 웅웅 소리로 들리는 북한방송을 들으며 살았다. 어려서부터 부지런했던 편이라 북한 삐라를 남쪽에서 가장 많이 주어다가 파출소에 가져다준 남쪽 아이였을 것이다. 당시까지만 해도 남쪽이 북쪽에 비해 어려웠던 시기라 그랬는지 모르겠지만, 북한에 대해서는 관심을 가지거나 듣거나 말만 해도 잡혀갈 수 있던 그런 시기였다.

아버지께서 1911년생이시고 어머니께서 22년생이시라 아주 늦은 늦둥이 막내아들로 세상과 만나게 되었다. 7년이란 세월을 고혈압과 중풍으로 누워계신 아버지를 봐와서 그랬던지 10대 중반부터 어른들과 똑같이 생활전선에 뛰어들어 모내기와 벼 베기, 벼 타작마당, 나무하기, 꼴 베기, 인삼밭매기 등등 내 또래 아이들보다는 상당히 일찍이 철이 들었던 것 같다.

호기심도 많은 편이라, 사물과 상황에 대해서 물을 사람이 주변에 없어도 나 스스로에게 묻기를 자주 했던 기억이 있다. 그렇다고 빡빡하게만 살았던 것은 아니다, 또래 아이들이 노는 놀이들, 나무칼싸움, 연날리기, 말뚝박기, 벽돌 치기 등등 맘껏 놀았던 추억이 가득하기 때문이다.

호기심. 그렇다, 2017년 나는 호기심으로 북한에 대해 관심을 가지게 되었고 북한학까지 도전하게 된 지가 어언 만 8년이다. 중소기업 운영하면서 독도 강연 다니고 지역에서 시민운동에 열심인 내게 쉽지 않은 시간이었지만, 내가 하는 일들의 가치를 인정해 주시고 사회과학도의 자세를 바르고 멋지게 가르쳐주시는 박상철 지도교수님 덕에 끝까지 올 수 있었다.

북한학 박사과정을 완주할 수 있었던 과정에 깊은 존경심과 더불어 배울 점이 많으신 고마우신 스승이시다. 또한 3차에 걸친 심사 때마다 유익한 지적을 해주셔서 부족한 논문의 질을 그나마 높일 수 있도록 심사해주신 심사위원님들께도 감사를 드립니다. 특히나 꼼꼼하고 세세하게 고칠 곳을 지적해 주신 최경원 박사님과 큰 틀을 잡도록 지도해 주신 류홍채 교수님께 깊은 감사를 드립니다.

또한, 방학기간임에도 종종 모여 함께 토론하며 논문의 질을 높이기 위해 함께 애썼던 서창숙, 박대규, 이태호 동기 박사님들 애쓰셨습니다. 이제 연구한 분야별 사회과학자의 길에서 사회와 국가 나아가 민족의 발전에 귀하게 쓰임 받게 되길 빌어 드립니다.

평생 농부 '농장 안씨'로 사시다 돌아가신 아버지께서는 나에게 호기심과 도전정신을 선물로 주셨다. 가난했지만 지나가는 행상하시는 분들을 늘 불러 따뜻한 밥 한 끼 먹이셨던 인정 많으신 어머님은 내게 긍휼과 공감이란 귀한 선물을 주셨다. 이제 곧 할아버지가 될 나이인데도 철들기 전 가까운 여행지 한번 함께 못했다는 생채기 때문이지 그분들이 늘 그립다.

늦깎이 학생이 여기까지 올 수 있었던 힘의 원천은 평생 내 동지이자 나를 후원해 주는 아내 손미향에게 진 빚은 긴 호흡으로 한 평생 동안 갚아야 할 부분이다.

혼자라 생각들 때마다 함께 동행해 주시면 꿈을 포기하지 않고 푯대를 향해 걸을 수 있도록 지켜주셨던 하나님께서 베풀어주시는 은혜 늘 기억하겠습니다. 앞으로 걸어가야 할 길이 멀고 좁아 보일지라도 보여주시는 길을 계속 걸어갈 수 있게 하여 주심에 감사하면서 "네~" 하고 '진리'를 찾아가는 길을 계속 걸어가 보겠습니다.

| 목 차 |

제1장

서론

1. 연구 목적

2. 연구범위와 방법

3. 북한 우표 연구현황과 한계

1. 연구 목적

북한의 우표는 국가미디어라고 할 수 있다. 북한의 우표가 국가 차원에서 기획, 도안, 발행되기 때문이다. 미디어는 중간에 위치하여 사이를 매개하기 위한 정보를 전송하는 매체로서 본질적 기능을 수행한다. 북한 우표도 국가와 북한주민 사이를 매개하면서 주민들이 당과 수령이 지도하는 방향으로 나가도록 끊임없이 정보를 전달하는 매체 역할을 하고 있다. 더 나아가 북한 우표는 북한주민 대상을 넘어 국외 대중을 대상으로 하는 정보전달 역할도 하고 있기 때문에 국가미디어로 분류하는데 큰 무리가 없다.

북한에서 우표는 직관물[1]이며 출판물[2]이고, 보도물이자 선전화다. 북한에서의 직관물은 '눈으로 직접보고 알며 느낄 수 있도록 만든 것들'이고, 출판보도물은 남한과 달리 단순한 인쇄물뿐만 아니라 통신과 방송까지를 포함한 것이다. 국가미디어로 분류되는 북한 우표는 우표도상圖像과 구호를 통해, ①주민들을 공산주의 혁명가로 교양 개조하는 '사상교양자적 역할', ②당의 노선과 정책을 선전하는 '조직동원자적 역할', ③유일사상체제를 강화하는 '문화교양자적 역할'과 '대외선전 역할'을 담당해야 한다.[3]

---

1 북한에서 직관물은 "눈으로 직접보고 알며 느낄 수 있게끔 만든 선전물, 벽보, 속보, 구호, 그림, 사진, 도표, 같은 것"으로 규정된다. 사회과학원 언어학연구소,『조선말대사전2』, 사회과학출판사, 1992, p.377.

2 북한에서 출판물은 "찍어서 내보내는 신문, 잡지, 도서 같은 것"을 의미한다. 사회과학원 언어학연구소,『조선말 대사전2』, 사회과학출판사, 1992, p.598.

3 엄기영,『신문학개론』, 평양:김일성종합대학출판사, 1989, pp.23-26.

북한사회는 당·국가 관계에서 헌법 위에 기능하는 노동당 규약과 노동당 규약 위에서 실질적인 최고 규범으로 자리하고 있는 '유일사상체계 확립을 위한 10대 원칙'이 작동하는 국가사회주의체제이다. 또한 당·국가의 상위에는 사회정치적 생명체의 최고 뇌수腦髓로 규정되는 수령이 창시한 주체사상이 지배이념으로 기능한다.

이러한 체제 속성상 북한에서 방송, 통신, 신문과 출판물 등은 물론 영화, 음악, 공연, 인터넷 등 모든 매체들이 김일성·김정일의 혁명사상으로 주민들을 무장시키며 혁명과업 수행으로 조직동원 하는 선전선동 역할을 맡고 있는 것은 자연스러운 현상이다.

북한은 출판물을 "당과 대중을 연결시키는 중요한 수단이며 당이 내세운 정치·경제·문화건설의 과업 실천을 위해 근로대중을 조직·동원하는 힘 있는 무기"로 설명하고 있다.[4] 일반적으로 출판물은 "문서文書·회화繪畵·사진 등의 저작물을 인쇄, 기타의 방법으로 복제하여 다수에게 배포되는 것"으로 규정된다. 또한 출판물은 사회적 커뮤니케이션을 본질적인 기능으로 하여 매체媒體가 되는 것이고, 출판은 특히 문화의 보호·전승 및 발전과 새로운 문화의 창조과정에서 중추적 기능을 담당하는 것으로 설명된다. 이런 측면에서 북한의 출판물 규정은 기능적 측면에서 전혀 다른 의미로 사용되고 있다는 것을 알 수 있다.

북한에서는 일반적으로 언론의 이데올로기 기능을 중시하기 때문에 출판물과 보도물을 합쳐서 출판보도물[5]이라고 부른다. 출판물이라 할 때

---

4 『김일성 저작집 10권』, 조선로동당출판사, 1980, p.296.

5 김정일은 "우리 당 출판보도물은 무엇보다도 위대한 수령님께서 창간하시고 지도하시는 새형의 주체의 출판보도물이다. 이것은 우리 당 출판물이 '지난 역사시대'와는 근본적으로 구별되는 '새로운 역사적 시대', '주체 시대'의 요구를 반영하여 나온 출판보도물이며 주체시대 출판보도물이 지녀야 할 모든 면모를 갖추고 있는 혁명적 출판 보도물이라는 것을 말한다"라고 설명했다. 『출판보도사업에 대한 당의 방침해설』, 평양: 조선로동당출판사, 1985, p.6.

는 사람들의 정신문화적 재부저작물를 담아서 찍어내는 인쇄물, 등사물, 타자물打字物들을 통틀어 말한다. 구체적으로 신문, 잡지, 도서, 교과서, 선전선동 자료, 역서曆書, 선전화宣傳畵, 화첩, 지도地圖 등을 의미한다. 보도물은 대중들에게 정보를 전달하는 매체들을 말하는데 북한에서는 일명 대중보도수단이라고 부르며 당 중앙위원회 산하 전문부서인 선전선동부[6]에서 주관하고 있다.

북한 거리나 건물에서 쉽게 볼 수 있는 대형선전화나 포스터의 경우에는 국내 청중만을 의식하고 제작된다. 하지만 우표의 경우에는 국내 청중은 물론, 국외 청중들 또한 수신자로 예상하면서 제작되기 때문에 철저하게 '사실fact'에 근거해서 제작된다는 점을 강조한다. 우표는 대량으로 제작이 가능하고, 유엔의 전문기구인 만국우편연합에 가입한 192개국 어느 국가든지 제재 없이 통용이 가능하다는 점에서 단순 선전화와 구별된다.

북한 발행 우표가 다른 국가에서 유통되고 서비스된다는 것은 그 국가에서 우표 발행국 북한의 국가적 성격을 공식 인정한다는 것을 의미한다고 볼 수 있다. 왜냐하면 국제적으로 불법 단체나 유엔에 전문기구인 '만국우편연합'에 가입하지 못한 국가나 단체에서 발행하는 우표를 붙인 우편물은 그 나라 밖에서는 서비스가 불가하기 때문이다.

모든 국가들은 자체적인 국가홍보를 위한 국가기관 내지 전문 홍보업체를 통해서 자국의 국가 이미지를 높이기 위해 다양한 시도를 한다. 체제유지상 스스로 고립을 선택하는 부분도 상당히 존재하지만, 국제 제재로 인한 고립을 강요당하고 있는 북한 입장에서는 더더욱 자국의 체제 우

---

6 조선로동당 중앙위원회 산하의 선전선동부는 신문 등 출판물, 방송, 문예물 발간의 지휘감독은 물론 각종 학습과 총화까지 관장하고 있다. 선전선동부는 선전선동 담당 비서 아래 선전담당, 선동담당, 교양담당 등의 부서를 두고 있다. 신문, 방송 등 언론은 선전지도부에서, 영화 등 문예활동은 선동부에서, 각종 집회 및 강연은 교양부에서 관장하고 있다. 이기우 지음, 『북한의 선전선동과 로동신문』, 패러다임북, 2015, p.129.

월성과 자국이 취하는 행동이 합리적이며 합당한 조치라는 것을 국제적으로 이해와 지지를 얻고 싶어 선전에 힘을 쏟게 된다.

자유민주주의 국가 대한민국에서 우표는 단순 기능인 "우편 요금 납부의 증표로, 우편물을 부칠 때 우편 요금을 납부했음을 증명하는 표식"일 뿐이다. 대한민국 우편법에서 우표는 "우편요금의 선납과 우표수집 취미의 문화를 확산시키기 위하여 발행하는 증표" 로 설명될 뿐이다. 그러나 아직까지 세계 패권국가인 미국과 국교를 맺지 못하고 있고, 다양하고 다층적인 국제 제재 하에 있는 북한의 상황은 다를 수밖에 없다. 이러한 국제상황에서 북한의 우표 발행은 북한이 자국의 목소리를 대외적으로 선전할 수 있는 유용한 통로 중의 하나로 기능할 수 있는 것이다.

그렇기 때문에 북한 우표에 사용된 도상들과 구호 분석을 통해 북한의 정치적, 경제적 상징성과 대對 외교채널로 활용되고 있는 우표의 특징에 대해 살펴봐야 할 필요성이 있다. 실제로 북한은 우표를 통한 외교채널로서의 중요한 기능을 일찍부터 인식하고 있었다. 북한은 1959년 독일의 '라이프찌히 국제도서예술전람회'에 우표를 출품한 이후 2019년 코로나 사태 이전까지 꾸준하게 국제/세계우표박람회에 참가하고 있다. 북한이 세계우편전시회에 참여하는 것은 선전화로 분류되는 우표를 매개로 적극적으로 세계와 소통하고자 한다는 것을 보여주는 대표적 사례이다. 북한 우표가 갖는 이 같은 특수한 역할과 위상 때문에 북한에서는 우표를 《나라의 증권》《나라의 명함》《꼬마 외교관》《취미의 왕자》[7]《종이 보석》으로 부르고 있다.[8]

---

7 www.ryongnamsan.edu.kp/univ/ko/research/literacy/1385974ed5904a438616ffbd3f7439 (검색일: 2021년 8월 14일.

8 조선의 오늘https://dprkorea.com,"사랑받는 우표수집가가정"[주체1072018년 11월 22일].

과거 일본은 한국을 침략하면서부터 우표가 지니는 외교채널 기능으로서 중요성을 간파했다. 일본은 1910년 8월 29일 한반도를 강제 병합하기 이전인 1905년 4월 1일 '한일통신기관협정서'을 강제 체결하도록 강요한 며칠 후 그것을 조작 날조하여 공포하였다.[9] 그런 후 조선 우표들을 모두 압수하고 사용을 금지시켰으며 급하게 〈일한통신업무합동기념우표〉를 발행하여 사용하게 하였다. 그러한 부당한 조치에 대한 대한제국 국민들의 반일 감정이 두려워 우표 발행 때 당연히 들어가야 하는 우표발행국명國名도 새겨 넣지 못한 불법적인 우표를 사용하도록 강요했다.

북한 우표에 나타난 도상圖像과 구호는 북한의 국가전략과 정책방향, 그것의 변화양상을 직관적으로 보여준다.

2019년 2월 하노이회담이 결렬되기 전인 2019년 1월 1일에 발행된 새해우표 도상은 고층건물들이 즐비하게 들어서 있고 고속열차가 과학기술전당 옆을 달리고 있는 평양시내 거리를 젊은 부부가 어린 아들과 딸의 손을 잡고 함박웃음을 지으며 걸어가던 모습이었다. 하지만 2019년 2월 하노이정상회담 결렬 이후에 발행된 2020년 새해우표 도상은 눈이 소복하게 쌓여 있는 국수國樹인 소나무[10]와 과학기술전당 위를 농민, 노동자, 지식인이 함께 '자력갱생' 깃발을 휘날리며 천리마를 타고 날아가는 도상이었다. 이를 통해 향후 상당기간 동안 북한이 취할 행동이 과학의 힘을 바탕으로 한 '일심단결', '자력갱생'을 통해, "강 대 강, 정면 승부의 투쟁원

---

9 이기열, 『일화로 보는 우편 130년』, 한국우편사업진흥원, 2015, p.78.

10 조선의 국수는 소나무이다. 북한은 "조선인민은 사시장철 푸르고 생활력이 강한 소나무에 《장중하면서도 억세고 고결하면서 변하지 않고 굳세면서도 열정적이다》의 의미가 있다고 믿고 있다. 사나운 눈바람과 찬서리속에서도, 눈속에 파묻혀도 언제나 푸른싱싱함을 잃지 않는 소나무는 변심을 모르는 절개와 의리의 상징으로, 열렬하고 강인담대한 민족의 기상을 담고 잇는 것으로 하여 조선인민의 사랑을 받고 있다"라고 설명한다. http://www.naenara.com.kp/main, 검색일: 2022.12.10..

칙"을 유지하려는 북한의 정책방향을 유추할 수가 있었다.

2017년 핵무력 완성 선언 후 2018년~2019년 사이에 3차례의 남북정상회담, 4차례의 북·중 정상회담, 3차례의 북·미 정상회담을 진행했지만 기대했던 대북제재 완화 조치들이 무산되자 북한이 '홀로서기'를 다시 한 번 강력하게 추진할 것이라는 전망을 우표 도안을 통해 예상해 볼 수 있었던 것이다.

도안의 변화를 통해 북한 내부의 변화도 예측 가능하다. 1979년 김일성 주석이 북한 화폐의 최고액권에 등장한 이후 30년 이상을 북한 화폐 최고액권에 김일성초상화가 사용되었다. 그러다 2014년 8월 5000원권 최고액권 발행 때부터는 김일성의 초상화 사용이 사라졌다. 2020년 11월부터는 북한 군대 내에 걸려 있던 최고존엄, '김일성-김정일 초상화'가 사라졌다.[11] 북한 자체로는 큰 변화였지만 서구사회의 관점으로는 잘 눈에 띄지 않았던 변화상이었다.

이러한 도안의 변화는 '김일성-김정일주의'에 대한 핵심사상으로의 강조는 절대 약화하거나 손상되지 않겠지만, 북한이 적어도 이전처럼 간고한 상황을 만날 때마다 보검처럼 들고 사용하던, '항일혁명정신', '고난의 행군' 만을 외치며 무작정 주민들에게 '견인불발'을 요구하지는 않을 것이라는 것을 유치할 수 있는 단서를 제공해준다.

2012년 김정은 체제가 출범한 후 발행된 우표 도상들과 구호들을 통해서도 변화의 단서들을 찾을 수 있다. 핵 실험과 미사일 발사를 도상으로 하는 북한 우표들은 김정은 총비서가 앞으로 추진해 나갈 방향이 '핵무력 완성'을 통해 체제안전을 스스로 확보했다는 것을 보여준다. 또한 '인민대중제일주의'를 소재로 하는 도안들은 1960년대 이후 크게 늘어나기 시

11 김광호," 北군대에 최고존엄 김일성·김정일 초상화가 사라진 이유는?" UPI뉴스, 2020.11.13.

작해서 현재까지 북한 전체 예산의 상당부분을 사용하고 있는 국방비를 일부 민수부분으로 돌려 인민경제생활향상에 힘을 쏟겠다[12]는 '인민대중제일주의'에 대한 실체화 과정을 보여준다.

2022년 11월 11일자 로동신문에는 '집단주의는 주체조선특유의 국풍國風'이라는 제목으로 김정은 총비서의 '노작'「우리의 표대는 주체의 사회주의강국이며 사회주의의 위력은 곧 집단주의위력입니다」를 인용하였다. 신문기사는 "모든 성원들이 수령의 두리에 사상의지적으로, 도덕의리적으로 굳게 뭉쳐있고 사회와 집단, 동지들을 먼저 생각하고 진심으로 위해주는 단합된 힘으로 혁명과 건설을 다그쳐나가는 여기에 세계가 알 수도 가늠할 수도 없는 우리 국가의 저력이 있으며 자본주의가 영원히 흉내조차 낼수 없는 절대적우월성이 있다"면서, '하나는 전체를 위하여, 전체는 하나를 위하여!'를 강조하고 있다.[13]

이 구호가 이전에는 고난의 행군시절 죽음을 무릎 쓰고 뭉쳐야 하는 인내만을 강조하는 절박감이 깊게 묻어 있는 구호였지만 이제는 인민이 조금만 더 집단주의로 뭉쳐서 "견인불발"해준다면 '고난의 행군' 너머에 희망과 발전이라는 것을 실체적이며 구체적으로 인민들에게 보여주기 위한 정책방향을 시사한다. 북한은 우표 도상을 통해 발전된 살림집들이 곳곳에서 세워지고 있는 모습과 새로운 소비재생산품 공장들 소식들을 계속해서 보여주고 있다.

북한의 다양한 매체들은 당당하게 자부할 수 있는 창조물, 살림집들, 신기술이 접목된 농장들과 아름다운 휴게시설 등의 성과물들에 대한 소

12 이정호, "북한경제 중심의 국방공업 연구", 경기대학교 정치전문대학원 박사학위논문, 2022, p.403.

13 로동신문, " 집단주의는 주체조선특유의 국풍이다", 『로동신문』, 2022.11.11..

식들을 끊임없이 전하면서 국가가 번영하고 인민들 매 사람, 매 가정에 기쁨과 행복이 그만큼 커지게 될 것이라고 반복적으로 전달하고 있다.[14]

이 과정에서 직관물이자, 선전화이며 국가미디어 기능과 대외적 홍보 기능까지도 겸비하고 있는 우표라는 미디어 매체를 통해 인민의 자긍심 고취와 충실성을 끌어내는데 폭 넓게 활용하고 있다.

북한에서 상징이란 "어떤 개념, 표상, 사상 같은 것을 조건적으로 표현하거나 표시하는 것 또는 그런 표시로 쓰는 물건이나 기호"로 설명하고 있다.[15] 북한은 혁명구호[16] 정치를 가장 잘 활용하는 국가라 할 수 있다. 선전화우표와 구호는 물론 대형 기념물을 통해 각자 흩어져 있는 인민들을 '우리들', 즉 수령=당=인민을 묶어 "하나는 전체를 위하여, 전체는 하나를 위하여" 구호를 일상적인 생활을 통해 체화시켜 나가도록 반복적 학습의 체계화를 시행하고 있다.

이와 같이 북한의 우표는 세계와 연결되는 매체로서, 북한의 국가전략과 정책방향을 직관적으로 보여주는 선전물로서, 북한의 변화를 읽어낼 수 있는 하나의 수단으로 북한사회를 분석할 수 있는 유용한 1차 자료라고 할 수 있다.

북한 우표에 대한 연구가 깊이 있게 진행되어야 하는 이유들은 북한 우

---

14 현인애, "사회주의 문명국 건설 구호와 현실", 월간북한, 2018년 2월, pp.54-55.

15 사회과학원언어학연구소, 『조선말 대사전 1』, 사회과학출판사, 1992, p. 1712.

16 북한에서는 구호를 "대중을 조직동원하기 위하여 일정한 사상, 과업, 요구 등을 간결한 형식으로 나타낸 호소 또는 그것을 표현한 글"이라고 표현하고 있다. 사회과학원언어학연구소, 『조선말 대사전 1』, 사회과학출판사, 1992, p. 322.
1950년대부터 1990년대까지 북한의 혁명구호를 분석한 이우영의 연구에 의하면 북한의 구호는 로동당의 노선과 정책을 간략하게 집약하여 제시하거나, 수령에 대한 절대 복종심, 무조건 충성심을 반복 제시하고, 당이 제시한 당면 목표 및 과제들을 제시하고 대중을 추동하거나 사회주의 체제의 우월성 및 공산주의 필승의 신념을 고취시키고 혁명사상을 집약해여 반복적으로 교육시키려는 데 이용된다고 주장한다이우영, 『북한사회의 상징체계 연구: 혁명구호의 변화를 중심으로』, 통일연구원 연구총서 2002년 05호, p.25.

표가 아래와 같은 기능과 가치를 지니고 있기 때문이다. 첫째, 모든 나라와 동일한 우편통신 수단이자, 우편서비스에 대한 국가의 보장을 의미한다. 이런 이유로 북한에서 우표는 '꼬마 통신원', '나라의 증권'이란 애칭으로 불리고 있다.

둘째, 내부결속을 위한 인민에 대한 선전선동이다. 직관물[17]이자 출판보도물[18]로 분류되고 있는 우표 한 장에는 신년사, 당 대회 결정 사항, 공화국 창건, 노동당 창당, 토지개혁법령실시, 노동법령실시 등을 비롯한 주요 공휴일은 물론, 국가상징인 국기, 국장, 국화, 애국가 등과 김일성의 태양절, 김정일의 광명성절 등과 국가적 주요행사들 등 모든 국가의 중요 결정 사항들에 대한 우표들이 도상圖像과 함께 구호로 발행되고 있다. 이런 이유로 북한에서는 우표를 "작은 역사책", "작은 박물관"이란 애칭으로 불리고 있다. 셋째, 대외적으로 북한체제의 우수성과 보통국가로서의 보편성을 강조하는 외교적 채널로서의 역할이다.

이런 이유로, 북한은 전 세계에서 매년 개최되는 "국제우표박람회"에 거의 빠짐없이 참가하고 있다. 이런 이유로 북한에서는 우표를, "나라의 명함" 또는 "꼬마외교관" 이란 애칭으로 불리고 있다. 넷째, 해외의 우표 수집가를 대상으로 하는 우표 판매를 통한 외화벌이 수단이다. 북한에서 발행되는 우표들은 만국우편연합 가입회원국 190여 국가에 자유롭게 들어가 유통되고 있기 때문에 북한에서 '종이보석'이라는 애칭으로 불리고 있다. 북한 우표가 국가미디어 매체로서의 중요한 역할에 대해 북한에서

---

17 눈으로 직접보고 알며 느낄 수 있게끔 만든 선전물, 벽보, 속보, 구호, 그림, 사진, 도표 같은 것이다. 사회과학출판사, 『조선말대사전 2』, p.377.

18 북한에서의 '출판보도물'이라는 용어는 남한에서의 인쇄물로 국한되는 것이 아니라, "출판보도기관에서 인쇄해 내보내는 출판물과 전파를 통하여 실현해 보내는 통신, 방송 등을 통틀어 이르는 말"로사회과학출판사, 『조선말대사전 2』, p.599. 정의되어 있기 때문에 본 연구자는 '국가미디어'로 정의하고자 한다.

는 2019년 5월에는 "조선민주주의인민공화국 최고인민회의 상임위원회는 혁명발전의 요구에 맞게 사회주의법무생활을 강화하여 혁명적 준법 기풍을 확립하였으며 당 정책 관철과 혁명과업수행에서 모범적인 단위들에 모범준법단위칭호를 수여한다"고 하면서 국가우표발행국에 '모범준법단위칭호'를 수여하기도 하였다.

북한 노동당 선전선동부의 의도가 깊숙이 반영되어 도안圖案되는 우표를 통해 북한체제를 들여다본다는 것은 매우 중요함에도 불구하고 현재까지도 특수 자료로 분류되어 접근과 수집이 어렵다는 이유로 북한 연구자들에게 외면되어 온 것이 현실이다. 북한 우표가 지니고 있는 내부결속과 인민들의 동의와 동참을 끌어내는 선전화· 선동화 역할과 외국에 자국의 자랑거리 또는 보통국가로서의 역할과 활동 등을 홍보할 수 있는 외교홍보 채널로 우표가 갖는 기능성을 고려해 볼 때 북한연구를 하고자하는 사회과학 연구자들과 북한에 대한 통일 및 대북 정책입안자들은 북한 우표가 지니는 가치와 중요성을 인식하고 깊이 있는 연구와 분석을 통해 북한에 대한 정책을 입안하는데 활용이 가능할 것이다.

이러한 문제의식을 가지고 본 연구에서는 "북한의 현 체제는 고도의 상징정치가 효력을 발휘하고 있으며 대다수의 인민들로부터 경외와 충성과[19] 동의를 얻고 있기 때문에 붕괴되지 않는다"라는 가설을 북한의 이데올로기적 도구[20]의 일종인 선전화우표에 나타난 도상圖像과 구호를 통해 백두혈통이 일인권력체제를 어떻게 합리화, 정당화시켜 갈 수 있었는지의 상관성[21]을 살펴보고자 하였다.

19 황동하, "국가상징과 현대 러시아의 국가정체성",『러시아연구 제16권 제2호』,2006, p.388.

20 역사문제연구소, " 소련의 정치포스터",『역사비평, 1990, 8호 』, p.168.

21 이종은 외 지음,『상징과 정치』, 인간사랑, 2008, p.40.

자유민주주의 시각에서 바라본 북한은 은둔의 나라, 전체주의적 폐쇄국가, 독재국가, 깡패국가, 유일무이한 3대 세습국가 등 비정상 국가로만 인식되어 왔다. 북한을 바라보는 이런 시각은 사회과학을 연구하는 연구자들 사이에도 보편적으로 통용되고 있다. 하지만, 1994년 북한의 유일무이한 절대적인 지도자 김일성주석의 사망 이후 대다수의 전문가들이 북한은 곧 망할거라는 일관된 주장 이후에도 북한체제는 단 한 번의 중대한 위기 상황도 없었으며 오히려 북한체제는 2대를 넘어서 3대 세습체제도 안정적으로 유지되고 있다.

북한이 전체주의적 일당 독재체제를 유지, 지속할 수 있는 비결이 사회주의 체제를 포기한 사회주의 지향 국가들보다 더욱 철저한 감시와 처벌을 했기 때문일까? 북한만이 가지고 있는 특이한 체제와 사회주의 국가로서 3대 세습까지 가능했던 이유는 무엇일까? 이러한 질문에 대한 답을 우표 도상圖像을 통해서 찾아보고자 하는 것이 이 연구의 목적이다.

어떤 정치체제든 강압적인 폭력과 감시 통제를 통해서만 체제를 장기간 계속 유지할 수 없다는 사실은 다수의 사회과학 연구가들 간에 공감하는 부분이다. 북한 역시 강압과 감시가 체제 유지에 가장 중요하게 작동하고 있지만, 70년 넘도록 강력한 사회주의 체제가 존속하고 유지된다는 것은, 감시와 처벌을 넘어서서 다수를 구성하고 있는 인민들로부터 일당 독재와 세습체제에 대한 동의가 지속적으로 유지되는 부분이 더 크다고 볼 수 있다.[22]

북한체제가 일당·일인 독재체제와 세습이 장기적으로 유지되기 위해서는 정치권력에 대한 아래로부터의 정당성이 지속적으로 확보되어야만 가능하다. 정당성 확보를 위해서 북한체제는 다른 사람의 행위에 영향을

22 전영선, 『글과 사진으로 보는 북한의 사회와 문화』, 경진출판사, 2016, p.145.

미치는 일당·일인 독재 권력을 당연하게 행사할 수 있는 권위/권한으로 보이기 위해 다양한 정치행위를 하고 있다는 것을 베버의 설명을 통해 살펴보고자 한다.

본 연구의 두 번째 목적은 북한이 어떤 시기에 어떤 방식을 통해서 권력의 독점화에 대해 인민으로부터의 인정과 동의를 얻을 수 있었고 그것이 지속될 수 있었는지를 시기별 우표에 사용된 도상을 분석하는데 있다. 이를 통해 북한의 상징주의 정치가 정치권력의 정당성 확립에 어떤 방식으로 활용되었는지를 분석하고자 한다.

방법론적으로 더 구체적으로 보면 이 연구는 1946년 첫 우표를 발행한 때부터 2021년까지 발행한 북한 우표 전량을 수집한 것에 기초해, 북한 우표를 정치·경제·대외의 세 개 주제로 대분류로 하고, 북한 우표가 국가미디어로서의 기능과 상징적 유용성에 대한 내용을 분석하고, 대분류된 세 개의 주제별로 정책의 변화추이를 실재적으로 검토해 향후 북한 우표에 대한 분석 방법을 제시함은 물론 북한을 바라 볼 수 있는 하나의 창Window을 제공하는 것을 목적으로 한다.

2. 북한 우표 연구현황과 한계

북한 우표에 대해 학계가 관심을 갖기 시작한 시점은 그리 오래되지 않았다. 우표와 관계가 있는 선전화, 미술도안 등에 대한 연구도 그리 많지 않다.

북한 우표를 대상으로 연구한 최초의 선행연구로는 최민호2011의 북한 우표의 표현방식과 기법에 대한 연구가 존재한다. 그의 연구는 디자인대학원의 특성상 정치적인 측면을 최대한 배제한 채 북한 우표디자인의 표현형식과 기법을 분석한 것으로, 우표를 통한 북한 정치체제의 상징성과 특징을 살펴보는 데는 한계가 있다.

우표를 대상으로 한 선행연구로는 시대변화에 따른 우표의 기능과 역할에 대한 이기석2003의 연구가 있다. 다만 그의 연구는 연구대상이 북한 우표가 아니라 남한우표였다는 아쉬움이 있다. 육영수2013는 이미지와 슬로건으로 읽는 북한의 정치문화포스터 분석을 중심으로, 1990-2000를 분석했지만 연구대상이 우표가 아닌 대내적 결속을 강조하는 포스터선전화로 국한되었다. 연구 시기도 1990년부터 2000년도까지의 포스터로 한정되어 있다는 한계가 있다. 김순아2011의 연구도 우표를 통해 박정희 정권의 일 단면의 분석했지만 역시 남한 우표를 대상으로 했다.

북한 우표를 가지고 북한체제를 전반적으로 살펴 본 것으로는 우표를 통해 북한 사회주의건설노선에 대해 분석한 안재영2018의 연구가 대표적이다. 하지만 이 논문은 우표를 발행시기별로 정리하면서 우표에 대한 설명을 덧붙였을 뿐 우표도상圖像를 통해 상징정치와 정치권력의 정당성 확립에 활용된 부분에 대한 충분한 분석에 이르지 못한 아쉬움이 있다.

조금주2021는 우표로 보는 북한사회 변화에 대한 연구에서 우표 도안을 통해 북한 사회변화를 일부 분석했지만 그 깊이와 연구대상 우표 선정에는 한계를 드러냈다.

북한 우표 분석과 관련된 북한의 선전선동에 관한 연구로는 노동신문을 통해 북한의 선전구호를 분석한 권혜진2007의 논문과 김일성·김정일 '수령형상' 과정에서 선전선동의 역할을 분석한 이경직2014의 논문이 있다. 이외에 정욱이2007, 김화중2018, 윤지윤2020 등이 북한의 선전선동에 대해 다양한 측면에서 분석한 성과가 있지만 모두 북한 우표가 아닌 북한의 대내적인 선전선동에 대한 연구에 그쳤다.

한편 정치적 변화에 따른 북한의 정치 선전화에 대해 분석한 최유정2003의 연구는 북한 우표를 통해 사회주의국가 건설에 대해 분석하는데 좋은 참고자료가 된다. 하지만 최유정의 연구대상은 노동당 선전선동부의 직접 지휘를 받으며 국가우표발행국이 도안圖案해 대량으로 발행한 우표가 아닌, 북한의 전 지역에서 국내 청중용으로 만들어지는 선전화포스터로 국한된 아쉬움이 있다.

또한 해방부터 한국전쟁 시기까지 우표로 한국사회와 상징정치를 분석한 이혜숙2018의 연구는 남한 우표를 대상으로 했지만 우표를 통해 한국의 사회상과 우표를 통한 도안이 상징정치에 활용되었음을 분석했다. 국가상징, 국가정당성, 전통의 발명, 권력이미지 등이 우표 도안에 나타나고 있다는 그의 주장들은 본 연구에 좋은 길잡이 역할을 해 주었다.

사회주의국가에서 보편적으로 나타나는 우표의 기능에 대한 연구는 김석1996의 논문이 대표적이다. 그는 1950년부터 1970년대의 소련에서 발행된 우표를 대상으로 사회주의국가 우표디자인의 특성에 대해 분석했다. 그는 이 연구를 통해 ① 각 국가가 지향하는 정치 이데올로기, 시대적인 이슈, 역사적인 사실, 그리고 대중전달, 또는 정치적 선전 등이 작은 우표 안에 함축되어 있고, ② 우표들을 시대 순으로 분석하게 되면, 정권의 교체, 이데올로기적 지속성 또는 변화, 국가 정책에서의 강조점과 변화, 문화정책의 특성 및 패턴 등을 고찰할 수 있게 된다"고 주장했다. 이러한 결론은 향후 사회주의국가의 우표 연구에 귀중한 방향성을 잘 제시해 주었다.

한편, 북한 우표에 나타난 상징성을 분석하는데 도움을 주는 논문으로는 김모세1996, 이우영2002, 정병호2005, 조은희2006 등의 연구가 있다.

김모세는 클리포드 기어츠의 기호학적 상징론을 통해 북한의 상징체계를 분석하여, 기호학으로 상징화를 살펴볼 수 있는 좋은 방향을 제공하여 주었다. 이우영은 혁명구호의 변화를 중심으로 북한사회의 상징체계를 분석했다. 그는 북한이 주민들을 통합하는 과정에서 어떤 상징체계를 만들어 왔으며, 상징체계들이 어떤 기능을 해왔고, 주민들은 상징체계를 어떻게 인식하고 있는가를 시기별로 조망했다.

정병호2005는 기어츠Geertz의 '극장국가' 개념을 활용하여 극장국가 북한의 상징과 의례에서 나타난 북한 정치권력의 문화적 작동원리를 연구했다. 조은희는 북한 혁명전통의 상징화 연구를 통해 북한 혁명전통의 상징물기념비적 조형물, 문예예술, 신격화, 답사 행군이 혁명전통의 상징화에 끼친 영향을 분석했다.

이러한 연구들은 북한의 상징체계에 대해 심도 있는 연구이고, 연구 대상이 북한의 전全시기, 혁명구호이우영, 극장국가정병호, 조형물·문예예술·신격화·답사 행군조은희 등 다양하다는 점에서 본 연구에 여러 도움을 주었지만 분석대상에 우표 도안이 포함되어 있지 않다는 점에서 아쉬움이 있다. 이외에도 북한의 선전선동에서 조선노동당 기관지 『로동신문』이 갖는 역할을 분석한 이기우2014의 연구가 북한의 선전선동을 이해하는 데 많은 도움을 주었다.

상징과 정치의 상호관계에 대해서는 구호와 상징조형물로 김일성·김정일의 상징정치를 연구한 이승현2008의 연구, 민주주의체제와 전체주의체제의 상징과 정치를 비교분석한 조현수2008의 연구가 참고 된다.

이 같은 선행연구들을 검토해 본 결과 현재까지 북한 우표를 주요 분석대상으로 해서 북한정권 초기부터 김정은 체제까지 정치, 경제, 대외부문을 심층 분석한 연구는 거의 없다고 볼 수 있다. 특히 북한 우표 도상圖像을 분석 분류해서 북한정권이 내부결속용 상징정치와 경제정책 홍보 및 정책실행에 대한 성과를 선전하고 주민선동용으로 활용하며, 대외적 외교채널로도 적극적으로 활용하고 있다는 사실에 주목한 연구는 찾아보기 어렵다.

그동안 북한의 1차 출판물 자료 중, 김일성, 김정일 저작물 및 로동신문, 근로자, 천리마, 조선중앙연감 등과 주요 소설류에 대해서는 상당 부분 선행연구가 되어있지만, 아쉽게도 북한 1차 자료 중에서 우표는 북한체제를 들여다볼 수 있을 뿐 아니라 체제운영 실태에 대한 풍부한 자료들이 담겨져 있는 작은 역사책이자 꼬마 외교관 역할을 담당하고 있음에도 불구하고 북한 우표에 대한 깊이 있는 연구는 찾아보기 어려웠다. 지금까지 북한 우표에 대한 심층적인 연구가 부족했던 이유는 자유진영 국가에서는 우표를 단순하게 우편통신 기능을 위한 선불을 보장하는 유가증권 기능으로서 만 여겨왔던 부분이 가장 크게 작용했을 것으로 사료 된다. 또한, 북한의 선전화로 분류되고 있는 북한 우표에 대한 수집에 어려움이 있을 뿐 아니라 북한 우표를 연구 하는데 있어 북한연구가들 스스로가 자기검열 심리도 북한 우표에 대한 심층적 연구가 어려웠던 것으로 사료된다.

대다수의 국가들은 자국의 국가 브랜드를 높이고 국가경쟁력을 높이기 위해 국정홍보처, 관광공사와 같은 통합적이고 효율적인 범정부적 홍보조직이나 기관들을 운영하고 있다. 나아가 자국의 이미지 관리와 홍보를 위해 더욱 적극적으로 하는 국가들에서는 민간 홍보PR전문기업에게 자국의 홍보를 의뢰하는 국가들도 여럿 존재한다. 미국의 경우에는 미국해외공보처USIA: United Stated Information Agency에서 세계적으로 명성을 얻고 있는 민간 홍보 전문회사들과 계약을 통한 홍보외교를 통해 미국은 약소국에 대해 친절하고, 관대하며, 평화적인 민주주의 정착을 돕는 정의로운 국가라는 좋은 이미지를 심는데 크게 일조하고 있다.

북한도 대외적으로 자국의 사회주의 체제우월성과 최고지도자에 대한 독재체제에 대한 정당성과 주민들의 한결같은 충성심을 보여주고 있는 선전을 하고자 해외공관은 물론, 다양한 매체를 통해 홍보에 치중하고 있다. 하지만, 90년대 들어 어려워진 재정문제로 홍보 지원금이 절대적으로 부족하기 때문에 효과를 기대하기 어렵다. 더구나, 미국이 중심된 최고 단계의 국제적 제재를 받고 있는 북한이 자국의 목소리를 국외로 낼 수 있는 통로는 거의 없어 보인다.[23]

하지만 세계를 향한 북한의 목소리를 합법적으로 외칠 수 있는 유일한 통로가 있으니 바로 우표 발행을 통한 세상에 대한 호소이다. 북한은 1974년 만국우편연합UPU에 가입하였기 때문에 만국우편연합 가입국가 192개국에 북한이 도안하고 제작한 우표를 통해 자국의 주장을 홍보할

---

23 페이스북은 북한의 매체 '조선의 오늘'을 국영미디어로 분류해서 광고를 허용하지 않기로 결정했다. 중앙일보 2020.06.06..

수가 있다. 작은 우표 한 장을 통해 발행국의 다양한 목소리를 외부로 송출할 수 있는 '통로'가 '우표발행'이다. 자국의 대외홍보 통로로 우표의 유용성을 잘 인식하고 있기 때문에 북한의 우표발행은 남한3543종/2021년 3월 기준보다 두 배가 넘는 7183종2021년 3월 기준을 발행하고 있으며 세계에서 "국제우표박람회" 에 가장 빈번하게 출품 참가하고 있는 국가가 북한이다.

그 동안 북한 우표에 대해 관심을 기울이지 않은 가장 중요한 이유는 우표가 북한당국의 국가미디어 중 하나라는 인식이 결여되어 있었기 때문일 것이다. 북한의 우표는 조선노동당 중앙위원회 선전선동부가 중점적으로 맡고 있지만 중앙당 정치국은 물론, 조직지도부, 통일선전부, 국제부와 내각의 외무성 등이 모두가 참여해 가면서 '주제선정'과 '우표에 사용될 도상과 구호'를 만들고 취사선택해 발행된다.

또한 우표는 우편물을 통해 북한 내부 보급은 물론 국제우편물을 통해 대외적으로도 유엔만국우편연합 가입국가 192개 국가를 대상으로 광범위하고 대규모로 유통될 수 있다. 이런 특성으로 주요기관들이 검열과 심사를 통해 한 치의 실수도 용납되지 않는 구호와 그림들로 제작된다. 이러한 측면에서 우표는 북한당국의 중요한 국가미디어 중 하나라고 분류할 수 있는 것이다.

3. 연구범위와 방법

북한을 연구하기 위해서는 1차 자료에 대한 문헌분석이 매우 중요하다는 것은 연구자들 사이에 동의 되는 부분이다. 북한을 객관적 체계적으로 연구하기 위해서는 북한에서 생산되는 1차 자료에 대한 종합적인 정리와 연구가 선행되어야 한다. 그러기 위해서는 북한이 공식적으로 발행하는 자료에 대한 검토와 분석은 북한의 정치체제와 운영체계를 이해하고 그에 대한 정책을 입안하기 위해서는 필수적으로 해야 할 북한 연구의 기본이다.

북한 1차 문헌 중 김일성저작집, 김정일저작집, 로동신문, 근로자, 천리마, 주요 소설 등 중요 간행물에 대해서는 선행연구자들에 의해 상당 부분 연구 되어 있지만, 북한 정부 간행물 중 국내 선동은 물론 국외 선전용으로 많은 의미를 함축하고 그 중요성이 매우 높은 "북한 우표들"에 대해서는 북한을 바로 볼 수 있는 국가 출판 문헌치고는 국내는 물론 외국에서도 연구가 매우 부진한 것이 현실이다.

우표는 발행국가의 정치와 경제, 역사와 문화를 담고 있기 때문에 '작은 역사책', '시대의 거울', 시대별 상황을 담고 있는 '작은 박물관' 등으로 불리기도 한다. 북한은 1974년 만국우편연합[24]UPU에 회원으로 가입하였기 때문에 만국우편연합UPU가입국가 192개 회원국에 자국에서 도안하고 제작한 우표를 통해 자국의 목소리를 전달 할 수가 있다. 작

24 만국우편연합Universal Postal Union은 1874년 설립된 세계에서 두 번째로 오래된 국제기구이다. 2018년 현재 192개 회원국이 가입되어 있으며, 본부는 스위스 베른에 있고 국제 우편에 대한 규정을 만들고 전반적인 업무를 관할하고 있다. www.upu.int에서 발췌해서 번역함.

은 우표 한 장을 통해 발행국의 다양한 목소리를 낼 수 있다는 것이다.

우표는 우편요금을 납부하기 위한 방법으로 정부 또는 정부로부터 위임받은 기관이 발행하는 증표로써, 남한에서는 우정사업본부에서 발행하지만, 북한에서는 조선노동당 산하에 선전선동부의 출판지도국 감독하에 국가우표발행국이 발행하고 조선우표사[25]가 유통을 담당하기 때문에 북한의 정치, 경제, 역사, 사회, 문화, 자연 등을 살펴볼 수 있는 유익한 도구가 될 수 있다.

북한의 국가우표발행국은 우편증권발행기관으로서 우표와 우편증권, 우편수집물들에 대한 창작과 발행을 진행한다. 국가우표발행국은 체신성 활동을 추동한다. 또한 세계 여러나라들과의 공동우표발행을 진행하며 우표도안창작과 국제적 협조를 강화한다. 국가우표발행국은 처음으로 2종의 조선우표인 〈무궁화〉와 〈삼선암〉을 발행한 1946년 3월 12일을 창립일로 하고 있다.[26]

특히 북한과 같이 폐쇄적이며 국제적 고립상태에 있는 국가라 할지라도 유엔전문기구 만국우편연합UPU 가입국가는 발행하는 우표를 통해 발행국의 목소리를 만국우편연합 가입국가 192여 국가에 자국의 목소리를 전할 수 있다. 뿐만 아니라 내부적으로는 발행국의 선전선동 방법으로 우표 도상을 활용할 수가 있다. 북한 우표 도상圖像에는 국가를 상징하는 국기國旗, 국호國號, 국장國章, 국가國歌 등은 물론 대중을 동

---

25 조선우표사는 "조선민주주의인민공화국의 유일한 우편증권발행 기관으로서 우표와 우편증권류, 우표편집물, 립체사진의 창작과 발행, 수집, 연구 보급 활동을 진행"하고 있다. www.korstamp.com.kp

26 국가우표발행국은 "조선민주주의인민공화국의 우편증권발행기관으로서 우표와 우편증권, 우편수집물들에 대한 창작과 발행을 진행"한다. 국가우표발행국은 "체신성 활동을 적극 추동"하고, "세계 여러나라들과의 공동우표발행을 진행하며 우표도안창작과 국제적 협조를 강화"하는 역할을 한다. 민주조선 2020.12.01. 정성남 기자

원하고 교육하는데 활용하는 항일투쟁 영웅들과 김일성, 김정일 가계家系에 대한 인물을 우상화하는 우표와 구호口號, 대형 기념물들 등이 단골 주제들로 활용되고 있다.

북한에서는 우표도안을 통해, 신년사 또는 공동사설에 대한 구호요약, 당 대회, 시정연설 등 대중에게 전달하고 자 하는 내용들이 빽빽하고 간결한 구호로 전달하고 있다. 대내·외적으로 발행국의 목소리를 내기에 유용한 우표의 특성 때문에 북한에서는 체제유지를 위해 선전·선동은 물론 대외적으로 자국의 목소리를 다양하게 낼 수 있는 외교채널로써 국가미디어[27] 기능을 수행하는 매체로 활용되고 있다.

북한 우표의 이러한 기능은 김일성의 발언에서도 확인된다.

> "우표는 우리나라를 세상에 소개하는데서 중요한 역할을 한다. 아직은 세상사람들이 조선에 대하여 잘 알지 못하고 있는데 조선이 얼마나 아름다운 나라이고 조선인민이 얼마나 근면하고 강직한 인민인가 하는 것을 세상에 널리 알려야 한다."[28]

북한은 김일성 주석이 일제식민지 잔재를 하루빨리 청산하고 인민이 주인된 새 나라를 일떠세우는데서 우표발행이 가지는 중요성과 의의를 깊이 헤아려서, 도안창작으로부터 편집인쇄에 이르기까지 제기되는 모든 문제를 하나하나 풀어주면서 직접 첫 우표 발행사업을 지도해주었다고 강조하고 있다. 또한 "우리나라 우표들은 수령의 혁명사상을 구현하

27 최근에 페이스북FACEBOOK은 북한의 매체 '조선의 오늘'을 국영미디어로 분류해서 '조선의 오늘'의 광고를 허용하지 않기로 결정했다. 중앙일보 2020.06.06..
나이토 요스케 지음, 이미란 옮김, 『우표로 그려낸 한국 현대사』, 한울, 2012, p.5.

28 장은영,『로동신문』, "조선우표의 자랑스러운 로정",주체100(2011년 3월 17일)에서 재인용.

고 수령의 권위를 옹호하며 빛내여 나가는 주체형의 조선우표로 더욱 발전할 수 있었다"라며 북한 우표의 역할과 기능에 대해 설명한다.

북한 우표의 발전과정을 설명한 『로동신문』의 기사2011년 3월 17일자는 각 시기별로 북한 우표가 수행한 기능을 잘 보여준다. 이 기사는 해방 후의 새 조국건설시기에 발행된 〈땅의 주인〉 〈로동법령발포 2돐〉 〈조선민주의인민공화국 중앙정부수립〉 등의 우표들이 "공화국북반부에서 이룩된 거대한 사회경제적 변혁과정을 생생하게 펼쳐 보이고 있다"고 설명한다. 이어서 〈서울해방〉 〈최후승리를 위하여〉 〈미제반대투쟁의 날〉 〈5.1절 〉 〈조중친선〉 〈제4차 세계청년학생축전〉 등 전쟁시기에 발행된 우표들이 "군대와 인민들에게 전쟁승리에 대한 필승의 신심을 안겨주고 그들을 위훈에로 고무추동하였으며 우리 인민의 정의의 싸움에 대한 세계인민들의 지지와 성원의 목소리를 높이는데 기여하였다"라고 평가한다. 또한 전후복구건설시기와 사회주의건설시기를 비롯한 혁명발전의 매 시기, 매 단계마다 "백두산3대 장군의 위대성과 령도의 혁명성, 우리당의 로선과 정책, 주체조선의 발전모습을 세상에 널리 소개선전하여 우리 인민과 인민군군인들을 당정책 관철에로 힘 있게 떠밀어주는데 이바지하는 수많은 우표들이 창작발행"되었다는 점을 지적한다.

이 기사는 마지막으로 세상에는 나라도 많고 나라마다 정치, 경제, 문화를 비롯한 특징적인 면모를 반영한 형형색색의 우표가 있으며 그것이 노는 역할 또한 각이各異하다며 "조선우표는 복 받은 인민의 삶, 보람찬 투쟁과 생활, 위대하고 존엄 높은 시대를 노래하며 혁명과 건설을 고무 추동하고 온 사회를 위대한 령도자의 대가정, 일심단결의 화원花園으로 꾸려나가는데 참답게 복무하는 우표는 세상에 없다"라고 우표의 역할을 설명한다. 결론적으로 이 기사는 북한 우표가 지니고 있는 작은 역사책이자 꼬마외교관 그리고 선전선동물로서의 역할에 대해 "우표발행을 통해 사회주의 강국건설을 위한 천만군민의 투쟁을 힘 있게 고무추동하고 있다"는 점을 강조한다.[29]

남한이 해외에서 전시되는 국제우표전시회에 국가나 국가로부터 위임받은 기관이 참여출품한 횟수가 전무全無하다. 하지만 북한의 경우 1959년 8월 "라이프찌히 국제도서예술전람회"에 참가4종한 이후 2019년까지 총 87회를 세계우표전람회에 참가한 것을 확인할 수 있다. 1959년 이후 북한이 우표를 가지고 국제전시회에 거의 매년 적극 참여한 이유는 70년 중후반부터 남북한의 경제적 상황이 역전되면서 북한의 대외조건상 미국 등의 국제제재로 인해 고립무원 상태인 북한이 자국의 목소리를 대외적으로 내는 것에 대한 제재를 회피해 낼 수 있는 거의 유일한 통로였기 때문으로 생각해 볼 수 있다.

북한 우표가 갖는 국가미디어로서의 기능은 발행과정을 보면 명확해진다. 북한의 우표발행 과정을 도식화해보면 〈표1〉과 같다. 발행 주체는 체신성[30] 산하기관인 국가우표발행국이 맡고 있지만 도안 선정이나 구호를 정하는 과정에서는 조선노동당 선전선동부의 출판지도국이 주무 부서를 맡으며 당의 전문부서들인 조직지도부, 국제부, 통일전선부[31] 등과 내각 조직인 외무성, 정보산업성 등이 총 망라되는 집단협의로 우표가 제작되고 있다는 것을 알 수 있다.

---

29 『로동신문』, "조선우표의 자랑스러운 로정", 주체100(2011년 3월 17일, 장은영기자.

30 2021년 중반에 북한의 체신성, 국가정보화국, 전자공업성 등이 통합되어 정보산업성으로 확대 개편되었다.『NK 경제』 2022년 7월 10일, 강진규 기자

31 2023년 12월 제8기 제9차 당중앙위원회 전원회의 결정으로 통일전선부는 당중앙위원회 제10국으로 축소됐다. 『뉴스1』 2024년 5월 20일.

〈표 1〉 북한 우표 발행과정

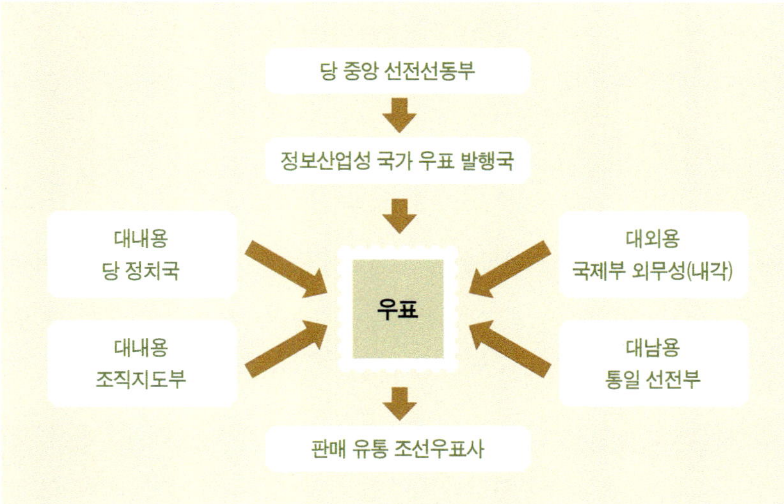

이 논문의 연구 방법은 우표를 소재로 한 문헌 연구를 중심으로 한다. 2021년 8월 23일 현재 조선우표사 홈페이지상에는 5,341종의 우표가 등록되어 있으며 이들 5,341종의 우표들은 주제별로 72개①위대한 수령 김일성동지②위대한 령도자 김정일동지③경애하는 김정은동지④정치⑤군사⑥정책⑦국기⑧국장⑨기념일⑩사상교양⑪선전화⑫조국통일⑬인물⑭적십자⑮전람회⑯국제기구⑰경제⑱우주⑲수송⑳륜전기재㉑기관차㉒배㉓자동차㉔건축㉕우편통신㉖공업㉗농업㉘경공업㉙과학기술㉚천문학㉛등대㉜광물㉝문화㉞반일㉟체육㊱올림픽㊲축구㊳우승자㊴덧인쇄㊵보건㊶아동㊷교육㊸예술㊹미술㊺명화㊻음악㊼력사인물㊽민속㊾력사㊿유적(51)유물(52)화석(53)명산(54)풍경(55)자연보호(56)환경(57)식물(58)꽃(59)란과(60)버섯(61)과일(62)동물(63)바다동물(64)물고기(65)파충류(66)조류(67)랑서류(68)갑각류(69)조중친선(70)국제관계(71)비행기(72)곤충로 분류되어 있다. 필자는 이 분류 중 유사한 분류들을 합쳐서 18개로 소분류한 뒤 18개 소분류를 다시 주제별로 압축 분류하여 정치, 경제, 대외 등 3개로 대분류하였다.

우선 북한에서 발행된 우표 전량인 7,183종種[32]을 18개 주제별 분류①김일성②김정일③김정은④정치/정책/사상교양/선전화/군사⑤국기/국장/기념일⑥적십자/국제기구/우편통신/올림픽/전람회/국제관계⑦경제수송/륜전기재/기관차/배/자동차/공업/농업/경공업/등대/광물/비행기/건축⑧과학기술/천문학/우주⑨문화/덧인쇄/민속/장기⑩체육/축구/우승자⑪반일⑫예술/미술/영화/음악/보건⑬역사인물/역사/유적물/화석⑭명산⑮조중친선⑯아동/교육⑰조국통일⑱인물로 1차 분류하고, 472장의 우표를 선정했다. 그리고 연구의 목적에 맞도록 연구의 편리성을 위해 주제별로 다시 한 번 통합하여 155개로 분류한 우표군群만을 연구대상으로 삼았다.

전체적인 구성을 보면 제2장에서는 국가미디어로서 북한 우표의 특성을 살펴본 후, 분단 전前 구한말의 우표들과 분단 후後의 남북한의 우표에 대한 도상圖像 변화와 특징들을 분석해 본 후 북한 우표의 시기별 특징에 대해 시기별 구분을 통해 개괄하였다. 제1시기를 해방정국 이후 6.25 한국전쟁 직후까지로, 제2시기를 김일성의 유일사상체제 형성시기인 1957년부터 후계자 김정일이 공식적으로 등장하기 직전까지로, 제3시기를 김정일의 공식통치 시점인 1980년부터 사망 직전인 2011년까지로, 제4시기를 김정일 사후인 2012년부터 김정은의 당·정 국가체제 강화시기인 2021년까지로 시기구분해서 각 시기별 우표의 도상 변화와 특징들을 살펴봤다.

제3장에서는 북한의 우표와 서구국가 우표가 지니고 있는 특성과 차이점을 비교 분석했다. 출판보도물로서 북한 우표의 국가미디어 기능에 대해 살펴보기 위해서 우표가 지니고 있는 선전선동성 기능과 선전선동에 대한 기본 개념을 간략하게 살펴본 후 선전선동과 상징정치에 대한 상관

32 평양의 조선우표사 박물관에 전시되어 있는 우표종류가 5,341종 이지만검색일:2021.8.23., 지난 수 십년간 북한 우표를 전문적으로 수집해 오신 'Coinnara'의 신동현 회장은 북한에서 초기에 발행된 우표부터 최근 발행분까지 조선우표사 보유분보다 많은 북한에서 초기부터 지금까지 발행된 모든 북한 우표총 7183종를 빠짐없이 수집, 보유하고 있으며 전량에 대한 '북한 우표앨범'을 제작 제공해주었기에 본 연구에 큰 도움을 주었다.

성을 살펴보면서 전체주의 국가들의 선전선동의 특징들에 대해서도 분석했다. 또한 북한 우표의 출판보도물 기능으로서 사명과 역할을 주체 문예이론과 종자론에 기초해 분석함으로써 우표의 도상 선택이 김일성의 주체문예 이론과 김정일의 종자론에 기초하여 제작되어 진다는 것을 증명했다.

제4장에서는 정치적 상징성, 경제적 상징성, 대외적 상징성으로 나눠 선전매체로서 북한 우표가 수행하고 있는 다양한 기능을 분석했다. 이를 통해 북한 우표를 분석대상으로 활용해 무엇을 알 수 있으며 무엇을 전망해 볼 수 있는가를 제시하고, 북한 우표 도상을 북한연구에 활용할 수 있는 방향을 제안했다. 상징정치가 깊이 반영되어 도안되는 북한 우표를 심층적으로 살펴보면 북한의 정치, 경제, 사회, 문화, 대외적 관계, 남북관계에 대한 북한의 의중을 알게 해주는 하나의 창을 제공해 줄 수 있을 것이다.

제2장

국가미디어 매체로서 북한 우표의 특징

1. 국가미디어 기능으로서 북한 우표의 상징적 특성

2. 직관물直觀物로서 북한 우표의 유용성

1. 북한 우표의 상징적 특성과 유용성

북한은 2016년 36년 만에 개최한 조선노동당 제7차 당대회를 통해 사회주의 정상국가로서 조선노동당의 영도를 분명하게 규정했다.[33] 이후 북한은 '우리 국가제일주의[34]'를 강조하면서 사회주의 정상국가로서 국가 이미지를 개선할 필요성을 제시했다. 재문맥화된 국가상징은 대내적으로는 애국을 강화하고, 대외적으로는 국격을 높이는 매개였다.[35]

우표는 국가 또는 국가로부터 위임받은 기관에서 제작 및 발행하기 때문에 발행 국가의 정치적 입장이나 정책, 사상 등이 담겨지게 된다. 국가는 우표도안을 통해 권력의 정당성 확보와 국민적 통합을 유도하는 통로로 활용하게 된다. 특히 남북한처럼 봉건시대에서 근대시대로 전환되기 전에 식민지상태에 놓이게 되었고, 해방 직후에는 남·북한으로 분리되어 극심한 이념적 대립상태에 있는 경우에는 더욱 국가상징을 통해 정치권력의 정당성 확립과 그 권력에 대한 내재적 동의 기제를 촉발하기 위한 선전·선동으로 우표도안을 활용하게 된다.

다양한 국가적 상징물들은 대외적으로는 국제사회에 발행국가를 대신

---

33 2016.5.6.~9일 평양개최: 주요결정사항으로는, 노동당중심의 지도체제 구축, 군수경제 강조, 인민생활 개선 강조, 군軍의 역할축소와 당을 통한 군의 장악, 선핵후경 핵보유국 천명, 국가발전 5개년전략 채택 등이다.

34 김정은 국무위원장은 국가제일주의와 함께 일단단결을 강조하며 "전체 인민이 하나의 사상의지, 덕과 정으로 굳게 뭉쳐있고 조국의 부강번영에 이바지하기 위해 몸과 마음을 다 바쳐 일해나가는 것은 우리나라에만 고유한 우월성이며 이 땅의 모든 위대한 기적을 탄생시키는 원동력입니다. 우리식 사회주의의 불가항력적 힘, 우리 국가의 제일가는 무기인 일심단결의 위력을 사상의지적으로, 도덕의리적으로 더욱 공고히 다져야 합니다"라고 말했다. 2022년 9월 8일 김정은의 시정연설에서 발췌

35 이지순, 『국가상징의 문화적 형상과 북한의 브랜드 전략』, 통일연구원, 2021, p.147.

〈그림 1〉 평양의 우표전시장을 찾아 우표를 감상하고 있는 북한 주민들. ©미디어한국학

하는 외교적 채널 역할을 할 뿐 아니라, 대내적으로는 국가구성원들을 상징물을 통해 하나로 묶어내는 국민통합을 위해 활용되기도 한다. 우표에서 사용되는 도안들과 구호들을 통해 국가 정체성을 나타낼 뿐 아니라 국민적 일체감을 만들어 가는데 큰 역할을 할 수 있음을 이번 연구를 통해 확인할 수 있었다.

어느 국가나 지역에서 우표를 발행하거나 우편 서비스를 제공한다는 것은 그 국가나 지역이 우표발행국의 정치적 또는 경제적 영향 아래 있다는 것을 의미한다. 국제우편에서 우표의 유용성은 상대국의 정통성을 승인하는 것이나 다름없다. 비합법적 정부나 단체의 우표가 붙은 우편물은 타국에서 수취가 거절되거나 요금 미납으로 취급받기 때문이다.

우표는 우편물에 붙은 상태로 세계 각국으로 이동하며 다양한 사람들의 눈에 노출된다는 점에서, 그 자체로 발행국가의 정통성을 과시하는 하나의 미디어로 작용하게 된다.[36] 발행국의 우표가 붙은 우편물에 대한 취

36 나이토 요스케, 안은미 옮김, 『우표역사를 부치다』, 정은문고, 2012, pp. 11-12.

급은 우표 발행국가에 대한 합법성 및 정당성을 부여하는 기능을 고려해서 미국이나 대한민국의 경우 북한 우표가 붙은 우편물에 대해서는 취급을 거부하고 있다.

우표는 우편 사업에서 우편요금 선납을 증명하고자 국가가 발행하는 선납 증지로써 우표를 발행하는 국가는 우표 발행 시 우표 도상을 통해 발행국가의 정치적 정통성과 정당성 그리고 정책과 이데올로기 등을 나타내고자 한다. 이와 같이 우표발행 국가의 대내외적 홍보의 기능을 우표가 수행하고 있기 때문에 우편학郵便學을 주장하고 있는 나이토 요스케는 우표를 '국가미디어'로 분류[37]하고 있다.

유엔에 전문기구인 만국우편연합에 가입되어 있는 국가 대부분은 국가에 특별한 상황, 예를 들어 전시戰時에 국민의 전의를 높이는 방안으로 우표와 엽서를 발행하거나 올림픽이나 월드컵 등 국가적 행사 시 기념우표를 발행하면서 국가의 위상을 선전하고 있다. 역사상 주요 사건이나 인물이 우표에 다루어질 때도 해당 국가의 역사관이 그대로 반영되게 된다. 어느 지역에서 우표를 발행하거나 우편 서비스를 제공한다는 것은 그 지역에 우표 발행국이 정치적 또는 경제적 영향을 미치고 있다는 증거가 된다. 전쟁이나 혁명 등의 혼란기에 그 지역의 실제 지배자가 된 세력이 우표를 발행하거나 그게 불가능할 경우 소인이라도 새로 만들어 우편물에 찍게 하는 것도 그 때문이다.

화폐학에서는 고대 화폐가 출토된 지역을 그 화폐를 발행한 국가의 세력범위로 추정하게 된다. 우편학 또한 우표에 찍힌 소인의 지명으로부터 발행국의 실제 세력범위를 추정할 수 있다. 화폐의 경우는 아무리 광범위하게 유통되었다 해도 누가 언제 사용했는지 알 수 없는 반면, 우표는 사

37 나이토 요스케 지음, 이미란 옮김, 「우표로 그려낸 한국 현대사」, 한울, 2012, p.5.

용될 때 소인이 찍히기 때문에 구체적으로 언제 누구에게서 누구에게로, 어느 지역에서 어느 지역으로 교류가 이루어졌는지를 추정해 볼 수가 있다. 우편물이 이동한 경로나 소요 날짜, 검열 여부 등으로도 관련 지역에 관한 다양한 정보를 얻을 수 있게된다.

우표가 '작은 역사책' 이자, '작은 박물관'이자. '나라의 명함'으로서 더욱 중요한 것은 국제우편 서비스를 통해 유통되는 지역에서는 우표 발행국의 정통성을 인정 또는 승인하는 것이나 마찬가지의 효력을 갖게 된다는 것이다. 비합법적 정부 또는 유엔에서 인정한 국가가 아니고서는 만국우편연합에 가입할 수 없으며 만국우편연합 가입국가가 아닌 곳에서 발행되는 우표와 우편물들은 국제우편 서비스를 통해 유통할 수 없기 때문이다. 우표는 우편물에 붙은 채 전 세계 각지로 이동하며 많은 사람들의 눈에 노출된다는 점에서 국가의 정통성을 과시하는 하나의 미디어로서 기능하게 된다.

우표의 발행은 본래 우편요금 납부의 증표로서 고안된 것이지만, 많은 우편물에 부착되어 세계 각지로 운반되어 많은 사람의 눈에 띄게 되므로, 모든 나라가 최선을 다한 도안·인쇄 기술로 제조하여 광범위한 선전목적에 활용하고 있다. 그 외에도 우표의 인쇄 품질은 발행국의 기술·경제 수준을 나타내는 지표이며, 우편 요금의 추이는 물가 변화와 밀접하게 연관된다. 발행국이 원하든 원하지 않든 우표는 당시 경제 상황이나 기술 수준에 대한 정보를 타인에게 전하게 된다. 이때도 우표는 미디어의 역할을 충실히 수행하는 셈이다.[38]

38 나이토 요스케, 앞의 책, pp.10-12.

1) 국가미디어 기능으로서 북한 우표의 상징적 특성

우표가 가진 국가미디어로서의 기능과 역할, 중요성을 충분히 인식한 북한은 초기에는 우표를 영국의 인쇄소에서 인쇄해서 외교관 특급우편을 통해 자국으로 유입해 왔으나 현재는 우표인쇄 설비와 기술을 충분하게 갖추게 되어 북한 자체에서 인쇄·발행하고 있다. 북한에서 우표는 중요한 직관물[39]이자 출판보도물[40]로 분류되고 있다. 북한의 우표는 노동당 중앙위원회 선전선동부의 감독과 지도 그리고 국제부, 내각 외무성 등과의 협력으로 우표에 사용할 도상圖像들과 구호口呼들이 만들어지기 때문에 내부 결속은 물론 대외적으로 북한체제의 긍정적인 정치, 경제, 사회, 문화, 체육 등 전 부문에 걸친 도상들을 주제로 제작되고 있다.

우표에 사용될 주제와 도상圖像과 구호口呼들은 김일성의 '주체의 출판보도사상'과 김정일의 '붓대 중시 사상'에 절대적으로 충실하게 복무하여 제작되어 진다. 따라서 우표 제작 때는, 첫째 국내, 국외적으로 북한체제의 긍정적 메시지로 제작되어야 한다. 둘째, 우표도상에는 내부 결속을 위한 사상 교양적 선전 그림이나 구호가 사용 되어야 한다. 셋째, 우표는 내부조직을 동원하는 역할을 하여야 하며, 대외적으로는 체제 선전홍보를 위한 외교적 기능을 함께 하여야 한다.

마지막으로 우표는 주체사상의 옹호자이자, 전파자가 되어야 하며 우리식 사회주의의 우월성을 대내외적으로 보도 선전하는 기능과 역할을

---

39 눈으로 직접보고 알며 느낄 수 있게끔 만든 선전물, 벽보, 속보, 구호, 그림, 사진, 도표 같은 것이다. 사회과학출판사, 『조선말대사전 2』, p.377.

40 북한에서의 '출판보도물'이라는 용어는 남한에서의 인쇄물로 국한되는 것이 아니라, "출판보도기관에서 인쇄해 내보내는 출판물과 전파를 통하여 실현해 보내는 통신, 방송 등을 통틀어 이르는 말"로사회과학출판사, 『조선말대사전 2』, p.599. 정의되어 있기 때문에 본 연구자는 '국가미디어'로 정의하고자 한다.

하여야 한다. 이러한 우표의 기능과 역할들을 정리해 본다면, 우표의 도상圖像은 노동당의 정책을 반영하면서 시보성時報性과 선동성煽動性, 호소성呼訴性을 늘 보장해야 하며 기동성機動性을 지니고 있어야 한다. 우표는 선전화의 일종이기에 보는 사람들로 하여금 우표 도상圖像을 쉽게 이해하고, 우표의 주제가 주장하는 바를 인민들이 행동으로 옮길 수 있게 명료하고 함축된 형상을 사용하여 직관적으로 받아들일 수 있게 제작되어야 한다.

여기에 사용되는 구호들은 권유형과 선언형宣言形의 어미를 사용하여 발행 우표의 특성에 맞게 가독성可讀性 등을 고려하여 배치해야 한다. 특히 정치선전화우표의 주제는 수령을 중심으로 한 주체사상, 정치체제, 국내외 중요 사안의 정당성을 선전, 경제 분야의 생산 촉진, 군민일치와 인민군을 칭송, 외세 배격과 조국 통일, 사회주의 생활문화를 보급할 것을 독려하는 내용으로 제작되어야 한다.

북한의 우표는 선전화중에서 가장 작지만 선전내용이 가장 집약적으로 표현되어 있다. 북한의 '선전화'는 "대중정치선동, 보도, 광고 등에 리용되는 출판화"이다.[41] 북한에서 발간된 『조선대백과사전』은 선전화의 사명과 기능에 대해 다음과 같이 규정하고 있다.

> "선전화는 자체의 성격과 창작목적에 따라 각이한 시간과 공간 속에서 벌어지는 사건들을 한 화면 속에 상징적 수법으로 표현할 수 있으며 그림을 위주로 하면서 힘 있는 구호, 설득력 있는 짧은 글을 배합할 수도 있다. 또한, 복잡한 정황 속에서도 관중들의 시선을 끌며 먼 곳에서도 쉽게 가려볼 수 있도록 형태를 간결하고 명백하게 하고 색채를 강하게 표현하거나 배경과 부차적인 세부를 생략하고 본질적인 측면들을 집약적으로 강조할 수도 있다.

---

41 『조선대백과사전14』, 백과사전출판사, 1995, p.93.

선전화는 사명과 기능에 따라 크게 정치 선전화, 문화교양 선전화, 광고 선전화 등으로 구분한다. 이 가운데서 가장 중요한 의의를 가지는 것은 정치선전화이다. 정치선전화는 당과 국가의 정책적 요구들을 직접적으로 반영하여 대중을 당의 로선과 정책으로 무장시키고 그 관철에로 궐기시키며 고무하는 기능과 역할을 수행한다."[42]

가장 작은 선전화인 우표에는 대중들에 대한 정치선전을 목적으로 창작된 그림이나 사진 구호를 조합하여 발행되고 있으며, 김일성, 김정일, 김정은 3대 최고지도자에 대한 영웅화 작업은 물론 김씨氏 가계에 대한 우상화 작업에도 활용되고 있다. 뿐만 아니라 새해에 강조하고자 하는 신년사나 공동사설을 요약한 구호들이나 당 대회 중요 결정사항들이 우표 도안에 반영되고 있다. 우표에 담기는 그림이나 사진과 구호 등을 통해 북한의 정치, 경제 향방과 사회와 문화의 변화양상 등을 살펴볼 수 있는 유익한 도구로 활용될 수 있는 이유다. 특히 조선노동당 산하에 선전선동부에서 주도하여 생산되는 북한 우표는 국내 뿐 아니라, 국외로 편지나 물품을 보낼 때에 공개적인 위치에 붙여져 노출되기 때문에, 국가이미지 홍보로서의 가치를 지니고 있다. 북한 우표가 지니고 있는 상징적 특성들은 네 가지로 정리해 볼 수 있다.

첫째, 모든 나라와 동일한 우편통신 수단이다. 북한에서 우표는 '꼬마 통신원'이란 애칭으로 불리는 이유이다. 둘째, 내부 결속을 위한 인민에 대한 선전·선동수단이다. 가장 작은 선전화로 분류되고 있는 우표 한 장에는 신년사, 당 대회 결정사항, 공화국 창건, 노동당 창당, 토지개혁법령실시, 노동법령실시 등을 비롯한 주요 공휴일은 물론, 국가상징인 국

42 앞의 사전, p.93.

기·국장·국화·애국가 등과 김일성의 태양절, 김정일의 광명성절 등 국가적 주요행사를 비롯한 모든 국가의 중요기념일을 상징하는 우표 도상과 구호가 담겨 있다. 이런 이유로 북한에서는 우표를 "작은 역사책", "작은 박물관"이란 애칭으로 불리며, 국가의 주요 기념일에 맞추어 매년 '우표 전람회'를 개최한다.

셋째, 대외적으로 북한체제의 우수성과 보통국가로서의 보편성을 강조하는 국가미디어로서의 역할이다. 따라서 북한은 전 세계에서 매년 개최되는 "국제우표박람회"에 가장 적극적으로 참가하고 있다. 이런 이유로 북한에서는 우표를 "나라의 명함" 또는 "꼬마외교관" 이란 애칭으로 부른다.

넷째, 해외의 우표수집가를 대상으로 하는 우표 판매를 통한 외화벌이 수단이다. 북한에서 발행되는 우표들은 만국우편연합 가입회원국 190여 국가에 자유롭게 들어가 판매되고 있기 때문에 북한에서는 우표를 "종이 보석"이라는 애칭으로 불린다.

2) 직관물直觀物로서 북한 우표의 유용성

북한은 일찍부터 우표가 가지고 있는 직관물로써의 유용성을 잘 인식하고 있었다. 스스로를 우표 수집애호가라고 밝힌 김일성종합대학 수학부 부교수 리강선은 우표의 유용성에 대해 다음과 같이 설명하고 있다.

> "우표에는 사람들에게 쓸모 있는 풍부한 지식이 담겨져 있으며 여러 가지 취미적인 생활감정이 직관적으로 아름답게 그려져 있다. 이 우표에는 복잡다단한 인간 세상에 수 세기나 되는 자기의 력사를 새겨놓았으며《꼬마통신원》으

로 사람들의 사랑을 받으며 우표문화를 만들어 냈다. 오늘날 우표는 시시각각으로 변천하는 시대의 흐름에 《꼬마통신원》의 자리는 양보하였지만 《나라의 증권》 《나라의 명함》 《꼬마외교관》 《취미의 왕자》 《종이보석》이라는 고귀한 칭호만은 여전히 간직하고 우표애호가들에게 기쁨을 안겨주고 있다.[43]"

그는 우표에는 〈위대한 수령 김일성동지의 태양상과 위대한 령도자 김정일동지의 태양상을 모신 우표〉 〈공화국의 자랑찬 력사가 새겨져 있는 우표〉 〈사회주의강국 건설위업이 나타난 우표〉 〈인민들의 영웅적투쟁모습과 조국의 현실을 보여주는 우표〉 〈날로 발전하는 조국의 현실과 력사와 지리, 풍속, 명인들 나아가서는 세계의 력사와 풍속〉까지 다 있는 것이 우표"라고 하면서 "우표가 결코 자그마한 그림종이가 아님을 새삼스레 느끼게 되었다"며 우표가 작은 역사책이자 작은 박물관으로써 가치를 갖는다는 점을 강조했다.

우표 수집애호가인 그의 발언을 통해 알 수 있듯이 북한에서 발행된 우표는 북한의 정치, 경제, 역사, 문화, 사회, 자연 등에 대해 살펴볼 수 있는 귀중한 1차 문헌자료이다. 그러나 지금까지 북한 우표를 통해 북한의 정치, 경제 대외정책 등을 들여다보기 위한 연구는 찾아보기 어려운 현실이다.

북한에서 우표는 선전물로 중요시하는 '직관물' 과 '출판보도물'로도 분류된다. 『조선말대사전』1992에 따르면, '직관물'은 눈으로 직접 보고 알며 느낄 수 있게끔 만든 선전물, 벽보, 속보, 구호, 그림, 사진, 도표 같은 것을 말한다. 또한 '선전이란 ①일정한 사상, 리론, 정책 등을 대중에게 론

---

43 www.ryongnamsan.edu.kp/univ/ko/research/literacy/1385974ed5904a438616ffbd3f7439 검색일: 2021년 8월 14일.

리적이며 체계적으로 해설해 줌으로써 리론적으로 파악하고 인식하게 하는 사상사업의 한 형식. ②널리 말하여 퍼뜨리고 알리는 것이라고 규정된다. '선동은 ①혁명과업을 잘 수행하도록 대중에게 호소하여 그들의 혁명적 기세를 돋구어주며 당정책관철에로 직접 불러일으키는 정치사상사업의 한 형태로 정치선동과 경제선동이 있다. ②어떤 행동에 나서도록 부추겨 움직이는 것으로 정의된다.

이런 측면에서 '선전화'는 그림과 글이 결합되어 있으며 정치성이 예리하고 표현형식이 간결하여 리해하기 쉽고 대중성과 신속성을 띠는 직관선전선동을 위한 미술의 한 가지선동화, 포스터로 설명된다.[44]

북한 내부결속용인 선전화포스터[45]의 경우, 반미적 내용, 혁명적 구호, 사회주의 건설과 통일 내용을 담아 제작되며, 체제 우위적 선전화 제작 때 선명성이 훨씬 강하게 드러난다. 반면에 우표의 경우에는 해외에서도 폭넓게 사용되고, 국외청중들이 언제든지 볼 수 있기 때문에 확인 가능한 사실성팩트을 강조해서 도안이 제작된다. 특히 북한 우표는 조선노동당 선전선동부의 지도를 받아 국가우표발행국에서 발행되며, 북한이 자랑하는 직관선전·선동물 중에서 매우 중요한 역할을 맡고 있다. 이런 측면에서 북한 내부를 들여다보는 자료로 우표만큼 중요한 1차 문헌도 없을 것이다.

이처럼 자국의 국가미디어[46]로서 우표의 유용성을 잘 인식하고 있기 때문에 북한의 우표 발행량은 남한3,543종/2021년 3월 기준보다 두 배가 넘는

---

44 사회과학원언어학연구소, 『조선말대사전1』, 사회과학출판사, 1992, pp 1738-.1744.

45 David Heater and Koen De Ceuster.『North Korean Posters: the david Heater Collection』. Munich: Prestel, 2008).

46 미디어란, 중간에 자리하여 사이를 매개하는 것,또는 정보를 전송하는 매체로 정의되어있다. 정보통신용어사전.

7,183종2021년 3월 기준에 달한다.

우표를 발행하는 주무부서인 국가우표발행국의 위상도 높은 편이다. 2019년 5월 북한 최고인민회의 상임위원회는 "혁명발전의 요구에 맞게 사회주의법무생활을 강화하여 혁명적 준법기풍을 확립하였으며 당정책 관철과 혁명과업수행에서 모범적인 단위들에 모범준법단위칭호를 수요한다"고 하면서 국가우표발행국에 '모범준법단위칭호' 훈장을 수여하기도 하였다.

북한은 2021년 5월 체신성, 국가정보화국, 전자공업성 등을 통합해 정보산업성으로 확대 개편했다.[47] 이에 따라 국가우표발행국도 체신성에서 정보산업성 산하 기관으로 변화됐다.

47 "베일에 쌓인 북한 정보산업성", 『NK 경제』 2022년 7월 6일 강진규 기자.

2. 남북한 우표의 탄생과 특징 비교

1) 한국 우표의 탄생과 수난

동서양을 막론하고 고대에는 집단화된 씨족사회, 부족사회가 형성되어 있었고, 이런 집단들이 모여 한 국가를 구성하였다. 이런 시대의 연락 방법은 사람이 직접 찾아가는 방법 외엔 별다른 방법이 없었으나 사회가 날로 거대해지고 인구가 증가하자 통신 수단은 점점 더 빠른 것을 요구하게 되었다. 그로 인해 발달된 통신 수단이 생겨났고, 이런 발달과정에서 견인차 역할을 한 것이 우표이다.

우표의 가장 기본적인 역할은 통신 수단의 하나라는 점이다. 여기에 더해 수해 구제, 질병 퇴치, 자선 사업, 국가적 행사개최 등 공공사업에 필요한 기금 모금의 수단으로도 사용된다. 특히 발행국가의 역사와 문화, 자연과 산업, 정책 등을 홍보하는 중요 수단으로도 사용된다.

우리나라의 경우 새 우표를 발행할 때는 먼저 우표 발행 자료를 수집하기 위하여 각 부처, 산하기관 및 사회단체 등에 자료제출을 의뢰하고, 정보통신부 자체에서도 관계 자료를 수집한다. 수집된 자료를 기초로 대학교수·우표 수집가 및 전문가로 구성된 우표심의회의를 개최하여 우표 초안을 심의, 결정한다. 결정된 안案은 우표디자인실에서 여러 가지 참고자료를 검토하여 도안을 작성하고, 디자인전문위원의 심의를 거쳐 인쇄용 원도를 작성한다. 작성된 원도는 한국조폐공사에 넘겨져 시쇄우표試刷郵票, 견양권로 인쇄되어 정보통신부에 보내진다.

정보통신부에서는 견양권을 세밀히 검사하여 최종결정을 한 뒤 채택된 견양을 한국조폐공사에 통보하면 한국조폐공사에서는 그 견양권에 의거하여 그라비어 또는 오목판 기계로 인쇄하며, 인쇄된 우표는 정밀검사를 거쳐 포장하여 정보통신부에 납품된다.

우리나라 신식 우편제도는 1880년대 개화기에 처음 도입됐다. 근대 우편제도의 아버지로 불리는 홍영식洪英植을 중심으로 한 신진개혁파 정치 지도자들의 끈질긴 노력으로 1884년 11월 18일음력 10월 1일 우정총국이 역사적인 업무를 개시함으로써 우리나라 최초의 우표가 탄생하게 되었다. 조선 정부에서 5종의 우표인쇄를 일본대장성 인쇄국에 의뢰하고, 우정총국의 개국과 동시에 우표를 발매할 예정이었으나, 우정총국 개국일까지 5문과 10문 2종만 도착해 한성서울과 인천 간에 운송된 우편물에 사용되었을 뿐, 나머지 25문과 50문, 100문의 3종은 같은 해 12월 4일 발발한 갑신정변의 실패로 우정총국이 폐쇄될 때까지 현품이 도착하지 않아 미발행에 그치고 말았다.

금석(琴石 홍영식은 개화의 선각자로서 한국 근대 우편과 통신의 창시자이자 신식 문물 도입의 주역이었다. 그는 김옥균金玉均 등과 갑신정변1884년 12월을 일으켜 급진적인 개화를 시도하였으나 3일 만에 실패로 끝나고 외국으로 망명하라는 동지들의 충고를 듣지 않고 고종을 호종護從하던 중 창덕궁 담 너머 옥류천 상류에서 30세의 젊은 나이로 청병淸兵에 의해 피살당했다. 갑오개혁 후 1895년 그의 공적을 인정받아 죄를 씻어 주는 신원伸寃을 받았으며 1910년에는 규장각 대제학의 추증追贈으로 충민공忠愍公이라는 시호를 받았다.

한편 1884년 11월 18일 우정 사업 개시와 함께 조선 최초로 발행된 문위우표는 갑신정변의 실패로 같은 해 12월 8일 왕명에 의하여 폐지됨으로써, 모처럼 이룩한 신식 우정 사업제도와 함께 불과 20여 일 만에 폐지되고 말았다. '문위우표'란 명칭은 이때 발행된 우표의 액면이 당시의 화폐 단위가 '문文'이었기 때문에 수집가들 사이에서 붙여진 이름이다.

〈그림 2〉 최초로 발행된 문위우표위와 미발행 문위우표아래, 1884.[48]

1. 문위우표 5문(文), 발행일:1884. 11. 18.

2. 문위우표 10문(文), 발행일:1884. 11. 18.

우표 아래쪽 여백에 우표를 인쇄한곳(명판)인"대일본제국정보 대장성인쇄국제조"(大日本帝國政府大藏省印刷局製造)라는 문자가 보인다.

3. 우정총국이 폐쇄될 때까지 도착이 안되어 사용하지 못한 우표 3종. 25문 / 50문 / 100문

4. 우리나라 최초의 날짜도장

1884년 11월 문위우표 발행과 그 후 태극문양 우표, 어극 40년 기념우표 등 10년 동안 우리나라 자체적으로 우표도안을 하던 것도 1905년 4월

---

48 최초로 발행된 문위우표위와 미발행 문위우표우표: https://stamp.epost.go.kr/sp2/sc/spsc0102.jsp 검색일:2021년 9월 9일

1일 한일통신합동조약 강압체결로 우리나라의 우편업무가 일본에게 박탈당한 이후에는 우표발행권을 잃어 버렸다. 1910년 8월 29일 한일 강제병합조약 이전은 물론이고, 1905년 11월 대한제국의 외교권이 박탈되기 7개월 전에 대외적으로 자국의 목소리를 낼 수 있는 우표발행권을 이미 상실했던 것이다.

2) 1945년 해방 직후 남북한의 우표 발행과 차이점

1945년 8월 15일 일본의 항복으로 해방되자 우리나라는 다시 주체적으로 우표를 사용할 수 있게 되었다. 다만 남한에서는 사전 준비가 부족하여 일본 우표를 그대로 사용해 오다가 1946년 2월부터는 일본 우표위에 '조선'을 가쇄하여 4월 30일까지 3개월 동안 사용하였다.

남한에서는 1946년 5월이 되어서야 자체 도안의 우표를 발행할 수 있었다. 첫 우표 도상은 첨성대, 무궁화, 한반도 지도, 신라금관, 이순신 장군 등 5종이었다. 이들 우표발행 이후 1946년 6월 30일자로 일본가쇄포함 우표의 사용은 전면 금지되었다.

해방으로부터 8개월이 지났음에도 우표와 용지는 물론이고 소인까지 남한에서는 일본 것을 그대로 사용하였다. 이러한 현상에 대해 왜곡되긴 했지만 전전戰前의 부정에서 시작된 전후 일본과 달리 많은 부분에서 식민지 시대를 이어받으며 출발한, 즉 식민지시대와의 단절을 이루지 못한 채 시작된 남한 현대사의 일면을 상징적으로 보여준다는 평가도 존재한다.[50]

남한에서 일본의 우표를 그대로 사용하거나 일본우표 위에 가쇄하여

49 제2차 세계대전이 끝난 후 미국이 한반도에 주둔하면서 잠시나마 미군의 지배하에 들어가 있는 동안에 발행된 우표를 미군정청 가쇄우표라 한다한국우표도감 2020-2021, 우문관, 2021, p.17.

50 나이토 요스케, 이미란 옮김, 『우표로 그려낸 한국현대사』, 한울, 2012, p.25.

〈그림 3〉 미군정청시기의 남한사용 가쇄우표[48], 1946.

사용하는 동안, 북한에서는 1946년 3월 12일부터 일찌감치 자체 도안으로 우표를 발행해 사용하기 시작하였다. 북한은 이것을 김일성의 업적으로 선전하고 있다.

> "위대한 수령님께서는 해방 직후에 조선 우표를 새로 만들데 대하여 발기하시고 새 형의 조선 우표의 성격과 그 면모, 우표 도안 편집과 발행에서 견지하여야 할 근본원칙과 발전 방향을 주체적인 립장에서 환히 밝혀 주시였으며 여러 차례에 걸쳐 우표 도안과 우표를 발행할 데 대한 문건들도 보아주시면서 일군들을 따뜻이 손잡아 이끌어 주시였다.
> 이 과정에 우리나라에서는 우리 인민의 민족적 정서와 애국 사상을 반영한《무궁화》와《삼선암》이라는 첫 우표가 발행되게 되었다. 주체35 1946년 3월 12일 북조선림시인민위원회 체신국장을 만나주신 위대한 수령님께서는 우리나라에서 처음으로 발행한 우표《무궁화》[51]와《삼선암》[52]을 보아주시면서 기쁨에 넘치

51 무궁화는 고대로부터 조선 인민이 매우 사랑하는 꽃 중에 하나이다. 무궁화는 우리나라의 전야에 어디서나 볼 수 있는 다년생 과목이다. 5월부터 꽃이 피면 가을까지 매일 아침 새 꽃이 계속하여 핀다. 그래서 무궁화라는 이름이 붙었다. 무궁화는 아담하고 소박하며 무궁토록 피는 특징으로 하여 조선 사람의 사랑을 받고 있으며 우리나라의 동산을 장식하고 있다. 중국 사람들은 일찌기 조선을 "무궁화의 나라"라고 불렀다. 이 우표에는 조선 사람이 사랑하는 무궁화 포기가 묘사되여 있다.『조선 우표 목록』,조선우표사, 2015, p. 2.

52 금강산은 옛날부터 천하의 명산으로 조선 뿐 아니라 외국에까지 널리 알려져 있다. 금강이란 이름은 어떤 힘으로도 파괴할 없다는 뜻이며 이 산에는 자고로 1만 2천이나 되는 봉오리와 수많은

〈그림 4〉 북한 최초의 우표, 무궁화, 금강산 삼선봉, 1946

시여 조선우표《무궁화》와《삼선암》이 색깔은 선명하지 못하지만 그만하면 괜찮게 되었다고 하시면서 이제는 인민들이 조선우표를 가지고 서신거래를 할 수 있게 되었다고 만족해 하시였다.[53]"

크고 작은 절과 임자들이 있었다. 이 산속에는 지금도 많은 사원들이 있는데 그 곳에는 조선의 자랑으로 되는 여러 가지 조형 예술품들이 보관되어 있다. 우표에 담겨진 삼선암은 금강산에 있는 수많은 명승 중의 하나로서 바위가 세 개 나란이 서 있다. 높이는 각각 20미터 가량 되며 각추형으로 마치 세 사람이 우뚝 서 있는 모습과 흡사하다. 삼선이란 이름은 옛날전설에 동해 가운데 삼신산이란 산이 있었는데 그 산에 이름을 봉래, 방장, 영주라고 부르는 세 신선이 살았다고 한다. 이 세 신선과 그 바위들의 기상이 흡사하다 하여 삼선이라는 이름을 붙인 것이다. 금강산에는 돌 하나 물 한줄기가 모두 아름다운 전설을 지니고 있다. 삼선암도 이러한 전설 중에 하나로 조선 사람들이 소중히 여기는 명승 가운데 하나이다『조선 우표 목록』,조선우표사, 2015, p.3.

53 김일성,『김일성전집』, 제2권, 평양: 조선로동당출판사, 1994, p.389.

〈그림 5〉 해방 1주년 기념우표남한, 3종, 1946

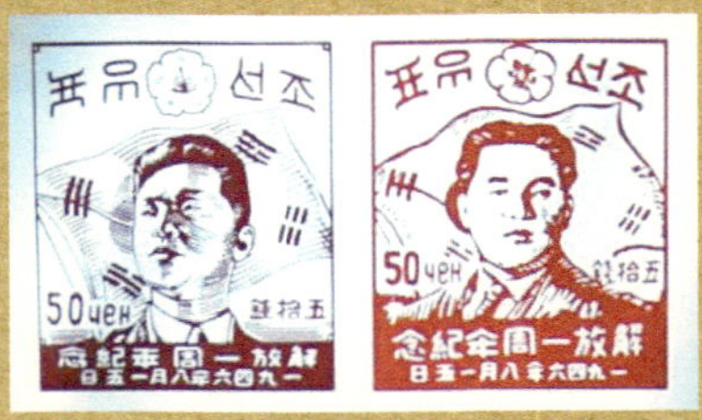

〈그림 6〉 해방 1주년 기념우표북한, 2종, 1946

광복 후 우리의 글이 들어있는 우리남한의 우표그림 5가 해방 1주년을 기념하기 위해 3종 발행하였다. 가족과 태극기, 한반도 지도와 비둘기, 태극문양을 도안으로 한 우표들이 1946년 6월 1일 처음으로 전국에서 발매되어 해방의 기쁨을 실감케 하였다. 8·15 해방이 된 다음날인 8월 16일 서울에 있던 체신인 길원봉 씨를 중심으로 '재경 체신종업원대회'를 열고 해방된 조국의 체신사업재산의 수호와 체신업무의 정상수행 및 일본인 비행의 감시와 대비를 목적으로 체신위원회를 조직하여 체신업무를 계속 수행하여 나갔다. 그러나 9월 8일 미군 진주와 함께 미군정청이 들어서면서 체신업무는 모두 군정청으로 이관되었다.[54]

북한에서도 1946년 8월 15일, 조국해방 1돐 기념우표를 발행하였다.

---

54 우문관, 『KPC KOREAN POSTAGE STAMP ALBUM』, p.9.

〈그림 7〉 남한의 해방 후 정부수립까지의 순서별 기념우표, 1948

좌측 상단부터 순서대로, 5월 10일 총선거기념우표 2종 ⇒5월 31일 국회개원기념우표 ⇒7월 17일 제헌국회의 헌법공포일 기념우표⇒ 7월 24일 이승만 초대대통령 취임기념우표⇒8월 15일 정부수립기념우표

김일성이 태극기와 무궁화인장을 배경으로 한 도상으로 2종의 우표가 발행된 것이다. 북한은 "8월 15일 조국해방 1돐을 기념하여 위대한 수령 김일성동지의 영상을 처음으로 모신 조선우표를 발행했다"며, "부강한 조국의 래일을 그려보시는 젊으신 위대한 수령님의 숭엄한 영상을 정중하게 그려져 모신 우표발행"이라고 설명하고 있다.[55]

해방 후 3년간 극심한 정치적, 사회적 혼란을 거치며 38선을 경계로 남

---

55 "8.15 해방 1주년을 맞이하는 조선 인민은 김일성 원수가 지도하는 당의 올바른 정책으로 하여 달성한 지난 1 년간의 제 성과들을 무한한 긍지감과 자랑으로 총화하고 보다 높은 정치적 열정으로 창조적 로력 투쟁에 궐기하였다. 이 우표는 해방된 조선 인민이 자기 경애하는 수령 김일성 원수와 그를 수반으로 한 당 중앙 위원회 주위에 철석 같이 단결하여 부강한 조국 건설의 광활한 대로로 매진하고 있는 불굴의 투지를 묘사하고 있다." 위 조선우표목록, pp. 4-5.

과 북의 분단은 고착화 되었다. 일본군의 무장해제라는 군사적 편의에 의해 그어진 38선을 철폐하고 자주적인 통일독립국가를 설립하려는 노력이 무산되면서 1948년 5월 10일 남한지역만의 첫 총선거가 실시되었다. 5월 31일에는 총선거로 선출된 의원들로 국회가 개원되어 이승만이 의장으로 선출되었다. 이 국회는 정식으로 대한민국 수립을 선포하기에 앞서 헌법을 제정하는 게 목적이었기 때문에 제헌국회라고 불린다.

이어 7월 1일, 제헌국회에서 정식으로 국호를 '대한민국'으로 결정하고, 12일에 대통령제를 골격으로 하는 대한민국 헌법을 제정해 17일에 공포했다. 1948년 7월 24일, 대한민국의 초대대통령 취임에 맞춰 이승만 대통령의 초상을 그린 기념우표가 발행되었다. 여기서 인상적인 것은 이승만 대통령의 초상이 한복차림이라는 점이다.

이승만은 해방 이전 미국을 중심으로 독립운동을 전개한 경력을 바탕으로 국제사회에서 지명도를 획득했으며, 국내에서는 미국이 지지하는 정치가라는 인상을 주며 정치세력을 구축했다. 서구 문명에 대한 친화력과 국제적 감각을 강조하려고 이승만은 그 이전까지 공식 석상에 주로 양복을 입은 모습으로 나타났었다. 그런데 왜 대통령 취임 기념우표에서는 한복을 입은 도상이었을까? 이는 자신의 권력이 미국의 지원을 통해 얻어졌다는 사실을 숨기려는 의도로 짐작된다. 혹시라도 미국을 섬기는 '사대주의자'로 몰릴까 봐, 굳이 우표에 한복을 등장시켜 조선 이조 왕가의 후손이자 민족주의자로 자기 연출을 시도한 것이다. 우표 위에 일자를 단기檀紀로 표시한 것도 같은 맥락으로 풀이된다.

1948년 8월 15일, 광복 3주년을 맞아 대한민국 정부가 수립되고 다음날인 8월 16일 0시를 기준으로 미군정이 종료되고, 대한민국 정부가 공식적으로 수립되었음을 기념하는 우표를 발행하였다.[56]

---

56 나이토 요스케, 앞의 책, pp. 28-37.

〈그림 8〉 북한의 해방 후 정부수립까지의 순서별 기념우표, 1948기념일/우표발행일

땅의주인(46.3.5/47.4.22.)⇒로동법령실시2주년[57](47.6.24/48.6.24)⇒헌법실시(48.7.10/48.8.20)⇒조선민주주의인민공화국정부수립[58](48.9.9./49.9.9)⇒공화국국기제정[59](48.9.8)⇒김일성대학 개교[60]기념(46.7.8/48.7.9)

한편 북한은 1946년 2월 북조선임시인민위원회를 창설하고, 첫 사업으로 토지개혁을 단행했다. 해방이 되었지만 당시까지 여전히 봉건적 토지 소유관계가 남아 있었기 때문에 극히 적은 지주들이 토지 대다수를 소유

57 1946년 6월 24일 북조선임시인민위원회는 노동법령을 발표하였다. "현대적 기술로 장비된 공장들을 배경으로 한 손에 마치를 들고 한 손 들어 증산을 호소하는 로동자가 묘사된 이 우표는 륭성하는 우리나라 북반부의 민주 기지와 그의 공고화를 위한 로동자들의 투지를 표현하고 있다." 위 조선우표목록, pp. 6-7.

58 "웅장한 공장에 풍요한 농촌을 상징하는 벼 이삭과 조선 지도를 배경으로 공화국국기 우에 오각별이 찬란하게 빛나는 이 우표는 조선인민의 념원이였던 공화국 정부 수립을 축하한 것이다." 위 조선우표목록, pp. 9-10.

59 1948년 9월 8일 최고인민회의 제1차 회의에서 '조선민주주의인민공화국 헌법'과 국기가 제정되었다. "이 우표에는 부강하고 자유로운 자주독립 국가를 가진 조선인민들의 긍지와 휘황한 미래가 상징 되여 있으며 이 기발 밑에 철석같이 단결된 그들의 정치 사상적 통일이 표현되고 있다."위 조선우표목록, p.10.

60 1946년 9월 15일 북조선에서 최초의 종합대학인 북조선김일성대학이 창설되었다. 이 우표는 "우리 당의 령도하에 찬란하게 개화 발전하는 인민 교육과 민족지도자 양성에 앞장서고 있다"는 것으로 평가된다위 조선우표목록, p.11.

하고 있었으며, 절대 다수는 빈농貧農이거나, 고농雇農상태로 있었다. 당시 인구 구성에서 가장 많은 비중을 차지고 있던 농민들의 지지를 획득하기 위해 북한은 사회주의체제 수립의 첫 단계인 인민민주주의혁명을 추진하면서 첫 번째로 '토지개혁령'을 반포했다. 당연히 선전 목적의 우표도 발행되었다. '땅의 주인'을 표현한 이 우표에 대해 북한은 다음과 같이 평가한다.

"1946년 3월 5일 북조선 림시인민위원회는 농민들의 세기적 숙망인 토지개혁을 실시하였다. 우리나라에서의 토지개혁의 실시는 반제 반봉건 민주 혁명의 성숙된 요구로부터 출발하여 우리나라의 사회적 진보와 인민 경제의 발전, 봉건적 질곡으로부터 농민들의 해방과 인민 생활 향상을 위해 지극히 정확한 조치였다. 토지는 밭갈이하는 농민들만이 가질 수 있다는 것은 그 누구도 부인할 수 없는 진리다. 그러나 과거 봉건 사회와 일제 식민지 통치의 암담한 시기에는 이 진리가 허용되지 않았으며 토지에 대한 농민들의 절실한 요구는 계속 거부 되어 왔다. 농민들의 세기적 숙망인 토지 문제는 오직 로동자, 농민들과 전체 근로인민들이 정권을 장악한 조건하에서만 해결할 수 있다.

토지개혁으로 말미암아 밭갈이하는 농민들은 비로소 땅의 진정한 주인으로 되였으며 농촌경리 발전의 질곡으로 되어 왔던 낡은 봉건 잔재와 일제 잔재들이 숙청되고 우리나라 농촌은 급속한 템포로 발전의 길에 들어서게 되었다. 토지개혁의 실시는 우리나라 농촌에 존재하던 봉건적 착취 관계를 청산하였으며 토지의 주인으로 된 농민들을 조국과 인민에 대한 애국주의적 사상으로 교양하며, 농촌경리의 기술적 락후성을 퇴치하고 농민들의 생활을 급속하게 향상시키는 데 거대한 의의를 가진다. 토지개혁의 실시는 조선 혁명의 기본 동력인 로농동맹을 일층 강화시켰으며 동방 여러 나라들의 농노적인 처지에 있는 농민들에게 해방의 희망을 안겨 주었으며 그들을 해방 투쟁에로 고무하였다. 이 우표는 처음으로 토지의 주인으로 된 이 땅의 농민들이 자기 손으로 자기 땅을 밭갈이하는 모습과 처음으로 착취와 빈궁에서 벗어나서 자기 로력의 결과로 열매진 곡식을 수확하는 기쁨과 더불어 당과 정권 기관에 대한 무한한 감사의 뜻을 표시하고 있는 모습을 묘사하고 있다."[61]

토지개혁을 통해 일본인, 민족 반역자 및 지주들의 토지 100만 325정보가 무상으로 몰수 되어 그 대부분이 고용농, 토지 없는 농민 및 토지 적은 농민 72만 4,522호에 무상으로 분배되었다. 토지개혁으로 지주의 토지 소유와 소작 제도가 완전히 폐지되고 토지는 밭갈이 하는 농민의 소유로 되었다.[62]

1946년 이전까지 자신의 토지 한 평조차 가질 수 없었던 대다수의 고용농민과 소작농민들에게 무상으로 배포되었던 토지개혁으로 땅조국의 주인은 '인민들 자신들'이라는 의식을 가질 수 있는 토대가 마련되었다. 북한체제가 유지되어 온 기저에는 독재정권일지라도 당시의 대다수를 구성하고 있는 소작농과 고농雇農민의 입장에서는 지지와 동의를 계속할 수 있었던 기제가 강력했기 때문으로 판단된다.

1948년 7월 10일 북한에서도 헌법이 제정되었고, 헌법실시 40일 후에 '헌법실시기념우표'[63]가 발행되었다.

해방 후 1948년까지 3년간 남과 북에서 발행된 우표는 서로 다른 길과 이질적인 체제의 도입을 상징적으로 보여준다. 이미 이때부터 남한과 북한의 우표 발행은 서로 다른 지향을 갖기 시작했다고 볼 수 있다.

---

61 앞의 조선우표목록, pp 5-6.

62 『대중 정치 용어 사전』, 조선 로동당 출판사, 1964, pp. 406-407.

63 이 우표는 "조선 지도를 배경으로 하여, 공화국 국기를 들고 행진하는 로동자, 농민을 묘사함으로써 그들을 선두로 한 정치 근로 인민들이 자기의 정치적 권리를 찾는 기쁨과 함께 조선민주주의인민공화국 헌법 채택을 축하하는 모습을 보여주고 있다"라고 평가된다. 위 조선우표목록, pp. 8-9.

〈표 2〉 남한의 우표발행 절차

주제선정: 우표발행 심의위원회	→	디자인 논의: 심의위원 + 선정 디자이너	→	주제 및 디자인 자료 수집 및 자문: 공동	→	디자인 작업: 지정디자이너
디자인 심의: 우표심의위원회	→	우표형태천공: 한국조폐공사와 협의하여 결정	→	우표발행 및 판매: 우정사업본부		

〈표 3〉 북한의 우표발행 절차

주제선정 : 노동당 당중앙위원회 선전선동부	→	디자인 : 만수대창작소 및 지정창작 단소속 디자이너	→	주관 및 협력기관: 선전선동부가 조직지도부, 국제부, 내각의 외무성과 협의 후 결정	→	발행: 국가우표 발행국	→	유통: 체신성 산하 조선 우표사.

자본주의체제 남한의 우표와 사회주의체제 북한의 우표에 사용되는 주제도상는 발행 목적과 기능이 다르기 때문에 발행 주체 및 유통과정이 다를 수밖에 없다. 남한에서는 주제 선정부터 민간주도로 시작해서 우표 디자인 및 심의 등 우표 발행 과정상 모든 절차가 민간주도로 진행되고 발행만 국가기관이 맡고 있다. 반면에 북한에서는 주제 선정부터 발행까지 모든 과정을 국가당 주도로 진행된다. 이러한 발행 주최의 차이는 북한에서 우표가 국가미디어 역할을 할 수밖에 없는 구조이라는 점을 잘 보여준다. 만국우편연합에 가입된 모든 국가들은 매년 새해에 발행할 우표발행계획표를 작성해서 발표한다. 남한과 북한도 마찬가지로 '우표 발행 계획표'를 발표하고 있다. 매해 남한과 북한에서 발행 계획하고 있는 우표의 주제 및 종류를 보면 남한 디자인의 경우, 우표에 사용되는 소재와 주제가 자연과 문화 등 생활 분야에 집중되어 있는 반면에 북한의 경우에는 자연과 문화를 비롯해 김일성, 김정일, 김정은의 혁명활동 부분이 강조되

고 있다. 2021년의 우표 발행 계획표를 보면 북한의 경우 노동당이 결정하는 정책이나 경제 부분에 대한 선전용은 물론, 대외적으로 북한체제의 보통국가 이미지 홍보와 사회주의국가체제에 대한 우월성을 강조하려는 다양한 종류의 우표가 주제로 선정되고 있음을 확인할 수 있다〈표 4〉 참조.

〈표 4〉 2021년 남한·북한 우표발행 계획표

<table>
<tr><th colspan="4">남한 우표발행계획</th><th colspan="5">북한 우표발행계획</th></tr>
<tr><th>번호</th><th>제목</th><th>종수</th><th>발행일</th><th>번호</th><th>제목</th><th>종수</th><th>우표</th><th>발행일</th></tr>
<tr><td>1</td><td>우리 위성 천리안</td><td>3</td><td>01.26.</td><td>1</td><td>주체110(2021년) 새해</td><td>1</td><td>1</td><td>01.01.</td></tr>
<tr><td>2</td><td>KAIST 개교 50주년</td><td>1</td><td>02.16.</td><td>2</td><td>식물</td><td>4</td><td>4</td><td>03.20.</td></tr>
<tr><td>3</td><td>다시 찾은 소중한 문화유산</td><td>4</td><td>02.26.</td><td>3</td><td>미술작품</td><td>4</td><td>4</td><td>02.05.</td></tr>
<tr><td>4</td><td>한국의 옛 건축서원</td><td>8</td><td>03.11.</td><td>4</td><td>위대한령도자김정일동지
탄생 79돐경축</td><td>1</td><td>1</td><td>02.15.</td></tr>
<tr><td>5</td><td>한국의 항공기세 번째 묶음</td><td>3</td><td>03.25.</td><td>5</td><td>천연기념물</td><td>3</td><td>3</td><td>03.10.</td></tr>
<tr><td>6</td><td>화조영모 병풍</td><td>10</td><td>04.06.</td><td>6</td><td>특산물</td><td>4</td><td>4</td><td>03.24.</td></tr>
<tr><td>7</td><td>조선의 천문과학</td><td>4</td><td>04.21.</td><td>7</td><td>조선로동당 중앙위원회
상무위원회
북청확대회의 60돐 기념</td><td>2</td><td>1</td><td>04.07.</td></tr>
<tr><td>8</td><td>선면화</td><td>6</td><td>05.17.</td><td>8</td><td>위대한 수령 김일성 동지
탄생 109돐 경축</td><td>1</td><td>1</td><td>04.15.</td></tr>
<tr><td>9</td><td>해양보호생물 네번째 묶음</td><td>4</td><td>05.31.</td><td>9</td><td>동물</td><td>4</td><td>4</td><td>05.20.</td></tr>
<tr><td>10</td><td>궁궐의 신비로운 동물</td><td>4</td><td>06.22.</td><td>10</td><td>민족악기</td><td>4</td><td>4</td><td>06.10.</td></tr>
<tr><td>11</td><td>아름다운 호수</td><td>4</td><td>07.01.</td><td>11</td><td>건축물</td><td>2</td><td>2</td><td>07.21.</td></tr>
<tr><td>12</td><td>해안경관도로</td><td>4</td><td>07.15.</td><td>12</td><td>민속</td><td>4</td><td>4</td><td>08.12.</td></tr>
<tr><td>13</td><td>읍성</td><td>3</td><td>08.04.</td><td>13</td><td>조선민요</td><td>4</td><td>4</td><td>09.15.</td></tr>
<tr><td>14</td><td>김대건 신부 탄생 200주년</td><td>1</td><td>08.20.</td><td>14</td><td>평양지하철도</td><td>3</td><td>3</td><td>10.12.</td></tr>
<tr><td>15</td><td>한국의 선박</td><td>4</td><td>09.15.</td><td>15</td><td>유적유물</td><td>4</td><td>4</td><td>11.05.</td></tr>
<tr><td>16</td><td>유네스코 인류무형문화
유산줄타기</td><td>2</td><td>09.30.</td><td>16</td><td>버섯</td><td>4</td><td>4</td><td>11.26.</td></tr>
<tr><td>17</td><td>한복의 어여쁨</td><td>4</td><td>10.21.</td><td>17</td><td>위대한 령도자 김정일동지는
영원히 우리와 함께 계신다</td><td>4</td><td>2</td><td rowspan="5">12.17.</td></tr>
<tr><td>18</td><td>한국의 명견</td><td>3</td><td>10.29.</td><td rowspan="4">18</td><td rowspan="4">경애하는 최고령도자 김정은동지를 조선민주주의인민공화국무력최고사령관으로 높이 모신 10돐 경축</td><td rowspan="4">1</td><td rowspan="4"></td></tr>
<tr><td>19</td><td>약용 식물</td><td>4</td><td>11.10.</td></tr>
<tr><td>20</td><td>우표취미주간</td><td>2</td><td>11.18.</td></tr>
<tr><td>21</td><td>연하우표</td><td>2</td><td>12.01.</td></tr>
<tr><td colspan="2">계</td><td>80</td><td></td><td colspan="2">계</td><td>54</td><td>50</td><td></td></tr>
</table>

3. 북한 우표의 시기별 변화와 특징

북한은 "조선우표는 공화국북반구에서 이룩된 거대한 사회경제적 변천과정을 생동하게 펼쳐보여야 한다"라고 강조한다.

> "조선우표는 조선의 혁명발전의 매 시기, 매 단계마다 조선에서의 백두산3대장군의 위대성과 령도의 현명성, 우리 당의 로선과 정책, 주체조선의 발전모습을 세상에 널리 소개해야 하며, 인민과 인민군군인들을 당정책관철에로 힘있게 떠밀어주는데 이바지해야한다. 조선우표는, 복받은 인민들의 삶, 보람찬 투쟁과 생활, 위대하고 존엄높은 시대를 노래하며 혁명과 건설을 고무 추동하고 온 사회를 위대한 령도자의 두리에 철통같이 뭉친 하나의 대 가정, 일심단결의 화원으로 꾸려나가는데 참답게 복무해야한다."[64]

우표 도안에 시대성을 담아야 한다는 것이다. 북한은 "우표 자체가 해당 시대의 정치, 경제, 문화 발전 면모를 민감하게 묘사하는 소예술품"이라고 평가한다.

> "조선 우표는 오랜 력사적 시기에 각이한 정치적 목적을 띠고 발전하여 왔다. 그것은 우표 자체가 해당 시대의 정치, 경제, 문화 발전 면모를 민감하게 묘사하는 소예술품으로 되기 때문이다. 1884년 처음 발행된 우표로부터 리조 봉건시기에 발행된 몇종의 우표들은 조선을 표방하면서 당시 지배 계급들의 지배

64 장은영,『로동신문』, "조선우표의 자랑스러운 로정", 주체100(2011)년 3월 17일.

체계를 강화하기 위한 의도로 일관되어 있었다. 1910년 〈한일 합병〉이후 일본 제국주의자들은 조선에서 식민지 억압 정책의 강화와 대륙 침략을 위한 목적으로부터 출발하여 기만적이며 략탈적인 내용으로 일관된 일본 우표의 사용을 강요하였으며 조선 우표는 발행되지 못하였다. 우리나라에서 우표 발전의 새로운 발족은 1945년 8월 15일 소련 군대에 의한 조선의 해방과 함께 조선 인민이 자기 손에 주권을 잡은 때로부터 시작된다."[65]

실제로 1945년 해방과 함께 발행되기 시작한 북한의 우표에는 북한의 역사적 변화상이 생생하게 담겨 있고, 각 시기별로 어떤 과제들이 부각되었으며 어떻게 변화되었는지를 잘 보여준다. 북한이 강조한 것처럼 북한 우표에는 "혁명발전의 매 시기, 매 단계"를 반영한 도상이 반영되어 있는 만큼 북한현대사를 몇 시기로 나눠 어떤 우표들이 발행되었는지를 살펴볼 필요가 있을 것이다.

1) 해방~전후 인민경제복구시기 발행 우표의 특징

(1)민주건설시기 발행된 주요 우표들

이 시기에 해당하는 해방 후부터 1959년 말까지 북한에서는 174종의 우표가 발행됐다. 1945년 해방이후부터 1950년 6월까지 16종, 3년간의 전쟁시기에 27종, 1953년 전후시기에 131종이 각각 발행되었다.[66]

1910년 8월 29일경술국치일 이전에 조선의 국권은 실질적으로 강탈당한 상태였다. 1904년 2월에 한일의정서, 1904년 8월에 제1차 한일강제협약

65 체신성 우표사, 『조선우표목록1946-1959』, 로동신문출판인쇄소, 1961, p.1

66 체신성 우표사, 『조선우표목록1946-1959』, 로동신문출판인쇄소, 1961, p.1

을 통해 사실상 조선의 주권을 무력화시킨 일제는 1905년 4월 1일에는, 조선이 일제의 부당한 조치들을 외국에 알리지 못하도록 '조일통신기관협정'을 강제로 체결토록 하여 통신 주권을 완전히 강탈해 갔다. 한 국가가 통신 주권를 박탈당했다는 것은 대내적으로는 자국민들과 소통의 통로가 사라졌다는 것을 의미하고 대외적으로는 타국과의 교류가 모두 차단되었다는 것을 의미한다.

북한 우표 발행은 북조선임시인민위원회 산하에 국립인쇄소가 창립되면서 시작됐다고 할 수 있다. 조선사회과학원 김철만 교수는 해방 후 우편기관들의 창설과정에 대해 다음과 같이 설명하고 있다.

"김일성동지께서는 해방 후 나라의 건국사업에서 통신이 노는 중요한 역할을 깊이 헤아리시고 통신기관부터 복구 정비하는 사업을 현명하게 조직령도하시였다. 주체34(1945)년 11월에 조직된 북조선체신국은 지방정권기관들이 장악한 체신기관들과 통신설비들을 통일적으로 관리하고 전국적인 범위에서 인민경제발전과 근로자들의 생활안정을 위한 새로운 체계를 세워나갔다. 위대한 수령님께서는 주체36(1947)년 2월 북조선림시인민위원회 창설을 계기로 또다시 체신국 기구를 정비하시고 우무부안에 우무과를 내오도록 하시였다."[67]

북조선 체신국은 처음에 각 도별로 통신국을 두고 그 아래에 우편국과 통신공무국, 중개소 등을 가지고 사업을 시작하였다. 그 후 김일성 북조선임시인민위원장의 지시로 1946년 7월 4일 북조선임시인민위원회 인쇄기지인 국립인쇄소에 우표 발행기지가 만들어졌다.[68] 국립인쇄소는

---

67 김철만, 『해방된 조선의 우편기관창설과 우표발행에 대하여』, 사회과학출판사, 2019. p.59.

68 "체신국에서는 속한 시일내에 사업체계를 바로세우고 우편시설물들을 복구 정비하여 우편물 송

1948년 9월 정권 수립된 뒤 100여대의 인쇄 가대설비와 300여 명의 종업원을 가진 큰 규모의 전문인쇄공장으로 확대 발전하였으며 우표를 비롯한 체신인쇄물을 생산하였다.

인쇄소가 만들어지자 북한은 첫 우표 발행사업을 추진하였다. 북한에서는 첫 우표 발행사업도 김일성이 발기하고, 지도했다고 선전하고 있다.

"수령님께서는 해방 직후에 조선 우표를 새로 만들데 대하여 발기하시고 새형의 조선 우표의 성격과 그 면모, 우표 도안 편집과 발행에서 견지하여야 할 근본원칙과 발전 방향을 주체적인 립장에서 환히 밝혀 주시였으며 여러 차례에 걸쳐 우표 도안과 우표를 발행할 데 대한 문건들도 보아주시면서 일군들을 따뜻이 손잡아 이끌어 주시였다. 이 과정에 우리나라에서는 우리 인민의 민족적 정서와 애국 사상을 반영한《무궁화》와《삼선암》이라는 첫 우표가 발행되게 되었다.
주체351946년 3월 12일 북조선림시인민위원회 체신국장을 만나주신 위대한 수령님께서는 우리나라에서 처음으로 발행한 우표《무궁화》와《삼선암》을 보아주시면서 기쁨에 넘치시여 조선우표《무궁화》와《삼선암》이 색깔은 선명하지 못하지만 그만하면 괜찮게 되었다고 하시면서 이제는 인민들이 조선우표를 가지고 서신거래를 할 수 있게 되었다고 만족해 하시였다."[69]

북한의 첫 우표인 '무궁화'와 '삼선암'은 당시까지만 해도 남과 북이 '국화'로 여겼던 무궁화와 금강산의 삼선암을 도안으로 했다. 당시까지만 해

달사업을 정상화하여야 합니다. 그리고 우표도 우리나라의 현실과 우리 인민의 생활감정에 맞게 새로 만들어야 하겠습니다."『김일성전집』(제2권 p. 389.

69 김철만, 『해방된 조선의 우편기관창설과 우표발행에 대하여』, 사회과학출판사, 2019. p.59.

도 분단이 가시화되기 전이라는 정치상황이 반영된 것으로 도안 주제 자체도 비정치적 내용이었다는 사실을 알 수 있다.

북한이 1946년 3월 12일 자체적으로 우표도안을 만들어 첫 우표를 발행한 반면, 남한에서는 1946년 5월말까지 일본우표 위에 가쇄인쇄로 사용해 오다가 1946년 6월부터 남한에서도 자체도안 우표를 발행해 사용하면서 일본 가쇄인쇄 우표들은 사용이 전면 금지되었다.

북한에서 분류하고 있는 민주건설시기1945년 8월-1950년 6월 발행된 우표의 부문별 주제를 보면 김일성의 모습을 주제로 한 우표가 1종, 정치행사우표 10종, 농업우표 1종, 국기우표 1종, 꽃우표 1종, 풍경우표 1종으로써 총 17종이 창작, 발행되었다.

그중 북한은 1946년 8월 15일 해방 1주년을 기념하여 발행된 우표에 대해 "해방 후 우표 발행에서 가장 중요한 자리를 차지하는 것"이라고 평가한다. 이 우표에 처음으로 당시 북조선임시인민위원회 위원장이었던 김일성의 초상이 들어갔기 때문이다. 북한은 이 우표에 대해 "김일성동지의 영상을 처음으로 모신 조선우표 발행은 위대한 태양을 모신 새 조선의 탄생을 온 세상에 전하는 불멸의 력사적 화폭으로서 조선우표 발행력사에서 커다란 의의를 가진다"라고 평가, 선전한다.[70]

또한 이 시기에 토지개혁을 주제로 창작된 우표인 '땅의 주인'에 대해 북한은 "땅의 주인된 농민들이 처음 제 손으로 밭을 갈고 씨 뿌려 풍년 든 곡식을 거두어들이는 기쁨과 자기들의 세기적 염원을 김일성 수령님이 풀어주신 감사가 담긴 우표"라고 소개하고 있다.[71]

1947년 기념우표로 발행된 〈로동법령실시 2주년기념〉 우표에 대해서

---

70 김성남, 『천리마』, 천리마사, 1999, pp.82-83.

71 김성남, 『천리마』, 천리마사, 1999, pp.82-83.

는 "사람을 가장 귀중히 여기는 우리나라 사회주의제도의 우월성을 훌륭히 보여주고 있다"고 설명하고 있다. 이 우표는 화면중심에 망치를 쥔 남성노동자의 환희와 찬 모습을 형상하고 배경으로 산업공장들을 그리고 있으며 상단에 '로동법령실시 2주년기념 6.24'라는 글자를 넣어 기념우표의 주제를 명백히 하였다.

이외에도 1948년에는 〈8.15해방 3주년〉 〈조선민주주의인민공화국 헌법실시기념〉 〈'조선민주주의인민공화국 중앙정부수립기념〉 등의 우표가 발행되었다. 이 시기 발행된 우표 도안들에 대해 북한학자 김성남은 "김일성동지께서 주체37 1948 년 9월 9일 조선민주주의인민공화국을 창건하심으로써 진정한 인민의 정권을 가지게 되었으며 나라의 주인으로 이 땅우에 존엄높은 자주독립국가를 힘차게 건설할 수 있게 되었다는 것을 사상예술적으로 훌륭히 펼쳐 보이고 있다"며 "이런 우표들은 섬세하고도 잘 짜인 구도, 풍부한 내용을 집약화 하여 화면에 담음으로써 더욱 생동감을 나타내고 있다"고 설명하였다.

1946년 창설된 '북조선김일성대학' 김일성종합대학의 전신 을 배경으로 한 우표도 발행되었다. 김성남은 이 우표에 대해 "처음으로 건축물을 우표에 형상화한 것으로 하여 독특한 맛을 자아내고 있다"[72]고 평가했다.

(2)전쟁시기에 발행된 우표들

좁은 한반도에 남과 북에서 각자의 정부들이 세워진 지 만 2년도 안된 1950년 6월에 남북은 전쟁에 돌입했다. 북한은 전쟁 참여를 독려하기 위한 다양하고 많은 선전화들을 제작 배포했다. 우표 도안에도 북한인민들을 하나로 묶어내 전쟁을 승리하기 위한 다양한 모습들이 담겼다. 개전 3일

72 위 김성남의 책, pp.82-83.

만에 서울이 함락되었고, 북한은 1950년 6월 28일 '서울 해방 기념우표'[73]를 발행하였다. 8월 말에는 인민군 주력부대가 낙동강까지 진출하였다.

하지만 9월 15일 유엔군의 인천상륙작전으로 전세가 역전되기 시작하며 9월 28일에는 서울이 다시 유엔군 수중에 들어왔다. 10월 19일에는 평양까지 함락되었다. 10월 말에는 함경도 북단을 제외한 대부분의 지역에 유엔군 산하의 군정부가 설치되었다.

북한의 상황이 연합군에게 파죽지세로 밀리게 되자 다급해진 것은 북한정부만이 아니었다. 통일정부를 수립한 지 만 1년 밖에 안 된 중국은 북한과 순망치한의 관계였기에, 항미원조抗美援朝가 곧 국가보위國家保衛라는 기치 아래 1950년 10월 19일 전쟁에 참전하여 공세를 높여갔다. 펑더화이彭德懷를 사령관으로 한 중국군의 전면적 참전으로 전선은 고착되어 갔고 1951년 여름부터 휴전이 모색되었다.

전쟁 기간 중에 발행되는 남한의 우표는 평범한 일상에 대한 도상을 담고 있는데 반해 북한에서 발행된 우표들은 하나같이 발행 목적이 명료했고, 전달하고자 하는 주제도 분명하게 전달될 수 있도록 도안되었다. 대표적인 우표 도안으로는 전쟁영웅[74] 김기옥에 대한 우표, 최후의 승리를 위한 전투참여 독려 우표, 참전한 군인들에게 수여되는 군인명예 훈장 우표, 여자 빨치산 유격대 리수덕를 찬양하는 우표, 조-중 친선을 강조하는 우표 등을 들 수 있다.

1952년 6월 4일에는 '미제 반대 투쟁의 날 기념' 우표가 발행되었다. 이

---

73 6.25전쟁 발발 3일 만에 북한이 '서울해방기념우표'를 발행했다는 사실은 당시 6.25전쟁에 대한 대대적인 침략이 어느 쪽이었나에 대한 답을 주고 있다고 할 수 있다.

74 조선민주주의인민공화국에는 1950년 6월 30일 정령으로 제정된 공화국영웅 칭호와 1951년 7월 17일 정령으로 제정된 공화국 노력영웅인민경제의 각 부문에서 국가와 인민을 위하여 특출한 모범적 위훈을 세운 사람에게 수요하는 칭호 두 가지가 있다. 앞의 사전, p.475

〈그림 9〉 한국전쟁시기에 북한이 발행한 우표들.ⓒ미디어한국학

후 북한은 매년 6월에 비슷한 주제의 우표를 반복적으로 발행하고 있다. 미제 반대투쟁 우표들이 매년 반복 발행되고 있다는 이유는 미국의 전면적 한국전쟁 참전으로 북한에서 주장하는 조국해방전쟁 승리를 달성하지 못했고, 전쟁당시 미국의 무차별적 공중 폭격으로 인해 북한의 주요 도시가 복구 불능의 상태라는 평가를 받을 만큼 잿더미 상태[75]가 되면서 자연적으로 발생하게 된 인민들의 반미감정을 반복 소환해 내부결속을 다지려는 의도가 내재되어 있다고 평가된다.

---

75 6.25 한국전쟁 기간 동안 미군은 제2차 세계대전에서 태평양전쟁지역 전체에 투하한 50만 3천 톤보다 많은 63만 5천 톤의 폭탄을 북한에 투하했다고 한다. 브루스 커밍스, 『브루스 커밍스의 한국전쟁』, 현실문화, 2010, p.226.

(3)전후 복구건설시기에 발행된 주요 우표들

북한은 1953년 전쟁이 끝나자 본격적으로 사회주의적 개혁에 착수했다. 일반적으로 사회주의 개조문제는 곧 사회주의제도의 수립의 문제이며 사회주의 혁명과 건설의 시기적 분기점을 의미하기도 한다. 이 때 사회주의개조의 대상은 주로 소농경리와 개인수공업적 경리로서 이들을 협동화하는 것이 사회주의 제도수립과정에서 주요임무로 설정되었다.

1953년 조선노동당 중앙위원회 6차 전원회의에서는 농촌에서 '생산관계를 사회주의적으로 개조'한다는 방침이 수립되었다. 이에 전후복구건설과 병행하여 농촌의 사회주의적 개조가 추진되었다. 북한은 농업협동화 작업을 점진적으로 추진해 1958년에 전농토의 협동화 작업을 완료하였다. 또한 농업협동화와 함께 개인 상공업의 사회주의적 개조를 1958년에 완수함으로써 이때부터 사회주의적 생산관계가 북한사회를 전일적으로 지배하게 되었다.

이러한 시기적 과제를 반영해 1953년 7월 27일 정전 이후의 북한 우표는 전후복구와 경제회복을 강조하는 특징을 두드러지게 나타내고 있다. 1954년 1월 25일 발행 우표는 '모든 것을 전후인민경제발전에로' 란 제목으로 발행되었다. 도상으로는 한 남성 노동자를 전면에 배치하면서 뒤 배경으로는 대형철구조물들을 배치해서 복구되는 경제를 상징적으로 보여주고 있다. 그 후 1956년 11월 14일에 발행된 '모범농민'과 1956년 7월 28일에 발행된 우표의 모델은 남성이 아닌 여성을 내세웠다. 여성의 사회참여를 강조하는 한편, 전쟁으로 인한 남성들의 사망으로 일할 남성이 크게 부족한 상황임을 유추해 볼 수 있다.

정전 후 우편 통신망은 제6차 당전원회의 결정에 입각하여 파괴된 시설망을 복구 개건하고 인민 경제의 수요에 적응하게 확장한 결과 1955년 말에는 전쟁 전 수준을 능가하는 수준에 도달했다. 취급물 수에서도 국내 통상 우편은 1949년도에 비하여 113%로 발전되었다. 이 기간에 현대적 기술 설비로 장비된 중앙방송국의 사업이 개시되었고, 1955년에는 1954년에 비하여 149개의 유선 방송국이 더 증설되었다.

1956년 수립된 제1차 5개년 경제계획1957-1961년은 사회주의 경제 토대를 더욱 튼튼히 하며 인민들의 의식주 문제를 기본적으로 해결할 것을 과업으로 삼았다. 이 기간 우편통신사업에서 이룩한 성과에 대해 북한은 다음과 같이 평가했다.

> "우편통신 사업에 있어서는 날로 발전 강화되는 인민 경제의 수요와 인민들의 물질 문화적 수요를 원만히 충족시키기 위하여 시설들을 도시와 농촌에 광범히 확장하여 선진기술을 도입하며 우편통신 기업소들을 절차적으로 근대식 청사로서 개선하며 우편통신 일군들을 조선로동당 중앙위원회 12월 전원회의 결정 정신을 받들고 양양된 로력적 영성으로써 제1차 5개년 계획의 첫해인 1957년 계획을 완수하였다. 그 결과 1957년 8월부터 도, 시, 군에 이르기까지 철도, 자동차, 수로에 이르기까지 약간 교환에 잔용 기동수단을 리용하여 우편물의 송달 속도를 현저히 제고하였다. 오늘 우편통신 일군들은 제1차 5개년 계획을 1959년 8.15전으로 초과 완수하기 위하여 긴장된 태세를 늦추지 않고 천리마를 탄 기세로 과업 실천에 매진하고 있다."[76]

2) 김일성 유일사상체제 형성 및 확립 시기 우표의 특징

1950년대가 김일성을 중심으로 한 유일체제가 뿌리를 내리는 시기라면

76 『우편 통신』, pp.8-13.

1960년대는 유일사상 체제와 수령의 유일적 영도체제가 형성돼 '수령제 정치체제'가 완성된 시기였다.

이 시기의 특징은 1967년 5월에 갑산파로 불리는 국내 정적에 대한 숙청을 통해 권력투쟁이 마무리되었으며, 1960년대 초부터 중·소간 수정주의와 교조주의로써 대표되는 사회주의국가들 간의 이념 갈등이 심화되었다. 이에 따라 북한에서는 그동안 지도사상이었던 맑스-레닌주의에서 점차 벗어나 주체사상이 심화 발전되었으며, 주체사상에 기초한 유일사상체제가 나타나게 되어 수령중심의 당·국가체제가 확립되었다.

김일성은 1967년 조선노동당 중앙위원회 제4기 제15차전원회의를 계기로 하여 당의 '유일사상체계'를 세우는 문제를 제기하였다. 당내에 다른 어떤 사상도 인정하지 않고 '김일성의 혁명사상'만을 유일사상으로 강조한 것이다. 이시기는 국내적으로 보면 김일성에 반대할 수 있는 세력이 사실상 모두 제거된 상황이었으며, 국제적으로 보면 소련과 중국에 대해 자주노선을 표방하기 시작한 시점이었다.

1967년 당의 유일사상체계가 본격적으로 제기되는 것과 동시에 수령의 유일영도체계 형성이 시작됐다. 북한에서 본격적으로 김일성을 수령으로 지칭하기 시작한 것도 이때였다. 이것은 당 총비서인 김일성을 중심으로 당·정·군의 유일적 영도체제가 확립되기 시작한 것을 의미했다. 이때 이미 '유일사상체계확립 10대원칙'이 1967년 말에 작성되어 1968년 초부터 당간부생활의 기준으로 사용되기 시작했다. 김일성에 대한 호칭도 변했다. 이전에는 '수상동지','총비서동지' 등 여러 가지로 불리던 것이 이때부터 '위대한 수령 김일성 동지'로 통일되기 시작했다.

1970년 소집된 조선노동당 제5차대회에서 김일성은 보고를 통해 당의 유일사상의 진수를 이루는 것은 마르크스-레닌주의적 주체사상이고 당의 유일사상체계는 주체의 사상체계임을 선언하였다. 또한 김일성은 보고를 통해 "당을 강화하는데서 무엇보다 중요한 것은 전당에 유일사상체계를 세우며 그에 기초하여 당대열의 통일과 단결을 계속 확고히 보장하는 것"이라고 주장했다. 이때에 이르면 북한사회에서는 김일성을 중심으로 한 유일적 영도체계가 확고히 수립되었다고 볼 수 있다.

이러한 시대적 변화에 따라 북한은 1950년대 말부터 1960년대 전반기에 출판사업에서 주체를 튼튼히 세우고 당성, 노동계급성, 인민성, 대중성을 철저히 구현하는 것을 과제로 삼았다. 1960년대 초부터 70년대 중반까지 출판사업은 당원들과 근로자들에게 유일사상체계를 철저히 주입시키고 온 사회를 혁명화, 노동계급화 하는데 적극 이바지하는 도서들을 발행하는데 주력하였다.

조선노동당출판사에서는 1967년부터 김일성의 이른바 '노작'들을 집대성한 『김일성저작선집』 출판사업을 시작하였으며 김일성 노작들과 교시들을 사상별, 주제별로 묶은 문헌집들과 교시 출판사업을 계속 진행해 나갔다. 특히 김일성과 김일성 일가의 활동을 다룬 서적들이 두드러지게 출간되었다.

사회과학출판사에서는 총 40권으로 된 『조선로동당정책사』를 편집하여 1970년대 초에 출간하였으며, 『김일성동지 혁명활동략력』과 『김일성동지략전』 『김일성동지의가정과 초기혁명 활동에 대하여』 『불요불굴의 반일혁명투사 김형직선생』 『강반석녀사를 따라배우자』 『김정숙동지를 회상하며』 『항일빨치산 참가자들의 회상기』 『인민의 자유와 해방을 위하여』 『인민들 속에서』 『4천만의 어버이』 등 혁명 전통 교양 자료들과 덕성 교양자료들이 수록된 도서들이 편집 출판되었다[77].

---

77 리봉우 외 3, 『북한출판실태와 현황』, 범우사, 2021, pp. 65-66.

위와 같은 김일성의 혁명적 활동과 가계에 대한 출판물들이 활발하게 나올 수 있었던 것은 1948년 북한정권 수립 때 참여했던 남로당계열, 소련파, 연안파, 박금철 등의 국내파 등이 모두 숙청되고, 김일성이 주도했다는 1930년대 항일무장투쟁이 단일 혁명전통으로 확고하게 확립되었기 때문이었다.

이 시기 눈에 띄는 우표도안으로는, 1958년 5월과 1959년 9월에 발행된 〈중국인민지원군 환송기념〉 우표가 있다. 1959년 6월에는 거대한 김일성동상을 모델로 한 〈보천보전투승리기념〉 우표와 〈백두산 구호나무〉 우표가 최초로 등장했다. 이후부터 북한 우표의 주제 및 배경으로 가장 빈번하게 반복 발행되고 있는 것이 보천보전투승리기념에 대한 우표들이고, 아울러 김일성의 항일무장투쟁에 관한 우표 도안들이 '조선화'[78]를 차용한 방식으로 가장 빈번하고 반복적으로 발행되고 있다.

1961년 9월 북한은 1956년 4월에 개최된 조선노동당 제3차 대회 이후 5년 만에 제4차 당대회를 개최했다. 제4차 당대회에서는 제1차 5개년 계획에 이어 제1차 7개년1961년~1967년 인민경제발전계획이 발표되었다. 제1차 5개년계획과 제1차 7개년계획을 거치면서 북한에서는 자립적 민족

---

78 1999년 4월 7일자『천리마』를 보면P.83 조선화에 대해 다음과 설명하고 있다. "조선화는 오랜 전통을 가진 동양화의 한 형식이다. 조선화는 동양화의 일반적특징을 띠면서 고유한 민족회화형식의 훌륭한 특성을 뚜렷이 갖추고 오래전부터 발전하여왔다. 조선화의 전통이 오래다는 것은 이미 고구려무덤벽화에 조선화화법이 잘 살아있는 것을 보아도 알수 있다. 위대한 령조자 김정일동지께서는 다음과 같이 지적하시였다. 《우리민민의 민족적 감정과 정서를 풍부하게 담고있으며 현실을 생동하게 그려내는 조선화는 훌륭한 회화형식으로 세상에 널리 알려져있다》 선명하고 간결하고 섬세한 화법으로 그려지는 조선화는 힘있고 아름답고 고상한 회화형식으로서 예술적특성을 보여주고 있다. 조선화화법의 기본특성은 함축하고 집중하는 것이다. 조선화에서는 선묘법, 색묘법, 명암법, 구도법, 원근화법이 다 함축과 집중의 원리에 기초하고 있다. 조선화를 보게되면 깊이 사색하게되고 정갈하고 우아한 화풍을 느끼게 되는데 그것은 조선화가 독특한 묘사원리에 기초하고 있기 때문이다. 함축하고 집중하는 조선화의 조형원리는 묘사대상의 본질을 명료하게 돋구어내며 적게 그리여 많은 것을 느끼게 한다. 조선화화면에서는 형상적초점과 여백같은 특이한 조형적공간을 볼 수 있고 산뜻하게 조화되는 색체형상과 간결하면서도 조화롭게 그려진 형태를 볼 수 있는데 그것은 다 함축과 집중의 원리에 기초하고 있기 때문이다, 이런 것으로 하여 조선화는 우리민족회화의 예술적특징을 훌륭히 보여주고 있다."

경제건설노선이 정착됐다. 이 경제노선은 다면적인 경제구조의 확립, 현대적 기술에 의한 장비, 견고한 원료기지의 확립, 경제건설을 위한 민족간부의 육성, 모든 부문을 유기적으로 결합하는 종합적 경제체제 확립을 목표로 했다.

이러한 분위기에 따라 이 시기에 발행된 우표들도 정치 분야뿐 아니라 7개년 계획목표 달성을 독려하는 구체적인 목표가 제시된 노력동원형 도안들이 등장했고, 비날린공장 건설, 화물차, 트랙터, 압축기, 회전선반 등 다양한 자동화기계들을 모델로 한 남한에 비해 발전한 북한의 모습을 선전하는 우표들이 다수 발행되었다.

나아가 1960년 9월 26일에는 남북 체제경쟁의 우위를 대내외에 크게 선전할 수 있는 〈재일 조선동포의 귀국환영〉 기념우표가 발행되었다. 1961년 5월 9일에는 최초의 "평화통일조선의 평화통일을 위하여" 제목의 기념우표가 발행되기도 하였다.

김일성 중심의 1930년대 항일무장투쟁이 유일한 혁명전통으로 강조되면서 김일성 외에 함께 활동했던 항일투사들을 도안으로 하는 우표들도 발행됐다. 김책, 강건, 안길, 마동희, 김용범 등이 대표적 혁명투사 기념우표들이었다.

1961년 9월 노동당 제4차 대회를 계기로 김일성의 1인지배체제가 확립되었지만 1967년 이전까지는 김일성 관련 우표가 1962년 4월에 발행된 "위대한 수령 김일성 원수 탄생 50주년기념우표" 관련 2종에 불과했지만 1967년 이효순, 박금철 등 갑산파 숙청 이후에는 기하급수적으로 늘어났다. 나아가 어린 시절 김일성 주석 관련 우표들이 다수 발행되기 시작하였으며, '항일영웅 김정숙 동지', 혁명투사 김형직, '조선의 위대한 어머니 강반석 여사의 혁명활동' 관련 우표 등 김일성 가계家系인 백두혈통을 강조하기 위한 우표들이 다수 발행되기 시작하였다.

3) 김정일 후계체제 형성기와 확립기1970-1994년 우표의 특징

1964년 김일성종합대학 정치경제학과를 졸업하고 당 조직 생활을 시작한 김정일은 조직지도부와 선전선동부를 거쳐 1970년에는 두 핵심부서를 담당하는 당중앙위원회 부부장으로 승진했다. 그리고 3년 뒤 조직과 선전 담당 비서에, 다음해인 1974년 2월에는 조선노동당 정치위원으로 임명되면서 김일성의 후계자로 확정되었다. 이후 독자적인 후계체제 후계자의 유일지도체계 형성을 마친 후 1980년 제6차 당대회를 통해 공식석상에 모습을 드러냈다.

김정일은 후계자로 부상하는 과정에서 당 선전선동부를 통해 문학예술작품 창작지도 등 다양한 방법을 동원하여 당원들과 주민들에 대한 사상교육과 우상화 선전, 당정책의 침투와 경제선동, 각종 정치행사를 주관하였다. 후계체제가 거의 확립된 1975년 8월 김정일은 '조선민주주의인민공화국 출판법'[79]을 제정하여 공포하도록 지시했다. 북한은 출판법에 대해 '출판보도사업전반에서 당의 유일사상체계, 당의 유일적 영도체계를 철저히 세우며 당의 출판혁명 방침을 성과적으로 수행할 수 있게 한 새형의 주체적이며 혁명적인 출판법전'이라고 평가했다.

이 시기에 김정일은 당의 유일적 영도를 실현할 수 있도록 출판기관들을 부문별로 통합하고 개편하는 사업도 시행하였다. 이 시기부터 조선노동당출판사, 금성청년출판사, 근로단체출판사, 과학백과사전출판사, 외국문물출판사, 공업출판사, 농업출판사, 문학예술출판사, 철도출판사, 중

79 송승섭, "북한의 출판물 현황과 특징", 『북한연감』2001, p.121.

앙과학기술통보사 등이 정비, 강화되어 도서출판 사업을 진행하였다.

이 시기 도서출판 사업에서 중요한 자리를 차지한 것은 김일성과 김정일의 이른바 '고전적 노작'들의 대대적 출판이었다. 『김일성저작선집』, 『김일성저작집』 등 선집류들과 『조선로동당건설에 대하여』, 『3대 혁명에 대하여』「사회주의 경제관리문제에 대하여」「사회주의문학예술론」「통일전선사업에 대하여」「자주성을 옹호하는 세계인들의 단결을 위하여」를 비롯한 문헌들, 단행본들, 부문별 교시집들, 교시 발자취들이 대대적으로 출판되었다. 김정일의 『영화예술론』『주체사상에 대하여』를 비롯하여 많은 글들이 논문과 단행본으로 출판되었고 『주체혁명 위업의 완성을 위하여』를 비롯한 문헌집들이 연속으로 발행되었다.[80]

또한 『위대한 주체사상총서』『인민의 자유와 해방을 위하여』『항일무장투쟁사』 등의 혁명전통 교양도서와 그 밖의 교양 도서들이 출판되었다. 그리고 주체적인 문예사상과 문예이론의 지도아래 혁명적인 문학예술작품들이 출판되었다. 『피바다』『꽃파는 처녀』와 연극대본 등이 출판되었고 김일성 일가의 혁명역사를 형상화한 장편소설인 『력사의 새벽길』『조선의 어머니』『충성의 한길에서』『누리에 붙는 불』『만경대』『동트는 압록강』『배움의 천리길』 그리고 총서 '불멸의 력사'에 수록된 『혁명의 려명』『고난의 행군』『백두산 기슭』『두만강지구』등이 출판되었다.

이때에는 출판물을 통한 대외 선전사업도 전례 없이 강화되었다. 김일성의 저작들을 여러 나라말로 번역 출판하는 한편 『인민의 자유와 해방을 위하여』『 인민들속에서』 등 회상 실기들을 대량으로 번역 출판하여 대외에 보급하였다. 또한 3대 화첩 『영생불멸의 혁명전통』『천리마조선에서의 사회주의 건설』『금수강산에 만발한 주체예술』을 비롯하여 사회

80 리봉우 외 3, 『북한출판실태와 현황』, 범우사, 2021, pp. 67-69.

주의 건설에서 이룩한 성과들을 소개하는 여러 가지 대외 선전출판물들도 발행되었다.[81]

이 시기 우표들의 도상들도 이와 같은 출판물의 주요 주제에 맞춰 다양하게 발행되었다. 먼저 1974년 1월에는 '김일성의 저작품들'이란 주제로, 〈반제국주의, 반미 투쟁을 강화하자〉 〈천리마 운동과 사회주의 건설의 대고조에 대하여〉을 필두로 해서, 1974년 2월에는 〈조국의 사회주의 농촌문제에 관한 논문 발표 10주년〉 기념우표가 발행되었고, 다양한 김일성의 항일혁명 활동에 대한 우표들이 반복적으로 발행되었다.

1974년 4월에는 혁명가극 '꽃파는 처녀'를 주제로 하는 5종의 우표가 발행되었고, 1974년 7월에는 정영만의 회화작품 '강선의 저녁 노을'을 도안으로 넣은 우표가 발행됐다. 김정일은 1973년 정영만의 작품에 대해 "그전에 내가 조선화 〈강선의 저녁노을〉[82]을 좋다고 한 것도 조국의 사회주의 건설모습을 보통 많이 쓰던 수법으로가 아니라 풍경화 형식으로 새롭게 형상하였기 때문입니다"라고 극찬한 바 있었다. 이 외에도 "남강을 건너는 여인", "낙동강위에 노인", "금강산" 등의 우표가 "조선화" 형식으로 발행되었다. 1974년 10월에는 "만수대 대기념비" 1976년에는 "왕재산 대기념비" 가 나왔고, 이러한 경향성은 1980년대에도 이어져 동평양대극장87년, 평양고려호텔87년, 능라도경기장 등에 관한 건축물 관련 우표들이 발행되었다.

후계자 김정일을 전면에 배치한 첫 우표는 1987년 2월 16일에 "친애하는 지도자 김정일 동지"라는 주제로 발행됐다. 이후 "친애하는 지도자 김

---

81 리봉우 외 3인, 앞의 책, pp.67-68.

82 "〈강선의 저녁노을〉풍경화는, 불타는 저녁노을을 배경으로 하고 있는 강선제강소당시의 웅장하고 장엄한 모습을 통하여 발전된 북조선 주체공업의 위용과 세인을 놀래우는 기적과 혁신을 창조하며 힘차게 나아가는 시대의 거창한 기상, 우리 인민의 혁명력량을 반영하고 있다."재일본조선문예예술가동맹 홈페이지에서 발췌.

정일 동지탄생일"1988년 2월 16일, "김정일화"1989년 2월 16일, 항일무장투쟁시기 백두산 구호나무에서 "백두산의 광명성 빛나는 조선의 미래 찬란하다"와 "백두산 장수별 삼천리를 비친다"라는 주제로 나무위에 위 구호들이 김정일화花와 함께 배경으로 제작 발행되었다.

북한은 1992년 2월 16일 김정일의 50돌 생일에는 칼바람이 불고 있는 눈 덮인 백두산 정상에 서 있는 김정일을 배경으로 〈백두산은 나의 고향입니다〉에 대한 대형시트 우표를 발행하였다. 이어서 1993년 2월 16일에는 김일성이 김정일에게 '광명성찬가' 전문을 한글과 한자로 친필로 쓰고 있는 김일성의 모습을 대형시트 우표로 발행하였다. 김일성 주석에서 새로운 수령 김정일로의 변화를 김정일을 주제로 하는 우표발행을 통해 자연스럽게 선전하기 시작한 것으로 보인다. 즉 김정일이 곧 김일성이라는 김정일을 조선민주주의인민공화국의 시조인 김일성 수령과 동일 선상에 놓으려는 치밀한 계획을 엿볼 수가 있다.

한편 1977년 1월 1일에는, 김일성 생가 '만경대고향집'을 배경으로 "위대한 수령님의 만수무강을 삼가축원합니다" 라는 주제로 최초의 새해우표가 발행되었다. 이후부터 북한은 현재까지 매년 새해 첫날 "새해우표"를 발행하고 있다.

1992년 김일성 주석의 80회 생일을 맞아 김일성 관련 도서와 우표를 대량으로 발행하였다.[83] 여기에서 중요한 자리를 차지한 것은 1992년부터 편찬하기 시작한 『김일성전집』이다. 『김일성전집』에는 김일성의 1926년 10월부터 1994년 7월까지의 70여 년 동안 한 보고, 연설, 결론, 논문, 테제, 담화, 서한, 축전, 축하문, 지시, 명령, 훈시 등 고전적 노작들이 연

83 외국문출판사는 대외선전을 위한 외국문 도서들과 정기간행물들을 편집, 출판하는 출판기관으로 1949년 12월에 창립되었다. 처음에는 '새조선사'로 부르다가 1956년 5월에 외국문출판사로 개편되었다송승섭의 앞의 논문, p.155

대순으로 수록되었다. 『김일성전집』은 국내에 출판 보급될 뿐 아니라 여러 나라 글로 외국에 번역출판 보급되었다.

김일성 80돌 생일을 맞으며 김일성의 회고록 『세기와 더불어』제1부분 항일혁명편가 발행되었고 위대성도서, 업적도서들도 많이 출판· 보급되었다. 여기에서 특별히 중요한 자리를 차지한 것은 『위대한 수령 김일성동지의 불멸의 혁명업적』이다. 총 21권으로 되어있는 이 도서는 김일성이 사망한 후부터 시작하여 2000년까지 집필 완성한 도서이다. 위대성도서, 업적도서 가운데서 또한 『주체의 태양 위대한 수령 김일성 동지』, 『위대한 수령 김일성 동지전기』 5편, 『위대한 수령 김일성 동지혁명력사』 등이 있다.

비슷한 시기에 발행된 대표적 우표로는 〈김일성동지 탄생기념〉을 들 수 있으며, 『세기와 더불어』1993. 4. 15. 책 배경과 김일성의 집필 모습을 담아 발행했다.

김일성 주석의 업적 정리와 함께 새로운 '수령' 김정일의 업적을 선전하는 출판작업이 본격화 되었다. 상징적인 출간이 김정일의 고전적 노작들을 연대순으로 묶은 『김정일선집』의 출판작업이었다. 『김정일 선집』은 김정일의 50돌 생일을 맞으며 1992년 1월에 조선노동당출판사에서 제1권을 발행한 때로부터 2007년 3월까지의 기간에 15권이 발행되었으며 2009년부터 증보판이 발행되고 있다.[84] 그리고 『김정일 동지혁명력사』 『김정일 동지략전』 『김정일 동지전기』 『백두산의 아들』 등 김정일을 찬양하는 다양한 서적이 출간되었다.

김정일 관련 우표 발행의 특이한 부분은 1994년 2월 16일 김정일 생일을 기점으로 김일성 관련 우표들보다 더 많은 종류의 김정일 우표들이 발행됐다는 점이다. 김일성의 사망일94년 7월 8일 이전임에도 불구하고 김정

---

84 리봉우 외 3, 『북한출판실태와 현황』, 범우사, 2021, pp. 70-71.

일 우표가 더 많이 발행되었다는 것을 통해 1994년 초부터 김일성의 건강에 상당한 이상이 있었음을 유추해 볼 수도 있을 것이다.

이 시기 이색적인 우표로는 조국통일상 수상자를 도안으로 하는 것을 꼽을 수 있다. 최영도, 김구, 홍명희, 려운형, 김종태, 김책 등이 대상인물이었다. 1991년 남북 사이에 기본합의서가 체결되면서 북한이 '조국통일'에 관심을 고조시키기 위해 발행한 것으로 분석된다.

1994년 7월 김일성 주석이 사망하지 북한은 3년간의 '유통통치' 기간을 설정했다. 또한 1995년의 대홍수와 연이은 자연재해로 '고난의 행군'을 선포한 시기이기도 하다. 이 시기에 북한은 동식물을 주제로 하는 비정치적 우표들을 대량으로 발행했다. 이는 국내적으로나 국제적으로 "고난의 시기"를 겪는 동안에는, 지키지 못할 정치적 선언에 불과한 선전을 위한 우표발행 보다는 조용하게 유훈 정치를 유지하겠다는 의지를 보여주었다고 볼 수 있다.

4) 김정일의 선군정치시기 우표의 특징

1994년 7월 김일성 주석이 사망하면서 북한에서 김일성시대가 끝나고 본격적인 김정일시대가 열렸다. 김정일은 1997년 10월 노동당 총비서 취임과 98년 9월 헌법개정 및 군력구조 개편을 통해 명실상부한 북한의 최고지도자로 자리 잡았다. 김정일체제는 한때 경제사정이 급격히 악화되고 국제적인 고립이 심화되면서 체제붕괴 위기까지 거론되는 상황까지 몰렸지만 1999년을 기점으로 10년간 마이너스성장을 하던 경제가 저점을 통과해 회복기에 접어들었다. 특히 2000년 6월 13일-15일에 있은 평양 남북정상회담은 남북분단 55년 만에 구체적인 통일의 전망을 열어놓았고, 김정일에 대한 세계의 부정적 시각을 바꿔놓는 계기가 됐다.

김일성 주석이 사망하자 북한은 1994년 10월 8일 〈위대한 수령 김일성 동지는 영원히 우리와 함께 계신다〉라는 주제로 김일성의 중학시절모습부터 시작해 청년시절, 김정숙과 함께 항일혁명중인 것, 대중연설중인 김일성, 현지방문 중인 김일성, 김정일과 함께 업무의 모습 등의 6종의 우표들을 발행했다. 그 후 1990년대 내내 매년 동일한 주제의 기념우표들이 김일성 생일날에 기념하여 발행되었다.

1997년 9월 3일에는 "주체 년호", "태양절" 제정 기념우표가 발행되었다. 주체연호는 김일성의 출생연도인 1912년을 원년으로 하는 북한의 연도 표기 방식을 말한다. 북한은 김일성의 사망 3주기를 기해 종래 사용해오던 연도표기 방식인 서기력西紀歷 대신 그의 출생연도인 1912년을 '원년'으로 하는 '주체연호'를 사용한다고 8월 25일 중앙인민위원회 명의로 공식적으로 선언했다.[85]

1994년 7월 김일성 사망 이후 3년 동안 유훈통치라는 미명하에 조용한 행보를 보인 김정일은 1998년 7월 26일 최고인민회의 선거를 실시하고, 9월 5일 최고인민회의 제10기 제1차 회의를 통해 주석제를 폐지하고 국방위원회의 국방위원장으로 공식 취임했다. 북한은 국방위원회를 "국가주권의 최고군사지도기관이며 전반적 국방관리기관"이라고 명시하였고, 국방위원회 위원장으로 김정일을 추대했다. 이로써 김정일 체제가 공식 출범하게 되었다.[86]

---

85 1997년 7월 8일 당중앙위원회, 당중앙군사위원회, 국방위원회, 중앙인민위원회, 정무원현내각 5개 기관은 공동결정서 "위대한 수령 김일성 동지의 혁명 생애와 불멸의 업적을 길이 빛 내일데 대하여"를 통해 주체연호와 태양절4월 15일을 제정하기로 하였다. 공동결정에서는 주체연호와 태양절의 제정 목적이 김일성의 혁명업적을 기리며, 당중앙김정일의 영도에 따라 김일성의 혁명위업을 계승하고 완성하려는데 있다.

86 와다 하루끼 지음, 남기정 옮김, 『북한 현대사』, 창비, 2014, p.257.

김정일 체제가 공식 출범하기 5일전인 주체87 1998년 8월 31일에, 김정일 체제의 공식적 등장을 북한주민들은 물론 전 세계에 알리기 위한 선전목적으로 〈조선민주주의인민공화국 첫 인공위성 '광명성 1호'가 발사에 성공하였다〉는 기념우표가 8월 31일자로 발행되었다. 김일성 사후 4년여 동안 새로운 지도이념이나 정책등을 제시하지 못한 가운데 김일성의 권위에 의존하여 '김정일은 곧 김일성'이라는 등식을 강조하던 북한이 1998년 8월 31일 장거리 미사일 북한 주장: 인공위성 광명성 1호 시험 발사에 성공한 이후에는 공세적 도상으로 우표를 발행하기 시작하였다.

2000년 1월 1일 날짜로 발행된 새해우표 도상圖像으로는 전면에 굳은 의지 눈매의 노동자가 횃불을 높이 치켜들고 서 있고, "강성대국", 과 "일심단결"을 큰 글자로 넣었으며, 그 배경으로는, 미사일과 전투기 그리고 노동자, 농민, 지식인이 천리마를 타고 노동당 횃불을 향해 날아가는 형상화와 용광로에서 쇳물이 흘러나오는 경제적 활성화 모습 그리고 북한의 국수國樹인 눈雪이 소복히 쌓여 있는 소나무 등이 사용되어 제작되었다. 북한은 강성대국을 사상정치강국, 군사강국, 경제강국을 의미한다며 경제강국 목표만 달성하면 강성대국을 건설할 수 있다고 선전했다. 2000년 1월에 첫 제시된 "강성대국"과 "일심단결"은 20여 년이 지난 오늘까지도 여전히 유효한 북한이 가장 강조하고 있는 구호이다.

고난의 행군 시절을 끝낸 이후 북한은 그동안의 뒤쳐져 왔던 대외적 역량확대에 집중하기 시작하였다. 자연스럽게 김정일 국방위원장의 대외행보와 정상회담 관련 우표가 다수 발행됐다. 2000년 10월 21일에는 김정일이 장쩌민 중국 국가주석을 비공식 방문한 기념우표와 2001년 10월 25일에는 장쩌민이 평양을 공식 방문한 기념우표들이 발행되었고, 2000년 10월 23일에는 김대중 대통령과의 남북최고위급 회담기념 우표가 발행되었다. 또한, 2000년 10월 24일에는 러시아연방 대통령이 북한을 방문한 기념우표를 발행하였고, 2001년 10월 12일에는, 〈위대한 령도자 김정일동지 로씨야련방 공식방문기념〉 우표를 발행하면서 외교적 역량에 집중하는 모습을 보여주었다.

2001년 4월 25일 김정일 생일을 맞이해서는, 〈선군정치의 위대한 승리 만세!〉 라는 대형시트 우표가 발행되었다. 선군정치라는 용어는 1997년 12월에 처음으로 등장하였는데 북한은 김정일이 1995년 1월 1일 다박솔 초소를 방문한 것으로부터 시작되었다고 설명하고 있다. 2005년 6월 15일에는 〈6.15 북남공동선언발표 5돐 기념〉이 두 정상이 합의 서명한 '북남공동선언문'과 함께 대형시트로 2종의 우표로 발행되었다. 〈6.15 공동선언발표 기념우표〉는 이후로 반복적으로 발행되는 것을 통해 북한이 남북관계 개선을 위해서는 6.15 합의사항들에 대해 '이행'의 중요성을 강조하고 있음을 유추해 볼 수 있을 것이다.

2000년대 후반부터 정책 방향과 목표를 빽빽하게 넣은 우표가 많이 발행됐다. 특히 2009년~2010년 발행된 정치 관련 우표에는 매년 연초에 신년사 대신 발표되는 "공동사설"에 제시된 구호들이 우표에 집중적으로 들어갔다. 2009년 12월 31일에 대형시트 우표로 발행된 "리상이 실현되는 해" 주체 98[2009]에 우표는, "새로운 혁명적 대고조의 봉화를 지펴주시는 위대한 령도자 김정일동지"라는 주제로 조선화 형식으로 발행되었는데, 이후 연속적으로 봉화에 비유되는 북한의 "등대"는 물론, 전 세계 주요 "등대"를 모델로 한 우표들이 36종이나 발행되었다.

2011년 7월 5일에는, "민족의 태양"이라는 주제로 김일성탄생 100돐에 대한 특별우표들이 김일성의 생애 활동을 조선화 형식으로 그려진 우표들이 35종 발행되었다. 김정일의 사망 이후인 2011년 12월 29일에는 "위대한 령도자 김정일동지는 영생할 것이다"라는 주제로 김정일의 웃는 모습이 전면에 우표의 인면 부분에는, 북한의 국화國花인 목란과 김정일화花로 장식된 우표와 "위대한 령도자 김정일동지는 영원히 우리와 함께 계신다"라는 주제로 김정일-김정은이 환하게 서서 웃고 있는 모습으로 2종이 발행되었다.

이 우표는 김정은이 북한 우표에 등장하는 첫 번째 우표이다. 2012년 4월 15일 김일성 탄생일에도 2011년에 이어서 24종의 "민족의 태양"이란 주제로 김일성이 현지지도 하는 모습을 조선화 형식으로 그린 기념우표들이 발행되었다.

5) 김정은의 당·국가체제 강화시기 우표의 특징

김정은 시대에 새롭게 강조되는 국가상징은 무조건적인 충성심 넘쳐는 김정은식 애국심의 지향성을 보여준다. 김정은은 선대의 주체사상-선군사상을 '김일성-김정일주의'로 공식화하면서, 계승의 논리와 통치 이데올로기를 '김정일애국주의'로 제시했다[87]. 그리고 국가발전 목표로 제출한 '사회주의문명국', 경쟁력을 갖추고 국가로 발돋음 하여 부흥하고자 제시한 '우리 국가제일주의'[88]는 국가를 중심에 놓는 통치 담론이라 할 수 있다.

---

87 정영철, "북한의 '우리 국가제일주의'- 국가의 재등장과 '체제 재건설'의 이데올로기," 『현대북한연구 제23권 1호2020』, pp. 18-19.

88 "전체 인민이 하나의 사상의지, 덕과 정으로 굳게 뭉쳐있고 조국의 부강번영에 이바지하기 위해 몸과 마음을 다 바쳐 일해나가는것은 우리 나라에만 고유한 우월성이며 이 땅의 모든위대한기적을 탄생시키는 원동력입니다. 우리식 사회주의의 불가항력적힘, 우리 국가의 제일가는 무기인 일심단결의 위력을 사상의지적으로, 도덕의리적으로 더욱 공고히 다져야 합니다. 우리 당의 인민대중제일주의정치를 국가사업전반에 참답게 구현하고 전체 인민이 국가와 사회의 주인으로서 정사에 적극 참가하도록 주권활동을 심화시켜야 합니다. 사회의 모든 성원들속에 우리 사상, 우리 제도, 우리 문화, 우리 생활이 제일이라는 긍지와 자부심을 깊이 심어주며 우리 사회의 집단주의기풍과 공산주의미덕, 미풍이 계속 높이 발휘되도록 하여야

김정은은 사회주의 제도의 원칙에 따라서 당이 중심이 되는 국가로서 세계적 수준의 국가발전을 이룩하겠다는 비전을 제시했다. 대북제재에도 불구하고 발전하고 변모한 국가를 반영하고, 정상국가성을 바탕으로 전체 인민의 애국을 실행할 상징이 필요했다. 이때 국가상징은 정상국가성과 애국을 담는 매개였다.[89]

김정은이 후계자로 지명된 것은 2009년 1월이다. 북한에서 후계자가 되면 수령의 지위에 서는 중요한 요소 중의 하나가 이데올로기의 해석권을 갖는 것이다. 김정은은 후계자로 지명된 이후 2010년 9월 28일 제3차 당대표자회에서 조선노동당 중앙위원회 위원, 중앙군사위원회 부위원장, 인민군 대장에 오르고 2011년 12월에는 조선인민군 최고사령관에 올랐다. 김정은은 제3차 당 대표자회를 통해 당 지도체제를 개편하고 당 규약을 개정함으로써 후계체제 기반을 강화했다.

김정은은 이어 2012년 4월에 국방위원회 제1위원장, 조선노동당 정치국 상무위원, 제1비서, 중앙군사위원회 위원장에 오르고 7월에 마침내 조선민주주의인민공화국 원수의 지위에 오르며 김정은 시대의 개막을 알렸다. 이어 2013년 6월에 북한에서 헌법, 당규약보다 우선하는 '당의 유일사상체계 확립의 10대 원칙'을 '당의 유일적 영도체계 확립의 10대 원칙'으로 개정하였는데, 이로써 핵심 권력엘리트들의 권력 위협요인을 제거함으로써 김정은의 권위를 절대화하고 1인 독재체제를 구축하였다.

김정은은 김정일 사망 이후 후계체제의 안정성 강화에 온 힘을 기울였고, 이를 위해 김정일 유훈을 강조하며, 백두혈통이라는 체제 정통성을

하겠습니다."최고인민회의 제14기 제 7 차회의 김정은의 시정연설, 2022년 9월 8일

89 전영선 외2, "김정은 시대 국가상징의 재문맥화", 통일연구원, 2021, p. 65.

강조하면서[90] 관련 기념우표들을 발행하였다.

2012년 7월 20일에는 4월 11일에 있었던 "조선로동당 제4차 대표자회" 기념우표가 시트우표 인면 부분에 백두산과 대형 노동당기 위에 김정일-김정은의 반신 모습을 주 모델로 해서 "위대한 령도자 김정일동지를 조선로동당 총비서로 영원히 높이 모시였다"라는 설명과 "경애하는 김정은동지께서 조선로동당 제1비서로 높이 추대되시였다"라는 설명문과 함께 발행되었다.

2013년 2월 19일에는 1994년 김일성 사망 이후 사라졌던 신년사가 다시 부활되어 "력사적인 첫 신년사를 하시는 우리 당과 인민의 최고령도자 김정은동지"라는 주제로 김정은의 연설 모습을 담은 시트우표가 발행되었다. 신년사를 간략하고 명료하게 구호로 요약한 신년사 기념우표들이 8종 발행되었으며 김정은의 신년사를 요약한 신년사 기념우표들은 2013~2019년까지 7년 동안 이어지며 발행되었다.

그러나 2020년, 2021년에는 연속으로 신년사가 생략되었고, 당연히 신년사 기념우표들도 발행되지 않았다. 이것은 매년 신년사를 통해 지난해를 총화하며 새해에 대한 전체적인 국정계획을 밝히지 못할 정도로 어렵고, 불투명한 상황을 반영한다고 볼 수 있을 것이다.

90 북대북한연구회 편,『김정은시대 북한을 보는 10가지 시각』, 역사인, 2019, pp.315-316.

4. 북한 우표미술의 특성과 사명

1) 북한 우표미술의 선전성

북한은 우표의 도상을 우표미술이라고 표현한다. 북한이 우표를 미술이라고 하는 것은 우표가 선, 색채, 명암과 같은 회화적인 표현 수단을 기본으로 하여 객관적 현상을 형상적으로 반영하고 있기 때문이다.

"우표는 미술이다. 우표를 미술이라고 하는 것은 우표가 선, 색채, 명암과 같은 회화적인 표현 수단을 기본으로 하여 객관적 현상을 형상적으로 반영하고 있기 때문이다. 점차 우표의 이용에 대한 사회적 관심이 높아짐에 따라 주제가 다양해지고 아름다움을 더해주는 여러 가지 형상 기법들이 도입됨으로써 우표는 인류 발전사와 세계의 문화예술의 성과를 화면에 직접 재현하는 방법으로, 또한 세계를 묘사 대상으로 하여 그것을 형상적으로 그려내는 방법으로 조형미를 풍부히 하여 왔다."[91]

북한은 우표도안의 작품성과 사회적 현상 반영성과 아울러 사실에 기반한 대상을 묘사하여 제작되어야 한다고 강조한다. 우표디자인이 일반 내부결속 목적의 선전화포스터와의 차별성이 사실에 기반한 도상圖像에 있다고 보기 때문이다.

---

91 김성남, "우표의 기능과 역할", 『천리마』1998년 제11호, 루계474호 참조.

북한은 우표와 우표미술의 차별성과 관련해 우표는 우편물에 붙여서 사용하는 실용성을 전제로 한 도안예술인 것만큼 극히 제한된 작은 형태의 규격을 가지지만 우표미술은 그 어느 종류의 미술보다도 함축과 집약의 수법으로 주체사상을 전형화 하여 묘사에서 간결하면서도 섬세한 표현성을 나타내고 있다고 설명한다.

북한은 또한 우표가 출판미술의 성격도 띠고 있다고 본다.

"우표는 풍부한 회화적 언어형식을 가진 출판미술이다. 우표가 누구에게나 흥미를 끌면서 다양한 미적 정서를 가지게 하는 것은 조선화, 출판화, 산업미술의 여러 가지 종류와 형식들을 우표의 쓸모와 주제 사상의 요구에 맞게 자유자재로 표현하기 때문이다. 출판을 전제로 하는 우표미술은 묘사의 단순성, 화면의 직관성을 형상수법으로 하는 출판화의 특성을 집중적으로 반영한다. 특히 당정책 주제의 우표들은 호소성과 선동성을 본성적 요구로 하는 선전화 성격을 강하게 표현한다. 그러므로 우표를 소형선전화라고도 한다."[92]

북한은 우표미술이 발생으로부터 오늘에 이르기까지 다른 종류의 미술과 구별되는 고유한 특성을 가지고 있다고 본다. 특히 장식성, 사실성, 선전성, 보급성과 기동성이 우표미술의 고유한 특성으로 강조된다. 우표의 도상으로 표현되는 우표미술은 다른 종류의 미술과 구별되는 고유한 특성을 가지고 있는 장식성과 함께 선전성을 띠는 미술이라는 것이다. 북한은 우편물과의 관계에서 볼 때 우표미술이 겉봉투를 아름답게 장식하는 장식미술의 성격을 갖고 있고, 그것은 사람들의 미감을 충족시키며 그들의 생

92 김성남, "우표의 기능과 역할", 『천리마』1998년 제11호, 루계474호, 문예출판사, p.83.

활문화를 높이려는데 커다란 의의를 가지고 있다고 규정한다.[93]

물론 북한이 장식성보다 더 주목하는 특성은 우표미술이 띠고 있는 선전성이다. 북한은 "선전성이란 일정한 목적을 가지고 어떤 대상을 대중에게 알려주는 성질의 것"이라며 우표의 선전성을 강조한다. 북한은 우표미술이 어떤 사변이나 행사, 기념일, 사람들이 만들어낸 여러 창조물들과 지구상의 다양한 자연동식물들을 광범위한 대중에게 널리 소개 선전하는 것이라고 설명하고 있으며, 우표미술은 선전을 기본으로 하는 미술로써 그 묘사 대상은 어떤 개별적인 화가가 꾸며낸 것이 아니라 실지 사실에 철저히 의거한 구체적인 대상들이라고 설명한다.

여기서 우표미술의 사실성은 "우표에 반영되는 어떤 사변이나 인물, 미술작품, 풍속, 자연동식물 등 모든 대상들은 구체적인 자기의 이름과 특성을 가지고 있으며 그것은 미술가가 조형적 형상으로 반영하기 전에 실제로 존재하였거나 또는 존재하고 있는 구체적인 대상들임을 강조하면서, 일반 회화와의 차별성은 우표에 사용되는 도상圖像들은 실제로 존재하였거나 존재하고 있다는 사실에 근거하여 제작되고 있다"[94]는 점에서 드러난다.

이러한 사실성은 선전 효과를 높이는데 기여한다. 우표미술의 선전성은 대상을 광범한 대중에게 정확히 전달하기 위하여 글을 조화롭게 결합시키는데서 뚜렷이 표현된다는 것이다. 북한은 일반 회화에서는 그 묘사대상과 관련된 년대가 밝혀지지 않거나 밝혀지는 경우에도 작품의 조형적 형상창조에 방해되지 않도록 잘 보이지 않도록 처리되지만 우표 도안때에는 묘사대상을 분명히 밝히거나 제작 연대를 명확하게 밝히는데서

93 박민옥, 『조선예술 제6호, 루계390』, 문예출판사, 1989, pp.47-48.

94 박민옥, 『조선예술 제6호, 루계390』, 문예출판사, 1989, pp.47-48.

차별성이 나타난다고 설명한다.[95]

일반 자유주의 국가들에서 발행되는 우표와는 차별되게 사회주의 우표미술에서는 글과 그림이 서로 보충하고 설명하는 긴밀한 관계를 가지고 있다는 차별성이 있으며, 우표에 반영되는 연대와 명칭들은 조형적 형상과 유기적으로 결합되어 사람들에게 대상을 더 정확히 구체적으로 알려 주는데 도움을 주도록 도안 되어야 한다는 것이다.

북한은 우표미술이 미술종류들 가운데서도 가장 기동적이며 보급성이 강한 미술이라고 설명한다. 우표미술의 기동성과 보급성은 역시 유가증권으로서 우표가 가지는 실용성과 밀접히 연관되어 있다. 우표는 우편사업에 없어서는 안 될 중요한 수단으로 우편물을 보낼 때 거기에 반드시 붙여 나가게 된다. 따라서 사람들은 편지를 보내기 위하여 우표를 사게 되면 편지를 받는 사람의 손에 자연히 발송자의 우표가 들어가게 된다. 또한 우표는 그 실용적 목적으로 하여 발행종류 및 발행수가 수천, 수 만 장이 복제되어 동시에 발행되며, 우편활동의 기민성과 밀접히 결부되어 매우 빠르게 전 세계 목적지에 가 닿게 된다. 그러므로 우표에 반영되는 도상圖像들은 우편물을 받게 될 수신국가 및 수신인들에게 자동적으로 전달되는 선전효과를 얻을 수 있게 된다는 것이다.

물론 우표미술의 기동성과 보급력은 한 나라에 국한되는 것이 아니라 국제적 범위에서 작용한다. 왜냐하면 우표는 국내우편 통신을 보장하는 수단일 뿐 아니라 국제우편통신을 보장하기 위한 수단으로도 사용되기 때문이다. 우리나라의 1996년부터 2015년까지의 연도별 우편물 물량만 보더라도 평균 매년 45억 58만장의 우편물 물량이동이 있었으며, 같은 기

95 박민옥, 앞의 글, p. 48-49.

간 연간 발행되는 보통우표의 발행량이 1억 1700만장에 달한다.[96]

북한은 국내는 물론 국제적으로도 특별한 제약 없이 우표가 갖고 있는 방대한 보급력에 주목해 이러한 보급성이 예술의 대중화를 실현하며 대외선전적 기능을 수행하는 데서 우표미술의 중요한 유용성이라고 반복적으로 강조하고 있다.[97]

> "우표에는 매개 나라의 정치, 경제, 문화를 비롯한 특징적인 면모들이 반영된다. 그러므로 우표만 보아도 그 나라의 역사와 발전 모습을 알 수 있다고 하여 우표를 《나라의 명함》이라고 부른다. '우표는 사증 없는 여행자로 국경을 넘나들며 나라와 민족, 사람들 사이의 신뢰를 두터이 하게 하고 친선과 유대를 발전시키며 호상왕래互相往來와 접촉의 길을 열어 놓는다. 이런 우표의 기능 때문에, 우표를 《꼬마 외교관》이라고도 부른다."[98]

2) 북한 우표의 기능과 사명

북한은 우표가 우편증권으로서 뿐 아니라 사람들의 정신문화와 물질문화 생활에 이바지하는 미술의 한 종류로서의 지위를 차지하게 되었다고 설명하면서 우표의 중요 기능과 역할을 규정하고 있다. 우표미술이 "다른 미술의 종류에서와 마찬가지로 생동한 예술적 화폭을 창조하여 사람들에게 풍부한 지식을 주며 사람의 자주성과 창조성과의 관계, 자연과 사회, 인간에 관한 하나의 사상 미학적 평가로서 인민대중을 사상적으로

---

96 우정사업본부, 『2016년 우편통계집』, 2016, p.16.

97 박민옥, 앞의 글, p.49.

98 김성남, 앞의 글, p.83.

교양 하는데 이바지 한다"라며 우표의 역할을 강조하고 있는 것이다.

그렇기 때문에 북한은 우표의 사명에 대해 "조선이 얼마나 아름다운 나라이고 조선인민이 얼마나 근면하고 강직한 인민인지 하는 것을 세상에 널리 알려야 한다"며 "조선우표는 수령의 혁명사상을 구현하고 수령의 권위를 옹호하며 빛내여 나가는 주체형의 사명을 다해야 한다"는 점을 부각시킨다.

> "조선우표는 공화국북반구에서 이룩된 거대한 사회경제적 변천과정을 생동하게 펼쳐보여야 한다. 조선우표는, 우편통신을 보장하면서도 국가를 위한 인민들에게 필승의 신심을 안겨주어야 하며, 그들을 위훈에로 고무 추동해야하며, 인민들의 정의의 싸움에 대해서 세계인민들로 하여금 지지와 성원의 목소리를 높이는데 기여해야 한다."[99]

북한은 "미술가들은 우표미술의 이러한 특성과 사명을 옳게 인식하고 더 훌륭한 우표미술작품을 창작해냄으로써 근로자들의 문화정서생활에 적극 이바지하여야 할 것"을 요구한다.[100]

특히 북한은 "시대의 명작들을 재현한 우표 미술작품은 나라와 민족의 상징물로, 역사발전의 증견자"[101]라고 규정하고 있기 때문에 우표가 본연의 역할과 사명을 다하기 위해서는 도안에 시대성이 잘 반영되어야 한다는 점을 강조한다.

---

99 박민옥, 앞의 글, p.47.

100 앞, 박민옥의 책, p. 49.

101 김성남,『천리마 제11호 루계474호』, 문예출판사, 1998, p.83.

"조선우표는 조선의 혁명발전의 매 시기, 매 단계마다 조선에서의 백두산 3대 장군의 위대성과 령도의 현명성, 우리 당의 로선과 정책, 주체조선의 발전모습을 세상에 널리 소개해야 하며, 인민과 인민군군인들을 당정책 관철에로 힘있게 떠밀어주는데 이바지해야한다. 조선우표는, 복받은 인민들의 삶, 보람찬 투쟁과 생활, 위대하고 존엄높은 시대를 노래하며 혁명과 건설을 고무 추동하고 온 사회를 위대한 령도자의 두리에 철통같이 뭉친 하나의 대 가정, 일심단결의 화원으로 꾸려나가는데 참답게 복무해야 한다".[102]

북한이 우표 도안에 담고자 하는 시대성은 단순히 사회주의 건설과 인민의 생활상보다도 최고지도자의 활동과 당의 정책을 시기별로 담아내는 것에 강조점이 있다고 할 수 있다. 이것은 2015년 조선우표사에서 발간한『조선우표목록』의 머리말 부분에 잘 서술되어 있다.

"우표와 우표수집물들에는 위대한 수령 김일성동지와 위대한 령도자 김정일동지의 불멸의 혁명생애와 고귀한 업적, 주체의 혁명 위업을 빛나게 계승해 나가시는 경애하는 김정은동지의 령도 따라 나아가는 우리 인민의 장엄한 투쟁모습이 폭넓게 반영되어 있습니다. 또한 우리나라의 유구한 력사와 문화, 자연, 지리, 동식물, 체육, 민족적풍습 등이 담겨져 있으며 국제적 의의를 가지는 여러 가지 행사들이 반영되어 있습니다"[103]

---

102 장은영,『로동신문』, "조선우표의 자랑스러운 로정", 주체1002011년 3월 17일.

103 조선우표사,『조선우표목록』, 2015, p.1.

〈그림 10〉 평양 조선우표박물관에 전시되어 있는 〈라이프찌히 국제도서예술전람회〉 우표
ⓒ미디어한국학

21세기 들어 가장 극심한 국제적 봉쇄로 인해 자국의 목소리를 대외적으로 낼 수 없는 북한체제의 입장에서 볼 때 우표는 단순한 우편유가증권이 아니다. 북한의 우표는 조형예술품으로 대내적으로는 인민들에 대한 사상 교양적 및 문화 정서적 기능을 수행하는 한편, 대외적으로는 꼬마 외교관 기능을 톡톡히 해내고 있는 것이 북한 우표 미술의 특성이자 사명인 것이다. 북한이 우표를 "나라의 명함"이자 "꼬마 외교관" 이라고 표현하며, 세계우표전시회/국제우편박람회 등에 매년 참가하고 있는 것을 주목할 필요가 있다.

〈표 5〉 북한이 참가출품한 해외 우표전시회 현황표[104]

우표 발행일	발행번호	전시회명 및 장소
1959.8.1.	164-167&170시트	라이프찌히 국제도서예술전람회4종 & 시트 출품
1977.11.8.	1638-1652(15종)	국제우표전시회 "암필렉스AMPHILEX'77"
1980.5.6.	1965-1970(6종)	국제우표 전람회 "런던 1980London 1980"
1980.9.25.	2021-2025(5종)	제3차 국제우표전시회 "에쎈 1980ESSEN 1980"
1981.5.22.	2097-2099(3종)	세계우표 전람회 "위파 1981WIPA 1981"
1981.10.9.	2128-2134(7종)	국제우표전람회 " 필라 도꾜 81PHILATOKYO '81"
1981.11.14.	2156(1종)	국제우표 전람회 "필라텔피아 81PHILATEPHIA"
1981.12.1.	2157-2161(5종)	세계우표전람회 "필렉스 프랑스 82PHILEXFRANCE '82"
1982.4.28.	2204(1종)	국제우표전시회 "에쎈 1982ESSEN 1982"
1983.2.10.	2303-2305(3종)	국제우표전람회 "루포스타 1983LUPOSTA Koln 1983"
1983.5.21.	2327-2328(2종)	국제우표전람회 "템팔 TEMPAL '83
1983.8.4.	2345-2346(2종)	세계우표전람회 " 방코크 1983BANGKOK 1983"
1984.4.27.	2397-2399(3종)	국제우표전람회 "에스빠냐 84ESPANA '84"
1984.5.26.	2411-2413(3종)	국제우표전시회 "에쎈 84ESSEN '84"
1984.6.19.	2419-2420(2종)	세계우표전람회 "함브르크 1984HAMBURK 1984"
1984.6.19.	2420A(1종)	함브르크 제19차 만국우편동맹UPU총회기념
1985.7.5.	2528-2530(3종)	국제우표전람회 "아르헨티나 85ARGENTIA '85"
1985.10.25.	2563-2565(3종)	세계우표전람회 "이딸리아 85ITALIA 85"
1985.10.25.	2566-2570(7종)	도이칠란드 우표수집인시장 "쥐드웨스트Sudwest '85 in Germany"
1986.8.4.	2628-2629(2종)	세계우표전람회 "스템펙스STAMPEX '86"
1986.8.28.	2634-2635(2종)	세계우표전람회 "스톡홀미아STOCKHOMIA '86"
1985.11.25.	2663-2664(2종)	북한 단독 뻬루Peru 립체사진 및 우표전시회
1987.5.30.	2719-2721(3종)	국제우표전람회 토론토 "카펙스 87CAPEX 87"
1987.8.29.	2739-2740(2종)	세계올림픽우표전람회 "올림필렉스 87OLYMPHILEX 87,Roma"
1987.9.26.	2748-2749(2종)	국제우표전람회 "하프니아 87HAFNIA 87,Danmark"
1987.11.5.	2754-2758(5종)	국제우편전람회 "필라뗄리아 87Philatelia 87,Berlin"
1988.3.23.	2778-2779(2종)	국제청년 우표전람회 "쥬발룩스 88JUVALUX 88"
1988.5.2.	2785-2786(2종)	세계우표전람회 "핀란디아 88FINLANDIA 88"

104 세계우표전시회는 각국이 처음으로 우표를 발행한 년도年度별 끝자리 수에 따라 10년 주기로 개최하게 된다. 따라서 영국의 경우 1840년에 우표가 처음 발행되었기에 끝자리 연도가 0일 때, 스페인은 1872년에 첫 우표를 발행했기 때문에 2로 끝나는 해에, 한국은 1884년에 첫 우표를 발행했기에 4로 끝나는 1984년과 1994년에 서울에서 국제 우표전시회를 개최하였다.

우표 발행일	발행번호	전시회명 및 장소
1988.6.26.	2803-2804(2종)	세계우표전람회 "쁘라가 88PRAGA 88"
1988.7.25.	2811-2812(2종)	제40차 국제우표전시회 "릿치오네 88RICCIONE 88"
1988.9.18.	2834-2835(2종)	국제우표전람회 "필라셉트 88FILACEPT 88"
1988.12.15	2856-2857(2종)	세계우표전람회 "인디아 89INDIA 89"
1989.7.7.	2905(1종)	세계우표전람회 "필렉스 프랑스 '89PHILEXFRANCE '89"
1989.7.28.	2906(1종)	세계우표전람회 "브라질리아 89BRASILIA '89"
1989.11.25.	2947(1종)	국제우표전람회 "데스코브렉스'89DESCOBREX '89"
1990.5.30.	2975-2976(2종)	세계우표전람회 "우표세계 런던 90Stamp World London 90"
1990.6.2.	2984-2986(3종)	세계우표전람회 "벨지카 90BELGICA '90"
1990.6.20.	2987-2989(3종)	제10차 세계청년 우표전람회DUSSELDORF '90"
1990.8.24.	3000(1종)	제42차 국제우표전시회 "릿치오네 90RICCIONE '90"
1990.8.24.	3001(1종)	세계우표전시회 "뉴질랜드 1990NEW ZEALLAND 1990"
1991.1.10.	3041-3048(8종)	세계우표전람회 "필라니뽄 91PHILANIPPON '91"
1991.8.27.	3111(1종)	제43차 국제우표시장 "릿치오네 91RICCIONE '91"
1991.9.20.	3118-3124(7종)	세계우표전람회 "필라니뽄 91PHILANIPPON '91"
1992.1.5.	3152(10종:시트)	세계우표전람회 "GRANADA '92)"
1992.2.20.	3158-3164(7종)	제9차 국제우표전시회 "ESSEN 1992"
1992.8.27.	3217-3224(8종)	국제우표시장 "릿치오네 92RICCIONE '92"
1993.2.25.	3301-3306(6종)	국제우표시장 " DORTMUND '93"
1993.10.1.	3405(1종)	세계우표전람회 " 방코크 '93BANGKOK 1993"
1995.9.1.	3610시트(1종)	세계우표전람회 "싱가포르 95Singapore '95"
1995.5.2.	3582-3583(2종)	세계우표 전람회 "핀란디아 95Finlandia '95"
1996.4.22.	3678-3680(3종)	제9차 아시아 국제우표전람회중국
1996.6.6.	3683-3685(3종)	세계우표전람회 "카펙스 96Capex 96"
1997.11.19.	3821A(1종)	97상해국제우표 및 화폐박람회
1998.10.23.	3906A(1종)	세계우표전람회 "이딸리아 '98ITALIA 98"
1999.3.19.	3949(1종)	세계우표전람회 "오스트랄리아'99Australia '99"
1999.4.27.	3953(1종)	국제우표전람회 "이브라 99IBRA 99"
1999.7.2.	3980(1종)	세계우표박람회 "필렉스프랑스 99PHILEXFRANCE 99"
1999.8.21.	3997A(1종)	제22회 만국우편동맹대회 및 중국 '99세계우표전람회
2000.10.6.	4072(1종)	세계우표전람회 "에스파니아 2000Espana 2000"
2000.10.31.	4080B(1종)	중국광주우표전시회 및 화폐전람회
2001.2.1.	4105(1종)	홍콩 2001 우표전람회환경보호
2001.8.1.	4127-4131(5종)	세계우표전람회PHILANIPPON '01

우표 발행일	발행번호	전시회명 및 장소
2003.10.4.	4314(1종)	세계우표전람회 "방콕Bangkok 2003"
2004.1.30.	4321A-D(4종)	제17차 아시아우표전람회 "홍콩2004"
2005.8.19.	4407A-E(5종)	제18차 아시아국제우표전람회 "TAIPEI 2005"
2006.4.13.	4446A-H(10종)	세계청년 우표전람회 "Belgica 2006"
2008.6.20.	4556A(1종)	세계우표 전람회 "EFIRO 2008"
2009.2.22.	4605A-B(2종)	중국 2009 세계우표전람회
2009.5.5.	4624(1종)	국제우표전람회 "IBRA 2009"
2009.5.14.	4629(1종)	제23차 아시아 국제우표전람회 홍콩 2009
2009.10.21.	4665(1종)	국제우표전람회 Italia Della 2009
2010.8.4.	4710A(1종)	제25차 아시아 우표전람회 "bangkok 2010"
2011.2.12.	4734(1종)	세계우표전람회 "INDIPEX 2011,India"
2011.7.30.	4768F-G(2종)	제27차 아시아 국제우표전람회
2012.3.3.	4792A(1종)	우표전시회 "FRIMUNG & HUDDEX 2012, Stockholm"
2012.6.9.	4815(1종)	"2012년 프랑스우표전람회PLANETE TIMBRES 2012"
2012.6.18.	4816(1종)	세계우표전람회INDONESIA 2012
2012.9.25.	4827-4842(17종)	국제우표 및 주화 전람회. "Beijing 2012"
2013.5.10.	4870(1종)	세계우표전람회 " Australia 2013"
2013.11.20.	4891(1종)	세계우표전람회 "Thailand 2013"
2017.5.24.	5119A(1종)	유럽우표전람회 "Finlandia 2017"
2017.8.3.	5127A-D(4종)	세계우표박람회 "Bandung 2017"
2018.5.11.	5169A(1종)	제18차 중화전국우표전람회 "Changzhou 2018"
2018.8.15.	5173E1종(1종)	세계우표전람회 " PRADA 2018"
2019.5.19.	5215E-F(2종)	세계우표전람회 "CHINA 2019"
2019.7.31.	5215(1종)	제 36차 아시아국제우표전람회 "SINGPEX 2019"

이와 같이 자본주의 국가들에게 우표발행은 발행국가의 자연, 문화, 역사, 기념일 등 문화산업으로 분류되지만 사회주의 국가, 특히나 극심한 국제적 제재 하에서 자국의 목소리를 대외적으로 내기 어려운 북한의 입장에서는 기동성과 국제적 보급성을 띠고 있는 우표가 조형미와 작품성을 통해 대외적으로 자국의 선전물이자 대내적으로 직관선전· 선동물로 중요한 자리를 차지하고 있다.

이러한 점은 북한의 대표적 신문인 『로동신문』을 비롯해서 주요 월간지에 우표와 관련된 글들이 자주 실리는 것에서도 드러난다〈표 6〉 참조.

〈표 6〉 북한의 주요간행물에 나타난 우표 주제어

기사명	발행처	발행 일자	권호 또는 페이지	저 자
우표 및 그림엽서 도안 현상모집에 관하여	로동신문사	55.05.10		
우표에 대한 생각	문학신문	63.01.08	4	서종식
우표미술의 특성과 사명	조선예술	89.06.10	루계390호	박민옥
우표수집책을 펼치고	조선문학	91.09.01	루계527호	민경숙
우표가 나오게 된 유래	천리마사	93.12.16	루계415호	천리마
우표의 기능과 역할	천리마사	98.11.01	루계474호	천리마
새 조선 건설시기 우표미술의 발전	천리마사	99.04.07	루계476호	김성남
조선우표에 새겨진	오늘의조국사	99.11.01	루계123호	정성옥
우표와 함께 50여년	오늘의조국사	03.03.01	루계163호	편집실
조선우표영원한 친위전사	조선우표사	2004		조선우표사
조선우표전시관	공업출판사	04.06.13	루계47호	조선건축
우표창작과 보급에 힘을 넣어	로동신문사	06.12.19	5	로동신문
우표수집의 기원	교육신문사	07.08.13	14	인민교육
근대적 통신제도 수립과 그 발전을 가로막은 범죄	천라미사	11.08.01	루계627호	허성길
근대시기 우리나라에서의 우표발행	천라마사	11.09.01	루계628호	천리마
우표를 창작/세계우표의 날	로동신문사	09.02.08	4	로동신문
한 장의 우표에 비낀 숭고한 애국	로동신문사	17.12.17	5	로동신문
국가우표발행국에 3중 3대 혁명 붉은기 수여	로동신문사	16.06.22	3	로동신문
세계상식 우표와 우표미술	민주조선	19.03.15	6	민주조선편집위원회
해방된 조선의 우편기관 창설과 우표발행에 대하여	사회과 학원학보	19.08.16	59	김철만

제3장

북한 우표의 국가적 상징성과 특징

1. 사회주의국가 우표의 특징
2. 출판보도물로서 북한 우표의 국가미디어 기능

1. 사회주의국가 우표의 특징

1) 우표의 탄생과 서구국가 우표의 특성

우표가 등장한 것은 지금으로부터 약 170여 년 전의 일이다. 우표가 등장하기 아주 오래전부터 우편의 왕래는 있었다. 하지만 우표가 없었던 시대에는 오늘날과 같이 편지를 부치는 사람이 아닌 편지를 받는 사람이 현금으로 우편 요금을 내는 방식이었다. 그 당시의 우편은 오늘날의 기차 요금처럼 배달되는 거리에 따라 요금이 달랐으며. 또한, 편지의 무게와 장수에 따라 요금이 천차만별이었기 때문에 우체부가 편지를 전해 줄 때 개봉하여 그 자리에서 우편요금을 계산하는 복잡한 방식이었다.

그런데 누가, 언제 편지를 보내올지 알 수 없었기 때문에 요금을 낼 돈이 없을 때에는 부득이하게 우편물을 되돌려 주고 다시 와 달라고 사정을 하는 경우가 발생하기도 하였다. 그래서 그 당시에는 돈이 없어서 기다리던 편지를 받지 못하는 사람들이 많았으며, 일반 국민은 비싼 요금 때문에 우편을 이용할 엄두조차 내지 못하여 우편제도는 사실상 널리 이용되지 못하는 상황이었다. 이렇게 불편한 우편제도에 대한 개혁안을 연구하여 제의한 사람은 영국의 교육자이자 세금 개혁가인 로랜드 힐[105]후에 로랜드 힐 경이 됨이다.

그는 1836년 12월「우체국의 개혁 그 중요성:Post office; It's Importance and Practicability」이란 논문에서 우편 요금의 지급 방법으로 우체국에서

---

105 로랜드 힐Sir Rowland Hill, 1795~1879은 영국의 교육자이자 우편제도의 개혁자이다.

〈그림 11〉 세계최초 우표 페니 블랙(좌) 와 펜스 블루(우), 1840

판매하는 우표를 붙이는 새로운 방법을 고안하여 정부에 제출하였다. 그 후, 3년이란 긴 논쟁 끝에 하원과 상원에서 통과되어 드디어 1839년 8월 17일 빅토리아 여왕의 재가를 얻은 뒤, 다음 해인 1840년에 역사적인 균일 우편요금 제도가 드디어 영국에서 시행될 수 있었다. 이 개혁안에 따라 요금 선급 방법으로 우표가 창안되었고, 1840년 5월 6일 오랜 노력 끝에 빅토리아 여왕의 옆모습을 그린 1페니와 2펜스로 된 2종의 우표그림 11가 세계 최초로 발행되게 되었다. 수집가들은 이 우표를 색깔에 따라 페니 블랙Penny Black, 펜스 블루Pence Blue라는 애칭으로 부르고 있다.[106]

만국우편연합에 가입되어 우표를 발행하는 모든 국가는 만국우편연합 규정에 의하여 발행국의 국호를 반드시 표기해야 한다. 단 한 국가 영국만은 최초의 우표를 탄생시킨 공로로 발행국가명 표기 없이 여왕의 초상이 들어가는 것도 허용되고 있다.[107]

---

106 세계최초 우표 페니 블랙좌 와 펜스 블루: https://stamp.epost.go.kr/sp2/sc/spsc0101.jsp 검색일: 2021년 9월 9일

107 한국우취연합,「재미있는 우표 교실」, 한국우취연합, 2016, p.10.

〈그림 12〉 한국과 말레이시아 수교 50주년을 기념하여두 나라에서 공동으로 발행한 우표이다.[108] 2010.

우취란 우표를 모으는 취미를 일컫는 말이지만 반드시 연구가 포함되어야 한다. 우표를 수집하고 연구하는 사람들을 필라텔리스트Philatelist라고 한다. 필라텔리Philately라는 말은 1864년 프랑스 우표수집가 조르즈 에로펭M. Geoge Herpin이 처음 사용한 말로, 그리스어로 '필로Philo, 사랑'와 '아텔리아Ateleia 세금의 면제 혹은 지불'를 합쳐서 만들어진 말이다. 필라텔리를 우리는 우취郵趣라고 표현하며 우리나라에서는 우취인, 우취가 등의 말로 사용되기도 한다.

〈그림 12〉에서 그림이 인쇄된 부분 전체를 '인면'이라 부르고, '액면'이란 우표의 금액을 표시하는 부분이다. '천공'은 우표를 떼어 내기 쉽게 하기 위해 뚫은 구멍을 말하고, '마진'은 우표의 가장자리에 있는 여백을 의미한다.

북한 우표의 특징 중 하나가 1960년대까지는 조그마한 우표 내에 보이지 않을 정도의 작은 글씨체로 빽빽하게 구호를 적던 우표 발행에서 벗어

---

108 한국우취연합, 앞의 책, p. 13.

〈그림 13〉 최초의 시트우표 김일성 탄생 60돐 기념, 1972

〈그림 14〉 두 번째 시트우표, 꽃파는 처녀, 1974.

나 1972년 김일성 탄생 60돌 기념우표부터는 시트우표 발행을 통해 여유 있게 제작된 마진 부분에 중요 구호들이 보기 쉽게 도안되고 있다는 사실이다그림13. 지금까지도 이 마진 부분에 정치적 슬로건이나 우표에 대한 설명을 추가하여 잘 활용하는 국가가 북한일 것이다.

북한이 마진부분에 구호를 넣어 발행한 두 번째 우표는 1974년 4월에 혁명가극 〈꽃파는 처녀〉 우표였다. 이처럼 우표를 대내적 북한체제 선전 및 주민동원 목적과 대외적으로 체제우월성 홍보목적으로 한 단계 도약

할 수 있었던 것은 1970년대 초부터 김정일이 당 조직 및 선전담당 비서로 선출된 이후 김정일의 '종자론'이 크게 기여하였다고 판단된다.

대부분 국가에서의 마진은 우표 주변을 둘러싸는 '변지'로서 우표 크기보다 현저하게 적은 경우가 일반적이다. 시트 마진에 아무것도 인쇄되어 있지 않은 경우에 테마틱 우취에서는 무의미하지만, 최근에는 다른 국가들에서도 이러한 마진에 다양한 정보가 추가로 인쇄되기도 한다. 예를 들어 우표 발행처, 발행자 이름, 광고사항, 취급상 주의사항 등이 표시되며, 이를 통칭하여 '마지널 인스크립션marginal inscription'이라 부른다.

국제제재로부터 자유로운 서구국가의 경우 우표의 기능은 단순하게 우편서비스를 위해 선불로 지급한 증서의 기능일 뿐이다. 우표가 우편서비스를 위한 요금선납증표로서의 기능뿐이기 때문에 요즘 우리나라에서 우편서비스를 제공받기 위해 선불로 지급했다는 공식적인 증서우표대신에 단순하게 관련기관우체국에서 만들어 사용하는 '롤러 방식이나 선불확인 스티커'식으'로 대신하는 경우가 더 많이 우편물 서비스에서 사용되고 있다. 우표의 다양한 기능 중 홍보목적의 기능이 사라지고 있는 이러한 변화는, 서구사회의 경우 디지털 시대를 살아가고 있는 현대사회에서는 '우표의 홍보기능' 선전효과가 투자대비 매력이 사라졌기 때문인 것으로 판단된다.

하지만, 북한과 같이 유사 이래 가장 강력한 국제제재로 인해 자국의 홍보를 할 수 있는 모든 통로가 막혀 있는 경우에는 우표가 가지고 있는 선불증서로서의 기능의 경우 적은 비율일 뿐이지만 발행국의 대외적 홍보목적과 종이보석으로써의 외화획득목적 그리고 내부 결속과 노력동원 등의 선전선동의 목적이 우표 기능의 훨씬 높은 부분을 차지하고 있다고 판단된다.

2) 사회주의국가 우표선전화의 특징과 상징정치

(1) 선전화의 특징과 기능

당-국가가 하나로 획일화된 사회주의 국가들에게 있어, 우표는 작지만 매우 훌륭한 선전화이다. 따라서 사회주의 국가체제의 선전화포스터의 특성을 먼저 살펴본 후 선전화로서의 우표의 특징을 살펴보고자 한다.

선전화포스터는 절대 애매해서는 안 된다. 선전화 디자이너에게는 다음 세대가 해명할 수 있을지도 모를 어떤 개인적인 관념을 작품에 표현하는 일이 허락되지 않는다. 디자이너는 의뢰자와 대중이 즉각 접속되도록 해야 한다. 그리고 이를 위해서는 연예인처럼 관중과 함께 호흡해야 한다. 때로 관객과 탁월한 기술을 기대할 때도 있으나, 대부분의 경우 비전문가인 관중에게는 대중적인 방식으로 말해야 할 필요가 있다. 포스터에는 장식성 뿐 아니라 커뮤니케이션 기능도 있으므로, 대중적인 표현양식을 자주 반영한다.

시각적 커뮤니케이션은 포스터의 첫 번째 존재의의이기 때문에, 포스터 고유의 성질을 형성하는 것은 바로, 외면적으로 나타나는 대중적 영향력의 특성과 범위이다. 사실 회화나 그래픽 이미지 같은 인접 분야와 포스터의 본질이 상반되게 보이는 것은 이 대중적인 표현에 있다. 대중적 표현에는 두 가지의 주된 흐름이 있다.

하나는 민속예술 수준에서 위로 향한 것인데, 공동의 통합을 위한 요소와 일종의 소박함을 동반한다. 또 다른 하나는 아래로 향한 것으로 보통 대중문화라 부르며, 일반적으로 이해하기 쉽고 대중소비자의 취향에 맞게 만든 상업적 또는 정치적 선전이다. 이러한 상황에는 위험한 측면이 있는데, 하나의 흐름이 다른 흐름처럼 보이는 경우이다. 다른 말로 하면, 전체주의 국가의 포스터에는 만족스럽고 협동적인 인민의 이미지와 주제가 표현되며, 이는 서민 생활을 정확히 반영하는 것처럼 보인다자유주의 국가의 소비사회에서 동일한 포스터가 물질적 풍요를 체제의 교조적 측면으로서 표현되는 것과 마찬가지로, 허위에 차 있다. 하지만 어떤 경우에도, 이는 정확한 반영이 아니라 지배자의 권력을 투영한 것이다.[109]

포스터의 등장을 기술적으로 가능하게 한 것은 19세기 말 산업사회였으며, 1870년부터 1차 세계대전 종전까지 포스터는 예술과 상업 양쪽에 관련되어있었다. 셰레Jules Cheret, 1836-1933의 작품이 뛰어난 회화 예술운동에 중요한 역할을 한 툴르즈 로트렉Henri de Toulouse-Lautrec, 1864-1910과 알퐁스 무하Alphonse Mucha, 1860-1939같은 미술가들의 포스터를 예외로 하면, 일반적으로 포스터는 당세풍의 장식양식을 반영했고, 모두에게 최고의 호소력을 발휘할 언어로 이야기했다. 이 시기에 포스터는 정치와 전쟁에도 사용되었다.

그러나 포스터에 사회적 통념 때문에, 권력자의 지시사항은 용인된 범위 내에서만 표현되었다. 이러한 상황이 1차 세계대전이 끝나면서 새로운 변화를 겪게 된다. 러시아를 비롯한 여러 지역의 정치적 격변이 정치포스터의 방향을 새롭게 결정지은 것이다. 하지만 정부나 포스터 디자인 제작자의 입장에서 이러한 변화는 높은 평가를 받지 못했다. 그 결과 1950년대까지도 정치포스터는 단지 상업적인 설득의 일부 또는 광고의 '예술적' 형태라는 생각만을 지향하고 있었다.

따라서 이데올로기 포스터의 역사는 두 단계로 나뉜다. 제1기는 전쟁에 대한 광고를 상업광고와 동일하게 간주한 1870에서 1919년까지이고, 제2기는 진정한 정치포스터가 출현하기 시작한 1920년에서 현재까지다.

---

109 존 바나콧 지음, 김숙 옮김, 『포스터의 역사』, 시공사, 2000, pp.179-180.

1차 세계대전 당시 전쟁 포스터는 전투를 성전聖戰처럼 표현했다. 이는 넓게 보아 두 범주로 나뉜다. 징병에 관한 것과 공채 모금에 관한 것이다. 전쟁의 잔학행위를 보여주는 포스터도 또 다른 범주로 덧붙일 수 있는데, 여기에는 각자의 입장에서 적군의 악랄함을 표현했다. 이 점에서 이러한 포스터는 확실히, 포스터가 일반적으로 기초하고 있는 통상적인 상업적 포스터 형식 밖에 있다.

〈그림 15〉 조국은 당신을 필요로 한다, Alfred Leete, 1914

가장 자주 인용되는 징병 포스터는 영국의 알프레드 리트가 디자인한 〈조국은 당신을 필요로 한다. Your Country Needs You〉이다. 보는 이를 직접 손가락으로 가리키며 공격적으로 강하게 정면을 바라보고 있는 이러한 표현은 유사한 예가 상당수 있다. 리트의 포스터는 조야한 면도 있으나, 두상, 가리키고 있는 손가락, 손에서 소맷부리까지를 간결하게 담아냈다[110].

정치포스터의 역사에서 가장 의미 깊고, 포스터의 전체 역사에서 가장 중요한 전개는 러시아에서 일어났다. 1919년 새로운 형식의 포스터가 바로 이곳에서 출현했는데, 그 기원은 마하일 체렘니흐의 작품이라고 전해진다. 이 형식은 '러시아 전신국의 풍자 창문'으로 알려져 있다ROSTA라는 약칭으로 부른다.

구성주의는 포스터 디자인에 영향을 준 조형미술 운동으로써 분명 예술적인 혁명과 정치적인 혁명이 존재한다. 선전물과 공보公報의 대량배포정보를 인쇄하고 배포하는 일련의 AgitT- Prop처럼가 러시아 혁명에 의해, 혁명을 위해

110 존 바나콧, 앞의 책, p.212, 216, 220.

행해졌다는 사실에서도 양자의 밀접한 연관성을 알 수 있다.

서구에서는 아방가르드 미술의 새롭고 놀라운 디자인을 새로운 소비에트 세계와 동의어로 생각했다. 하지만, 레닌은 처음 출발 때부터 러시아 미래주의자들을 혐오했고, 마야코프스키의 보헤미아적인 생활과 기이한 실험이 혁명의 숭고한 이상을 당혹스럽게 한다고 보았다. 전위 미술가들은 스스로 러시아에 남기를 선택했지만, 작업의 활력을 잃든가 유랑의 몸이 되든가 아니면 자살하고 만다. 소수는 노동수용소로 보내졌다. 구성주의는 다른 나라의 미술 발전에 기여했으나 그 진원지였던 나라에서 아무런 발전도 이루지 못한 채 그 진원지였던 나라에서는 중단되고 말았다. 그러나 화가와 시인의 공동제작은 포스터 역사에서 주요한 공헌을 한 혁명의 산물 중 하나였고, 예술 간의 상호의존성이 증가하면서 미래에 더 큰 발전을 약속했다.

공동제작 포스터는 1936년 스페인 내란 당시 마드리드와 바르셀로나에서 공화주의자와 공산주의자 포스터에 다시 등장했다. 당시 포스터에는 포토몽타주와 같은 새로운 기법이 사용되었다. 프랑코 군대를 지원한 파시스트 정권은 전쟁 전부터 선동을 위한 선전 시스템을 구사했다. 무솔리니 정권을 선전하는 공식 디자인 중에는 레터링으로 이루어진 일주석 같은 입체적 구성이 있는데, 이는 로마제국의 건축적 화려함을 반영한 것이다.

독일의 경우 포스쿠일이 1936년에 제작한〈올림픽 Olympics〉과 같은 포스터에는 '국가사회주의적 사실주의'가 반영되어 있다. 하지만 1930년대의 어떤 전쟁 포스터도 1937년 파리만국박람회 스페인관에서 피카소가 선보인 벽화 옆에서는 의미가 퇴색되고 만다. 〈게르니카 Guernica〉는 포스터라고 할 수는 없지만, 간결하고 극적인 형태를 강조하는 포스터 디자인이 피카소의 초기 작품에 미친 영향을 고려해볼 때, 이 위대한 벽화가 그 어떤 가르강튀아적인 빌보드나 게시 광고를 능가한다는 사실, 그리고 피카소가 25 x 11피트가 넘는 이 그림에서 자신의 과거 30년간의 발견을 가장 과감히 사용했다는 사실을 알 수 있다.

2차 세계대전 중에 제작된 포스터는 대체로, 포스터 디자인의 전개에 있어서 이미 확립된 업적에 새로이 덧붙인 것이 없다. 매스커뮤니케이션 방법은 변했고, 프로파간다는 영화와 라디오를 통해 이루어졌다. 소비자를 향한 광고는 중단되었으며, 포스터는 전면전에 직면한 시민들에게 식량을 생산하고 공급을 유지하고 국가기밀을 지키는 법을 알려주었다.[111]

1945년 이래로는 전쟁에 대한 세계여론에 변화가 일면서, 반전 포스터가 상당수 발표되었다. 케테 콜비츠의 〈전쟁은 이제 그만 No More War〉1924이라는 비극적 주제는 히로카쓰의 〈더 이상의 히로시마는 없기를! No More Hiroshima!〉1968에서 다시 등장했다. 그러나 변화는 양식보다는 내용에 있었다. 전쟁을 방지하자는 광고에도 사실주의가 풍자 사용되어, 포스터의 외관상 새로운 점은 없었기 때문이다. 새로운 표현형식은 특별한 유형의 디자인이 등장 할 때 확립된다. 예를 들면, 적대적인 다수에 둘러싸인 소수파가 포스터를 준비하는 경우, 인쇄, 배포, 게시는 비밀리에 진행되어야 하기 때문에 디자인과 양식에 영향을 미치게 된다.

1968년 파리에서 일어난 5월 혁명이 바로 이러한 경우였다. 백여 년간 놀랄 정도로 발전해온 포스터가, 첫걸음을 내딛었던 이 도시에서 돌연 활발하고 성숙한 매체로 등장한 것이다. 다시 한 번 러시아 혁명 당시 ROSTA의 포스터 제작 때처럼 디자인 선택이나 인쇄에 있어서 공동 작업이 선택되었고, 미경험자와 전문가가 함께 참여했다. 결과물인 일련의 포스터는 사용을 목적으로 디자인되었다.

---

111 존 바나콧, 앞의 책, p. 220, p. 242.

포스터가 컬렉터 시장에 흘러 들어가는 일은 제작에 관여한 미술학교 학생들에 의해 저지되었다. 이러한 포스터는 급히 준비된 전단의 성격을 띠었다. 따라서 정보의 신속한 전달이라는 점에서 라디오와 텔레비전으로 대체되었던 긴박감이 이 매체로 되돌아왔다. 어떤 보도기사가 매스커뮤니케이션의 복잡한 기술 시스템에 적당하지 않는 경우라면, 이때 포스터는 강한 효과를 발휘할 수 있다. 또한 포스터가 대중에게 익숙해진 취미 예술품이 되는 대신 원시 상태로 되돌아간다면 특히 효과적일 것이다.

(2) 사회주의국가의 상징정치와 우표

1960년 말까지 상업주의라는 경로를 거쳐 발전한 포스터 디자인은 이제 강력한 또 다른 표현영역을 발견하게 된다. 바로 이데올로기 포스터로, 이는 정치적 이데올로기 또는 새로운 세대의 이상을 표현한다. 중화인민공화국 정부의 포스터, 기旗, 회화는 포스터 디자인사에 눈에 띄는 공헌을 했다. 서양에서처럼 이러한 디자인은 대중적인 민속예술에서 발전했다. 새로 맞는 봄을 축하하는 그림인 연화年畵는 중국의 전통적인 이미지 중 하나에 속한다. 이는 대중적 표현의 디자인이 종종 정치에 이용되었던 것처럼, 공산주의 목적을 위해 응용되었다. 민속 이미지에 공산당의 도상이 덧붙여진 것이다.

정치선전이 대중적 표현형식 안에 성공적으로 동화될 수 있을지 불가사의하게 여길 수도 있다. 예를 들면, 전통적인 디자인의 호소력은 당의 상징으로 부가된 부분보다 중요한 의미를 갖는 듯하다. 물론 이러한 요소 중에는 그 자체가 전통의 일부로 자리 잡는 경우도 있다.

중국의 가장 자극적인 디자인은 당의 지도자와 상징을 묘사한 초대형 이미지다. 거대하다는 점에서는 물론 미국의 대형 상업광고와 비교할 수 있지만, 동양의 정치선전은 서양과는 다르다. 그 입지는 진부하다. 아마도 이는 제작방법이 시대에 뒤지고 덜 세련되며, 또 전통적이고 기본적인 요구와 관련이 깊은 사회에서 호소력을 발휘해야 하기 때문일 것이다. 라틴아메리카뿐 아니라 티베트와 같은 나라에서는 정치적인 대중예술에 지금도 전통적인 전시 방법을 사용한다. 이와 대조적으로 미국은 매스미디어에서 고유의 민간사회를 창조하는 사회를 만들어냈다. 이러한 이미지는 전 세계에 투사되어, 다양한 발전단계에 있는 다양한 문화에 영향을 미쳤다.[112]

마르티네즈 라울Martinez Raul, 1927-1995은 회화에서 그래픽 디자인으로 방향을 돌렸는데, 그 이유는 민중을 보다 가까이 느낄 수 있었기 때문이다. 그는 다음과 같이 말했다.

"지금까지 회화는 대체로 미술가 자신이 제기한 문제에 대한 반응과 해결을 목표로 하고 있다. 반면 그래픽 작가는 자신에게 주어진 문제에 대해 답한다. 사실 오늘날의 세계에서 회화와 조작의 목표와 태도는 매스커뮤니케이션의 방법 쪽으로 움직이고 있다. 역으로 광고는, 늘 그랬듯이 순수미술에서 발전된 양식을 섭렵한다. 모택동은 다음과 같이 말했다. "정치적으로 보면 옳지만 예술적 표현은 빈약한 '슬로건과 포스터'로 작품을 제작하는 경향에 반대한다. 우리는 문학과 예술 두 전선에서 투쟁을 지도해야 한다."

이 두 전선은 서로에게 좀 더 가깝게 다가서고 있다. 수년 동안 소련은 영웅적인 포스터와 회화를 자연주의적인 양식으로 제작하는 정책을 추구했는데, 이는 쿠바에서 전개된 상황과는 반대되는 것이다. 레닌은 전위

112 존 바나콧 지음, 김숙 옮김, 『포스터의 역사』, 시공사, 2000, pp. 232-248.

미술에 대한 태도는 이미 언급한 바 있지만, 그는 1925년에 "예술은 인민에게 속한다. 그 뿌리는 인민에게 깊게 파고들어야 한다. 예술은 대중에게 쉽게 이해되어야 하며 사랑받아야 한다"라고 말했다. 하지만 소련 대중이 실제 경험한 포스터 디자인은 회화와 마찬가지로 엄격한 자연주의 형식이었다.

존 버거는 이를 '사회주의적 사실주의로 가장한 사회주의적 자연주의'라 언급했다. 이 문맥에서 자연주의는 선택 불가한 모사模寫가 되어, 버거가 총체적 현실성을 파악하기 위해 훨씬 야심찬 시도로 정의한 사회주의와는 반대가 된다. 소련 미술은 또한 아카데믹하고 자의적이다. 대중은 위로부터 '대중예술'을 제공받는다. 이들의 참여는 허락되지 않는다. 이는 인민의 미술이 아니었다. 있는 그대로의 현상을 반영하는 듯 가장한 자연주의적 포스터나 회화가, 공식적인 방침에 따라 대규모로 제작되고 있다는 사실은 반드시 짚어 보아야 할 부분이다.

다른 말로 하면, 군중에게 들어 올린 거울은 실제로는 이미지이지 반사는 아니다. 즉, "우리는 여러분이 여러분 자신을 이런 식으로 보기를 원한다." 라는 것이다. 서양은 소련의 공식적인 프로파간다를 이런 식으로 간주했고, 동양도 똑같은 식으로 자본주의 서양의 소비사회 광고를 바라보았다.

민중의 미술 그리고 민중을 위한 미술은 표현이 다른 두 영역일지도 모른다. 포스터는 양쪽 모두의 그래픽 메시지를 전하는 수단이지만, 예술로서 그 주장하는 바가 무엇이든 간에 가장 먼저 민중에게 말해야 한다.[113]

마르크스주의자로서 볼셰비키혁명 지도자 블라디미르 레닌은 사회주의 국가들의 우표 도상에 자주 등장하고 있다. 구소련에서 특정 인물이

113 존 바나큇의 앞의 책, pp.238-248.

우표에 자주 등장하는 현상은 스탈린 시대에 그 절정을 이루었으나, 흐루시초프가 정권을 잡은 후 스탈린 격하운동이 한창 거셀 시기에는 스탈린의 동상과 초상화들을 모두 철거한 후 스탈린의 모습도 자연스럽게 우표에서 사라지게 되었다.[114]

국가지도자가 우표에 자주 등장하는 현상은 민주주의 국가들 중 영연방의 나라들과 또는 민주화 수준이 낮은 나라들- 장기 집권중인 인도네시아 수하르트 대통령 통치하 또는 과거 필리핀 마르코스 통치하 등- 에서는 집권 과정이 불법적이거나 장기 집권을 획책하는 경우에 정권의 정책과 정당성을 강조해서 홍보하기 위한 목적인 경우가 많다.

구소련의 국기에 사용된 붉은색은 혁명을 의미하고, 낫과 망치는 농민과 노동자를 의미한다. 사회주의 국가들의 우표에 자주 등장하는 소재가 첫째, 농민이다. 이는 1861년 러시아가 농노해방 후에도 100년이 지난 20세기 후반까지도 전인구의 50%정도가 여전히 농촌인구이며, 만성적 식량부족에서 아직도 벗어나지 못하고 있기 때문이기도 한다. 사회주의 국가우표도상에 자주 등장하는 또 다른 소재는 산업노동자들이다. 이들 노동자들이 볼셰비키혁명으로 가장 많은 혜택을 받은 집단이기 때문이다.

볼셰비키혁명은 노동자의 이름으로 성공할 수 있었으며 일부 노동자의 경우 당 간부, 군대의 장교, 또는 집단농장의 조직책임자로까지 되는 등 사회적인 신분 상승을 경험한 부류이기 때문이다. '인텔리겐차'라 불리는 비판의식이 강한 지식인층과는 달리, 언제나 단순하게 착취당하며 자본의 기득권자들부르조아지에 대한 강한 불만을 품고 있었던 이 프롤레타리아 계층은 공산주의 이론을 비판 없이 그냥 수용, 확산시키기 위한

114 스탈린 격하운동과는 별도로 북한 우표 도상에는 레닌에 대한 우표가 스탈린 탄생 100주년되는 1972년 4월까지는 반복적으로 발행되었으나 1972년 12월 사회주의헌법에서 주체사상이 강조된 이후에는 레닌관련 우표도상도 더 이상 보이지 않게 되었다.

가장 확실한 지지기반이 되었기 때문이다.[115]

이 노동자 계층은 산업화, 근대화로 인해 점차 다양해지면서 여러 직종의 노동자들이 우표에 자주 등장하는 것을 알 수 있다. 또한 동서 냉전이 심화 되면서 군인, 과학자들의 역할이 강조되고, 혁명에 앞장서는 사람들을 모두 혁명의 전사로 표현하는 방식으로 선전선동적인 전략을 사회주의 우표도상을 통해 알 수가 있다.

볼셰비키혁명의 영농국유화와 산업화로 인해 노동인력이 부족하게 되자 생산과 건설 현장에 여성들도 집단농장과 생산 현장으로 내몰리면서는 여성들도 우표도상에 등장하게 되는 것을 볼 수 있으며, 혁명 이후 구소련의 발전 중 빼 놓을 수 없는 것이 문맹 퇴치와 어린이를 위한 교육제도 향상이다. 성인들에 대한 문맹 퇴치 만이 자국의 경제와 기술을 진보케 한다는 신념으로 교육 제도를 운영하였으며 아동교육에서도 획일적이고 반복적인 암기와 복습을 강조하면서 순응하는 세대 만들기에 전념하였음을 알 수 있다.

마지막으로 사회주의국가들이 우표 도상으로 자주 등장시키는 소재들은 스포츠를 통한 내셔널리즘 강조와 과학과 문학을 통해 자국의 우수성을 대외적으로는 과시하고 대내적으로는 통치체제에 대한 동의 기제를 불러내려는 의도를 알 수가 있으며, 우표도상에 나타나는 인물들의 경우 무표정하게 정면에서 15도쯤 위로 먼 곳을발행국의 이상과 목표을 응시하는 듯한 눈과 혁명의 걸림돌에 대해서는 단호하게 응징하려는 차갑고 강인한 눈매를 보여주고 있다.[116]

---

115 김석, 사회주의 국가의 우표디자인, 『계원논총 1권 1호』, 1996, pp. 95-97.

116 김석, 앞의 논문, pp.95-97.

(3) 사회주의국가의 상징체계와 특징

상징체계는 정치적 차원에서도 중요한 의미를 갖고 있다고 하였는데, 신생국의 체제발전과정 특히 지배권력 과정에서도 마찬가지다. 기어츠는 인도네시아가 세계 어떤 지역보다 일정 면적당 종교적 상징의 밀도가 높은 지역이라고 하면서 수카르노가 이러한 상징들을 수집하여 신생 공화국의 범 교리적 국가종교로 정리하려는 의욕을 갖고 이를 실행하였다고 보고 있다.[117] 수카르노는 봉기를 주도하면서 "사회주의, 공산주의, 비슈누 무르티의 화신"이라고 하면서, "제국주의에 의하여 지지 되는, 그 노예인 자본주의를 폐지하라! 신은 그것을 성공시킬 힘을 이슬람에게 부여하신다."라고 주장하였다. 집권한 이후 수카르노는 "나는 칼 마르크스의 추종자이다. 나는 신앙이 깊은 사람이기도 하다. 나는 모든 사조와 이데올로기가 내 안에서 만나도록 하였다. 그것들을 섞고, 섞고 또 섞어서 지금의 수카르노가 된 것이다."라고 말하면서 강력한 지배력을 행사하였다.

신생국의 경우의 정치적인 차원에서 상징이 중요한 의미를 갖는 것은 정당성이라는 고전적 문제와 연결되어 있다고 볼 수 있다. 오랜 기간 식민지 지배를 받은 국가에서 대권을 장악하고 국민으로부터 그것을 지키는 것 이상을 보여주기 위해서는 그 행위가 국가를 자신들의 것이라고 여겨지게 하고 싶은 사람들, 즉 국민들에게 밀접히 연결되어 있는 것처럼 생각되지 않으면 안 된다. 독립을 성취하였을 당시 엄청나게 생각되었던 정치적 과업들- 외세 지배의 종결, 지도체제의 창출, 경제발전의 도모, 국민적 통일감의 유지- 은 쉽지 않은 것이다. 그러나 그러한 과업들 외에 또 하나의 다른 과업이 필요한데 새로 만든 국가제도에서 외국냄새를 제거하는 것이라고 할 수 있다. 이러한 과정에서 수행되는 상징조작의 대부분

---

117 클리포드 기어츠, 문옥표 옮김, 『The Interpretation of Culture』, 까치, 1998, p.368.

은 국가와 사회 간에 문화적 간격을 없애기 위한 시도라고 할 수 있다. 이를 위하여 각종 구호, 운동, 기념비 시위들 적어도 부분적으로는 국가를 토착적인 것으로 보이게 하기 위하여 고안된 것이라고 할 수 있다.[118]

사회주의에서도 상징은 중요한 의미를 갖게 된다. 이것은 사회주의의 근본적인 속성 특히 선전의 정치사회적 중요성과 관련이 있기 때문이라고 할 수 있다. 생산수단의 사적소유를 정당화하는 자본주의는 물질적 동기유인으로 체제구성원을 자극하고, 물질적 기반을 바탕으로 사회적 지배관계가 형성된다고 할 수 있다. 그러나 사회주의 체제가 유지 발전하는 과정에서는 윤리적 동기유인이 체제구성원의 행위를 자극 하는데 중요하며 이 과정에서 선전· 선동이 중요한 역할을 수행하여야 한다.[119] 따라서 선전의 역할은 자본주의를 전복하는 혁명과정에서도 중요한 역할을 할 뿐만 아니라, 국가건설과 발전을 위해서도 중요한 의미를 갖고 있다고 볼 수 있다.

선전이 중요한 의미를 갖는 것은 사회주의의 본질적 특성에서 비롯되었다고 볼 수 있으나, 사회주의국가 건설이나 단순히 권력 유지를 위해서가 아니라 사회적 통합을 유지함으로써 체제를 유지 하는데도 중요한 역할을 수행하고 있다고 볼 수 있다.[120] 특히 억압적인 정치구조를 갖고 있는 사회체제에서는 지배집단의 이해를 관철하기 위하여 선전의 중요성이 부각 되었다고 볼 수 있는데 이러한 현상이 분명하게 드러난 경우가 히틀러와 파시즘이라고 할 수 있다.[121]

---

118 클리포드 기어츠, 앞의 책, pp.372-373.

119 Pierre Lavroff, 박호진 엮음,『문화·계급· 선전』, 백산서원, 1996, p.49.

120 유일상·목철수 편저,『세계선전운동』, 이웃, 1989, 6장 참조.

121 유일상·목철수, 위에 책, 7장 참조. 나치 독일에서는 깃발 선전을 주로 활용하였지만 이 밖에 다음의 몇 가지 방법으로 선전을 전개하였다. ① 유태인은 나쁘다는 식으로 낙인을 찍어 버리는 수법스케이프 고트 행위 ② 자기주장을 미화시키는 방법, ③ 위광을 가진 대상을 이

사회주의에서 선전이 중요하지만 구체적인 선전의 기제는 국가에 따라 주안점이 다르다고 할 수 있다. 소련의 경우는 엘리트와 소비에트의 제휴, 선전기관으로서 '코민테른'을 활용하고, 예술을 적극적으로 이용하였으며, 청소년 대상의 사상교육 강화 등을 추구하였다. 반면에 중국의 경우 대중주의를 추구하면서 우화와 슬로건을 적극적으로 활용하였고, 문화혁명이라는 대규모 이벤트를 이용하였다고 볼 수 있다.

상징을 정치적으로 활용하는 것은 사회주의 체제만의 특징이 아니다. 뒤르켕의 경우 역사적으로 모든 사회가 상징을 중시하였으며 특히 사회통합과정에서 결정적인 역할을 한다고 보았다.[122] 이러한 차원에서 본다면 이념과 상관없이 체제의 유지 발전에서 상징체계는 중요한 역할을 하고 있다고 볼 수 있다. 그러나 자본주의체제 특히 민주주의가 성숙한 사회에서는 일반적으로 상징의 생성이나 유포가 시민사회의 영역에서 이루어진다고 볼 수 있다. 그러나 사회주의 체제에서는 상징의 생산과 유포 관리에 이르기까지 국가당가 배타적 권리를 행사하였다는 점에서 차이가 있다고 볼 수 있다.[123]

3) 사회주의국가 선전선동의 특징과 활용

(1) 선전의 개념과 목적

선전이란 글이나 말 또는 다른 모든 형식을 포함하여 여론에 영향을 미

용하여 선전 당하기 쉽게 하는 수법, ④ 유명인사나 증오받는 사람의 말을 인용하는 수법, ⑤ 평범하고 대중적인 모습으로 상대방을 유도하는 수법, ⑥ 진실을 은폐하고 허위로 속임수를 쓰는 수법. 임채욱,『북한 상징문화의 세계』, 화산문화, 2002, p.25.

122 E. Durkheim, "Elementary Forms of Religious Life", translated from the French by Joseph Ward Swain』Glencoe, Free press, 1947.

123 이우영, "북한사회의 상징체계 연구",『통일연구원 연구총서』, 2002.05, pp.13-16.

칠 목적으로 행해지는 커뮤니케이션의 일종이다. 선전, 즉 프로파간다propaganda의 어원은 라틴어의 "propagare"에서 유래된 것으로 이는 "접목하다"를 의미한다. 설명하자면 '관념의 확장' 또는 '관념의 전파'라는 뜻을 내포하고 있다. 선전이란 용어가 쓰이기 시작한 19세기에는 선전의 원천source이 공개되지 않음으로 인해 사악한 의미를 함축하고 있는 것으로 이해되었다. 이런 이유로 현재까지도 선전이라는 단어가 사실의 전파로 보기보다는 사실의 조작과 왜곡의 뜻으로 통용되는 경우가 일반적이다.

대중적 통제를 위한 조작으로서 선전이라는 개념의 형성과 변화 과정을 살펴보면, 선전propaganda이란 사회적 통제를 목적으로 한 매체활동의 조작이라고 할 수 있다. 당초 이 단어는 로마 카톨릭 교회가 프로테스탄트의 개혁요구에 직면하여 커뮤니케이션카톨릭 포교 방책을 궁리하는 과정에서 새롭게 만들어진 용어이다. 교황 그레고리우스 15세재위 1621-1623가 1622년에 설립한 것이 '신앙과 전파를 위한 선포국Congregatio de Propaganda Fide'이였다. 이 선포국은 해외선교를 감독하고 선교사들을 훈련하는 조직이었다. 그후 교황 우르반 8세재위 1623-1644는 해외 선교사 양성기관으로 선전대학College of Propaganda을 설립했기 때문에 선전이라는 용어의 초기 개념에는 선전을 수행하는 기구나 선전활동 또는 선전운동까지도 포함하고 있었으며 선교를 가르치는 용어로 기독교 교리전달을 위한 포교의 방식이었으나 1789년 프랑스혁명이 선전을 정치 수단으로 발전시킴으로써 이후부터 선전은 정치와 계급투쟁이나 정치적 이데올로기를 전파하는데 결정적으로 기여하는 불가분의 관계를 맺게 되었다.

18~19세기 동안 대부분의 유럽 언어권에서 선전propaganda이란 용어는 일반적으로 정치적 신념의 유포, 종교적 복음의 전파, 상업광고 등을 지칭하는 다소 중립적인 의미로 사용되었다. '선전'이 그 중립적인 의미를

상실한 시기는 제1차 세계대전 기간이었는데, 시대에 뒤처진 보병 전략이 기계총이나 대포처럼 진보된 군사기술과 충돌하는 과정에서 엄청난 수의 병사들이 전사함에 따라 기존의 신병 모집 방식을 대체할 수 있는 보다 효과적인 대안이 요구되었기 때문이다.

제1차 세계대전의 참전국들은 국가적인 차원에서 여론의 중요성을 자각하게 되었고 한편 국민들은 값싼 신문, 포스터, 영화 등 발달된 대중매체를 통해서 정부기관이 매일같이 메시지를 전달하고 있다는 사실을 인식하게 되었다. 선전은 전쟁기간 동안 적군의 사기를 떨어뜨리기 위한 심리전의 일환으로 사용되면서 점차 점열, 오보와 유사한 맥락으로 간주되었다. 제1차 세계대전 이후 정부 주도의 선전은 민주주의 국가에서도 지속적으로 이루어졌는데 정부의 공공기관들은 선전보다는 '정보사업' 이나 '대중교육' 같은 완곡한 표현을 선호하였다.

이렇게 선전이라는 용어를 사용하기 꺼렸던 이유는 선전이 민주주의가 추구하는 이상과 상호 양립할 수 없다는 새로운 인식에 기인하였을 뿐만 아니라 공식어에서 '선전'이라는 단어를 공공연히 자주 사용했던 1917년 이후의 소비에트 러시아나 1933년 이후의 나치독일처럼 새롭게 출현한 일당독재 국가를 연상시켰기 때문이었다.[124] 한편 서울대학교 교육연구소에서 발간한 "교육학용어사전"에 따르자면 "선전propaganda는 특정한 사상적 노선路線이나 파당적派黨的 의도에 따라서 대중의 사회적 태도에 영향을 주려는 정보나 이론. 선전의 목적을 위하여 모든 커뮤니케이션communication이 수단으로 동원될 수 있다.

선전에는 정치선전·상업선전·종교선전·사상선전 등 여러 가지 형태가 있다. 엄격한 의미에서 교육은 선전과 구별되지만 세뇌洗腦·위교僞敎,

---

124 토비 클락 지음, 이순령 옮김, 『20세기 정치선전 예술』, 예경, 2000, pp. 7-8.

indoctrination에 의해서 선전의 내용이 교육에 포함되는 경우가 있다. 물론, 진리의 개념을 만족시키는 지식을 선전의 내용이라고 할 수 없고, 어떤 특정한 사상적-파당적 노선으로 세뇌하거나 위교하는 것을 교육이라고 할 수도 없다"[125]라고 비교 설명하면서 선전을 교육에 일부로 포함 시키지만 세뇌나 위교는 교육에서 분리시키고 있다. 1986년 발간된 브리태니카 백과사전에서는 "선전은 어느 정도 다른 신념, 태도, 상징의 수단제스처, 연설, 기념비, 음악, 의상, 우표 등에 의해 행위를 조작하기 위한 체계적 노력"으로 정의하고 있다.[126]

플라톤이『국가론』에서 선전의 의미를 이루는 말 가운데 '허위'라는 뜻을 바닥에 깔고서 "그것은 하나의 마술이며 바른 정보와 대비되는 것"이라는 개념으로 보았다. 아리스토텔레스의『수사학修辭學』에서도 선전이라는 개념을 암시하는 부분들이 존재하지만 일반적으로 선전이란 용어의 체계적인 이용은 대량의 수용자에게 선전메시지의 전달이 가능해졌던 산업혁명 이후라고 보는 것이 타당할 것이다.

선전의 개념에 대한 논의는 학자들 견해에 따라서도 다양하게 나타나고 있다. 라스웰Lasswell[127]은 선전의 뜻을 "정치적 상징을 통한 여론조작" 또는 "의미 있는 상징의 조작에 의한 집단적 태도의 관리"로 정의했다. 또 다른 저술에서 라스웰은 교육과 선전을 대비시키며 교육을 "일반적으로

125 서울대학교 교육연구소,『교육학용어사전』, 1995. 네이버지식검색일:2022.02.08.

126 The New Encyclopedia Britannica, 1986, Chicago University Press, vol.26, p.6.

127 Lasswell, Harold Dwight1902-1978:현대 커뮤니케이션학communicology의 4비조鼻祖 가운데 한 사람이지만 학자로서의 출발도 정치학이고 주된 업적도 정치학 분야에 집중되어 있다. 그는 권력관계 개성과 정치 등의 행태주의적 정치학 연구에서 독창적인 업적을 남겼다. 그의 모형은 다섯 개의 의문사를 사용한" Whosource0 Says What(message in Which channel to Whomreceiver with What effect?로 표현되며 그 성격은 대표적인 선형linear모델이라고 하겠다. 유일상 앞의 책, p.22.

승인되어 있는 여러 가지 기술의 계승"으로 정의했다. 맥루한[128]은 선전을 "살아있는 어떤 것"으로 보고 "새로운 커뮤니케이션의 체계 집단 전체를 새로운 이미지 체계 속에 완전히 집어넣어 버리는 것이 바로 선전"이라고 표현했으며 거브너[129]는 "어떤 사회에서도 지배적인 이미지 양식을 배양하는 것이 지배적인 커뮤니케이션 관련기관의 중요한 기능"이라고 말하였는데, 이 기능이 곧 언론기관의 선전기능을 뜻한다고 설명하였다.

한편, 레이 히버트는 "선전이란 미리 계획된 목적을 위해 심리적인 조작을 통해 개인이나 단체에 의해서 의도적으로 행해지는 의연이나 행동의 표현이다. 결론적으로 다른 사람들을 설득시키기 위한 모든 노력을 선전이라 한다"고 하였고, 헤일의 경우에는 " 선전에는 이성이 개입할 여지가 없고 진실을 말한 필요도 없는 것이다. 선전은 대중에게 호소하고 또한 감정에 호소한다."로 정의하였으며 모트의 경우는 "선전이란 뉴스를 꾸며대고 당파적인 정보만을 전달하는 행위이다"라고 모두 부정적인 관점에서 선전을 평가하고 있다.[130]

이러한 선전의 개념은 1960년에 접어들면서 퀄터에 의해 분석적이고 체계적인 시도가 있게 되었다. 퀄터에 의하면 선전이란 "어떤 주어진 상황에서 선전가들이 그들이 바라는 대로 반응을 얻으려는 의도로 소통 수단을 이용하여 다른 집단들에게 영향을 줌으로써 그들의 태도를 변화, 통제, 형성시키려는 교묘한 시도"라고 정의하고 있다. 영국학자 호거트는 "광고나 선전 나아가 대부분의 개종改宗활동이나 모든 감정적인 위협은

---

128 허버트 마셜 매클루언Herbert Marshall McLuhan, 1911년 7월 21일 ~ 1980년 12월 31일은 캐나다의 미디어 이론가이자 문화비평가위키백과 검색일: 2022.02.05.

129 조지 거브너(Gerbner, George, 1955년 미국 남가주대 커뮤니케이션박사를 거쳐 미국 Tempie 대학교 교수)

130 이상길, 『여론 선전전』, 범우사, 1984, pp.56-57.

인간의 약점을 잡아 이용하는 행위" 라고 정의하였고, 미국의 밴스 패커드는 " 통제된 사회에서는 독재자에 의한 국민의 조작이 상당히 용이 하기 때문에 선전기술과 사회통제는 단순히 그 형태만 다를 뿐 각 사회 내지는 시대의 소통체계와 모든 기회현상 즉 기호, 예술작품, 세속적인 언어 등을 통한 심리적 지배 현상"으로 정의하고 있다.[131]

한편, 국내 학자들의 선전의 개념을 살펴보면 "특정한 사상·감정 또는 사실이나 판단·관심 등을 불특정한 다수인에게 전파함으로써 사람들로 하여금 의식적이든 무의식적이든 그들의 의견이나 태도 또는 행동에 일정한 방향을 가지도록 하고 그렇게 함으로써 그들의 행동을 지배하려는 인간의 합목적인 시도"[132]고 보았으며 "설득 커뮤니케이션 중에서도 정치적 목적을 가지고 인간을 설득하려는 정치적 커뮤니케이션이며, 선전가의 설득적인 의도가 강하게 풍기고 수용자들을 의식 중에 일정한 방향으로 이끌어 가려는 조작의 성격을 지닌다."[133]로 보기도 한다.

오늘날 선전은 깃발, 건축물, 연설과 출판물 등의 선전물을 이용하여 체계적으로 여론을 조정하는 것으로 정의된다. 선전 기술과 사회통제의 역사적 관계를 보면 단순하고 명백한 여러 형태의 상호작용뿐만 아니라 각 사회 또는 각 시대의 커뮤니케이션 체계와 모든 기호현상, 곧 기호, 의식, 예술작품 그리고 모든 속어와 비어 같은 세속적인 상투어도 포함되어 있다. 선전의 주체가 선전하는 목적을 살펴보면, 첫째, 선전은 정치권력의 획득과 유지를 목적으로 행해질 수 있다. 피라미드, 깃발, 개선식, 가두행진, 국가國歌등의 국가상징물 같은 것들은 모두 어느 시대를 막론하

131 유일상·목철수 편저, 『세계선전선동사』, 도서출판 이웃, 1989, pp.132-133.

132 조재권, 『선전 여론 개설』, 박영사, 1964, p.16.

133 장을병, 『정치적 커뮤니케이션론』, 태양문화사, 1978, p.32.

고 정권의 안정을 위해 사용된 정치적인 선전도구들이다.

시저로부터 나폴레옹, 히틀러, 레닌, 스탈린, 마오쩌둥에 이르기까지 막강한 독재 권력을 잡았던 지배자들은 모두는 뛰어난 선전가들이었고 현대의 정치지도자들도 선전 능력이 뛰어나다. 과거의 군주君主정치 시대는 물론 이지만 현재의 민주정치 사회에서도 선전은 여전히 정치적 목적 달성에 자주 사용되고 있다. 둘째, 전쟁에서의 승리를 위한 심리전의 한 유형으로, 삐라의 공중 살포나 항복권유, 포로에 대한 잔학행위에 대한 소문 퍼뜨리기, 바이킹의 뱃머리에 붙은 용머리나 전투조종사가 격추한 비행기 대수의 표시등은 선전전의 일환으로 동맹관계를 맺을 수 있는 나라로부터의 우호 관계를 이끌어내고 침략 대상 국가를 상대로 적대감을 유도해내는 목적으로 행해지게 된다.

셋째 목적으로는, 선전 주체들이 이룩한 경제적 성과에 대한 선전을 통해 경제적 신용을 창출하고 유지하기 위해서도 선전이 활용되게 된다. 다음 목적으로는, 적대적, 또는 경쟁적인 상대국에 대해 자국민들이 마찰이나 불만 없이 공동행동을 유지하거나 투쟁을 전개하도록 효과적인 교육에 활용하기 위한 수단의 사회적 통제술의 하나로 활용된다.[134]등 국내 학자들의 선전에 대한 다양한 설명을 살펴 볼 수 있다.

선전문의 문체는 메시지의 소구訴求방식에서 수용자의 이성적 인식과 감성적 인식 가운데 어느 수준을 더 겨냥하는가에 따라 크게 나누면 세 가지 종류가 있다. 즉 선전홍보물의 내용은 언어를 사용한 사유형식인 '개념'을 사용하여 사물과 사물의 관계 또는 사물의 상태를 판단한 다음 한 개 이상 이미 알고 있는 판단으로부터 새로운 판단을 이끌어 추리해 가게 하는 이성적 소구방식을 주로 채택하는 메시지인가, 아니면 객

134 유일상, 『선전과 여론설득』, 도서출판 아침, 2001, pp. 20-24.

관적 사물에 대한 감각기관의 인식을 기반으로 하여 각자의 선유경향 predisposition을 작동시킨 지각을 거친 후 과거에 감지된 사물 형상의 기억과 새로운 지각을 결합하는 이미지 재현 과정표상을 중시하는 감성적 소구방식을 택하는가에 따라 종류를 나눌 수 있다. 이렇게 하여 선전문을 분류해보면 순純이성적인 것, 반半이성적인 것, 그리고 완전히 감성적인 것 등 세 가지로 분류해 볼 수 있다.

순純이성적인 선전메시지의 경우는 순전히 이성적인 자료를 사용한 선전방식이다. 이 방식은 수용자들이 필요로 하는 사실을 존중하고 이성적 판단에 도움을 줄 수 있는 지식을 풍부하게 제공할만한 이론적인 체계를 갖추고 있다. 이때의 설득도 유리한 사실을 골라내어 기억시키고 불리한 사실은 수용자가 그 일부 또는 전부를 무시하거나 망각하게 하는 것인데, 메시지 제시방법이 이처럼 이성적이고 이론적 체계를 갖추고 있으면 그 것대로 효과를 올릴 수도 있다. 이 방식의 대표적인 선전으로는, 칼 맑스의『공산당선언』을 들 수 있다.

반半이성적인 선전메시지는 설득할 논거가 빈약할 때 설득력이나 신뢰성을 보태기 위해 암시와 연상과 같은 심리적 방법을 동원하는 것이다. 반半이성적인 선전은 우화寓話에서 흔히 발견된다. 이것은 기본적으로 사람을 즐겁게 하기 위한 구조를 이용하여 자기의 주장을 남이 믿게끔 하거나 자신의 결함을 호도하려고 할 때 선전가들이 자주 쓰는 방법이다. 선전가들은 소설, 서사시, 연극, 기타 창작형식을 선전매체로 이용하여 효과적인 선전을 행해 왔다. 현대에 들어서서 반半이성적인 방식의 대표적인 선전방법들은 1937년 미국 선전분석연구소Institute for Propaganda Analysis를 통해 두브Leonard Doob가 제시한 일곱 가지의 수법을 들 수 있다. 그것은 낙인찍기, 화려한 추상어, 전이수법, 증언수법, 카드놀이=정보의 선택적 제시, 악

대차 수법band wagon, 평민 가장 수법 등이다.

감성적 자료를 사용한 선전메시지는 순수하게 감정에 호소하는 것으로 선전가의 주관적인 아이디어가 진짜든 가짜든 간에 열광적으로 수용자에게 전해지는 경우이다. 위대한 연설자의 열변이 그 대표적인 예라고 할 수 있다. 극단적 종교의 일부 종파, 히틀러 시대의 나치스, 모택동 시대의 홍위병 등에서 전형적으로 보여준 이 방식은 파블로프Ivan Petrovich Pavlov의 "조건반사이론"으로 불리는 학습이론을 응용한 세뇌기술의 연장선에서 선전을 행하는 것이다. 이 방식의 선전에서는 사실이나 이론과 부합하지 않거나 그와 큰 관련이 없는 감정적인 슬로건을 끊임없이 반복함으로써 적절히 수용자의 정서를 자극하면 커다란 설득 효과를 나타난다는 것에 있다.

위에서 살펴본 3자기 유형의 선전메시지들은 반복, 단순화, 이미지 만들기, 감정자극 등 4가지 기본 요소를 가지고 행해질 때 선전효과를 극대화 할 수 있다.[135]

일반적으로 매체의 의미는 '우리가 수행하고자 하는 작업을 증폭시키고 전달하는 물질적, 정신적 총체를 일컫는다'라고 할 수 있다. 그러므로 선전매체라 하면 선전을 통해 우리가 대중에게 전달하고자 하는 바를 증폭시키고 정리시키는 온갖 방법, 매개물을 의미한다.

선전 매체는 크게 세 가지 유형으로 분류해 볼 수 있는데, 첫 번째는 직접적 선전매체방식이다. 직접적 선전매체란 선전의 수용자들이 직접 보고 들을 수 있는 거리에서 선전자가 선전내용을 전달할 수 있는 매체를 말한다. 직접 선전매체는 다시 언어를 사용하는 언어매체oral media와 조형적인 것graphic media으로 분류할 수 있다. 원시사회에서는 이야기나 단순

135 유일상, 앞의 책, pp.37-41.

한 극劇 등의 형태가 직접매체로 가장 흔히 쓰였다. 이 시대의 선전에서는 옛 이야기가 전승되고 점차적으로 개작되면서 직접 말로 그 후대에 전해졌다. 그때의 선전 자료는 원시 군주의 발달을 촉진하고 호전적, 영웅적 자질이나 단순한 도덕규범을 제창하여 백성들의 애국심을 앙양하는 데 효과적으로 활용했다.

조형적 선전매체에는 광범위한 소규모적 생산물과 조형적 선전물이 있다. 동굴벽화, 영웅의 조각상이나 우상 등 모든 형태의 종교적, 정치적 건축물이 이 범주에 속한다. 이들 두 종류의 원시적인 선전매체는 기계적으로 복사하거나 지리적으로 확장할 수 있는 수단이 거의 없었음에도 불구하고 기능적 수준은 오히려 발달했고, 다른 새 매체와의 충돌 없이 꽤 넓은 지역에서 절대적인 영향력을 가질 수 있었다. 예컨대 이집트에서는 피라미드, 조각상, 신전, 노천극장 등의 조형매체가 대규모로 동원되어 강력한 군주제와 종교의 힘 그리고 그 제도의 영속성을 강하게 선전하였음을 볼 수가 있다.

선전매체의 두 번째 주요 유형은 메시지의 유통에 주목하는 피라미드식 선전매체이다. 피라미드식 선전매체는 선전메시지의 유통과정에 대한 설명의 하나라고도 볼 수 있는데 현대에 이르러서는 라자스펠드Paul Lazasfeld 1901-1976가 말하는 '2단계 유통two step flow of communication' 곧 정보가 우선 어떤 방법으로든 소수의 사람에게 전해진 다음에 그 방법과 같거나 다른 수단으로 다수의 사람들에게 전달되는 방식을 개념화한 용어이다. 여기서 첫째 단계의 사람들은 바로 라자스펠드의 용어를 빌릴 필요도 없이 '여론지도자opinion leader'라고 불러 마땅한 사람들이다.

피라미드식 정보유통은 전체적으로 볼 때 선전의 역사 가운데서 대단히 중요한 한 부분이다 일련의 사람들로부터 다른 사람에게 정보를 전하고 그 변용變容의 정도를 측정한 권위 있는 실험들에서 부정적인 결과가 나타났음에도 불구하고, 피라미드식 정보전달은 발전기의 카톨릭 교회나 공산당 조직에서 확립된 대단히 엄격한 규율로 인하여 말로 된 선전정보의 정확성이 유지되었다. 또한 인쇄된 선전물, 훈련이나 문서를 사용한 상부조직의 지시도 선전의 대의大義를 이탈하지 않았다. 역사상 나타난 제3의 선전매체는 인쇄물이었다. 인쇄술의 발명은 정보전달의 역사상 대단히 중요한 사건으로서 종교개혁을 성공적으로 이끌었고 뒤이어 절대군주제의 붕괴에도 크게 공헌했다.

서구사회에서 '구텐베르크의 인쇄술'은 문자와 삽화가 들어간 선전메시지의 대규모적 복제와 배포를 가능하게 만들었다. 물론 증기식 인쇄기의 발명 이전에도 루터1483-1546의 책처럼 대중적 유포에 성공한 책도 있었지만, 선전매체를 논할 때 인쇄술이 발명된 당시의 메시지 유포와 효과에 관해서는 과대평가하지 않도록 유의해야 한다. 1848년에 윤전기가 도입될 때까지 2,000부 이상을 찍을 수 있는 신문은 극히 일부 밖에 되지 않았다.

인류역사상 네 번째의 선전매체는 20세기의 다면적인 멀티미디어이다. 이 매체는 전기를 사용하므로 글이나 그림의 다량 복제가 가능하고 다수의 시청자들에게 대단히 빠르고, 적어도 물리적으로 매우 정확한 정보를 전달할 수가 있다. 라디오, TV, 영화와 같은 새로 출현한 매체는 선전의 역사에 관심을 가진 사람들에게는 실로 새로운 기대를 갖게 했다.[136] 현대시기에 들어서 선전매체들은 더욱 다양화 되어 인쇄매체를 통한 문자와 이미지를 사용한 상징과 비유, 거대한 건축물, 대형조각상과 그림, 음악, 영화와 연극, 소설과 역사, 라디오와 TV 등 인류사회의 발전과 함께 등장하는 모든 새로운 매체들을 통해 더욱 적극적으로 활용되고 있다.

---

136 유일상, 앞의 책, pp.53-56.

연구자들 중에 선동agitation만을 별도로 연구한 선행연구 자료는 찾아볼 수 없었으며 선전과 함께 선전선동으로 연구한 자료들만이 존재하고 있다. 하지만, 사전적 의미에서 선동의 의미를 찾아보면, "문서나 언동으로 사회·정치적 문제에 대해서 대중의 정서적 반응에 호소함으로써 그들을 행동에 동원하는 행위를 말한다. 대중의 정서를 고양하여 행동화하는 것을 목적으로 하는 것으로, 특정 문제에 대한 설명이나 이데올로기적 설득을 하는 선전宣傳과는 방법과 수단은 비슷한 점이 있지만 목적은 전혀 다른 개념이다.

대중이 가진 정치적·사회적 불평과 불만, 분노 등을 일정한 상징으로 통일시키고, 그 분노의 해소는 행동에 의해서만 가능한 것으로 각인시킴으로써 대중의 감정을 행동으로 이행시키는 것이다. 따라서 선동가agitator에게는 타인의 감정적 동요를 예리하게 통찰하고 그 심리적 요구에 대해 적절히 대응하는 능력이 요구된다. 즉 카리스마적·예언가적·순교자적 인격이 필요하다"[137] 라고 정의되어 있다.

선전과 선동의 의미를 비교해서 살펴보면, 선전선동은 '선전'과 '선동'의 두 단어가 함께한 용어이다. 각각 분리되어서 쓰이기도 하지만 전체주의 체제 또는 사회주의체제에서의 선전과 선동에 대해 논의하거나 사용할 때에는 주로 '선전선동'이라는 한 단어로 더 많이 사용된다.[138] 서구학자들의 선전이나 선동에 대한 견해는 부정적이며 선전과 선동에 대한 구분을 명확하게 구별하지 않고 있다.

'선전'과 '선동'에 대한 국어사전적 정의를 살펴보면 선전은 '주의나 주장, 사물의 존재, 효능 따위를 많은 사람이 알고 이해하도록 잘 설명하여

---

137 두산백과, 네이버 지식검색일 2022.02.07.

138 알렉스 인켈스 저, 이규정 역, 『소련의 여론』, 문맥사, 1987, p.61.

널리 알리는 일', 선동은 '남을 부추겨 어떤 일이나 행동에 나서도록 함' 이라고 정의하고 있다.[139] 국어사전적 정의로 살펴볼 때 선전은 상대와 관계없이 스스로가 '널리 알린다'는데 방점이 있으며 긍정적이지도 부정적이지도 않은 중립적 의미를 갖는다.[140] 반면에 선동은 상대를 작용하여 행동에 나서도록 하는 '작용'에 방점이 있으며 '부추긴다'는 다소 부정적 의미가 담겨져 있다. 그러나 근래에 와서는 전체주의체제, 사회주의체제나 북한을 연구하는 분야에서 사용하는 선전의 의미에는 대부분 부정적인 의미가 담겨있는 것이 사실이다.[141]

선전이 부정적인 이미지를 갖게 된 것은 상대로 하여금 믿게 하고 유도한다는 의미가 내포되어 있기 때문이다. 시사상식사전에 의하면 "선전Propaganda은 유권자, 특정 집단, 계층이나 계급, 일반 국민에 대해 각종 대중매체를 통해 정치적인 주의, 구조와 원리에 깊이 파고들어 근본적인 의견이나 태도의 형성과 변화에 주로 역점을 두는 반면, 선동Agitation은 당면 현안에 대한 직접적인 태도나 행동의 촉발과 변화에 역점을 둔다" 라고 정의한다.[142]

(2)소련공산당의 선전선동론

마르크스Karl Heinrich Marx는 선전에 대한 이론가였다. 선전이론가로서 마르크스의 언론에 대한 그의 생각은 1842년 5월5일부터 19일까지 5회에 걸쳐『라인신문』에 익명으로 연재되었던 그의 글 "언론자유와 출판에 대

139 국립국어연구원,『표준국어대사전』, 두산동아, 2000, p.340.

140 "선전 그 자체는 반드시 좋거나 나쁜 것이 아니다. 그것은 절차이자 효과적인 커뮤니케이션이다." 고영복 편,『사회학사전』, 사회문화연구소 출판부, 2000.

141 선전이 대표적으로 부정적 이미지로 사용된 것은 1921년 James Bryce,『Modern Democracies』New York : Macmilan,1921, p.505.

142『시사상식사전』, 박문각, 2013.

한 토의"에 잘 나타나 있다.[143] 자유로운 신문은 어디서나 열려있는 국민 정신의 눈으로, 국민의 체화된 믿음이며 조약한 물적 모습을 이상화하는 문화의 구현이다. 그것은 국민들이 스스로의 모습을 비춰 보는 정신적인 거울이며 이와 같은 자기관조야말로 지혜의 첫 조건이다.

이런 마르크스의 개방적인 언론관은 19세기 중반기 당시 프러시아 전체국가의 언론정책에 비판적인 인식으로부터 출발하였던 것으로 보인다. 그는 언론의 자유성을 인정하고 이를 위해서는 언론매체가 특정 정파의 기관지가 되어서는 안 된다고 주장했다. 이런 점은 언론의 당파성·인민성·계급성을 강조한 레닌의 언론관과는 큰 차이가 있었다. 반면, 레닌은 그의 유배시절1899-1900 이미 신문을 단순한 미디어로서가 아니라 하나의 정치적 중요 수단으로 간주하였다. 1902년 그의 저서 "무엇을 할 것인가"에서 언론을 통한 선전과 선동을 구별하여 강조했다.

선전은 '교육을 받고 이성적인 소수자들에게 영향을 미치기 위해서 철학·역사·과학 등에서 우러나오는 주장들을 이론적으로 활용하는 것'인데 반해, 선동은 '교육을 받지 않았거나, 약간의 교육을 받았거나, 아니면 이성적이 아닌 다수인들에게 영향을 미치기 위해서, 감정적인 슬로건이나 이솝류의 우화나, 진반·농반의 사리half-truth 등을 이용하는 것'을 가르킨다.[144] 이후, 1인 지배체제를 확립한 스탈린Joseph Stalin은 신문의 역할에 대해 경제적 토대와 이데올로기적 상부구조 사이의 상호 작용을 위해서는 신문의 역할이 필수적이라고 하였다.

혁명을 성공시킨 이후에도 인민은 자발적으로 사회 민주적 의식을 개

---

143 김세철, "마르크스와 레닌의 언론관," 『신문학보 제23호』, 한국언론학회, 1988, p.113. 김화중, "북한의 선전선동 체제와 김정은 정권 선전선동 특징에 대한 연구," 석사학위논문, 상명대학교 경영대학원 국방정책학과, 2018, p. 22에서 재인용.

144 레닌 지음 · 최호정 옮김, 『무엇을 할 것인가?』, 박종철출판사, 1999, p.87-88.

발하지 못하므로 대중에 대해 끊임없는 교화와 설득이 필요한데, 이를 가장 효과적으로 수행 할 수 있는 기관이 언론매체라고 주장했다. 스탈린은 신문을 "당과 노동자 계급 사이를 연결하는 눈에 보이지 않는 정신적 연줄" 이라고 했다.[145] 레닌과 스탈린의 언론관은 혁명과정에서나 혁명 이후에도 선전선동과 언론의 역할을 중시하여, 당과 정권차원에서 이들 정책을 다루어야 한다는 것이다. 결국, 공산주의 소련의 모든 언론매체들은 당과 국가기관에 소속된 기관지機關紙 또는 대변지代辯紙로서 역할을 수행했을 뿐이다.[146]

소련처럼 장기간 지속된 공산주의 체제에서 '선전'은 부정적으로 연상되지 않는데, 그 이유는 세계를 이해하는 객관적이고 과학적인 방식을 제공한다고 주장하는 공산주의에서는 선전과 교육을 특별히 구분하지 않기 때문이다. 국가 공산주의가 주된 예술 표현양식인 사회주의 리얼리즘은 1934년 스탈린 통치하의 소련에서 공식적인 미학으로 정의되고 소개된 이후 전 세계 공산주의 국가들에게 전파되었다.

사회주의 리얼리즘은 가장 보편적이고 지속적으로 실행된 20세기 예술사조 중 하나였다. 사회주의 리얼리즘은 그 본질에 있어서 나치 독일의 공식미술과 유사하다고 논의 되어지곤 한다. 물론 양자 간의 대조되는 차이점들도 많다. 1930년대에 출현한 두 경향은 모두 노동자와 농민을 이상화하고 정치지도자를 개인으로 우상화했다. 그리고 쉽게 이해될 수 있는 대중적인 형식이 사용된 공통성이 있다.[147]

---

145 이기우, "북한의 선전선동"『로동신문』, 패러다임북, 2015, p.51.

146 소련의 모든 언론은 당에 귀속되어 있었다. 언론에 대한 당의 통제는 언론인의 선발과 훈련, 언론의 논조와 내용에 대한 광범위한 지침하달 등으로 전개되었다. 1912년 5월5일 레닌이 창간한 소련 공산당 기관지인『프라우다』Pravda, 眞理의 사례에서도 알 수 있듯이 편집자는 당중앙위원회에서 임명되었고 언론 통제와 감독은 당 중앙위원회 선전선동부에 의해 매일 조직적으로 이뤄졌다.

147 토비 클락 지음,『20세기 정치선전 예술』, 도서출판 예경, 2000, p.75.

(3)중국공산당의 선전선동론

마오쩌둥의 경우는 러시아 혁명에 관한 책들을 통해 레닌 등 혁명의 선배들로부터 선전선동을 학습했다. 그런 후 선전선동을 중국이라는 상황에 맞게 효과적인 방안을 만들어냈다. 마오쩌둥의 선전이 보여주는 독특한 화려함, 이미지의 활용, 많은 국민을 지도하고 조정하는 감각 등은 러시아의 선전수법과는 달랐다.[148]

중국공산당의 선전의 요점은 대중의 실체와 속성을 파악하는 것이다. 마오쩌둥은 "우리의 선전은 대중의 의견을 알고, 음미하는 것에서 출발해야 한다. 이것은 대중을 이끌기 위해 반드시 필요한 것"이라고 했다.[149] 나아가 인간의 의식은 정치적으로 조정가능하다고 확신한 마오쩌둥은 혁명 초기부터 커뮤니케이션 수단에 지대한 관심을 나타냈고 또 수단을 최대한 이용했다.

중국공산당의 대중운동을 위한 선전수단은 크게 두 가지로 나뉜다. 하나는 앞서의 레닌이나 히틀러와 다름없이 주요 수단으로 이용했던 신문, 라디오 등의 제도화된 언론이고, 다른 하나는 소집단을 중심으로 조직된 대면선전face to face propaganda이다.[150] 이중에서 중국공산당은 후자, 즉 공식적인 커뮤니케이션보다는 대자보, 선전망제도, 집단학습과 같은 비공식적인 커뮤니케이션 수단을 중요시했다. 1949년 당시 8억의 인구, 광대한

---

148 유일상, 『선전과 여론설득 』, p.290.-이경직, "김일성·김정일 '수령형상'과정에서 선전선동의 역할," 박사학위논문 북한대학원대학교, 2014, p. 54에서 재인용.

149 유일상·목철수 편, 『세계선전선동사』, p.108-이경직, "김일성·김정일 '수령형상'과정에서 선전선동의 역할," 박사학위논문 북한대학원대학교, 2014, p.55에서 재인용.

150 김기도1989, 앞의 책,P.104 김기도가 참고했던 원문은 "중국의 커뮤니케이션 제도는 두 가지 주요 요소로 구성되어 있다. 하나는 광범위하게 상존하는 언론이며 다른 하나는 소집단을 중심으로 엄밀하게 조직된 네트워크의 대인對人채널이다." Godwin Chu 저, 채백·이범수 역, 『혁명과 커뮤니케이션: 중국 혁명에 대한 새로운 관점』서울: 이성과 현실사, 1987, p.39.

영토, 복잡한 언어, 높은 문맹률을 가진 농촌사회인 중국에 있어서 대면선전이라는 비공식적 커뮤니케이션을 선택하지 않을 수 없었던 측면도 있었다. 비공식적인 커뮤니케이션으로서 대면선전의 예를 살펴보면 우선 대표적인 것이 대자보大字報이다.

마오쩌둥은 프롤레타리아 문화대혁명의 진행과정에 있어서 대자보를 최대의 무기로 활용했다. 대자보와 같은 형식은 오래전부터 있어 온 선전선동 방식의 하나였지만 제도적인 선전기구가 확립되어 있지 못했던 마오쩌둥의 초기 활동 시기만하더라도 대자보는 중국 인민을 선전선동 하는데 더 없이 좋은 도구였다.[151]

대면선전의 두 번째 예는 토론 위주의 소집단 모임이다. 이 선전방법은 당 지도자들의 일방적 전달이 아니라, 반대로 중국의 모든 국민들이 중국의 발전과 대중동원의 목적 및 수단에 관해 다른 사람들과 토의를 거치도록 하는 방식이다. 즉 모든 사람들은 수평적 및 수직적으로, 상향적 및 하향적으로 토의를 거치게 되었다. 여기에는 전국 차원의 매스-미디어를 통한 선전뿐만 아니라 전국 곳곳에서 이웃들과의 대면 커뮤니케이션이 매우 중요시된다.

따라서 매스미디어뿐만 아니라 학교, 당 조직, 소집단 등 모든 매체들이 대중동원을 위한 수단으로 이용되었다. 중국 성인인구의 대부분은 정기적인 집단학습에 참여했다. 이들은 신문이나 잡지 내지는 서적 등의 인쇄물을 읽고 이에 대한 토론을 벌린다. 중국공산당의 집단학습은 문맹자나 지적수준이 낮은 계층을 주요 선전대상으로 삼고 있으며 산발적으로 흩어져 있는 대중을 하나로 결합시켜 주는 역할을 했다. 집단학습에서의

151 이경직, "김일성·김정일 '수령형상'과정에서 선전선동의 역할," 북한대학원대학교 박사학위논문 2014, p.56.

선전은 생활과 일정한 내용을 토의 형식으로 진행되는 것이므로 자연스럽게 선전효과를 거둘 수 있었다.

대면선전의 세 번째 예는 전국적 규모의 선전망의 구축이다. 선전망은 선전요원이 국민을 상대로 계속적인 선동을 수행하는 것이다. 선전요원들은 당원, 공산주의청년동맹의 성원, 모범노동자, 여성대표자, 주민조직 지도자 중에서 충원되었다. 이들은 시, 현 이하의 당기구와 본부에 상주하면서 중국공산당의 중추적 역할을 담당하였다.

2. 출판보도물로서 북한 우표의 국가미디어 기능

1) 북한 국가의 성격

기존의 북한의 국가론은 전체주의, 유격대 및 수령제 국가론 그리고 문화적 접근으로 구분해 볼 수 있다. 먼저 북한의 국가연구의 주류적 입장은 국가가 사회를 포획한 것으로 보는 전체주의이다. 대표적으로 고전적 전체주의 모델을 북한에 적용한 스칼라피노와 이정식의 연구는 북한의 국가체제를 강압과 균일의 유기체적 관계로 바라보면서 매머드한 국가가 원자화된 개인들을 전일적으로 지배하는 것으로 평가했다.

다음으로 유격대 국가론 및 수령제 국가론은 스탈린의 국가사회주의 시스템 위에 이차적으로 형성된 유격대 및 수령제 체제를 강조하는 국가론이다. 이와 달리 유교문화적 접근은 전체주의의 이데올로기적인 편향성을 극복하면서 기존 연구에서 간과한 '사회'의 영역을 문화적으로 부각시킨 접근이라 할 수 있다. 이른바 '가족국가'를 모형화한 이 접근은 전통적인 유교 문화가 북한 사회주의의 근대성에 발현된 것으로 보는 입장이며, 전통적인 효孝가 근대적인 충忠으로 확대되어 나타난 북한의 정치문화체제가 주희가 꿈꾸었던 신유교 국가와 다르지 않다는 논리를 내 세운다.

다시 말하면, 정치권력과 유교 문화가 공명共鳴한 결과가 북한의 유교적 정치문화로 나타났다는 것이다. 커밍스와 이문웅의 연구는 가족국가의 문화적 권력이 사회로 침투하여 국가와 사회, 국가와 개인의 내재적 순응 관계를 구성하고 이를 통해 아래로부터 국가권력이 정당화되고 있음을 보여준 바 있다. 따라서 문화적 접근 역시 전체주의와 유사하게 '유기체론'의 수사를 동원해 국가 국가권력을 설명 하지만 전체주의와 달리 유기체적 국가가 개인, 사회와 긍정적으로 내재적인 순응 관계를 형성한 측면을 강조하는 것에서 차별성을 보인다.[152]

북한은 주체사상과 선군사상을 통치이념으로 하는 유일지배체제를 유지하고 있을 뿐만 아니라 3대에 걸쳐 세습까지 하고 있다는 특성이 존재하지만 그렇다고 해서 다른 사회주의국가들이 지니고 있는 보편적 특성까지 존재하지 않는 것은 아니다. 사회주의국가들에게서 나타나고 있는 당이 곧 국가인 체제의 특징으로는, 유의미한 반대정당이 존재하지 못하고 있는 일원론적 일당독재체제로써 '당이 국가보다 우위에 존재하고 있는 것'을 의미한다. 이러한 당·국가체제의 특징은 ①일당체제와 국가의 결합성, ②정치와 행정의 융합성, ③당 장치와 국가장치의 중첩성, ④동일인물의 겸직성 등으로 인해 고도의 단일화가 이루어진 제도를 채용하고 있다는 것을 들 수 있다.[153].

북한의 정치체제도 다른 사회주의국가와 마찬가지로 당이 국가권력의 핵심을 잡고 있는 당·국가체제로 노동당 일당이 최고의 위상과 권한을 지닌 권력의 원천으로 여타의 기관이나 단체보다 상위에 위치하며 국가와 사회를 지배하는 체제이다. 다시 말해 국가와 사회의 모든 기관들은 당의 지도와 통제 아래 있으며 정책도 당의 지시에 의해 추진된다는 것을 북한 헌법 서문[154]과 노동당 규약 서문[155]을 통해서도 확인할 수가 있다.

---

152 강진웅, "문화적 전환 이후의 국가론: 실재와 상상의 앙상블로서의 국가" (한국사회학 제48집 제1호, 2014), pp. 185-186.

153 정세진,『당-국가체제의 특징 국민윤리학론집 제12집』,2000, p.172.

154 "조선로동당은 조선민족과 조선인민의 리익을 대표하며 정치, 경제, 군사, 문화를 비롯한 모든 분야를 통일적으로 이끌어가는 령도적정치조직, 혁명의 참모부이다." 조선로동당규약, 조선로동당출판사, 2010

155 "조선로동당은 근로인민대중의 모든 정치조직들 가운데서 가장 높은 형태의 정치조직이며

이러한 당·국가체제 경제부분에서의 특징으로는 생산수단을 국가나 협동단체가 소유하고 있는 사회주의적 소유제도로 운영되고 있으며 자원의 배분 또한 국가가 담당하는 '중앙집권적 계획경제'시스템으로 운영된다는 것이다.

다른 사회주의국가들에게서 그 유래를 찾아보기 어려운 권력의 3대 세습이 가능한 원인을 알아보기 위해서는 북한이 직면하고 있는 시대별 국내외의 환경과 여건, 그리고 독특한 수령형상 이미지로서의 지도자의 심리 문제와 연관 지어 본다면 이해할 수 없는 것도 아닐 것이다. 정치적인 과장과 왜곡을 낳았던 김일성의 항일무장투쟁 신화화는 익히 알려진 사실이다. 그러나 암스트롱이 강조했듯이, '주변을 중심부로 끌어올린' 북한의 혁명전통 만들기는 반드시 자의적인 왜곡의 산물만은 아니다.[156] 만주라는 주변부의 역사가 북한 역사와 정치의 중심에 자리를 잡게 된 것은 김일성의 항일신화가 일제강점기 한인들에게 한 가닥 희망을 안겨준 '반半종교적인 서사'로 기능했기 때문이다.[157]

오늘날 북한 정권이 대대적으로 선전하고 있는 '보천보전투'는 1937년 6월 4일 만주에서 활약했던 동북항일연군 소속의 김일성부대가 조선으로 진공하여 함경남도 보천보를 일시적으로 점령하고 퇴각한 사건을 말한다. 보천보전투를 통해 김일성이 전국적인 인물로 떠오른 데는 당시 언론의 공이 컸다. 동아일보는 보천보전투가 일어나자 두 차례나 호외를 발행해가며 전투를 대서특필했다.

정치, 경제, 군사, 문화를 비롯한 모든 분야를 통일적으로 이끌어가는 령도적정치조직, 혁명의 참모부이며 조선인민의 모든 승리의 조직자, 향도자이다."조선로동당규약, 조선로동당출판사, 2010.

156 김일성, 《세기와 더불어》 7권, 조선로동당출판사, 1996, p.387.

157 조선로동당 중앙위원회 당력사연구소, 《조선로동당 력사 교재》, 조선로동당출판사, 1996, p.260.

동아일보의 혜산진 주재 기자로 보천보전투를 보도한 양일천 기자는 김일성의 '조국광복회' 조직과 직접적으로 선이 닿아 있던 인물이었다.[158] 북한에서 보천보전투는 김일성의 항일무장투쟁의 핵심적 성과로 학습되었고 북한 정권의 역사적 정통성의 기반이 되어왔다. 김일성은 1958년 5월 11일 양강도 당 정권기관, 사회단체 일꾼들 앞에서 한 연설에서 빨치산의 혁명 전통을 강조하며 보천보전투의 의의를 다음과 같이 설명했다.

> "그 의의는 일본 놈을 몇 명 죽인 데 있는 것이 아니라 조선 사람이 죽지 않고 살아 있으며 일본제국주의와 싸우면 승리할 수 있다는 신념을 북돋아주는 혁명에 서광을 비춰준 데 있습니다."[159]

보천보전투가 있는 후 일제는 당시 악명 높았던 마에다를 중심으로 대대적인 토벌작전에 돌입했고, 이로 인해 김일성 부대는 혹한 굶주림과 필사의 전쟁을 벌이며 1938년 말부터 1939년 초까지 약 100일간 백두산을 향해 이른바 '고난의 행군'을 하기도 했다.

북한정권과 주민들에게 항일무장투쟁의 역사적 전통의 의미는 무엇인가? 김일성이 언급했던 것은 크게 두 가지로, 하나는 '사상체계'이고 다른 하나는 '사업 방식과 작풍'이다. 1956년 8월 종파사건에서 소련파와 연안파라는 양대 정적政敵을 해결한 김일성은 1958년 2월 8일 조선인민군 324 군부대 관하 장병들 앞에서 〈조선인민군은 항일무장투쟁의 계승자이다〉라는 연설을 통해 항일유격대의 전통을 상세히 설명했다. 이 연설에서 김일성은 항일유격대의 혁명전통을 계승하는 것은 "항일유격대의

158 김일성, 《세기와 더불어》 4권, 조선로동당출판사, 1993, p.18.

159 김일성, 앞의 책, p.22.

사상체계를 계승하며 그 우수한 사업방법과 사업 작품을 계승한다는 것"을 의미한다고 말했다.[160] 여기서 사상체계란 "인민의 리익을 위해서 싸우며 언제든지 인민과 같이 살고 인민과 같이 싸우는 그러한 투쟁 정신의 전통"이며, "곤란을 극복하는 투쟁 정신"이자 "간고한 투쟁"을 말한다. 이러한 사상적 전통은《세기와 더불어》3권 〈밀림 속의 병기창〉이라는 일화에서 '간고분투'와 '자력갱생'이라는 구체적인 개념으로 드러난다.

자력갱생과 간고분투를 중심으로 한 유격대 정신은 빨치산 투쟁의 방식과 작풍으로 이어질 수 있었다. 빨치산 대원들의 1960~1970년대 회상기와 수기 및 김일성의 회고록에는 이러한 유격대의 투쟁 방법과 사업 작풍에 관한 많은 실례들이 등장한다. 빨치산 대원들에게 자주 회자되는 인물은 오중흡 7연대장이다.《세기와 더불어》7권과《항일 빨찌산 참가자들의 회상기》3권을 보면, 오중흡은 김일성에게 충직했고 부하를 자기 몸처럼 아꼈다. 이뿐만 아니라 항상 낙관적이었으며 규율과 학습에도 정진했고 이마에 총알이 스쳐 지나가도 끝까지 전투 지휘를 했다. 그는 아군 진영에 떨어진 수류탄을 낚아채 다시 적진에 던져 부하들을 살린 모범적인 연대장이었던 것이다. 이에 항일유격대 전통을 확산시키며 김일성은 1960년대 초부터 '오중흡 따라 배우기 운동'을 벌였고, 이는 현재 '오중흡 7련대 칭호 쟁취 운동'으로 계승되고 있다.[161]

북한이 우표도안으로 가장 빈번히 사용하는 주제가 항일무장투쟁 관련 우표 도안들이며 그중에서도 김일성의 항일무장투쟁 영웅담 내용들이 가장 많이 반복적으로 '조선화' 형식을 통해 재생산되고 있다. 특히 보천보전투 관련해서는, 김일성 체제 초기부터 최근의 김정은 체제시기에

160 김일성, 앞의 책, p.69.

161 강진웅,『주체의 나라 북한』, 오월의 봄, 2018, pp. 57-63.

이르기까지 가장 선호하여 사용되고 있는 우표 도상에 나타나는 주제가 되고 있다. 이 시기를 배경으로 한, 항일빨찌산관련, 오중흡중대 칭호쟁취 운동, 세기와 더불어, 자력갱생 등을 주제로 하는 기념우표들이 조선화 전통방식의 그림을 통해 우표로 반복해서 되살아나고 있음을 이번 연구를 통해 살펴볼 것이다.

북한이 다른 사회주의 국가들과 다른 독특한 체제라고 불리는 이유는 기존의 사회주의국가들과 비교되지 않을 정도의 일인 절대권력 체제가 장기적으로 유지되고 있다는 것과 그 권력이 주체사상을 구심축으로 세습되고 있다는 것이다. 북한에서는 모든 권위의 원천을 김일성 일인으로 한정하고 있으며 "신정사회로서의 북한 사회의 특색은 통치권의 포괄성"[162] 이라고 이상우1988는 지적하고 있으며, 이종석은 이런 북한 체제의 특수성을 현재의 북한체제를 한마디로 성격 규정한다면 그것은 유일체제라는 말로 표현할 수 있는바, 유일체제란 "절대권력자인 수령을 중심으로 전체사회가 일원적으로 편재되어 있는 체제"[163]로 규정하고 있다.

정성장은 북한식 "수령의 유일적 영도체계가 스탈린식 수령 독재체계를 본질로 하면서도 그것과 크게 구별되는 점은 후계자 문제와 관련되어 있음을 강조하면서 수령의 유일적 영도체계는 김일성·김정일의 유일적 영도를 보장해주는 체계임을 알 수 있다"고 지적하고 있다.[164] 사실 수령의 유일적 영도를 보장하는 유일사상체계 확립을 위한 10대 원칙[165]은 헌

162 이상우, "김일성 체제의 특질," 이상우 외, 『북한 40년』, 을유문화사, 1988, P.28.

163 이종석, 『조선로동당 연구: 지도사상과 구조 변화를 중심으로』, 역사비평사, 1995, p.52.

164 정성장,「북한체제와 스탈린체제의 비교」, 오일환 외 편,『현대북한체제론』, 을유문화사, 2000, p.119.

165 유일사상체계 확립의 10대원칙 요약: ①김일성의 혁명사상으로 온사회를 일색하기 위하여 몸바쳐 투쟁할 것 ②김일성을 충성으로 높이 우러러 받들 것 ③김일성의 권위를 절대화할 것 ④김일성의 교시를 신조화할 것 ⑤김일성의 교시집행에서 무조건성의 원칙을 철저히 지킬 것 ⑥김일성을 중심으로 하는 전당의 사상의지적 통일과 혁명적 단결을 강화할 것 ⑦김

법이나 노동당 규약보다도 상위에 놓여있는 국가 최고의 규범으로써 그 핵심은 마지막 항목인 수령승계의 원칙에 있기 때문에 권력세습 현상을 북한의 가장 특수한 현상이라 강조할 수 있다.

칼 맑스 탄생 165돌 및 서거 100돌에 즈음하여 1983년 5월 3일 김정일이 발표한 글「맑스-레닌주의와 주체사상의 가치를 높이들고 나아가자」에서 맑스-레닌주의와 주체사상과의 상관성을 아래와 같이 설명하고 있다.

> "로동계급의 혁명운동에서 수령은 결정적 역할을 한다. 국제공산주의운동의 력사는 그 개척기에 벌써 맑스의 활동을 통하여 이 귀중한 진리를 확증하였다. 만일 로동계급의 첫 수령인 맑스가 맑스주의를 국제로동계급에게 안겨주지 않았더라면 그들은 자기의 력사적 사명을 깨닫지 못하고 어둠속에서 헤매였을 것이며 혁명투쟁을 승리적으로 벌려나가지 못하였을 것이다.
> 또한 레닌이 제국주의시기의 프로레타리아혁명의 리론과 전략전술인 레닌주의를 내놓고 로씨야로동계급을 투쟁에로 불러일으키지 않았더라면 세계최초의 사회주의국가도 출현할 수 없었을 것이다. 공산주의운동의 어제와 오늘뿐 아니라 래일에도 로동계급의 혁명위업은 수령의 령도밑에 승리적으로 전진할 것이다.
> 맑스-레닌주의는 일제식민통치시기 민족적 및 사회적 해방을 위한 조선 공산주의자들과 인민들의 투쟁에 서광을 비쳐주었다. 위대한 수령 김일성동지께서는 일찍이 우리 혁명의 진두에 나서신 첫 시기에 맑스-레닌주의 기치밑에 공산주의운동과 민족해방 운동의 승리의 앞길을 빛나게 개척하시였다. 혁명

일성을 따라배워 공산주의 풍모와 혁명적 사업방법, 인민적 사업작풍을 소유할 것 ⑧김일성이 안겨준 정치적 생명을 귀중히 간직하며 김일성에게 충성으로 보답할 것 ⑨김일성의 유일영도밑에 한결같이 움직이는 강철같은 규율을 세울 것 ⑩김일성이 개척한 혁명위업을 대를 이어 끝까지 계승하며 완성해 나갈 것.「내외통신사 북한용어 300선집」, 1993, p.49

운동은 각이한 시대적 조건과 다양한 구체적 현실에서 진행 되는 것만큼 매개 나라 공산주의자들은 맑스-레닌주의의 일반적 원리를 시대적 조건과 자기 나라의 구체적 실정에 맞게 적용하며 혁명 발전의 새로운 요구에 따라 혁명 리론을 발전시켜나가야 한다.

위대한 수령 김일성동지께서는 맑스-레닌주의를 우리나라의 현실에 창조적으로 적용하여 혁명의 진로를 개척하시는 과정에 주체사상을 창시하심으로써 우리 혁명의 자주적발전의 길을 열어놓으시였다. 주체사상이란 한마디로 말하여 혁명과 건설의 주인은 인민대중이며 혁명과 건설을 추동하는 힘도 인민대중에게 있다는 사상이다."[166]

김정일은 주체사상의 견지해야 할 입장과 원칙에 대해서도 서술하고 있다.

"혁명과 건설의 주인은 인민대중인 것만큼 인민대중은 혁명과 건설에서 주인으로서 지위를 지키고 주인으로서의 역할을 다하여야 한다. 인민대중이 혁명과 건설에서 주인으로서 지위를 지키자면 자주적 립장을 견지하여야 한다. 혁명운동은 인민대중의 자주성을 옹호하기 위한 투쟁이며 따라서 혁명운동은 자주적 립장을 지킬 것을 요구한다. 자주적 립장을 견지하여야 혁명과 건설에서 나서는 모든 문제를 인민대중의 리익에 맞게 풀어나갈 수 있으며 인민대중이 혁명과 건설의 주인으로서의 권리를 지키고 책임을 다할 수 있다. 자주적 립장을 견지하자면 사상에서 주체, 정치에서 자주, 경제에서 자립, 국방에서 자위의 원칙을 구현하여야 한다."[167]

166 김정일,『맑스-레닌주의와 주체사상의 가치를 높이 들고 나아가자』, 사회과학출판사, 1983, pp.4-6.

167 김정일,『맑스-레닌주의와 주체사상의 가치를 높이 들고 나아가자』, 사회과학출판사, 1983, p.6.

'주체'가 '주체사상'으로 된 것은 김일성의 1인 지배 권력의 강화와 밀접하게 관련되어 있다. 북한은 1955년 '사상에서의 주체'를 시작으로, 1956년 '경제에서의 자립', 1957년 '정치에서의 자주', 1962년 '국방에서의 자위', 1966년 '정치에서의 자주'를 표명하면서 주체사상의 이론적 체계화를 만들어나갔다. 1980년 후반 이후 동유럽 사회주의권과 소련이 붕괴하자 체제위협을 느낀 북한은 '우리식 사회주의'라는 이름으로 주체사상을 재해석하여 북한식 사회주의를 동유럽 사회주의권과 차별화하는 데 주력하였다.

1994년 김일성 사망과 1990년 중반 이후 심각한 경제난을 겪으면서 주체사상의 실질적 영향력은 약화되기 시작하였고, 2000년대에 접어들면서 선군정치가 북한 내부에서 전면에 부상함에 따라 주체사상이 선군사상으로 교체되는 듯한 현상도 나타났다. 특히 김정은이 후계자로 등장한 이후 개정된2012. 4 노동당 규약 전문에는 당의 유일한 지도 사상으로 주체사상 대신 '김일성-김정일주의'를 명문화 하였다.[168]

주체사상은 사실상 개인의 권력 독점을 통한 1인 지배체제의 강화와 우상화를 위한 정략적 도구로 활용되어 왔다. '혁명적 수령관'이나 '사회정치적 생명체론' 등을 동시에 내세워 수령과 인민대중의 관계를 사실상의 주종관계로 규정함에 따라, 인민대중을 수령의 지도에 절대적으로 의존하고 복종해야 하는 수동적 객체인 신민臣民화 하였다고 볼 수 있다. 사회주의국가들에서도 전무후무한 주체사상을 축으로 한 일인권력 독점과 권력세습이 권력내부의 반발이나 아래로부터 인민들의 소요 없이 지속유지 되고 있는 배경으로, 이항동은 ①항일무장투쟁 ②북한만의 고유한 사회주의 건설과정 ③정권초기 최고지도부내의 권력투쟁 ④중소분쟁과

168 통일연구원, 『북한지식사전』, 통일부 통일연구원, 2016, pp.585-586.

사회주의권의 붕괴 등으로 설명하고 있다.[169]

자유자본주의의 외재적 시각으로 본다면 오늘날 북한은 냉전 시대의 정치 사조를 떨쳐버리지 못하고 탈 사회주의의 발전 흐름에도 합류하지 못하는 매우 시대착오적인 정치적 존재처럼 보일 것이다. 냉전 시대에 국가 차원에서 숭배 받던 카리스마적 인물들 대부분은 베버가 20세기 초에 예견했던 대로 카리스마 권력의 역사적 운명을 따라 흥망성쇠를 겪게 되었지만, 공산권 세계 최초의 권력 세습을 성공적으로 이어가고 있는 북한만이 예외적인 상황을 보여주고 있다.

탁월한 현대 정치이론가인 막스 베버는 정치권력을 ①카리스마 권력, ②전통적 권력 ③합리적-관료적 권력으로 구분하면서 특히 카리스마 권력에 관심을 가졌다. 그는 카리스마 권력을 역동적 형태의 도덕적·정치적 힘으로 보고, 창조적이고 혁명적인 잠재력을 가진 것으로 여겼다. 또한 정태적이며 소외를 불러일으키는 현대의 관료 제도와 정체되고 보수적인 전통적 권력과는 다른 것으로 파악하였다.

하지만 베버는 카리스마 권력이 사회적이고 정치적인 체제로서 지속될 수 있는 형태는 아니라고 보았으며 본질적으로 불확실한 권력 형태로 여겼다. 영감을 주는 지도자의 지배는 그 지배의 정당성이 추종자를 끌어들이는 지도자의 호소력을 바탕으로 한 것이라 일정한 기간 이상 유지되기는 어려워서, 결국은 대중을 매료하는 지도자로서의 흡인력과 매력이 필연적으로 사라져가는 것에 적응해야만 한다는 것이다.

베버는 카리스마적 권위에 기반을 둔 정치권력의 지속가능성에 대한 이러한 불신을 "혁명적 카리스마의 관례화"라고 표현했다. 베버가 보기에 카리스마의 관례화는 근본적으로 자기 모순적 과정이며 한편으로 카

---

169 이항동, 『북한의 정치와 발전전략』, 대영문화사, 1994, p.86.

리스마 권력은 결국 전통적 권력으로 되돌아가거나 합리적 관료구조의 형태로 발전하는 방식으로 어떤 다른 종류의 권력에 그 자리를 내주어야만 하는 경계과정liminal process이라는 것이다. 이러한 관점에서 베버는 대체로 20세기 초에 카리스마 권력이 전통적 권력을 일시적으로종종 폭력적인 수단으로대체하고, 이후에는 합리적-관료적-법적 권력에 의해 대체되었다고 보았다.[170]

그러나 북한만은 예외로 베버가 주장한 대로 카리스마 권력이 그 힘을 잃어버리거나 대체되지 않으면서 3대 세습으로 이어져 오고 있다. 북한은 김일성 개인의 카리스마를 역사적·세습적 카리스마로 바꾸어 내는데 성공한 것으로 보인다. 그리고 그 중심에 김정일의 '종자론'[171]이 자리 잡고 있고, '종자론'은 '추모예술' 또는 "유훈예술'을 통해 극장국가 모습으로 나타나고 있다.

김일성을 유격대 사령관으로 하고 전全인민을 유격대 대원으로 여기는 유격대국가는 클리퍼드 기어츠Clifford Geertz가 말하는 '극장국가'다. 그는 권력이 의례를 통해 과시되면서 연극화하는 국가를 극장국가라고 불렀다. 유격대국가는 극장국가로서 설계사, 연출가를 필요로 했다. 그 역할을 담당한 것이 수령의 후계자이자 계승자인 김정일이었다.[172]

북한에서 탄생한 유격대국가는 본래 "혁명적 대사변"에 대비한 체제였

---

170 권헌익·정병호, 『극장국가 북한』, 창비, 2013, pp.62-63.

171 북한의 문예창작이론에서 '종자'란 말이 처음으로 나타난 것은 1972년 간행된 『문학예술사전』에서 이다. 여기서는 문학예술부문에서 '종자'란 작품의 기본핵이며 그 작품의 가치를 결정짓는 근본문제라고 규정하고 '종자론'에 대해서는 "소재의 선택과 구상으로부터 작품의 얽음새와 구성, 성격 창조와 양상 등 창작의 전과정에 전일적으로 작용하는 근본교리"라고 명시했다. 북한은 종자론이 "김일성의 주체적 문예사상을 구현하는 과정에서 로동당에 의해 독창적으로 밝혀진 문예이론의 새로운 기념의 하나"라고 주장하고 있다북한용어 300선집, 내외통신사, 1993.

172 김정일의 후계자 부상과정과 활동에서 대해서는 정창현, 『CEO of DPRK 김정일』 중앙books, 2007 참조.

다. 그러나 이제 그 목적이 사라진 상황에서 유격대국가는 경제위기에 대처하는 체제가 되어갔다. 우선 '당중앙'이 된 김정일은 유격대국가를 정식화했다. 그는 곧바로 '김일성주의'를 제창했다. 1974년 2월 19일, 김정일은 당 사상교육부문 활동가들 앞에서 "온 사회를 김일성주의화하기 위한 당 사상사업의 당면한 몇 가지 과제에 대하여"라는 제목의 연설을 했다.

> "김일성주의는 한마디로 말하여 주체의 사상, 리론 및 방법의 체계입니다. … 인류사상사에서 처음으로 발견된 위대한 주체사상을 진수로 하고, 그에 기초하여 혁명리론과 령도방법이 전일적으로 체계화된 여기에 김일성주의가 선행 로동계급의 혁명리론과 구별되는 특징이 있습니다. 김일성주의야말로 우리 시대, 주체시대 혁명의 참다운 지도사상, 지도리론, 지도방법입니다."[173]

스탈린이 "레닌주의의 기초에 대하여"라는 강의를 하고 레닌이론의 스탈린적 해석, 즉 스탈린의 사상을 전개한 것처럼 김정일은 스스로 김일성의 사상과 행동에 관한 자신의 해석, 즉 자신의 사상을 '김일성주의'라는 이름으로 제시하려 했던 것이다. 1976년 10월에는 '김일성주의'가 맑스-레닌주의를 초월하는 것이라는 설명이 덧붙여졌지만, 김일성 본인이 제동을 걸었는지 '김일성주의'라는 말은 1980년대 중반부터 모습을 감추었고 '주체사상'으로 일원화되었다.

1980년 10월 10일에서 14일까지 조선로동당 제6차대회가 개최되었다. 이 대회에서 김정일이 정식으로 데뷔하여 중앙위원으로 선출되었으며, 대회 직후의 중앙위원회 회의에서 정치국 상무위원 및 비서, 군사위원회

---

173 김정일, 「온 사회를 김일성주의화하기 위한 당 사상사업의 당면한 몇 가지 과제에 대하여」 1974년 2월 19일 당 사상교육부문 활동가들 앞에서의 연설.

위원으로 선출되었다. 김일성에 버금가는 지위가 부여되었으며, 호칭도 "당중앙"에서 "친애하는 지도자 김정일 동지"로 바뀌었다. 1970년 말에서 1980년대 초에 걸쳐, 김일성의 70세를 기념하는 거대한 건조물과 역사적 기념비의 건설이 진행되었다. 김정일은 대기념비적 건축물에 대해, 그의 『건축예술론』평양 1992에서 다음과 같이 말하고 있다.

> "수령을 잘 모실 수 있게 건축을 창조한다는 것은 수령의 안녕과 만년장수를 보장할 수 있도록 건축공간을 구성한다는 것을 의미한다.… 불멸의 혁명적인 대기념비적 건축물은 내용 전반이 수령의 위대성으로 일관되여야 하며, 높은 사상예술성이 보장되여야 한다.… 대기념비의 웅장성은 무엇보다도 평범한 것을 초월하는 절대적 크기와 방대한 수의 량적 규모에 의하여 표현된다."

1982년에는 김일성 탄생 70년을 기념하여 대기념비적 건축물이 세 개 완성되었다. 우선 4월 4일, 평양의 중심인 김일성광장 배후에 인민대학습당이 완성되었다. 이보다 더 중요한 건축물은 김일성 생일에 맞춰 완성된 개선문과 주체사상탑이었다. 개선문이 세워진 장소는 1945년 귀국한 김일성이 그해 10월 14일 연설했던 공설운동장 근처였다.[174]

북한은 기어츠가 소개한 '과시의 정치'politics of display를 통해 역사와 문화를 충실하게 엮어내면서 효성을 정치적 충성으로, 개인적 카리스마를 세습적 카리스마로 바꾸는 어려운 과제를 성공적으로 풀어내면서 혁명 빨치산의 유산과 정치적 가족의 도덕성을 탁월하게 결합해 내면서 위기를 넘어 안정적인 3대 세습을 이어가고 있다.

---

174 와다 하루끼, 남기정 옮김, 『북한 현대사』, 창비, 2019, pp. 181-197.

2) 북한의 상징정치와 선전선동

(1)정치적 상징의 기능과 본질

상징이라는 단어는 그 어원을 고대 희랍어에 두고 있다. 일찍이 희랍 사회에서는 어떤 일로 친숙한 두 사람이 서로 헤어지게 될 때 한 물체를 둘로 쪼개어 나눠 가지고 떠났다가 뒷날 다시 만날 때에 그 짝을 맞추어 봄으로써 서로를 확인하던 습속이 있었는데, 이와 관련되어 사용되던 '짝을 맞추다'라는 뜻의 희랍어 동사 'symballein'으로부터 상징symbol이란 단어가 유래되었다. 이때 사용된 쪼개진 두 조각은 두 사람이 본임임을 확인하는 인지 표시가 되고 나아가 서로의 정체성identity을 대행하는 표징이 됨으로써 의미를 지니게 된다. 여기서 'symballein'의 명사형인 'symbol'은 기호, 증표, 표지 등을 뜻하게 된다.

상징의 근원은 기호학에서 찾아볼 수가 있는데 미국의 철학자 퍼스에 의하면 기호는 유상, 지표, 상징의 세 가지 유형으로 구성되어 있다고 하였다. 그에 따르면 "상징이란 어떤 법규에 의해, 보통은 일반관념의 연합에 의해 그것이 지시하는 대상을 표의表意하는 기호이며, 그 경우에 그 법칙이나 일반관념의 연합은 그 대상을 표의하는 것으로 해석되도록 작용한다"고 정의된다. 또한 퍼스는 "상징은 그것을 사용하는 사람의 관념을 매개로 하여 그 대상과 결부되어 있으며 그 연결은 매개물 없이는 존재할 수 없다"[175]고 설명했으며 이를 그림으로 표시하면 〈표 7〉과 같다.

상징은 그 연원에서 보았듯이 어떤 것을 매개로 하여 일정한 효과를 얻고자 하는 특성을 지니고 있다. 상징은 두 개로 나뉜 요소로 구성되어 있

---

175 Peirce, C. S. 『Collected Paters of Charles Sander Peirce』, Vol.1~6, Harvard University Press유영옥, 『상징과 기호의 사회과학』, 홍익재, 2007, p.13에서 재인용.

〈표 7〉 상징처리과정에서 매개물과 관계성

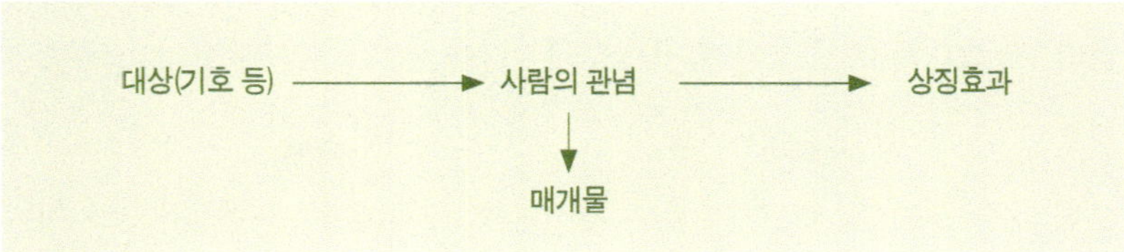

는데, 하나A는 주제에 대한 그 무엇이고, 다른 하나B는 전자A를 표상하는 다른 요소B이다. 이 두 요소가 합치됨으로써 상징은 비로소 제 기능을 발휘하고, 그 무엇인가를 대신하게 된다. 그러나 '짝을 맞추기' 위해서는 두 요소만으로는 충분하지 않다. 그 속성상 상징은 한 면은 관념의 세계에 뿌리를 뻗고 있고, 다른 한 면은 감각의 차원에 닿아 있게 된다.

따라서 상징은 이들 두 요소 간의 줄다리기를 전제로 하게 되며, 그 가운데서 새로운 의미를 생산해내야 한다. 다시 말해 상징은 상징의 전제가 되는 두 요소 사이의 역동적 상관관계로 나타나게 된다. 이는 상징이 상징의 한 끝에 닿아 있는 불가시의 세계, 즉 정신의 세계를 가시의 세계, 즉 물질의 세계로 바꾸어 낼 수 있어야 함을 함축한다. 화이트헤드Whitehead는 상징의 의미를 다음과 같이 세 가지로 구분하여 설명하고 있다[176].

첫째, 상징은 어떤 특정의 형태나 양식이 갖는 독특한 상징성에 관한 것으로서, 이는 예술적 표현의 특수한 하나의 형태를 의미한다. 상징주의 문학에서 어떤 생각이나 감정을 직접 묘사하거나 구체적인 이미지로 명백하게 비교하지 않고, 암시와 상징물의 사용에 의하여 독자의 마음속에 그것을 재창조하도록 하는 것이 여기에 해당한다.

둘째, 상징은 어떤 의미에서는 인위적이긴 하지만 일상적인 삶에 있어서 그것 없이는 살 수 없는 것으로서, 말이나 글로 된 언어, 수학이나 자연

---

176 Whitehead, A. N., 『It's meaning and Effect』, Cambridge University Press, pp. 1-5.

과학에서 취급하는 부호들이 여기에 속한다. 셋째, 상징은 앞의 두 개념보다 더 심오하고 광범위한 것으로서 인간의 지각이라는 행위 자체를 상징으로 볼 수 있다. 인간이 대상을 지각하고 이미지를 얻고 또한 지식을 갖춰 이를 근거로 행동하는 모든 것이 상징작용이라는 것이다.

이러한 정의들을 종합하여 유영옥은 상징을 겉으로 드러난 객관적 존재의 차원을 넘어서 초경험적 세계에 감추어진 주관적 내용의 차원을 지닌 것으로서 그것이 처한 맥락 속에서 인식주체의 해석에 따라 다양한 의미를 나타내고, 정서와 감정을 불러일으킴으로써 사람들의 태도와 행동을 인도하는 사물, 언어, 행위, 추상적 구성물로 정의하고 있다.[177]

상징에 대한 개념정의가 다양하듯이 상징형식에 속하는 상징의 종류와 이를 분류하는 견해 역시 상당히 다양하다. 상징의 유형을 분류함에 있어 가장 전형적인 견해가 사피어Sapir의 분류방식이다. 사피어는 상징을 준거적 상징referential symbol과 함축적 상징condensational symbol으로 나누었다[178].

준거적 상징이란 사실적 토대를 가지고 있는 것으로서 언어적 표현, 쓰는 것, 부호, 국기 등과 같이 우리가 감각적으로 느낄 수 있는 대상과 경험을 나타낸다. 반면에 함축적 상징이란 정서적 토대를 가지고 있는 것으로서 종교의식, 국민의례, 국경일 등과 같이 우리가 감각적으로 접할 수 없는 그 무엇으로서 정서, 감정, 믿음, 등이 부여된 것을 나타낸다.

상징은 인간세계의 본질을 형성하는 근본적인 실체이고, 우리가 상징을 이용하는 힘은 우리를 확실히 인간이게끔 하는 것이다[179]. 인간이 사회

177 유영옥, 『상징과 기호의 사회과학』, 홍익재, 2007, pp.13-15.

178 Sapir, E., 『Symbolism" in Encyclopedia of Social Science』. Vol.14, New York Macmillian, 1934. pp.492-495위 유영옥의 책, p.13-15에서 재인용

179 Langer, S. K. 『 A Study in the Symbolism of Reason, Rite, ans Art』, Harvard University Press, 1942, p.33위 유영옥의 책, p.13-15에서 재인용

화되고 문화를 수용하는 과정은 본질적으로 상징적 과정이라고 할 수 있는데, 이 과정에서 인간의 원초적 욕구가 언어적 상징에 의해 사회, 문화적으로 수용 가능한 동기들로 변형 된다[180]. 상징은 인간의 신념, 가치, 태도, 행위 등에 영향을 미치고, 인간의 모든 의사소통 형태를 포용한다.

상징의 기능은 그 형태와 항상 일치하는 것이 아니다. 상징은 그 형태에 있어서는 다양하더라도 특수한 사회적 맥락 안에서 동일한 상징적 기능을 수행할 수 있으며, 역으로 동일한 상징형태도 사용되는 사회적 맥락에 따라서 다른 기능을 수행할 수도 있다. 다시 말해 상징 형태의 변화가 필연적으로 상징기능의 변화를 의미하지는 않는다. 과거의 상징 형태가 새로운 기능을 수행 할 수 있으며, 새로운 상징 형태가 과거의 기능을 수행할 수도 있는 것이다.

예를 들어, 국가와 헌법은 상징 형태에 있어서는 서로 다르지만 국가적 통합 메커니즘mechanism으로써 동일한 기능을 하는 것이다. 상징이 구체적으로 어떠한 기능을 하는지 살펴보면 다음과 같다.

첫째, 상징은 본질적으로, 표출의 기능, 의미함축의 기능을 한다.[181] 예를 들어 국가나 애국가는 추상적인 '국가' 라는 개념을 상징적으로 표출하는 기능을 하며 이순신, 유관순, 링컨 등과 같은 인물은 각각 호국정신, 독립정신, 민주정신을 대표하는 상징적 존재이며, 십자가, 칼, 비둘기 등은 각각 구원, 폭력, 평화 등의 의미를 함축하고 있는 것이다.

둘째, 상징은 사회관계를 유지시키는 기능을 한다. 상징은 개인과 사회의 관계를 중개하는 역할을 한다는 것이다[182]. 언어와 상징을 통해 사람

---

180 Camphell, K. K. 『Philosophy and Rhetorics』, Spring Cook, T. and Scioli, F, 1975.

181 Cassirer, E., 『An Essay on Man』, New Haven: Yale University Press, 1944.

182 Cohen, A. 『An Essay on the Anthropology of Power and Symbolism in Complex』, Society, Berkely: UCLA Press, 1976. pp 57-63위 유영옥의 책, p.13-15에서 재인용

은 서로 밀접한 관계를 발전시킨다. 그들이 공통적으로 형성한 가치, 태도, 이념, 감정 등은 사회적 상호작용을 가능하게 해 준다[183]. 상징은 끊임없이 생성되고 있는 사회적 관계를 구체적이고 지속적으로 객관화시켜 주는 기능을 한다. 가치, 규범 명예, 위신, 정의, 선, 악 등과 같은 상징적 개념은 사회관계를 객관적으로 관찰 할 수 있게 해준다. 상징은 또한 역할을 객관화시키고, 역할 소유자의 개인적 인격과 분리시켜 역할에 현실감을 준다. 이러한 과정을 통해서 사회관계는 상징에 의해서 유지되고 발전되는 것이다.

셋째, 역할과 관계를 객관화시킴으로써 상징체계는 사회생활이 그것 없이는 영위될 수 없는 사회질서를 유지시켜 주고, 안정성과 지속성을 보장해 준다. 넷째, 상징은 집단 내에서의 의사소통과 정보전달의 기능을 한다.[184] 상징은 개인 간 또는 집단 간에 서로의 태도, 의도, 요구, 기대 등을 표현하기 위한 커뮤니케이션의 수단으로 이용된다. 상징은 또한 집단 내에서의 가치, 규범, 감정 등을 이해할 수 있는 정보를 전달하는 기능을 하는 것이다. 상징은 인간의 창안물로 어떤 대상에 의미를 부여하는 과정에서 생겨난다.

다섯째, 상징은 집단성원의 신념을 강화시키는 기능을 한다.[185] 상징은 고도로 신성화되고 의례화된 행위를 통하여 어떠한 믿음을 확신시키고 지지 한다. 여섯째, 상징은 집단결속과 사회통합의 기능을 한다.[186] 상징

---

183 Wilson, B. N. 『The Role of Symbols in Forming the Public of the War on Poverty』, University of Minnesota, 1979, p.29위 유영옥의 책, p.13-15에서 재인용

184 Maceon, R. 『Symbols, Myths, and Arguments』,Learing and Legitimac, 1954, pp.25-26위 유영옥의 책, p.13-15에서 재인용.

185 Morgan, G. 『Image of Organization』, Beverly Hill Press, 1986, p.5.

186 Maceon, R. 『Symbols, Myths, and Arguments』, Learing and Legitimac, 1954, pp.25-26위 유영옥의 책, p.13-15에서 재인용.

은 집단 내부 개인을 결합시키며, 내부적 단결의 수단으로서 그래서 궁극적으로 단합된 행위의 대의명분으로서 이용된다. 일곱째, 상징은 어떤 행위에 대한 정당성을 부여하는 기능을 한다.[187] 고프만에 의하면 모든 사회적 행위는 극적이고 의례적 요소를 지니고 있는데, 우리는 실제생활이 펼쳐지는 데 있어 상징적 의미를 크게 갖는 아주 명백한 의례적 행위들을 관찰할 수 있다는 것이다.

우리는 군주의 대관식, 공직자의 취임선서, 타 기관에서 공식적 정당성을 의례적으로 부여하는 행위를 보게 된다. 이러한 모든 상징적 행위들은 단순한 행위 그 자체 이상의 의미를 가지며, 어떤 사회적 행위에 대한 정당성을 부여하는 중요한 의미를 창출하고, 이러한 공유된 의미를 바탕으로 행위의 정당성을 찾게 되는데, 그 방법에는 어떤 깃발이나 노래 같은 상징을 이용하는 방법, 건물의 규모나 양식 또는 기념탑 같은 시설을 이용하는 방법 등이 있다[188].

상징은 사람의 감정과 정성에 영향을 미쳐 개인들에게 동기를 부여하고 행위를 유발시키며, 집단적으로 사람을 동원시키는 기능을 한다. 한편, 상징적 행위는 집단에 불만을 가진 사람을 회유하고, 집단에 대한 지속적 지지를 보장하고, 반대와 갈등을 감소시킨다. 또한 상징적 행위는 어떤 변화를 시도하는 과정에서 커다란 힘을 발휘한다.[189]

정치적 상징이란 정치적 행위를 실행하거나 변경시켜 또는 그것을 유지함으로써 정치과정에서 직접적인 작용을 하는 상징을 의미한다. 정치

187 Goffman, E. "The Presentation of The Self in Everyday Life", 1959위 유영옥의 책, p.13-15에서 재인용.

188 Preffer, J. 『Management as Symbolic Action』, A. J. Press, 1981.p.52위 유영옥의 책, p.13-15에서 재인용.

189 유영옥, 『상징과 기호의 사회과학』, 홍익재, 2007, pp.31-33.

적 상징은 특히 권력의 실행에 있어서 중대한 정도로 작용하는 상징이다[190]. 인간은 정치적 상징들을 창조하고, 이 정치적 상징은 인간을 지탱하고 발전시키고 보호한다. 상징적 형태로서의 정치는 대다수의 인간이 국가에 관한 믿음을 그들 자신에게 재확인시키는 것을 상징화하게 된다. 정치적 상징은 특정한 정치행위에 대한 불만과 의심을 없애고, 체제의 합리적이고 민주적인 운영에 대한 믿음을 보증해 주며, 국민을 정부의 의도에 동조시키는 데 있어서 없어서는 안 될 중요한 요소인 것이다.

정치적 상징 가운데서 권위적인 것, 즉 헌법, 헌장, 법률, 조약 등이 아마도 가장 흔한 예에 속할 것이다. 그러나 그 외에도 정당의 강령, 논쟁, 슬로건, 연설, 사설, 정치이론 등도 있다. 즉, 기념일, 기념품, 음악과 노래, 장식, 유니폼, 치밀한 절차를 갖춘 의식, 행렬과 연설, 대중 시위 등이다[191]. 정치적 상징은 그 사회의 신화와 이데올로기를 종합하여 표현하는 것이며, 정치적 가치관이나 신념을 나타낸다. 그리고 정치적 상징의 등장은 긴장과 흥분을 동반한다. 정치적 상징은 별로 비용이 들지 않고 파악하기도 어렵다는 특징을 갖는다. 또한, 그것은 경계가 심한 당국의 눈을 피하여 말로써 널리 보급시킬 수 있다. 그러나 정치적 상징을 계속 독점해 가는 일은 재화나 폭력을 계속 독점해 가는 일보다 어렵다[192].

(2) 북한의 정치적 상징체계와 유형

일반적으로 국가 상징은 한 국가의 정체성을 그림, 문자, 도형을 이용해 나타낸 것으로 국제사회에서 공식적으로 통용되는 상징체계이다. 또

---

190 Lasswell, H. D. & Kaplan, 『Power and Society』, Yale University Press, 1950, pp.162-171.

191 Merriam, C. 『Political Power』, N. Y. Colier Books, 1934, pp.104-105.

192 Lasswell & Kaplan의 Ibid,p.197.

한 국가상징은 한 국가의 전통과 문화, 역사와 사상을 담고 있어 국가적 자긍심과 국민의 사회적·도덕적 화합을 담고 있으며, 구성원을 통합하는 가치 영역으로 한 나라를 대표하는 외교적 표상이기도 하다.[193]

북한 우표는 국가를 상징하는, 국호, 국기, 국장, 국가國歌, 국화國花, 국조, 국수, 국견 등을 구호와 도상을 통해 북한 주민들을 '우리들'로 호명해 내 '애국주의'로 뭉치게 하며, 대외적으로도 국가의 긍정적인 이미지를 높이는데 적극 활용되고 있는 국가미디어 역할을 하고 있다. 북한에서 '상징'이란 "어떤 개념, 표상, 사상 같은 것을 조건적으로 표현하거나 표시하는 것 또는 그런 표시로 쓰는 물건이나 기호"로 설명하고 있다.[194]

근대국가 이전에는 국왕이나 왕조의 상징이 국가를 상징할 수 있었다. 그런데 근대국가가 형성되는 과정에서 '국민'이라는 새로운 개념을 통합적으로 묶을 수 있는 새로운 상징이 필요하게 되었을 때 그 상징으로 세울 수 있는 근거는 어디에서 찾을 수 있을까? 새로운 공동체의 상징으로 채택하자면 기존의 공동체와 구분할 수 있도록 차별성을 지닐 수 있어야 할 것이다. 하지만 상징이라는 것이 완전히 새로운 상상력에서 추출되는 것이 아니기 때문에 공동체의 구성원이 그 상징을 이해하고 받아들일 수 있는 기존의 도상 또는 의미가 채택되는 경우가 일반적이다.

새로운 국가 상징이 채택되는 방식이나 그 근거는 근대 국민국가의 형성 방식에 따라 나라마다 매우 다양하지만, 크게는 세 가지 정도로 구분해 볼 수 있다. 첫째는 가장 일반적인 것으로서, 기존의 상징을 그대로 사용하면서 국왕이나 왕족뿐 아니라 거기에 '국가'의 개념을 부여하여 전용하는 방식이다. 둘째는 영국의 경우처럼 새로이 통합되는 각 영토들을 대

---

193 이지순 외, 『국가상징의 문화적 형상과 북한의 브랜드 전략』, 통일연구원, 2021, p.17.

194 사회과학원언어학연구소, 『조선말 대사전 1』, 사회과학출판사, 1992, p.1712.

표하는 상징을 도상적으로 결합하는 방식이다. 셋째는 새로운 구성원들을 표상하도록 새로운 의미를 부여한 새로운 도상을 창안하는 방식이다.

국가상징물의 가장 중요한 기능은 국민을 공동체의 구성원으로 자각하게 하는 것이다. 구성원의 결속을 끌어낸다는 점에서 현대에 와서는 국수주의적인 내셔널리즘을 조장하는 상징조작으로 많이 이용되기도 한다. 그런데 국가의 상징물을 다른 한편으로는 구성원이 아닌 타자로부터 자신을 구별 지어주는 표징이 되기 때문에 배타적인 성격을 띠기도 한다. 다른 국가와 구별되어 자신을 표상할 수 있다는 점이 국가 상징의 또 다른 중요한 측면이라 할 수 있다.[195]

한 국가의 시각적 상징은 상황의 변화에 따라 수용되거나 폐기되고, 또 자발적인 욕구에 따라 그 의미가 생성되기도 한다. 이러한 의미 변화가 위로부터의 제정에서 비롯된 것이 아니라 아래로부터의 선택과 수용이라는 점이 중요하다.[196]

상징은 세상을 이해할 수 있는 길잡이가 될 수 있는데 그 이유는 상징이 우리가 당연하게 받아들이는 현실을 반성할 수 있게 해주기 때문이다. 또한 혼란스럽고 변화가 심한 세계가 일목요연한 틀로 정리될 수 있는 것도 상징을 통해서이다. 즉 상징은 사람들로 하여금 경험의 지속성을 느끼게 해줄 수 있기 때문에 국가마다 국가 상징을 활용하게 된다.

'민족nation'이라는 용어는 '나라country' 또는 '국가state'와 혼동된다. 예를 들면 이것은 '국적nationality'이, 보다 적절하게는 '시민권citizenship'이라고 불리는 특정국가의 구성원을 지칭하는 것으로 사용될 때 분명하다. 또한, 혼선은 민족이나 사람들이 아니라 국가들의 조직인 유엔United Nations의 명

---

195 목수현 지음, 『한국의 국가 상징 이미지』, 현실문화연구, 2021. pp.21-22.

196 목수현, 같은 책, p.392.

칭에서도 벗어진다. 가장 기본적 수준에서 민족은 공유된 문화적 유산으로 결속된 사람들의 집단, 즉 문화적 단위체이다.

따라서 그것은 정치적 결사체가 아니며, 반드시 특정한 영토적 지역과 연계되어 있는 것도 아니다. 민족은 20세기 초반 모든 아프리카 민족과 많은 아시아 민족들처럼 외국 제국주의 세력의 신민이 되었거나, 옛 영국이나 소련 같은 다민족국가에 통합되었기 때문에 자신들의 국가를 가지지 못했을 수도 있다. 또한 민족은 유대인들이 근대 시기 1948년 이스라엘이 건국될 때까지 그랬던 것처럼, 그리고 팔레스타인들이 현재 그런 것처럼 땅을 가지고 있지 못할 수도 있다.

민족을 규정하는 문화적 요인들은 보통 공통된 언어, 종교, 전통, 역사 인식 등이다. 이는 객관적인 특성들이지만, 이것들이 언제 민족이 존재하며 언제 그렇지 않은가를 결정하는 데 청사진을 제공하는 것은 결코 아니다. 달리 말하면 스위스처럼 여러 언어를, 또는 인도네시아처럼 하나 이상의 종교를, 또는 미국처럼 다양한 역사적 전통과 민족적 배경을 가지고 있으면서도, 오래가는 성공적인 민족/국민들의 경우도 많이 있다. 즉 궁극적으로 민족은 사람들이 자신의 국적/민족을 의식하거나 민족의식이라고 부를 수 있는 것에 의해 단지 주관적으로 정의될 수 있을 뿐이다.

민족의식은 보통 '애국심'이라고 지칭되는, 문자 그대로 자신의 나라에 대한 사랑이라는 특정 공동체에의 소속감 또는 충성심을 분명히 포함한다. 하지만 겔너Ernest Geller는 민족의식의 결정적 특징은 단순히 자신의 민족을 향한 충성심이 아니라, 자치정부와 독립에 대한 열망이라고 주장했다. 사실상 민족은 독립 국가를 이루려는 열망으로 자신을 정의한다.

『국민의 민족적 기원The Ethnic Origins of Nations』1986에서 앤서니 스미스Anthony Smith는 근대 국민/민족들이 어느 정도로 그가 '에스니ethny'라고 부르는 전근대 시대의 민족 공동체가 주는 상징주의와 신화에 의존하면서 등장했는지를 강조했다. 이 '원초주의적' 견해에서 민족들은 역사 속에 착상돼embedded 있다. 그들은 국가성 또는 민족독립을 훨씬 앞설지도 모르는 공통의 문화적 유산과 언어에 착근해 있다. 따라서 근대 민족들은 이렇게 형성된 에스니들이 새로 등장하는 인민/국민주권 독트린과 연계되고, 역사적인 고향땅과 연관되었을 때 생성된다. 이것은 그리스인들, 독일인들, 러시아인들, 영국인들, 에이레인들 등에게 명백히 나타나듯이, 왜 민족 정체성이 그렇게 자주 과거 세대들의 전통과 관습 안에서 표출되는지를 설명해준다.

이러한 시각에서 보면, 민족은 정치적인 힘보다 자연 또는 역사적 힘에 의하여 형성되었다는 점에서 '유기적'이라고 간주될 수 있다. 이는 나아가, '문화적' 의미의 민족이 강력하고 역사적인 민족 일체감에 의해서 하나로 묶여질 때 안정과 응집력을 획득한다는 것을 의미할지도 모른다.[197] 국민/민족국가의 큰 강점은 문화적 화합과 정치적 통일성을 제공한다는 것이다. 공통의 문화적 또는 민족적 정체성을 가지고 있는 사람들이 자치권을 획득할 때, 민족적 소속감과 시민적 소속감은 일치한다. 이러한 관점에서 볼 때 국가, 국기, 기념일 그리고 충성 서약 등을 통하여 국민적 애국주의를 고취시키려는 노력은 개인과 더 넓은 사회 모두에서 이점을 가져다주는 것으로 보인다.[198]

1992년 사회과학출판사에서 출판한 조선어대사전에서 '민족주의'를 찾아보면, "① 민족의 리익을 옹호하는 진보적인 사상, 봉건주의를 반대하는 부르죠아민족운동시기에는 인민대중의 리익과 함께 신흥부르죠아지

197 앤드류 헤이우드, 권만학 옮김, 『정치이론』, 명인문화사, 2016, pp.115-117.

198 앤드류 헤이우드의 앞의 책, p.121.

의 리익까지 포괄하는 민족공동의 리익을 반영한다. 단일민족인 우리나라에서 진정한 민족주의는 곧 애국주의로 된다. ②삼민주의의 하나. 외래제국주의를 반대하고 각 민족의 평등을 주장하는 주의. ③프로레타리아 국제주의원칙과는 어긋나는 자기 민족의 리익을 위한다는 구실 밑에 다른 민족을 멸시하고 배격함으로써 민족들 사이의 불화와 반목을 조성하는 반동적 사상"[199] 으로 정의되어 있다.

민족주의에 대해 북한 정치체제상 긍정적 평가보다는 부정적 평가가 더 내포되어 있었다는 것을 알 수가 있다. 하지만 1980년대 말부터 급격하게 변화되는 냉전체제의 붕괴상태에서 자신을 지켜내기 위해 내세우기 시작한 '조선민족제일주의'[200]를 주장하기 위해서는 더 이상 민족주의를 바라보는 시선이 부정적이 되어서는 곤란하다. 북한이 민족정통성을 주장하기 위해 고조선과 고구려· 발해· 고려에 대한 연구와 유적발굴에 총력을 기울이게 되는 것을 발행된 우표를 통해 살펴 볼 수가 있다.

70년이 넘는 1당 독제체제가 단순한 권력에 의한 감시와 처벌 등 강압적 방식으로만 유지가 가능할까? 그렇다면 세계 여러 나라에서 발생했던 강력한 전체주의 독재국가들은 왜 북한과 같이 지속 또는 세습되지 못하고 사라진 것일까에 대한 질문은 자연스럽게 북한의 상징주의정치와 정치권력 정당성legitimacy에 대해 관심을 갖게 한다.

지구상에서 존재했던 독재 정권들이 전체적으로 단명했던 것에 비해 북한정권의 장기독재와 세습까지 가능했던 이유를 강진웅은 다음과 같이 분석했다.

---

199 사회과학원언어학연구소, 『조선말대사전 1』, 사회과학원출판사, 1992, p.1231.

200 '조선민족제일주의'는 김정일이 주장한 '민족우월주의이론'이다. 조선민족제일주의는 '조선사람에게는 조선 문화가 최고'라는 개념을 포함하고 있으며 이를 통해 민족적 자긍심을 고취시키자는 것이다.(정영순 외 3지음, 『북한의 역사교육』, 한국학중앙연구원출판부, 2020, pp.45-46.

"스탈린주의적 국가의 권력이 반대파의 숙청과 적대계급의 감시와 처벌, 사상통제 등을 통해 개인의 권리와 자유를 침해하는 폭력적인 속성을 드러낸 반면, 민족의 적에 대한 호전적 민족주의의 영역에선 국가권력이 사회주의 개인 주체를 반미적인 증오를 내재화한 애국적인 전사로 재생산했던 것이다. 증오와 애국적 전사의 정신과 실천적 자세는 전쟁의 위기를 겪으면서 그 빛을 더욱 발했고, 국가는 '전시민족주의' 기제를 통해서 국가 권력을 개인의 영역으로 확장하면서 주민들의 미시파시즘을 형성했던 것이다."[201]

(3) 상징을 통한 통치체제의 정당화

권력은 다른 사람의 행위에 영향을 미치는 능력ability으로 정의될 수 있는 반면, 권위는 그렇게 할 수 있는 권리/권한right으로서 이해될 수 있다. 권력은 설득, 압력, 협박, 강제 또는 무력을 통하여 준수를 확보하는 반면에 권위는 사람들이 '통치할 수 있는 권리'라고 인정하는 것에 기초하며, 피지배자의 입장에서 복종해야 한다는 도덕적 의무를 통하여 준수를 이끌어 낸다. 정치철학자들은 권위가 무엇에 기초하고 있느냐를 두고 의견차를 보이지만, 그럼에도 불구하고 권위개념은 항상 도덕적 성격을 가지고 있다는 데 의견을 같이한다.

권위를 분류하려는 가장 영향력 있는 시도는 베버에 의해 이루어졌다. 베버는 특정한 '지배 시스템'을 분류하고자 했고, 각각의 경우 복종을 확보하는 근거를 밝히고자 노력했다. 그는 이를 위하여 세 개의 '이념형ideal types'을 구축했는데, 그는 이것들이 단지 개념적 모델일 뿐이지만 정치적 지배의 매우 복잡한 특성들을 이해하는데 도움이 되기를 바랐다. 이러한

---

201 강진웅, "북한의 국가 권력에 대한 미시적 접근 호전적 민족주의와 주민들의 삶",『한국사회학 44집 2호』, 2010, p. 174.

권위의 이념형들은 전통적 권위, 카리스마적 권위, 그리고 법적-합리적 권위이며, 이들 각각은 매우 다른 근거에서 권력을 정당하게 행사한다고 주장한다.

베버는 전통사회에서의 권위는 오랜 기간 수립된 관습과 전통에 기초해 있다고 주장한다. 결국 전통적 권위는 그것이 '항상 존재했기' 때문에, 그리고 이전 세대들에 의하여 수용되었기 때문에 정당한 것으로 간주된다. 따라서 이러한 형태의 권위는 역사에 의하여 신성화된 것이며, '태곳적 관습'에 기초한다. 사실상 이 권위는 사회 내 각 사람에게 특정한 신분을 부여하는 위계적 시스템을 통하여 작동한다. 하지만 어떤 사람의 '신분'은 근대적 직책이나 직장과 달리 정확히 규정된 것이 아니어서, 권위를 가진 사람들에게 베버가 '무사의 은총free grace' 영역이라고 지칭하는 것을 제공한다.

하지만 이러한 권위는 항상 거기에서 작동되고 있기 때문에 정당화할 필요가 없는 일군의 구체적 규칙들, 고정되고 무조건적인 관습들에 의해서 제약된다. 가장 자명한 전통적 권위들은 부족 또는 작은 집단들에게 '가부장주의'와 '장로정치'의 형태를 띤다. 따라서 전통적 권위는 권력과 특권의 세습 관행과 밀접하게 묶여 있다. 전통적 권위의 경우들은 근대 산업사회에서 거의 살아남지 못했는데, 사회변화의 속도가 엄청나게 빨라서 전통의 영향력이 줄었기 때문이기도 하고, 세습적 신분이라는 사상을 민주정부와 기회균등이라는 근대 원칙들과 조화시키기 어려웠기 때문이기도 하다.

하지만 전통적 권위의 흔적은 심지어 영국, 벨기에 네덜란드 그리고 스페인 같은 선진 산업사회에도 존재하는 군주제의 잔존에서 발견된다. 전통적 권위와 이 문제에 대한 유교사상이 비슷하다는 일부 주장이 있기도

하지만, 후자는 도덕적 훌륭함에 깊이 뿌리박고 있다.

정당한 지배에 관한 베버의 두 번째 형태는 카리스마적 권위이다. 이 형태의 권위는 전적으로 한 개인의 품성으로부터 나오는 권력, 즉 그의 '카리스마'에 기초한다. 이 용어 자체는 기독교에서 기원했는데, 예수가 그의 제자들에게 행사한 힘으로서 '은사', 즉 신에 의해 주어진 권력을 가리킨다. 카리스마적 권위는 그 개인의 지위, 사회적 직책이나 직장과 전혀 관계없으며, 오로지 그의 개인적 품성, 특히 다른 사람들에게 직접적으로 그리고 인간적으로 어필할 수 있는 능력과 관계가 있다.

모든 형태의 리더십은 소통 능력과 충성심을 유발할 수 있는 능력을 요구하기 때문에 이러한 형태의 권위는 항상 정치적 삶에서 작동해 왔다. 일부 경우에서 정치적 리더십은 무솔리니와 히틀러 같은 파시스트 지도자들의 경우에서 보여주듯이 거의 전적으로 카리스마적 권위 위에 구축되는데, 이들은 자신들을 '최고지도자The Leader'로 묘사함으로써 헌법적으로 규정된 리더십으로부터 해방되어 무제한 권력을 얻고자 계획적으로 추구했다. 하지만 카리스마적 권위를 단순히 신의 선물이나 자연적 품성으로 생각하는 것은 오류이다. 정치 지도자들은 자주 그들의 언론 이미지를 배양함으로써 그리고 웅변술을 연마함으로써, 또는 무솔리니, 스탈린, 히틀러 그리고 마오쩌둥의 경우처럼 프로파간다 기제의 통제를 통하여 정교한 '개인숭배'를 조작함으로써 카리스마를 '제조'하고자 노력한다.

자연적이건 제조되었건, 카리스마적 권위는 자주 의심의 눈초리를 받는다. 이는 그것이 예외 없이 권위주의, 무조건적 복종의 요구, 자발적 동의와 상관없는 권위의 강제 등과 연결되어 있다는 믿음을 반영한다. 카리스마적 권위는 지위나 직책보다 개인 품성에 기초하고 어떠한 규칙이나 절차에 의하여 제약되지 않기 때문에 '총체적 권력'이라는 유령을 만들어

낸다. 더구나 카리스마적 권위는 추종자들로부터 자발적 복종뿐만 아니라 제자의 도리 그리고 심지어 헌신까지 요구한다. 궁극적으로 사람들은 복종에 따르는 보상으로 자신의 인생을 바꿀 수 있다는 전망에 따라 카리스마적 지도자의 명령에 따른다.[202]

베버가 분류한 세 번째 지배형태는 그가 법적-합리적 권위라고 부르는 것이다. 이것은 베버의 견해로는 전통적 권위를 완전히 대체했고, 근대 산업시대 들어서 지배적인 조직 양식이 되었기 때문에 가장 중요한 종류의 권위이다. 특히 베버는 법적-합리적 권위가 근대사회를 지배하게 된 대규모 관료 조직을 가진다는 특징을 띤다고 주장했다. 법적-합리적 권위는 명확하게 규정된 규칙의 존재를 통하여 작동한다. 사실상 법적-합리적 권위는 직책을 가진 사람이 아니라, 직책과 그 직책이 보유하는 공식 '권력'에 전적으로 부여된다. 그러한 법적-합리적 권위는 어떠한 형태의 카리스마적 권위와도 명백히 다르다. 하지만 이 권위는 광의의 신분보다 명백히 규정된 관료적 역할에 기초하기 때문에 전통적 권위와도 다르다.

법적-합리적 권위는 권력이 항상 명확하게 법적으로 규정되고, 권력을 행사하는 사람은 법의 틀 안에서만 행사해야 하기 때문에 이 권력은 '법의 지배'에 대한 존중으로부터 나온다. 예를 들면 근대정부는 거의 대부분 법적-합리적 권위에 기초하여 작동한다고 말할 수 있다. 대통령, 총리 또는 다른 정부 관료가 행사할 수 있는 권력은 거의 모든 상황에서 공직자가 무엇을 할 수 있는지를 제한하고 제약하는 공식적이고 헌법적인 규칙들에 의하여 결정된다.[203]

한편 정당성은legitimacy은 보통 '옳음rightfulness'으로 정의된다. 이러한 정

---

202 앤드류 헤이우드, 권만학 옮김, 『정치이론』, 명인문화사, 2016, pp.161-164.

203 앤드류 헤이우드의 앞에 책, pp.161-164.

의는 권력과 권위를 구분하는데 결정적이다. 정당성은 노골적 권력을 정당한 권위로 변형시키는 특성이다. 정당성은 공포 때문이 아니라 의무감으로 명령 또는 지시에 복종되도록 만듦으로써 권위 또는 구속력이라는 특성을 부여 한다.

정당성과 권위 사이에는 명백히 밀접한 관계가 있는데 두 용어는 가끔 비슷한 의미로 사용되기도 한다. 하지만 일반적인 용어에서 사람들은 권위를 가지고 있다고 말하는 반면, 정치체제에 관하여 말할 때에는 정당하다고 묘사한다. 실로 많은 정치이론들은 언제 그리고 무슨 근거에서 어떤 지배체제가 정당성을 확보할 수 있는가에 대해 많은 관심을 가지고 토론하게 된다. 이 문제는 사활적으로 중요한데, 왜냐하면 정당성을 결여한 정부는 단지 공포, 위압 그리고 무력에 의하여 유지되기 때문이다. 루소가 『사회계약론The Social Contract』(1762, 969에서 말했듯이 "최강자라도 결코, 강함을 옳음으로 그리고 복종을 의무로 전변시키지 못하면, 항상 지배자가 되기에 충분하게 강할 수 없다"는 정의가 정치정당성 확립에 중요성을 잘 대변해 주고 있음을 알 수 있다.

베버는 정당성을 '지배할 권리'가 있다는 믿음, 즉 정당하다는 믿음으로서 이보다 더 크지도 작지도 않을 의미로 사용했다. 달리 말하면 국민들이 어떤 지배체제에 순응할 준비가 되어 있다면, 이 체제는 정당한 것이라고 말할 수 있다. 한편 비덤David Beetham은 『권력의 정당화The Legitimation of Power』2013에서 정당성의 사회과학적 개념을 발전시키고자 노력했는데 그는 권력이 오로지 세 조건이 충족되었을 때에만 정당한 것이라 할 수 있다고 주장하였다.

첫째, 권력이 공식적 법전 또는 비공식적 관습 어디에 기초하든, 확립된 규칙들에 따라서 행사되어야 한다. 둘째, 이러한 규칙들은 정부와 피지배자들에 의해 공유된 신념들에 의하여 정당화 되어야 한다. 셋째, 정당성은 피지배자 측의 동의를 통하여 표현되어야 한다. 자유주의 전통에서 그리고 비덤의 조건들을 좇아서 권력이 기존에 확립되고 수용된 원칙들에 따라서 행사될 때, 그리고 지배가 국민들의 동의에 기초할 때 정당성이 생긴다. 따라서 정당성은 어떤 의미에서는 '아래로부터' 창출된다.

다른 한편 급진적 이론가들 특히 마르크스 사상에 영향을 받은 사람들은 대부분 또는 아마도 모든 정권들이 그들의 국민들이 무엇을 알고, 생각하고 또는 믿는지를 조작함으로써 정당성을 제조하려고 하기 때문에 정당성은 '위로부터' 등장한다고 주장하는 경향이 있다. 사실상 정당성은 단순한 일종의 이데올로기적 헤게모니hegemony 또는 지배일지도 모른다. 더구나 언제, 어떻게 그리고 왜 정치체제가 그들의 정당성을 상실하며, '정당성 위기'라 불리는 것을 겪게 되는 지를 둘러 싼 의문들이 존재한다. 정당화 위기는 정권 또는 정치체제의 생존 그 자체에 의문을 제기하는 것이기 때문에 특히 심각하다 어떠한 정권도 강압 하나만으로 영원히 지탱될 수는 없다.[204]

상징은 인간에게 어떠한 자극 대상stimulus object이 되는데 그 의미와 중요성은 사회적으로 만들어지며, 물리적인 상징의 형태로부터 추론되지 않는다.[205] 말하자면 상징화가 일어나는 사회적인 관계라는 맥락이 없다면, 상징화에 의하여 구성되는 사물은 존재할 수가 없다.[206] 그러므로 "상징은 사물 그 자체에는 내재하지 않거나 사물 그 자체로부터 식별할 수 없는 의미를 기표하는 어떠한 사물이다." 따라서 "단어, 구, 제스처 그리

---

204 앤드류 헤이우드의 앞의 책, pp.169-171.

205 Charles D. Elder et al, 『The Political Uses of Symbol』New York: Longman, Inc.1983, p.142.

206 Margarett Mead, 『Mind, Self and Society』Chicago: University of Chicago Press, 1934,p.78.

고 사건, 사람, 장소, 사물 등이 상징이 된다.[207]

연구의 목적에 따라 상징이나 이미지를 언어적인 상징과 비언어적인 상징, 자연적인 상징과 문화적인 상징 등 여러 가지 방식으로 분류할 수 있을 것이다.[208] 그러나 우리에게는 사피르Sapir의 분류가 유용할 것 같다. 그는 두 가지로 분류하였다. 어떠한 물리적인 사물과 구체적인 작용을 지칭하기 위하여 이름, 레이블, 기호 등을 붙인다. 이것을 가장 초보적인 상징이라고 하겠다. 그러한 상징은 지시를 하며, 순전히 내포적이다. 그래서 '지시적 상징'referential symbol이라고 불렀다. 반면에 예를 들면 '차떼기'라고 하면 '물건을 통째로 나르는 것'으로 해석될 때에는 지시작용을 하지만, '차떼기 정당'이라는 상징은 차에 물건을 통째로 실어 나르는 것을 지칭하는 것보다는 부패정당을 의미하는 기호로 사용된 것이다. 그래서 원래의 지시내용을 초과하는 의미를 갖는다.

이러한 상징은 사회적으로 만들어진 것이며, 경험, 감정, 그리고 신념을 요약하고 압축한다고 볼 수 있다. 그래서 사피르는 '압축적 상징' condensational symbol이라고 부른다.[209] 그런데 정치적 상징은 정치권력과 그 권력에 대한 기대에 영향을 미치는 잠재력을 가진 단어들과 이미지라고 정의되기도 하며,[210] 정치적인 권위의 행사와 사회적인 갈등의 관리에 관

207 Elder et al, The Political Uses of Symbol, p.29.

208 송태현, 『이미지와 상징』서울: 라이트하우스, 2005, p.10. 상징과 이미지는 어떠한 차이가 있는가? 용어, 문장, 그리고 구는 이미지를 만들어내며, 나아가서 이미지는 언어학자들이 말하는 '상'像;icon; 어떤 관념을 반영하는 그림, '지시하는 것'indices; 특정한 방향으로 마음을 이끄는 용어, 그리고 '상징'symbol을 지칭한다.

209 Edward Sapir, 『Symbolism in Encyclopedia of the Social Science』, New York: Macmilan, 1934, vol 14, pp.492-495.

210 Harold D. Lasswell, Nathan Leities and Associates. eds. 『Language of Politics: Studies in Quantitative Semantics』, New York: George W. Stewart Publisher, Inc. 1949, p.13.

련되는 상징으로 정의된다.[211]

상징은 개인을 보다 큰 사회와 연결시키는 고리가 되기 때문에 공유되는 상징은 개인적인 동기가 사회적인 의미를 부여받게 되는 통용단위currency가 된다. 여기서 통용단위가 된다는 것은 중요한 정치적인 상징은 정치에 대한 사람들의 정향에 공통적인 초점으로 쓰인다는 것을 의미한다.[212] 그리고 통용단위가 되기 때문에 상징은 사회적 커뮤니케이션의 구조를 결정하며, 사회적인 행동의 이해관계를 규정하게 되는 것이다.[213]

커뮤니케이션의 구조를 결정한다는 것은 무엇을 의미하는가? 벨Bell은 '정치는 담화'politics is talk이며, 라스웰이 내린 '누가 무엇을 언제, 왜 그리고 어떻게 갖는 것'이 정치라는 유명한 정의는 이에 따라 다시 정의되어야 한다고 주장하였다.[214] 벨은 폭력으로 갈등을 해결하는 것을 정치라고 볼 수 없는 이상, 커뮤니케이션이 정치에 중심적인 수밖에 없다. 그렇다면 누가 무엇을 누구에게 어떻게 그리고 어떠한 결과로 커뮤니케이션을 하는가라는 문제가 정치과정에 핵심이라고 볼 수 있다. 평범한 사람은 정치적인 커뮤니케이션의 소비자이지만 정치가들은 중요한 의사소통자이다. 게다가 매스미디어는 정치적인 커뮤니케이션의 주요한 통로이다. 커뮤니케이션 과정에서 "상징은 정치적인 태도와 의견에서 중심적인 대상을 나타내며, 정치에서의 절차적이며 실질적인 관심사를 규정하는 데에 쓰인다. 이들 상징은 어떠한 공동체의 정치적인 문화를 규정하는 정치적인 유산과 전통의 중요한 부분이다."[215] 바로 이 이유에서 상징은 커뮤니케이

211 Elder, Ibid, p.30.

212 Elder, Ibid, p.143.

213 Elder, Ibid, p.113.

214 David Bell『Power,Influence and Authority』New York: Oxford University Press, 1975, pp.10-11.

215 Elder, Ibid, p.9.

션의 구조를 결정하는 것이다.

그런데 정치적 상징은 어떻게 구분할 것인가? 사피르의 분류를 받아들인 에델만에 의하면, 압축적 상징은 상황과 연관된 정동情動; emotion을 환기시키며 지시대상이 애매모호하며 정동적인 내용이 많이 담겨 있다. 반면에 지시적인 상징은 정동적으로 중립적이며 내포적이다.[216] 이렇게 구별을 하는 것은 상징 그 자체에 어떠한 특질이 있기 때문이 아니라 상징이 의미를 가지게 되는 과정이 다르기 때문이다.[217] 말하자면, 상징 그 자체가 의미가 있는 것이 아니라 사회, 즉 인간에게 의미가 있는 것이다.

정치적인 상징은 압축된 형태로 특정한 의미와 정동을 야기 시키는데 구성원들이 이를 만들어 내고 서로 재 강화한다.[218] 그런데 압축적인 상징이 보다 중요한 이유는 상징에 의하여 만들어진 이미지가 인간에게 위협threat과 확신reassurance을 전달할 수 있는데 인간이 위협에서 연유하는 공포에서 벗어나고 싶어 하며 자신이 믿었던 것, 생각하여왔던 것이나 희망에 대하여서는 타인으로부터 확신을 받고 싶어 하기 때문이라고 하였다.

그런데 수학이 아니라 정치가 인간이 불안과 희망을 전환시키기 쉬운 대상이 되는 이유는 무엇인가? "정치는 대부분의 사람들에게는 추상적인 상징이 지나가는 행렬이다. 경험에 의하면, 그 행렬은 자비롭거나 악의적인 힘을 가진다. 정치는 부를 가져다주기도 하며, 생명을 앗아 가기도 하며, 투옥시키기도 하며, 자유롭게 하기도 하며, 강력한 정동적이며 이데올로기적인 연상을 가진 역사를 대변하기 때문"[219]이다.

---

216 Murray Edelman. 『The Symbol Uses of Politics』Urbana: University of Illinois Press, 1974, p.6, p.19

217 Elder, Ibid, p.33.

218 Elder, Ibid, p.11.

219 Elder, Ibid, p.5.

이상과 같이 에델만이 구분하는 것은 정치적인 상징에 대하여 개인이 가지는 정향과 연관이 된다. 개인이 정치적인 상징에 가지는 정향, 즉 상징을 사용하고 상징에 반응하는 방식은 두 가지 구성요소로 나누어진다고 볼 수 있다. 이는 정동적감정적;emotive인 것과 인지적cognitive이다. 전자는 감정적affective인 것이다. 어떠한 것에 대하여 긍정적으로 혹은 부정적으로 느끼는가라는 감정의 방향과 그 정도가 어느 정도인가라는 감점의 심도에 의하여 결정된다.

반면에 인지적인 것은 어떠한 것에 연관시키는 의미를 지칭한다. 요컨대 어떠한 것이나 어떠한 것의 지시대상에 대하여 아는 것이다. 그러나 안다고 해서 객관적인 의미에서의 지식을 의미하는 것이 아니라 개인이 진실이라고 여기는 것을 의미한다. 그러므로 정확하게 이해하고 있을 수도 있으며, 잘못된 견해에 근거를 두거나 모르면서 안다고 여길 수도 있다.[220]

감정적인 정향과 인지적인 정향은 다양한 사회적 그리고 심리적 정향과 결과로 대두하며, 다소 독립적으로 서로 전개된다. 어떻게 전개되는가? 이를 이해하기 위하여서는 두 차원을 각기 다르게 다룰 필요가 있다. 그러나 이 정향들이 행태에 미치는 결과를 탐구하기 위하여서는 그것들이 이루는 복합적인 양태로서 정향들을 같이 고려할 필요가 있다.

이 양태는 네 가지의 구별되는 양태, 즉 상징적 부착symbolic attachment의 양식으로 요약된다. 상징에 감정을 많이 부착될 수도 있고 그렇지 않을 수도 있다. 그리고 상징에 실질적인 의미를 많이 부여할 수도 있으며 그렇지 않을 수도 있다.[221] 그러한 경우에 상징적인 부착의 양식에 연관되어 행태적인 성향이 달라진다고 볼 수 있다.

---

220 Elder, Ibid, p.37, 57.

221 Elder, Ibid, p.58.

이에는 도구적인 행태instrumental behavior와 표명적인 행태expressive behavior로 구분할 수가 있다. 전자는 보다 큰 목표를 달성하기 위하여 하는 활동을 하는 반면에 후자는 그 자체로서의 목적에 봉사한다. 후자에게는 행동의 목적인 그 자체로써 만족이 달성된다. 일반적으로 감정이 많이 개재된 상징적인 부착물은 표명적인 활동과 연관되며 반면에 인지적인 정향이 많이 개재된 상징적인 부착물은 도구적인 행태와 연관된다.[222]

근대국가는 상징적 정책을 통하여 자신의 정당성을 확립하려 한다. 상징은 정치질서의 유지, 정치적 동원, 정부의 정당성 확보, 사회적 결속, 국민적 일체감 형성 등을 위한 중요한 요소이며 추상적인 국가와 권력을 구체적이고 직접적인 이미지로 보여주어 설득하는 기능을 한다. 상징은 정치권력자의 관점에서 볼 때 정치권력의 유지와 확대재생산 그리고 정당성의 창출을 위해 중요하다. 국가는 상징을 통해 국가귀속성 국가정체성을 주입하거나 강화시킨다. 상징은 사람들로 하여금 상징이 표상하는 이미지와 메시지를 무의식으로 받아들이게 하는데 이는 국민형성에 큰 효과를 갖는다.

정부 홍보는 국가정책을 수립하고 집행하는 정부가 정책의 대상이 되는 국민과의 관계를 개선하고자 하는 의도적 행위로 국민들이 국가와 국가기관에 대해 관심과 신뢰를 갖도록 하는 행위이다이준일, 1993. 정치적 상징은 국가와 정치의 정당성 확보를 위해서 정부 홍보에서 널리 활용되며 현대정치에 있어 정치적 상징과 정부 홍보는 매우 밀접한 관련을 맺고 있다. 국가는 자신의 입장을 담고 있는 정치적 상징물에 의한 정부 홍보를 통해 특정 정치적 입장을 국민들에게 효과적으로 내면화하도록 유도한다.

이런 과정을 통해 내면화되는 기억의 정치는 “집합기억의 역사화나 무

---

222 이종은,『상징과 정치적 권위, 정치사상연구 17』, 한국정치사상학회, 2011, pp.12-15.

화無化 과정에 개입하는 사회-문화적 및 정치적 힘들의 역학관계와 그것을 둘러싼 담론적 실천의 기제를 일괄하는 개념"이다. 이는 기억하는 행위와 기억의 내용 모두가 그대로 경험적 실재를 반영하기보다는 그러한 기억이 일어나는 사회적·문화적 맥락과 관련되어 구성된다는 기억에 관한 인식론에 기반 한다. 기억은 집단을 이루는 구성원들에게 공동의 정체성을 제공하면서 일체감을 확인하고 유대를 강화하려고 한다.

기념사업이 이루어지는 일련의 과정과 결과는 '기억의 정치'가 어떻게 작동하는가를 보여준다. 기념사업은 선별된 기억과 역사를 공간과 장소에 투사시키는 일련의 행위로 진상을 공공 공간에 펼쳐내는 것임과 동시에 특정 국가 또는 사회의 정체성을 형성시키고 유지하는 데 유용하며 사회통합에 매우 중요한 수단이다. 우표에 사용되는 도상들도 이러한 국가의 '기억의 정치'와 매우 밀접한 연관성을 가지고 준비하게 된다.

기념사업은 과거에 대한 집합기억의 재현으로 기억을 현재의 지평 속에 불러내 재구성하고 이를 통해 공동체적 동시성을 만들어가는 상징 행위이다. 이를 테면 기념일과 기념의례는 해마다 같은 날 같은 사건과 인물을 기념하는 행위를 통해 개개인을 국민으로 호명하고 의례에 참여하게 함으로써 과거, 현재, 그리고 미래에 이르는 동일한 운명공동체라는 의식을 각인시킨다. 국가기념일도 이런 상징 자원들 중의 하나라고 할 수 있다. 국가가 무엇을 기념하는가는 '국가 만들기', '국민 만들기'의 중요한 요소이며 '기억의 정치'의 한 측면이다. 국가는 이질 기억들을 동질화시키며 자발적으로 국가와 자신의 운명을 일치시키는 '국민'을 만들어 낸다.

권력을 가진 주체는 자신들의 이미지를 활용하는 데 관심과 노력을 기울이며 권력자에게 시각적 이미지는 매우 중요하다. 특히 국가정체성과 국가정통성 확립에 있어 국가를 대표하는 인물에 대한 상징화 작업은 큰 역할을 한다. 인물이 지니는 상징성은 집단성원의 신념을 강화시키고 공동체적 결속과 국민의식 통합을 강화하는 강력한 힘을 지니고 있기 때문이다. 이러한 이유로 각 국가들은 자국의 역사에 공을 세운 인물을 '국부'로 추앙하며 신성화되고 의례화 된 행위를 통하여 그 인물이 지니는 상징성을 부각시키고 성스러움을 내포한 신화가 된 그 인물의 활동을 강조한다.[223]

위에서 언급한 권력과 권위 그리고 정당성에 대한 이론에 기초하면서 아래에서 언급하는 라스웰의 S-M-C-R-E 분석틀을 활용해서 북한의 상징주의정치와 정치권력의 정당성과의 상관관계를 분석해 나가고자 한다. 라스웰은 '누가 무엇을 어떤 채널을 통해 누구에게 어떤 효과를 얻기 위해 소통하는가Who says what in which channel to whom with what effect'라는 질문의 형태로 커뮤니케이션의 구성요소가 발신자Sender, Source와 메시지Message, 채널Channel, 수신자Receiver, 효과Effect 등 5개 요소로 구성되어 있다고 제시하였다.[224]

라스웰의 모델은 일반적인 커뮤니케이션 과정을 분석하는 도구로서 몇 가지 한계점을 지니고 있다. 무엇보다 커뮤니케이션 과정을 발신자가 수신자에게 보내는 단선적이고 의도적인 메시지의 전달과정으로 상정한다는 점에서 비판을 받아 왔다. 또한, 커뮤니케이션 과정을 단선적이며 일회적 사건의 연결로 파악함으로써 현실에서 볼 수 있는 복잡한 역동성을 무시하는 문제점을 노정한다. 그리고 발신자의 주장이 수신자에게 전달되는 것 자체를 효과로 인정함으로써 수신자의 반응을 측정할 기회를 허용하지 않는다는 것이다. 그런데 바로 이와 같은 문제점 때문에 라스웰

---

223 이혜숙,『우표로 본 한국사회와 상징정치, 사회와 역사 제120집』, 한국사회사학회, 2018, pp.81-83.

224 Lasswell, H. d.,『The Structure and Function of Communication in Society,』&『 The Communication of Idea; A series of Address』, New York: Harper and Brothers, 1948, p.37.

의 모델은 북한당국이 제시하는 공식담론의 성격을 분석할 때에는 유용성을 지닌다고 주장할 수 있다.[225]

다른 사회주의 국가들과 마찬가지로 북한도 다양한 상징체계를 활용함으로써, 국가건설, 체제 유지를 추구하고 있다. 뿐만 아니라, 분단 상태로 인한 남한과의 체제경쟁을 치열하게 전개하면서 체제의 정당성을 확보하고 내부적 통합과 사회통합과 지배구조의 정당화를 위하여 상징의 중요성은 그 어떤 사회주의 국가들보다도 더욱 중요하다. 북한도 신생독립국가들이 공통적으로 부딪치는 문제 또한 상존하였기 때문에 정치· 경제· 문화·역사적 상징화를 활용하려는 의도가 더욱 강조되었다고 볼 수 있다.

북한이 상징체계를 확립해 가면서 위로부터의 통치 권력을 아래로부터 인정받을 수 있는 권위로 보이기 위해 가장 빈번하고 반복적으로 활용하는 것이 김일성의 항일무장투쟁 관련 일화들이다. 그중에서도 보천보전투에 대해서는 그 사용빈도 횟수가 압도적으로 많았음을 확인할 수 있다. 대외적으로 일당독재 북한체제의 정당화와 내부적으로 주체사상 외 일체의 다른 사상이나 정치체제를 허용하지 않으면서도 극도로 통제된 사회체제가 70년이 넘도록 유지될 수 있었던 이유들을 북한 우표에 사용된 도상을 시기별로 분석해 보면 상당 부분 이해가 갈 수도 있다.

북한은 권력의 정당화를 아래로부터 동의받기 위해 사용하는 상징화 대상으로는, 김일성의 항일무장투쟁 일화뿐만 아니라, 공화국, 국기, 국화, 국견을 물론, 기념비적 대형 건축물과 8.15해방, 조국해방전쟁, 반미 관련 상징적 대상물들이 반복적으로 우표도안에 활용되고 있다. 북한은

225 김석향·권혜진,『김정일시대1998~2007북한당국의 통일담론 분석』, 이화여자대학교,2006, p.157.

프롤레타리아독재를 “혁명의 전취물을 수호하며 사회주의, 공산주의를 건설하기 위하여 실시하는 사회에 대한 로동계급의 정치적 지배”로 규정하고 “혁명에 적대되는 온갖 반혁명적 요소를 철저히 진압하며 근로인민의 이익과 혁명의 이익을 옹호하는 노동계급의 강력한 무기”라고 설명하고 있다.[226]

또한 북한은 당규약 전문에서 “조선로동당은 「프롤레타리아독재」를 실시하며 사회주의 공산주의건설의 총로선으로서 천리마운동과 사상·기술·문화혁명을 추진한다”라고 명시하고 있다. 당 규약에서 프롤레타리아독재가 노동당의 중요한 지도방침임을 분명히 하고 있다. 프롤레타리아독재는 맑스-레닌주의의 정치사상의 중요한 개념으로서 인류 역사를 계급투쟁의 역사로 보고 무계급사회를 건설하는 도상途上에서 과도기적으로 프롤레타리아계급에 의한 지배를 정당화하는 개념으로 사용하고 있다[227].

북한은 맑스-레닌사상에 기초한 프롤레타리아 독재국가임을 대내외에 강조하기 위해 1957년 10월 3일 〈사회주의 10월 혁명 40주년 기념〉 우표를 발행한 이후 거의 매년 반복적으로 맑스-레닌관련 우표를 발행하여 오다가, 1970년 레닌탄생 백주년 기념우표 발행을 마지막으로 우표도상圖像에서 맑스-레닌 관련 우표를 더 이상 발행하지 않고 있다. 반면에 김일성의 항일무장투쟁 관련 우표와 혁명유적지 관련 우표들이 제5차 당대회1970.11.2. 이후에는 대량으로 발행되고 있는 변화를 보여준다. 이러한 변화는 북한이 제5차 당대회를 기점으로 해서 해방이후 1955년 스탈린의 사망이후에도 견지해오던 맑스-레닌사상을 탈피해서 김일성 1인 지배체제 확립과 김일성 개인숭배운동을 강력하게 전개하기 시작하였다는 것

226 김일성, 『김일성저작선집』, 조선로동당출판사, 1979, 제2권, p.129.

227 내외통신사 북한문제연구소, 『북한용어 300선집』서울: 내외통신사, 1993, p.74.

을 보여준다.

이러한 상징정치와 권력을 정당화하기 위해서 우표도안을 매우 적극 활용하고 있으며, 그러한 활동을 선전·선동하기 위해 김일성은 다음과 같이 이야기하고 있다.

> "현 단계에서 선전일군들은 매우 중요한 역할을 하고 있습니다. 인민들을 민주주의사상으로 교양하고 단련시키는 사업이 선전일군들에 의하여 수행되며 또한 인민정권을 강화하기 위한 올바른 정책들이 선전사업을 통하여 인민들 속에 침투되고 있습니다. 선전사업이 잘되면 인민들 속에 인민위원회의 모든 정책이 정확히 침투될 것이며 만일 선전사업이 잘되지 못하면 인민들은 인민위원회 정책들을 잘 모르게 될 것입니다."[228]

북한은 선전선동과 구호슬로건로 체제가 유지 운영되고 있는 나라이다. 북한이 체제유지를 위해 선전선동과 구호슬로건를 얼마나 중요하게 여기고 있는지는, 다양한 백두산 구호나무의 존재를 강조할 뿐 아니라 김정일이 1964년 대학졸업 직후 맡은 업무가 당조직사업과 선전선동 부서였다는 것을 통해서도 알 수가 있다. 김정일은 1974년 8월 '전국당조직 일꾼강습회'에서 당사업의 개선 강화를 강조하면서 조직지도부가 당생활을 장악하고 나타나는 결함과 원인을 과학적으로 분석·판단하면, 이에 기초하여 선전선동부가 결함을 고치는데 맞는 사상교양을 하여야 한다고 지적하였다.

전체주의 국가 북한에게 있어 선전선동은 체제유지를 위한 주민통제

---

228 김일성, "민주조선건설에서의 선전일군들의 임무와 역할에 대하여"각 도선전관계책임자련석회의에서 한 연설, 1947년 9월 7일, 「김일성저작집 3권」, 조선로동당출판사, 1979.

와 인민의 자발적 형식의 동원기제에 가장 중요한 수단이다. 북한은 프리드리히Carl J. Fridrich 와 브레진스키Zbigniew K. Brezinski 가 주장하였던 전체주의 국가가 가지고 있는 특징을 모두 갖추고 있는 현존하는 극소수의 나라이다[229]. 인류역사상 다양한 전체주의 국가들이 존재했었지만 북한과 같이 3대 세습까지 유지해 온 전체주의 국가들은 존재해 본 적이 없다. 북한체제는 사회주의국가들의 보편성이 대다수 존재하고 있지만, 북한만의 특징이라 불리는 특수성 또한 존재하고 있다. 이러한 북한만의 특수한 환경들이 북한 우표에 선전선동의 중요역할을 부여해 주었다고 생각된다.

북한의 대표적인 국가상징으로서 국호國號, 국기國旗, 국장國章, 당기黨旗, 국가國歌와 국화國花:목란, 국수國樹:소나무, 국조國鳥:참매, 국견國犬:풍산개과 국주國酒:평양소주 등을 소개하고 있다. 북한의 국가상징으로 제정된 국가상징물들은 우표 제작 때 도상주제로 선정되어 반복적으로 우표에 등장하고 있다. 세계 각 나라는 저마다 역사와 문화를 기초로 국기와 국가, 국화 등을 국가 상징으로 정해 놓기는 하지만, 북한처럼 국수와 국조, 국견까지 세세하게 정한 나라들은 찾아보기 어렵다.

(4) 미란다권력 찬양와 크레덴다권력 신뢰

북한이 다른 나라들보다 국가상징물에 더욱 관심을 크게 가지는 이유로는 국민들로 하여금 나라 사랑하는 마음을 모으고, 또 대외적으로는 일심으로 단결되어 있는 국가이미지를 부각시킴으로서 강력한 일심단결체

---

229 Carl J, Friedrich and Zbigniew K. Brezinski, 『Totalitarian Dictatorship and Autocracy』 New York: Frederick A. Paeger Inc. Publisher, 1961, p.9-10가 전체주의에서 독재체제의 공통적인 요소로 꼽은 것은, ① 정교한 관제 이데올로기, ② 1인 지배의 단일 대중정당, ③ 비빌경찰 등을 통한 물리적, 정신적 테러, ④ 당과 정부의 커뮤니케이션 독점, ⑤ 모든 무력수단 독점, ⑥ 경제체제의 중앙통제 등이다. 이기우, "북한의 통치기제로서 선전선동과 『노동신문』의 역할" 경기대학교 정치전문대학원, 박사논문, 2014, p.2에서 재인용.

제로 똘똘 뭉친 정상국가로서의 국가이미지를 내세우기 위한 것으로 판단된다. 정치상징은 그 자체가 미묘하고 복잡한 만큼 정치적 상징들도 다양한 형태로 존재하고 상황에 따라 여러 가지 기능을 수행한다.

정치적 상징에 대해 메리암Merriam은 미란다와 크레덴다로 분류하였고, 거스필드Gusfield의 경우에는 응집의 제스처와 차별의 제스처로 분류하고 있다[230].

메리암은 권력을 얻고 행사함에 있어서 사용되는 정치적 상징들로서 미란다Miranda: 권력에 대한 찬양 와 크레덴다Credenda: 권력에 대한 신뢰를 제시하였다[231]. 정치적 상징의 연구에 있어서 메리암의 주된 관심은 인간의 본질적인 심리적 욕구와 통치가 혹은 통치를 갈망하는 자들이 그러한 인간의 심리적 욕구를 어떻게 이용하고 있는가에 관한 것이었다고 볼 수 있다.

그에 의하면 인간은 원래 고독에 대한 공포를 느끼고 다른 사람과의 정서적인 공감의 유대를 추구하는 감상적인 존재이며, 한편으로는 혼돈으로부터 벗어나서 어떤 질서에 대하여 귀속하려는 경향이 있는 존재라는 것이다. 이때 전자의 심리를 이용하는 상징을 '감상과 동일시의 상징' 이라 할 수 있고, 후자의 심리를 이용하는 상징을 '합리화의 상징' 이라 할 수 있다. 메리암은 이 두 가지 종류의 상징을 가리켜서 각각 미란다 즉 '찬양되는 것'과 크레덴다 즉 '믿어지는 것'이라고 규정하고 있다.

미란다의 주요 예로써는 국경일 등과 같은 각종 기념일 및 기념기간 설정, 장엄한 공공건물, 공공광장, 기념건조물, 기념 거리의 형성, 애국가, 민요 등과 음악과 국가정책이나 권력 집단을 찬양 고무하는 노래의 제정, 깃발, 훈장, 제복의 문양이나 장식 등의 제작, 영웅들의 초상이나 동상제

230 Gusfield, R.,『Symbolic Crusade, Status Politics』,University of Illinois Press,1963. p.172.

231 메리암, 앞의 책, pp.109-135.

작, 일화와 역사의 미화, 집단적 의례와 독특한 의전, 시위행진 및 웅변과 음악을 동원한 대중 집회 등을 들 수 있다.

이러한 찬양의 상징은 다양한 환경과 정치적 체제에 따라 무한히 다르게 나타나지만, 그 주된 목적이 내면적 단일성을 유지하고 발전시키려는 데 있다는 점은 동일하다. 결국 정치권력자가 미란다를 사용하는 주된 이유는 호의적인 감정 및 일체감의 조성을 통한 신뢰의 상징을 실제로 분간할 수 없을 정도로 혼합되어 나타나기 때문이다. 미란다는 신조와 충성을 설명하고 강화함으로써, 찬양과 영광을 환기 시키는 작용을 한다. 미란다는 사회구조와 질서에 도움이 되는 정서를 일으킬 뿐만 아니라 이 정서를 타인과 공유하고 있다는 사실을 더 잘 알게 하며, 그로써 서로의 동일화를 촉진하고, 연대책임의 토대를 마련하는 것이다.

신뢰의 상징으로서 크레덴다는 찬미의 상징으로서의 미란다와 완전히 다른 것은 아니지만, 다른 차원, 즉 권력의 합리화를 위한 무대에서 발견될 수 있다. 크레덴다는 합리화를 통해서 사람들이 당연하다고 믿게 하는 것을 뜻하는 개념이다. 메리암에 의하면, 정치체제는 사람들로 하여금 그의 권위의 지속을 동의하지 않을 수 없게 하는 이유들을 만들어낸다고 한다. 그리고 그 이유를 교육과 훈련들을 통한 정치사회화 과정 속에서 국민들에게 주입되게 된다는 것이다. 그는 역사상 세 가지 유형의 크레덴다가 출현했다고 말한다.

그 첫째는 왕권과 신이나 하느님에 의해서 부여된 절대적인 권력이라는 크레덴다이고, 둘째는 권력이란 귀족이나 엘리트 등과 같은 우월하고 전문적인 지도자에 의한 탁월한 영도력의 최고 표현이라는 크레덴다이며, 셋째는 권력이란 어떤 동의의 형식을 통하여 표현된 다수의 공동체의 의지라는 크레덴다이다. 왕권신수설에 의한 절대군주제는 첫 번째 크레덴다에 의해 유지되었으며, 귀족정치와 엘리트 통치는 두 번째 크레덴다의 예이며, 오늘날 민주주의는 세 번째 크레덴다에 의해 존속하고 있는 것이다. 이와 같이 세 가지 유형의 크레덴다는 각각 서로 다른 형태의 제도를 만들어내고 그 제도들을 합리화 시켰던 것이다.[232]

그리고 메리암은 제도의 형태 여하를 막론하고 비록 정도의 차이는 있지만 모든 정치제도에서 공통적으로 받아들여지는 크레덴다의 규범으로서 네 가지의 기본적 원칙이 존재한다고 하였다. 첫째, 정부에 대한 존경으로서, 피치자는 통치자에 대하여 개인적인 자격 여하를 불문하고 경의를 표시하도록 훈련되어 진다는 것이다.

둘째, 권위에 대한 복종으로서, 피치자는 그 권위가 어떠한 방법으로 세워졌는가 하는 문제와는 관계없이 기존의 권위에 대해 국민은 공공의 이익을 위해 필요하다고 생각되면 언제든지 자신을 희생하는 것이 그의 업무라는 것을 믿도록 훈련되어 진다는 것이다. 셋째, 공익을 위한 희생으로서 국민을 공공의 이익을 위해 필요하다고 생각되면 언제든지 자신을 희생하는 것이 그의 의무라는 것을 믿도록 훈련되어 진다는 것이다.

넷째, 정부에 의한 권력의 합법적 독점으로서 어떤 정치체제 안에서 하나의 정치체제만이 합법적으로 권력을 독점하며 그 정치세력의 합법적 권력독점을 침해하는 다른 모든 집단의 각종 기도는 처벌되는 것이 당연하다고 믿도록 국민이 훈련되어 진다는 것이다. 메리암은 이러한 네 가지의 크레덴다의 규범이 존재하지 않는다면, 어떠한 형태의 정치 제도의 지속 및 권력의 행사도 이루기 힘들다[233]고 주장 한다.

한편, 거스필드Gusfield는 정치적 상징을 그 기능적 특성에 따라 '응집의

---

232 유영옥, 『상징과 기호의 사회과학』, 홍익재, 2007, pp.214-217.

233 유영옥, 앞의 책, pp. 214-217.

제스처' 와 '차별의 제스처' 로 구분하고 있다[234]. 응집의 제스처란, 정당이나 이익집단의 파벌 등과 같은 이해갈등의 차원을 뛰어넘는 공통적인 여론이 담긴 상징을 사용함으로써 정부의 조직일반에 대한 충성의 강화를 꾀하는 행위를 말한다. 응집의 제스처가 사용되는 예로서는 국왕의 대관식, 국경일의 제정, 숭고한 내용을 담은 헌법의 제정, 국민적 단합을 강조하는 대통령의 연설 등을 들 수 있다.

로드만Rothman은 '응집의 제스처' 라는 용어와 유사한 의미로서 '통합의 상징' 이라는 개념을 사용한다. 그에 의하면 통합적 상징은 예민하고 광범위한 내용을 충분히 담고 있어야만 비로소 그 기능을 수행할 수 있다는 것이다. 정치의 세계 안에서 국가권력이 지지 및 충성을 확보하기 위해서 사용하는 정치적 상징은 각계각층의 국민에 의한 다양한 자의적 해석을 포용할 만큼 충분히 광범위하고, 애매한 내용을 담고 있어야만 한다는 것이다.

차별의 제스처란 정부가 사회 내의 특정한 집단을 찬양하거나 격하시키는 경우를 말한다. 정부는 차별의 제스처를 사용함으로써 특정한 집단이 다른 집단에 비해 사회적 존경 및 재화 등의 가치를 더 많이 갖거나 덜 가지게 되는 현상을 설명해 주고 정당화하게 된다.[235] 여러 정치적 상징의 유형을 통해 정치 권력자들은 정치질서 유지, 집단의 응집력 강화, 국민의 일체감 형성, 대중동원, 정치적 권력의 정당성 등의 효과를 얻게 된다.

(5) 북한의 상징정치와 선전선동체계

북한의 선전선동에 상당 부분은 북한만의 독창적 방식이 아니라 초기

---

234 거스필드, 앞의 책, pp. 171-172.

235 유영옥, 앞의 책, p. 217.

사회주의자 마르크스와 사회주의를 빙자한 독재 전체주의적 국가를 운영했었던 레닌, 스탈린, 히틀러 그리고 마오쩌둥에 의해 행해졌었던 방식을 차용하여 북한 실정에 맞도록 일부를 첨삭한 방식들이다. 사회주의를 표방하지만 전체주의적 성향을 띄고 있는 북한은 당黨이 정부보다 상위에 위치하고 있으므로 모든 결정과 힘은 노동당에 집중되어 있는 체계이다.

노동당 조직은 최상위에 조선노동당 총비서김정은가 존재하고 그 아래로 당중앙위원회, 당중앙군사위원회, 당중앙검사위원회가 병렬로 위치되어 있고, 당중앙위원회산하에 정치국과 비서국2021년 1월에 개최된 제8차 당대회에서 정무국에서 비서국으로 다시 환원 개편됨 그리고 22개의 전문부서들이 존재하고 있다. 전문부서 중 선전선동부의 임무는 당중앙위원회나 정치국, 비서국의 결정이나 당 정책을 인민대중에게 교양 전달하고, 대외적으로 선전하며 사회주의건설의 선봉에 서서 당 정책을 추진하고 완수할 수 있도록 추동하는 임무를 맡고 있다.

조선노동당 당중앙위원회 선전선동부의 조직구성을 살펴보면, 선전선동부 본부 조직은 비서, 부장 아래에 2명의 제1부부장, 그리고 7~8명의 부부장들로 구성돼 있는 것으로 알려져 있다. 당 중앙 선전선동부에서는 사상사업 전반을 담당하는 지도과와 담당 업무에 따라 종합과, 사상교양과, 선전사업과, 출판지도과, 혁명역사지도과, 대남선전과, 대외선전과, 방송지도과, 당문헌지도과, 역사혁명관리과, 주체사상연구과, 당출판지도과, 대외선전과, 만수대창작과, 조선혁명박물관, 왕재산음악단, 칠보산전자악단 등으로 기능이 세분화돼 있는 것으로 알려져 있다.[236]

선전선동부의 공식적인 임무로 ① 선전활동사업 총괄지도 ② 사상교육 및 출판물 통제 ③ 국내외 출판물 검열 등의 기능을 수행하고 있다. 이

236 정성장, 『현대 북한의 정치·역사·이념·권력체계』, 한울, 2011. p.318.

러한 임무에 따라 당 및 중앙기관에 대한 지도업무를 비롯하여 교양, 영화, 예술, 신문, 출판, 사적 등의 분야를 통제하고 있다. 이에 따라 내각의 문화성과 출판지도국은 물론 조선중앙방송위원회, 조선중앙통신사, 노동신문, 조선노동당출판사, 민주조선, 공업출판사 등 주요 언론사 및 출판사, 조선예술영화촬영소, 조선기록영화촬영소, 만수대창작사 등 주요 문학예술기관단체도 전부 선전선동부 직속이다. 각 도·시·군당에도 선전부가 있어 중앙당 선전선동부의 지휘를 받아 지역 주민에 대한 체제선전과 사상교육을 담당하고 있다[237]

이러한 선전선동부의 조직체계는 크게 지도감독기구와 집행기구로 구분해 볼 수 있다. 최고지도감독기구인 노동당 중앙위원회에서 선전선동에 대한 '주제들'을 결정하면 중앙당 전문기구인 '선전선동부'가 신문, 잡지, 단행본 등 모든 출판물과 방송, 전단에 이르기까지 모든 선전선동용 직관물들에 대한 량과 배포, 회수 및 그 성과에 대한 일체의 세부계획을 수립 및 지도 집행하여 각급 선전부에 하달하고 계획에 의한 정확한 집행결과를 확인한 후 당중앙위원회회의 감독확인을 받는 체제로 운영되고 있다. 이때 중간조직으로는 도와 직할시의 선전선동기구까지는 지도와 집행을 함께하고 있으며, 그 이하의 작은 도시 및 마을단위의 하위조직은 순수한 집행만을 진행하게 된다. 집행기구로는 내각소속의 문화성, 조선중앙방송위원회, 조선중앙통신사, 출판지도국과 그 산하의 신문사 및 출판사 문화예술단체의 기관들 주요 단체들 대다수가 당·국가체제의 특성에 맞게 선전선동의 집행조직으로 활동하고 있다.

선전선동 사업체계는 노동당 조직에서 정기학습망, 강연망, 선동망, 같은 체계가 존재하고 있다. 선전선동부의 구성원들은 북한 엘리트 가운

---

237 통일교육원, 『북한지식사전』, 통일부 통일교육원, 2013, pp. 402-403.

데 가장 보수적이고 충성심이 강하며, 체제 유지의 선봉장 역할을 하고 있다.[238]

당 전문부서의 하나로 선전선동 사업과 관련된 '당력사연구소'에서는 공산주의 역사, 노동당 역사, 김일성 가계의 역사적 활동을 중심으로 하는 교양선전 자료를 만드는 역할과 김일성 가계家系 중심의 혁명지나 박물관, 기념관과 같은 사적지를 중심으로 선전활동도 전개하고 있다. 또한 언론매체노동신문, 제3방송, 중앙T.V 등를 통한 대중교양과 영화촬영소, 창작공연단체, 극장 등에서 문화예술을 통한 선전선동 등도 활발하게 진행된다.

일반적으로 같은 어휘라도 자유주의체제 국가에서와 사회주의체제 국가에서의 의미가 다른 경우가 있음을 종종 발견하게 된다. 선전선동도 바로 그런 어휘 중에 하나일 것이다.[239] 소련을 비롯한 동유럽의 경우, 1990년대 민주화 이후 선전선동에 대한 입장이 완전하지도 않지만 과거 사회주의체제 시절과는 다른 변화가 있는 것으로 보인다. 그러나 북한의 경우 지금까지도 큰 변화가 없다.

개인의 개성을 중시하는 자유주의국가에서는 사회주의체제 국가에서처럼 일방성과 교육성, 강요, 유도의 개념을 담고 있는 선전선동이란 말은 거의 사용하지 않고 있으며 전체주의 혹은 사회주의체제 국가에서만 공적, 사적으로 흔히 사용하고 있다. 자유주의국가에서는 선전선동이란 어휘보다는 홍보, 광고, PR이라는 단어들이 이를 대체하고 있다. 물론 이들 단어들에는 '강제에 의한 행동, 실천'과 같은 의미는 약화돼 있다. 다만 적극적 유인의 의도가 포함돼 있을 뿐이다. 일반적으로 사회주의체제 국

---

238 양무진, 『선전선동 사례연구』 현대북한연구 14권 3호, 2011, pp. 31-34.

239 선전선동에 대한 '서구적인 해석'과 '공산주의적 해석'에 대해서는 안톤 부제크 저, 박유봉 역, 『공산주의 언론비판 』, 형설출판사, 1982, pp. 25-33.

가들이 선전, 선동을 중요시하며 특히 북한은 이를 매우 중요시한다.[240]

북한에서 선전선동의 의미는 "선동"은 담화, 보고, 집회에서 연설의 방법으로 또는 신문, 서적, 팜플레트, 삐라, 라지오, 영화 등을 통하여 대중들을 혁명 과업 수행에로 고무 추동하는 것을 말한다.[241]

선동의 특징은 그것이 대중성을 띠며 소기의 목적을 달성하기 위하여 대중들에게 주려고 하는 내용의 본질을 호소의 방법으로 고무 추동하는데 있다. 사회주의국가에서의 선동은 공산당 및 노동당이 그를 통하여 대중을 공산주의적으로 교양하며 그들의 정치적 의식을 높여주는 강력한 수단의 하나이다. 선동은 대중을 주위에 집결시키며 대중에게 당과 정부의 정책을 해설 침투시키며 자기에게 부과된 과업을 성과적으로 수행하도록 하는 중요한 역할을 수행한다. 북한은 부르조아 정당이나 정부가 각종 선동 수단을 장악하고 근로대중 속에 허언을 퍼뜨리며 가장 비열한 수단으로 사상적 여론을 날조하며 대중을 기만하고 유인한다고 비판한다. 자본주의 국가들에서의 선동의 목적은 결국 부르조아지의 지배와 근로 대중에 대한 압박과 착취를 더욱 공고히 하며 더욱 확대하려는데 있다는 것이다.[242] '선전'에 대해서는, 일정한 사상, 리론, 지식, 정치적 견해 등을 구두로나 또는 출판물, 라디오 기타 수단을 통하여 대중에게 널리 보급하여 해설 교양하는 것으로 정의한다. 맑스-레닌주의 당에 있어서 선전은 당 사상사업의 한 개 형식으로 주로 간부들과 당원들을 맑스-레닌주의와 당 정책으로 교양하는 중요한 수단으로 본다. 선전이 선동과 다른 점은 일정한 진리를 대상의 이성을 통하여 그의 본질을 판단하게 한다는

---

240 원우현, 『여론선전전』, 법문사, 1990, p.335.

241 조선로동당출판사, 『대중정치용어사전』, 조선로동당출판사, 1964, p.251.

242 조선로동당출판사, 『대중정치용어사전』, 조선로동당출판사, 1964, pp.250-251.

데 있다. 따라서 선전은 선동에 비하여 알리려고 하는 내용이 이론적 심도가 보다 깊고 논리적이며 체계적이라고 규정된다. 1992년 북한사회과학언어학연구소가 출판한『조선말대사전』에 의하면 선전은 "①일정한 사상, 리론, 정책 등을 대중에게 론리적으로 체계적으로 해설해줌으로써 리론적으로 파악하고 인식하게 하는 사상사업의 한 형식 ②널리 말하여 퍼뜨리고 알리는 것"이라고 규정되어 있고, 선동은 "①혁명과업을 잘 수행하도록 대중에게 호소하여 그들의 혁명적 기세를 돋구어주며 당정책관철에로 직접 불러일으키는 정치사상 사업의 한 형태로 정치선동과 경제선동이 있다. ②어떤 행동에 나서도록 부추겨 움직이는 것"[243] 이라고 설명하고 있다.

2000년대에 발간된『조선대백과사전』에서는 선전사업과 선동사업을 별개로 구분하여 아래와 같이 자세히 설명하고 있다.

"'선전사업'이란 "대중에게 수령의 혁명 사상과 리론, 당의 로선과 정책을 널리 알려주며 리론적으로 깊이 채득시키는 당 사상사업의 한 형식. 선전사업은 당 사상사업의 기본형식의 하나이다. 선전사업은 수령의 혁명 사상과 리론, 영광스러운 혁명력사, 당의 로선과 정책을 리론적으로 깊이 있게 해설 선전하여 당의 유일사상체계를 세우며 온 사회의 주체 사상화를 실현하는데 적극 이바지한다. 선전사업은 교양, 강연, 5호담당선전 등 여러 가지 형식과 방법으로 진행된다.

선전사업의 기본요구는 론리성, 진실성, 통속성을 보장하는 것이다. 선전에서 론리성을 보장한다는 것은 제기된 문제의 본질과 근본리치를 론리 정연하게 인식시킨다는 것이며 진실성을 보장한다는 것은 사실을 과정하거나 왜곡하

243 사회과학원언어학연구소 편,『조선말대사전 2』, 사회과학출판사, 1992, p.1744, p.1738.

지 않고 있는 그대로 알려준다는 것이며 통속성을 보장한다는 것은 누구나 리해할 수 있게 한다는 것이다. 선전사업에서 론리성, 진실성, 통속성을 보장하여야 사람들이 해당 문제에 대한 과학적인 견해와 혁명적인 관점, 립장을 확고히 가지게 할 수 있으며 그것을 해결하기 위한 방도를 똑바로 찾게 할 수 있다. 선전사업은 그 목적과 내용에 따라 정책선전, 과학기술선전, 대외선전 등으로 구분한다.

선동사업의 특징은 선전사업과는 달리 대중을 당정책 관철에로 직접 불러일으키며, 대중의 감정에 강한 충격과 자극을 주고 격동시키는 방법으로 그들을 혁명적 열의를 불러일으키며, 생산현장을 거점으로 하여 전투적으로 진행한다는데 있다. 선동사업은 대중을 사상적으로 발동하고 그들의 혁명적 열의를 당정책 관철에로 힘 있게 불러일으키는 위력한 수단이다.

선동사업을 잘하자면 선동체계를 바로 세우고 선동망을 합리적으로 조직 운영하여야 한다. 선동체계는 선동사업을 조작 진행하는 제도와 질서이며 선동망은 선동원, 예술선전대, 기동예술선전대 등 선동사업을 담당한 역량의 분포체계이다. 선동체계를 바로 세우고 선동망을 합리적으로 조직 운영하여야 선동사업을 질서정연하게 진행할 수 있으며 모든 단위와 초소들에 선동 역량이 골고루 분포되게 할 수 있다."[244]

북한은 주민들을 다양한 조직에 소속시켜 이중 삼중으로 일상생활을 감시 통제하듯이 각종 선전선동체계를 통해 주민들의 사상생활 또한 종적, 횡적으로 통제하고 있다.[245] 주민 사상 통제는 당 중앙위원회 선전선

---

244 백과사전출판사 편, 『조선대백과 사전 14』, 백과사전출판사, 2000. pp.2044-2045.

245 이경직, "김일성·김정일 '수령형상' 과정에서 선전선동의 역할", 북한대학원 대학교, 박사학위논문, 2014, pp.64-66.

동부가 모든 부문에서 당위원회 선전부를 통해 실행하고, 말단의 당 세포 부서들은 현지의 집행자 역할을 한다.[246]

3) 북한 출판보도물의 사명과 역할

(1) 북한의 출판물과 출판보도 사상

당·국가 체제의 국가사회주의 국가 중에서도 헌법위에 군림하는 노동당 규약과 노동당 규약위에서 실질적인 최고 규범으로 작동중인 유일사상체계 확립을 위한 10대 원칙이 작동하고 있고 그 위에 사회정치적 생명체의 최고 뇌수腦髓인 수령이 창시한 주체사상이 통치하고 있는 일원론적 일당독재체제 북한에게 있어서는 방송, 통신, 신문과 출판물 등은 물론, 나아가 영화, 음악, 공연, 인터넷 등 모든 매체들이 자연스럽게 북한체제 선전선동을 위한 기관지 기능의 주요역할을 맡게 된다는 것은 자연스러운 현상이다. 여기서는 북한의 다양한 직관 선전선동 매체들 중에서 우표와 관련이 가장 깊은 출판물과 선전선동 관계를 살펴보고자 한다.

북한은 출판물[247]을 "당과 대중을 연결시키는 중요한 수단이며 당이 내세운 정치·경제·문화건설의 과업 실천을 위해 근로대중을 조직·동원하는 힘 있는 무기"로 설명하고 있다.[248] 우리나라의 두산백과에 의하면 출판물은 "문서文書·회화繪畵·사진 등의 저작물을 인쇄, 기타의 방법으로 복

---

246 김화중, "북한의 선전선동 체제와 김정은 정권 선전선동 특징에 대한 연구", 상명대학교 대학원 석사학위논문,2018, P.47.

247 '출판물'은 "찍어서 내보내는 신문, 잡지, 도서 같은 것. 우리 당 출판물은 당과 대중을 련결시키는 중요한 수단이며 근로자들을 위대한 수령님과 친애하는 지도자동지의 혁명사상으로 든든히 무장시키고 당이 내세운 혁명과업 수행에로 조직동원하는 힘있는 무기이다. 『조선말 대사전 2』, 평양: 사회과학원언어학연구소, 1992, p.598.

248 『김일성저작집 10권』, 조선로동당출판사, 1980, p.296.

제하여 다수에게 배포되는 것으로 사회적 커뮤니케이션을 본질적인 기능으로 하여 매체媒體가 되는 것이 출판물이며, 출판은 특히 문화의 보호·전승 및 발전과 새로운 문화의 창조과정에서 중추적 기능을 담당하고 있다"라고 규정한 것과는 매우 다른 의미로 사용되고 있다는 것을 알 수 있다.

북한에서는 일반적으로 언론의 이데올로기 기능을 중시하기 때문에 출판물과 보도물을 합쳐서 출판보도물로 부르고 있다. 출판물이라 할 때는 사람들의 정신문화적 재부저작물를 담아서 찍어내는 인쇄물, 등사물, 타자물打字物들을 통틀어 말하며, 구체적으로 신문, 잡지, 도서, 교과서, 선전 선동 자료, 역서曆書, 선전화宣傳畵, 화첩, 지도地圖등을 말한다. 한편 보도물은 대중들에게 정보를 전달하는 매체들을 말하는데 북한에서는 일명 대중보도수단이라고 한다.

일반적으로 신문을 비롯한 통신, 방송, 시사 잡지 등이 속한다. 신문이 출판물이면서 보도물인 것은 새롭고 가치 있는 소식을 제때에 알리는 보도적인 성격과 전하려는 사실, 사건과 문제들을 정치 사상적으로 논하며 평가하는 정론적인 성격을 모두 가지고 있기 때문이다. 따라서 북한에서는 출판물과 보도물은 유사성이 많고 서로 유착되어 있어 자연스럽게 출판보도물이라는 이름으로 불리고 있다.[249]

북한의 출판보도 사상의 핵심은 주체의 출판보도 사상과 붓대 중시 사상이다. 북한의 신문, 통신, 방송, 출판물은 철두철미하게 조선노동당의 정치에 이바지하여 온 당적 출판보도물이다. 혁명하는 당은 출판보도물과 같은 위력한 사상적 무리를 가져야 혁명과 건설을 승리로 이끌 수 있기 때문에 출판보도물의 집단적 선전 선동력과 집단적 조직 동원력은 그

---

249 리봉우 외 3, 『북한 출판 실태와 현황』, 범우사, 2021, p.25.

무엇으로도 대신할 수 없다는 게 북한의 논리이다. 김일성은 "오늘 우리의 출판보도물은 당사상 사업의 예리한 무기로서의 사명과 역할을 훌륭히 수행하고 있습니다"[250]라고 설명했다.

출판보도 사상은 한마디로 "인민대중이 세계와 자기 운명의 주인이라면 그들을 그런 힘 있는 존재로 키우는 역할을 바로 출판보도물이 담당 수행한다."는 새롭고 독창적인 주체적 견해와 관점이며, "혁명과 건설에 나서는 제반 문제를 종래에는 물질 중심의 유물사관에 기초하여 풀어나갔다면, 주체시대에는 인민대중 중심의 견해와 관점에서 풀어나갈 것을 요구"하고 "출판보도물의 건설과 활동에서 제기되는 일련의 문제들을 주체사상의 원리에 기초하여 인민대중을 중심에 놓고 풀어나가는 것"으로 설명하고 있다.

북한은 김일성이 "출판보도물은 단지 현존 반동통치제도를 짓부숴버리는 폭파자로서나 집단적 선전 선동자, 집단적 조직 동원자로서만 보지 않고 혁명의 주인, 역사의 주체인 인민대중을 계몽 각성시키고 그들을 자주적이고, 창조적인 힘 있는 존재로 키우는 대중의 교양자, 선전자, 조직자로 보는 주체적인 출판보도 사상"을 제시하여 "기성이론의 제한성과 일면성을 극복함으로써 주체형의 출판보도물을 건설할 수 있는 새롭고 독창적인 길"을 열어놓았다고 평가하고 있다.

김일성의 주체의 출판보도 사상은 김정일의 '붓대 중시 사상'으로 발전해왔다. 김정일은 "우리 당 출판보도물을 온 사회의 주체사상화에 이바지하는 위력한 사상적 무기로 새롭게 정식화하는데 기초하여 주체의 출판보도 사상의 새로운 경지들을 개척해야 한다"라며 '붓대 중시 사상'을 규정하고 있다.

---

250 『김일성전집 제72권』, 조선로동당출판사, 1985, p.341.

"나는 혁명 투쟁에서 언제나 붓대를 중시합니다. 혁명은 사상의 힘으로 전진하며, 사상의 위력은 붓대에 의하여 담보됩니다. 인민대중을 사상적으로 각성시키고 영웅적 투쟁에로 고무 추동하기 위하여서는 붓대를 중시하고 그 역할을 높여야 합니다."[251]

김정일의 '붓대 중시 사상'은 총대가 사수의 기본 무기인 동시에 군대를 상징한다면 붓대는 "기자와 작가를 비롯한 문필가의 기본 무기인 동시에 혁명과 건설의 위력한 사상적 무기인 출판보도물을 상징하는 것"이다.[252]

김일성종합대학 문학대학 교수 김영춘은 김일성종합대학 창립 70돌 기념사에서 「위대한 령도자 김정일동지께서 김일성종합대학시기 주체적 출판보도사상사에 쌓아올리신 불멸의 업적」이라는 제목의 글을 통해 붓대 중시사상에 대해 다음과 같이 설명하고 있다.

"위대한 령도자 김정일동지께서는 김일성대학시기 불면불휴의 정력적인 사상리론활동을 벌리시면서 수령님께서 개척하신 주체의 혁명위업을 계승완성해나가는데서 출판보도물이 노는 역할을 누구보다 깊이 통찰하시고 우리 당 출판보도물건설과 활동에서 나서는 리론실천문제들을 과학적인 해명을 주시는 불멸의 업적을 쌓으시였다.

위대한 장군님께서 김일성종합대학시기 심화발전시키신 주체적출판보도물건설과 활동에 관한 사상리론적업적은 거대한 생활력을 가지고 오늘도 경애하는 김정은동지의 사회주의강성국가건설구상을 꽃피우는 길에서 천만군민의 정신력을 총폭발시키기 위한 출판보도활동의 지침으로, 힘있는 추동력으로 되고 있으며 출판보도물이 당사상사업의 전초병으로서의 책임과 역할을

---

251 『김정일 선집 제15권』, 조선로동당출판사, 1992, p.208.

252 리봉우 외 3, 『북한 출판 실태와 현황』, 범우사, 2021, pp.26-28.

다해나가도록 하는데서 커다란 고무적 기치로 되고 있다."[253]

그는 출판보도물의 사명과 역할에 대해 김정일시대에 심화발전 시킬 수 있었으며 이를 통해 출판보도물이 당사상사업의 전초병으로 책임과 역할을 다해갈 수 있게 되었다고 강조하고 있다.

북한에서 출판보도물들은 항일투쟁 혁명전통을 고수하고 계승발전 시켜나가도록 하는 만년초석이 되기 때문에 영원히 계승하고 빛내가야 할 귀중한 혁명재부로 평가되고 있다.[254]

북한 출판보도사상에서 계승 발전시켜 나가야 할 방향에 대해서는 1961년 12월 2일 김정일이 김일성종합대학 학생들에게 내려 준 담화 「혁명적 출판물의 전통을 고수하고 계승발전시켜야한다」와 1963년 12월 13일에 같은 장소에서 내려 준 담화 「당의 출판보도물은 충실성교양을 기본으로 틀어쥐고나가야 한다」에서 제시되었다. 이 문헌에서는 출판보도물이 항일혁명투쟁시기 혁명적 출판물의 영광스러운 전통을 계승해야 한다는 것을 강조하고 있다.[255]

김정일은 김일성종합대학 학생들과의 담화에서, "우리 당 출판보도물이 계승해야 할 유일한 전통은 위대한 수령님께서 항일 혁명투쟁시기에 이룩하신 혁명적 출판물의 영광스러운 전통이다"라며 "우리 당 출판보도물이 항일혁명투쟁시기에 이룩된 혁명적 출판물의 전통을 계승하는 것은 우리 당 출판보도물의 혁명적 성격을 고수하기 위한 근본담보" 가 된다고 강조했다.

---

253 www.ryongnamsan.edu.kp/univ/ko/검색일: 2021. 12.02

254 사회과학출판사, 『조선교육사 3』, 1990, p.256.

255 www.ryongnamsan.edu.kp/univ/ko/검색일: 2021. 12.02

이에 대해 김영춘 교수는 "김정일동지께서 김일성종합대학시기에 밝히신 출판보도사상은 지난 세기 70년대 온 사회의 김일성주의화의 력사적 진군이 개시된 혁명발전의 새로운 단계의 요구에 맞게 혁명적 출판보도물 건설에서 나서는 모든 리론실천적 문제들에 유일하게 옳바른 과학적 해답을 준 백과전서적인 불멸의 대강-《우리 당 출판보도물은 온 사회의 김일성주의화에 이바지하는 위력한 사상적무기이다》이며 사상리론적기초로 되었다"라고 평가했다.

주체적 사회주의 체제 안에서 출판보도사상은 구체적으로 당적 출판물이 지켜야 하는 원칙과도 일맥상통하고 있다. 남석순2000은 김정일이 밝힌 세 가지 원칙을 아래와 같이 요약했다.[256]

첫째, 주체의 원칙을 자기 활동의 근본 초석으로 삼는 문제이다. 이때 주체의 원칙이란 위대한 수령님의 혁명사상과 주체사상을 출판 보도사업에 철저히 구현하기 위한 것으로 출판 보도활동 전반을 관통하고 있는 원칙을 뜻한다.

둘째, 당의 유일적 지도를 성실히 받들고 나가는 문제인데, 당을 기준으로 하여 사업을 추진하고 당의 영도 및 지침을 철저히 따르는 것을 의미한다. 이 원칙을 통해 북한의 출판은 철저하게 당의 통제 아래 있다는 것을 재확인할 수 있으며 출판을 비롯한 모든 언론 활동을 통해 김일성 체제를 공고히 하려는 의도를 파악할 수 있다.

셋째, 종자를 바로 쥐고 속도전을 힘 있게 벌리는 것이다. 이는 각 출판보도활동에 있어서 글을 쓰고 편집, 발행 시 준수해야 할 방법론과 기풍에 관한 것이다. 여기서 종자를 바로 쥔다는 것은 당에서 추진하는 출판보도활동 사업에 있어서 핵심적으로 김일성 주의의 뿌리를 바로 세운다

---

256 남석순,『북한출판연구 통권 제42호』, 2000 , p.39.

는 것이고, 속도전을 힘 있게 벌린다는 것은 모든 사업을 전격적으로 시행하여 최단기간 내에 양적·질적인 성과를 이룬다는 것을 뜻한다.

(2) 북한 출판보도물의 사명과 역할

북한에서 출판보도물의 사명은 그 성격에 의하여 규제되는데 "출판보도물이 자주 위업, 사회주의 위업수행에 끝까지 이바지하려면 당과 수령의 사상과 영도를 실현하는 위력한 사상적 무기로 복무"해야 한다고 규정된다. 이에 관련 김정일은 "당과 수령의 출판보도물인 우리의 주체 출판보도물은 모든 사회구성원들을 당과 수령에게 끝없이 충실한 주체형의 혁명가로 키우고 사회의 모든 분야를 주체사상의 요구대로 개조하며 나아가서 세계 혁명의 승리를 이룩해나가는데 적극 이바지하는 것을 자기의 기본사명으로 하여야 한다"라고 밝혔다.

북한에서 출판보도물의 기본 임무는 그 사명에 의하여 규제되는데 ① 모든 사회성원들을 참다운 주체형의 혁명가로 교양 개조하여 사회주의의 사상적 요새를 점령하는데 적극 이바지하는 것, ② 경제와 문화를 비롯한 사회의 모든 분야를 주체사상의 요구대로 철저히 개조하여 사회주의의 물질적 요새를 점령하는데 이바지하는 것, ③ 조국 통일과 세계 혁명의 승리를 위하여 투쟁하는 것 등으로 규정된다.[257]

또한 출판보도물의 기능과 역할에 대해서는 크게 다섯 가지로 규정되어 있다.

첫째는 보도적 기능과 역할이다. 보도적 기능과 역할은 출판보도물의 가장 기본적인 본성적 기능과 역할이다. 보도적 기능과 역할을 떠나서 출판보도물의 존재 그 자체에 대하여 말할 수 없는데 출판보도물에서 가장

257 리봉우 외 3, 『북한 출판 실태와 현황』, 범우사, 2021, pp.31-32.

의의 있고 많은 사람에게 관심사인 새 소식은 다름 아닌 인민대중의 최고 뇌수腦髓이며 통일 단결의 중심이며 혁명과 건설의 최고 영도자인 수령의 혁명 활동에 대한 보도라고도 한다.

출판보도물은 또한 국내외의 정치, 경제, 문화, 군사 등 여러 부문에서 이룩된 성과와 경험, 긍정적 소행 등 새롭고 의의 있는 여러 가지 사실, 사건들을 신속, 정확히 보도함으로써 "당원들과 근로자들을 새롭고 더 큰 위훈 창조에로 떠밀며 국내외의 중요한 정치 행사와 주요 사변들을 광범히 알려주는 보도자료들에 많은 비중을 두고 우선적으로 편집하여 자기의 보도적 기능과 역할을 다하는 것"으로 설명하고 있다.

둘째, 사상교양자적 기능과 역할이다. 북한은 출판보도물이 "인민대중을 혁명적 수령관이 투철한 주체형의 혁명가로 자주적이며 창조적인 힘 있는 존재로 준비시키는 데 필요한 사상정신적 식량을 끊임없이 공급"하는 기능과 역할을 한다고 본다. 출판보도물의 사상교양자적 기능과 역할은 "혁명과 건설에서 인민대중의 자주적인 사상의식이 결정적 역할을 한다는 주체의 사상론"에 기초하고 있다.[258]

북한은 출판보도물의 사상교양자적 기능과 역할을 다하는 데서 중요한 것으로 ①당과 수령의 위대한 선전을 주선으로 확고히 틀어쥐고 나가는 것, ② 당 정책 교양과 혁명 전통 교양, 혁명 교양과 계급 교양, 사회주의·애국주의 교양과 조선 민족 제일주의 교양을 잘하는 것 등을 거론하고 있다.

셋째, 조직동원자적 기능과 역할이다. 북한은 출판보도물의 조직동원자적 기능과 역할이 "①매 시기 당이 제시하는 투쟁 구호를 제때에 옳게 들고 나가서, 모든 형태의 대중운동을 하나의 뚜렷한 목표에로 목적지향성 있게

---

258 이문학,『북한의 출판 사상연구 한국출판학연구 제44권 제1호 통권 제81호』, ,2018, p. 58.

이끌어 갈 수 있게" 하는데서 잘 나타나고, ② 사회에 들끓는 혁명적 분위기를 조성하기 위한 경제 선동사업을 잘하는 데서 체현된다고 본다.

넷째, 대외 선전적 및 외교적 기능과 역할이다. 대외 선전적 측면에서 북한은 출판보도물이 대외 선전의 중요한 수단으로서 자기의 전투적 기능과 역할을 담당 수행한다고 본다.[259] 북한은 출판보도물이 "대외 선전적 기능과 역할을 통하여 다른 나라 사람들에게 자기 나라의 정세와 실정, 자기 나라 인민의 목소리를 널리 전파하여 지지자, 동정자 대열을 늘리며 반제자주反帝自主의 길로 나가는 세계 혁명적 인민들, 투쟁하는 나라 인민들을 적극적으로 지지하고 성원함으로써 자기 나라 혁명과 세계 혁명 발전에 기여"한다고 강조한다.

외교적 기능 측면에서 북한은 "보도 외교는 다른 나라와의 관계, 국제문제들에 대한 우리의 입장과 견해를 표명하는 방법으로 외교를 하는 출판보도물"이라고 규정한다. 출판보도물의 외교는 쌍방의 합의나 협정과 같은 직접적인 결과를 낳지 않고 "사회적 여론의 힘으로 국가들 사이의 관계를 조정"하고 "국제무대에서 지지를 불러일으키거나 제국주의자들을 고립 약화"시키는 데 유리한 환경을 마련하여 준다는 것이다.

다섯째, 대적對敵언론전의 기능과 역할이다. 북한은 출판보도물을 선전사상의 옹호자, 전파자일 뿐만 아니라 사회여론의 조직자, 대변자로서 온갖 적대세력을 반대하는 언론전, 보도전의 위력한 수단으로서의 기능과 역할을 수행한다고 인식한다. 이와 관련 김정일은 "적과의 대결전에서 붓대의 위력은 매우 크며 통신과 방송 전파가 뚫고 들어가지 못하는 요새는 없습니다"[260]라고 말한 바 있다. 대적언론전의 기능과 역할이 사회여론

259 리봉우 외 3인의 앞의 책, pp.30-32.

260 『김정일선집』 제15권 p.215.

의 조직자, 대변자로서 출판보도물의 중요한 기능과 역할임을 강조하고 있는 것이다.[261]

(3) 주체 문예이론과 종자론

북한에서 분류하는 방식에 따르면 우표는 출판물이자 보도물로 분류되는 선전화이다. 따라서 북한 우표 한 장에는 북한의 출판보도 사상이 담겨 있으며 선전화의 기능과 역할도 철저하게 담겨있다. 북한에서 출판은 당의 정책을 홍보하고 인민들의 사상교육을 위한 선전선동의 최우선적인 매체로 인식되고 있다.

북한의 모든 출판물들은 당과 국가에서 직접 통제하는 국가운영체계로 되어있다. 김정일은 1974년 5월 7일 조선기자동맹 중앙위원회 제3기 제5차 전원회의 확대회의에서 한 결론, 「우리 당 출판물은 온 사회의 김일성주의화에 이바지하는 위력한 사상적 무기이다」에서 출판보도물에 대하여 "우리의 출판보도물이 위대한 수령님께서 창간하시고 지도하시는 새형의 주체의 출판보도물이며 영광스러운 김일성주의혁명적출판보도물"로서의 기본 사명을 지닌 출판보도물이라고 규정하였다.[262] 북한 출판보도물들은 모두가 북한의 문예이론[263]에 기초해서 속도전, 종자, 인민성의 원칙을 지키며 제작된다. 속도전은 선전선동과 관련된 측면이며, 종자는 내용과, 인민성의 원칙은 형식과 관련된 부분이다.

선전선동의 문제로서 속도전은 최대한 빠른 시간 내에 예술적으로 수

---

261 리봉우 외 3, 『북한 출판 실태와 현황』, 범우사, 2021, pp. 33-37.

262 전영선 지음, 『글과 사진으로 보는 북한의 사회와 문화』, 도서출판 경진, 2016, p.482.

263 북한에서 문예이론은 "사회적의식의 한 형태로서의 문학예술의 본성과 특징, 그 사회의 기능과 역할을 연구"하며, "문학예술건설에서 견지하여야 할 원칙들과 문학예술창작에서 나서는 미학실천적 문제를 해명하는 것을 중요한 과업"으로 하고 있다. 사회과학원 주체문학연구소, 『문학예술사전상』, 과학백과사전종합출판사, 평양, 1988, pp.785-786.

준이 높은 작품을 만들어 내는 것이다. 문화예술인들에게는 예술적 창조력과 함께 당 정책이나 방침을 최대한 빠른 시일 내에 인민들에게 신속하게 전달하여 당 정책을 따르게 할 수 있도록 핵심을 가려낼 수 있는 능력이 무엇보다 중요하다.

내용의 문제에서 제기되는 것은 종자이다. 좋은 작품이란 곧 종자를 어떻게 잡을 것인가의 문제이기 때문이다. 문학예술 창작에서 가장 중요하며, 수준 높은 작품을 창작하기 위한 기본 요건은 당 정책이 의미하는 바를 체득하고 있어야 하는데, 이것이 종자를 올바르게 잡는 일이다. 종자란 한마디로 작가가 말하려는 기본 문제이자, 작품의 사상· 예술적인 핵이다.

종자가 중요한 이유는 문학예술 작품이나 정치사회나 일종의 유기체로서 종자를 어떻게 잡느냐에 따라서 현실 인식과 문제 인식을 올바로 전달할 수 있기 때문이다. 문학예술 작품은 하나의 유기체로 볼 때 종자는 작품 생명의 핵으로서 모든 형상 요소들을 하나로 통일시키고 관통하는 기본요인이다. 문학예술 작품을 창작하는 과정을 "종자를 골라잡고 그것을 형상으로 실현하는 과정이며 종자에서 이야기 줄거리가 뻗고 형상의 꽃이 피어나며 그 속에서 주제가 여물과 사상이 뚜렷이 밝혀지는 것은 작품의 생리적 과정이다"로 규정하고 있다.

종자는 모든 작품에 있는 것이 아니다. 종자를 기초로 한 예술창작은 사회주의적 사실주의 작품에만 존재하며, 생활을 왜곡하고 고상한 사상을 담지 못한 작품에는 참다운 의미에서의 종자가 있을 수 없다는 것이다. 여기서 공상한 사상은 독 주체사상을 의미한다. 따라서 종자론이란 주체시대의 이념을 분석하고 사회발전의 원리를 밝힌 주체사상 안에서 유효하다.

종자의 핵심은 사상성에 있는데, 사상성이란 바로 당의 정책을 정확히 반영하고, 당의 노선과 정책에 철저하게 의거하여 시대가 제시하는 사회정치적 과제에 올바른 사상적 해답을 줄 수 있어야 한다. 문화예술 창작에서 종자를 똑바로 잡아야 자기의 사상이나 미학적 의도를 정확히 전달할 있고 작품의 철학성을 보장받을 수 있다. 문학예술 창작의 성패는 어떻게 형상하느냐보다는 어떤 종자를 선택하느냐에 따라서 결정된다고 할 수 있다. 수용의 문제와 관련되는 것은 인민성이다. 북한의 문학예술은 철저하게 인민성을 근거로 한다. 인민성이란 인민들이 쉽고 빠르게 이해할 수 있도록 한다는 것이다.[264]

북한의 우표는 선전화중에서 가장 작지만 선전내용이 가장 집약되어 있다. 조선대백과사전14에 따르면, "선전화는 대중정치선동, 보도, 광고 등에 리용되는 출판화"[265]이다. 선전화는 자체의 성격과 창작목적에 따라 각이한 시간과 공간 속에서 벌어지는 사건들을 한 화면 속에 상징적 수법으로 표현 할 수 있으며 그림을 위주로 하면서 힘 있는 구호, 설득력 있는 짧은 글을 배합할 수도 있다. 또한 복잡한 정황 속에서도 관중들의 시선을 끌며 먼 곳에서도 쉽게 가려볼 수 있도록 형태를 간결하고 명백하게 하고 색채를 강하게 표현하거나 배경과 부차적인 세부를 생략하고 본질적인 측면들을 집약적으로 강조할 수도 있다.

선전화는 사명과 기능에 따라 크게 정치 선전화, 문화교양 선전화, 광고 선전화 등으로 구분한다. 이 가운데서 가장 중요한 의의를 가지는 것은 정치선전화이다. 정치선전화는 당과 국가의 정책적 요구들을 직접적으로 반영하여 대중을 당의 로선과 정책으로 무장시키고 그 관철에로 궐

264 전영선, 앞의 책, pp.402-404.

265 『조선대백과사전14』, 평양, 백과사전출판사, 1995, p.93.

기시키며 고무하는 기능과 역할을 수행한다."고 설명하고 있다.[266]

출판보도물이자 선전화에 한 부분을 차지하고 있는 북한 우표들은, 주체미술, 주체사상을 기초로 하는, 3대 문예이념인 당성, 노동계급성, 인민성을 담아 도상圖像되어 지고 있으며, 북한 현대사의 중심인 김일성에 대한 전全 생애어린시절~항일무장혁명투쟁시기~해방 후 북한체제를 수립해 가는 과정 등등을 모두 포함한다을 조선화 형식을 차용해서 제작되고 있다.

조선화의 특징으로는, 사회주의적 사실주의 수법을 통해, 사실적 묘사와 채색이라는 큰 특성을 갖고 있다. 조선화는 윤곽선을 무시하는 면面으로 화면을 처리하는 방식으로 채색을 활용한 섬세하고 사실적인 묘사력을 중시한다. 이러한 조선화의 본질적인 특성으로는, 선명성과 간결성에 있다. 조선화에는 세 가지 묘사 대상이 있다. 인물화, 풍경화 그리고 정물· 화조화가 그것이다. 그 가운데 인물화는 인간 생활과 투쟁을 잘 묘사해야 한다. 묘사하는 주인공의 외형적인 형태와 색채에 미혹되기 보다는 인물의 성격과 특성을[267] 진실 되게 표현해야 한다. 풍경화도 인간 생활의 구체적인 정황을 반영하기 위한 기초로서 접근해야 한다. 즉 풍경화는 순수한 자연만 묘사하기보다 인간생활관의 밀접한 연관 속에 그려야 한다. 혁명의 땅을 기리고자 자연을 그려야 한다.

북한의 우표미술이 획기적으로 발전할 수 있었던 중심에는 평양미술대학[268]이 있다. 윤범모는 1998년 평양미술대학을 방문해서 그곳에 교수

---

266 안재영, 『우표로 본 북한 사회주의건설노선 연구』, 북한대학원대학교, 석사학위논문, 2018, p. 13.

267 윤범모 지음, 『평양미술 기행』, 도서출판, 옛 오늘, 2000, pp. 131-134.

268 1947년 9월 10일 '평양미술전문학교'로 세워진 이후, 1949년에 김일성의 지시로 '평양국립미술학교'로 명칭을 변경해 창립된 이후, 1952년 10월부터 '평양미술대학'으로 고쳐 부르고 있다. 평양미술대학은 주체미술의 발전의 요구에 맞게 교수교양사업을 강화하여 주체의 혁명적세계관이 확고히 서고 예술적 기량이 높은 능력 있는 미술전문가들을 길러낼 사명을 지니고 있다 『문학예술사전(하』, p. 173..

들과 나눈 이야기를 기초해서 당시 평양미술대학의 현황에 대해 다음과 같이 소개했다.

> "평양미술대학은 1947년 9월 개교이후 1998년까지 개교 50년 만에 7,000~8,000명을 졸업시켰으며, 현재는 재학생 1,000명에 교수들이 400명쯤 있는, 교원 1인당 학생 수 3~4명 정도를 가르치고 있다고 한다.[269] 학부에는 조선화부를 비롯해 회화유화, 벽화, 영화미술, 무대미술, 출판화선전화, 아동미술, 판화, 산업미술공업미술, 의상미술, 상표미술, 장식미술, 공예수예, 도자기, 돌공예, 목공예, 금속공예, 조각건축장식, 사회과학미술이론, 일반 사상 등으로 나뉘어 일종의 미술종합대학교 같은 성격을 띠고 있다고 하면서, 수업기간은 입학 후 6년이다."[270]

평양미술대학이 개교 이후 졸업생들을 배출하기 시작하면서 북한의 우표미술을 포함하는 문예예술 분야가 크게 발전할 수 있었다.

북한이 나아가고자 하는 한 해의 방향성을 판단해 볼 수 있는 가장 효과적인 소재가 매년 초 새해에 발표되는 '신년사'에 대한 분석이다. 북한은 매년 신년사를 통해 지난해 수행했던 전체적인 사업을 구체적으로 총화할 뿐 아니라 새해에 추진해야 할 사업을 정치, 경제, 사회, 교육, 문화, 대외 관계 등 전반적인 사업추진 계획을 함축해서 발표한다. 북한에서 발행되는 우표는, 노동당 선전선동부가 주최가 되어 관련 부서들이 모두 관여해서 만들어내는 선전 포스터의 일종이다. 매년 새해 첫날에 발표되는 "새해 우표" 한 장에 사용된 도상圖像과 구호만 구체적으로 분석해 보아도 그 한 해 동안 북한에서 가장 중점해서 추진하고 자 하는 분야가 무엇인

269 김창호, 『조선교육사 3』, 평양, 사회과학출판사, 1993, pp. 180-182.

270 윤범모의 위 책, p.152.

지를 큰 그림에서 파악해 볼 수 있다.

북한의 우표는 가장 작지만 가장 효과적인 선전화이자 포스터일 뿐 아니라 출판보도물 기능도 있기 때문이다. 북한에서 우표는 이러한 중요하고 효과적인 역할 때문에 우표 한 장을 만들어내는 과정 또한 '주체문예이론'과 '종자론'에 철저하게 복무하며 창작되게 된다. 북한의 주체문예이론은 북한예술에서 주체 확립의 본질적 내용을 과학적으로 밝히고, 그것이 문학예술을 시대의 현실적 조건과 문학예술 자체 발전의 요구에 맞게 창조 발전시키는 가장 올바른 길임을 천명한다는 목표로 1970년 후반에 자리 잡게 되었다.

김정일은『주체혁명위업의 완성을 위하여』를 통해서 다음과 같이 지적하였다.

> "무엇보다도 위대한 수령님의 혁명사상과 주체적인 문예사상으로 튼튼히 무장하기 위한 사업을 전격적으로 조직 전개하여야 하겠습니다. 위대한 수령님의 혁명사상으로 철저히 무장하여야만 당의 유일사상체계를 세울 수 있습니다. 또한 창작가들이 수령님의 혁명사상과 주체적인 문예사상으로 철저히 무장하여야 정치적 식견도 넓어지고 당이 요구하는 혁명적인 작품도 많이 써낼 수 있습니다."[271]

김정일의 지적을 통해서도 볼 수 있듯이 주체문예이론에서 강조되고 있는 사회주의적 이념이라는 것도 당의 유일사상으로 숭앙되고 있는 김일성의 혁명사상임은 물론이다. 이에 따라 예술적 형상과 생활의 화폭을 통해 작품에 당의 유일한 지도사상인 김일성의 혁명사상과 그 구현인 당

---

271 사회과학원 주체문학연구소,『문학예술사전』, 과학백과종합출판사, 1991, p.764.

의 정책 노선을 정확히 반영할 것을 요구하고 있는 것을 알 수가 있다.[272]

북한의 문예창작이론에서 「종자」란 개념은 1972년 간행된 『문학예술사전』에 처음으로 등장한다. 문학예술사전의 서술에 따르면, 김정일이 「주체혁명위업의 완성을 위하여」란 문헌에서 "종자라는 것은 작품의 기본핵을 가리켜 말하는것입니다. 작품의 핵을 이루는 종자는 그 작품의 가치를 규정하는데서 근본문제로 됩니다. 종자를 바로 잡아야 작가의 사상미학적 의도를 정확히 전달할 수 있고 작품의 철학성을 보장할 수 있습니다"라고 지적하였다고 한다. 북한은 '종자론'이 "김일성의 주체적 문예사상을 구현하는 과정에서 노동당에 의해 독창적으로 밝혀진 문예이론의 새로운 개념의 하나"라고 주장하면서 아래와 같이 설명하고 있다.

"① 종자란 작품의 핵으로서 작가· 예술인들이 말하려는 기본 문제와 형상의 요소들이 뿌리내릴 바탕이 있는 생활의 사상적 알맹이이다. ② 작가· 예술인들은 생활에 대한 체험과 연구에 기초해 그가 해명하려는 근본문제를 형상의 요소들과 유기적 연관속에서 골라잡아야 한다. ③ 종자는 주제와 소재에 모두 관련되는 본질적인 의미를 가지며 소재· 주제· 사상 등을 유기적으로 연결시킨다. ④ 종자에 있어서 기본은 사상에 두어야 하므로 종자는 단순한 「알맹이」가 아니라 「사상의 알맹이」이며 소재와 주제는 이에 복종된다.

⑤ 종자에 의해 유기적·전일적으로 연결된다는 것은 사상성과 예술성의 결합을 실현하는 과정이다. ⑥ 종자의 선택에 있어서 가장 중요한 것은 김일성의 「교시」와 그 구현인 노동당의 정책의 요구에 맞아야 하는 것이다. ⑦ 좋은 종자를 고르려면 사물현상을 정확히 볼 수 있는 정치적 안목을 가져야 한다. ⑧ 종자의 새로운 맛과 독창성의 보장은 종자의 예술적 의의를 구현하는 중요한

---

272 이문학의 앞의 책, p.39.

조건이다. ⑨ 주인공의 형상이 효과적으로 종자에 나타나게 하기 위해서는 종자가 제기하는 기본문제의 예술적 해명에 알맞은 위치에 놓고 성격적 특질을 뚜렷이 밝혀내야 한다."

위에서 볼 수 있듯이 종자론은 주체문예이론과 함께 북한의 문학예술 정책의 핵심적인 두 기둥에 해당된다. 주체문예이론이 김일성에 의해 주창된 것처럼 선전되는 미학의 원리라고 한다면 종자론은 주체문예이론에 입각하여 예술창작에 임하도록 요구하는 일종의 실천강령이라고 할 수 있다.[273]

---

273 북한문제연구소,『북한용어 300선집』, 내외통신사, 1993, pp. 288-289.

3. 북한 우표의 국가적 상징성 분석

1) 국가 상징과 우표

일반적으로 국가상징은 한 국가의 정체성을 그림, 문자, 도형을 이용해 나타낸 것이다. 국가상징은 한 국가의 전통과 문화, 역사와 사상을 담고 있어 국가적 자긍심과 국민의 사회적·도덕적 화합을 담고 있으며, 구성원을 통합하는 가치 영역으로, 한 나라를 대표하는 외교적 표상이기도 하다.[274]

국가상징을 통해 자국의 이미지를 알리고 국민의 자긍심을 고취하는 선전 방식은 세계적으로 보편적인 유형에 속한다. 특히, 북한의 경우에는, 미국이 주창하는 국제제재로 인해 다른 국가들처럼 자국의 국가상징을 홍보할 수 있는 보편적인 통로가 막혀있는 경우가 다반사 일 뿐 아니라, 국가의 생존이 늘 위태롭다고 믿고 있기 때문에 다른 국가들처럼 국가홍보목적의 예산을 지출할 여력 또한 없다. 하지만, 그럼에도 불구하고 우표를 통한 국가상징과 홍보에는 적은 투자지 대비 매우 효과적으로 전세계를 대상으로 자유롭게 이동할 수 있을 뿐 아니라, 특이한 우표수집가를 대상으로 또는 북한을 연구하고 자하는 사람들 대상으로 우표판매를 통해 대외적으로 국가의 긍정적인 이미지 홍보는 물론, 외화수입까지 올릴 수 있는 장점이 있다.

---

274 이지순 외 2 지음, "국가상징의 문화적 형상과 북한의 브랜드 전략", 『KINU 연구총서』, No. 3, 통일연구원, 2021, pp. 17-18.

우표는 '면적당 이데올로기의 밀도가 가장 집중된 문화적 형식'으로 북한에서는 우표를 명백하게 예술로서 취급하고 있다. 북한의 우표는 선전화, 조선화, 도자기, 영화나 혁명가극의 장면, 조각과 기념비의 사진 이미지를 우표 형식으로 재생산하여 특정 이미지를 확산하고 이를 통해 이데올로기를 강화한다.[275] 북한의 국가상징은 대외적으로 국가의 이미지를 개선하고, 대내적으로 구성원들을 하나로 묶는데, 김정은 집권 이후 국가상징은 대내적으로는 전통적인 인쇄매체를 통해 교양되지만, 대외적으로는 인터넷과 뉴미디어를 적극 활용해 선전하고 있다. 김정은시대 들어와 우표도 북한의 대외이미지 개선을 위한 선전매체로 이전보다 더욱 적극적으로 활용되고 있다.

김정은시대의 국가상징은 고난을 이겨내고 승리한 역사와 전통을 스토리텔링으로 구조화했다. 이는 현재의 대북제재 위기나 국제적 고립을 극복하여 국가의 위상을 강화하는 목표와 가치를 창출하도록 매개한다.[276]

김정은 집권 이후 대외선전의 큰 변화 한 가지를 꼽으라면, 김일성시대의 주체사상과 김정일 시대의 선군사상이 사상과 이념면에서는 여전히 북한이 추구하고 있는 실체적인 가치나 대우는 변화가 없음에도 불구하고, 대외적으로 보이는 부분에 대해서는 개인이었던 김일성, 김정일을 '국가'라는 큰 프레임 안에서 정상국가로서의 면모를 부각시키려고 노력하고 있다는 것이다. 그 예로서, 2017년 이전에는 김일성을 상징하는 김일성화花, 김정일화花가 주로 우표 도상에 나타났었지만, 2017년 2월 26일을 기점으로 해서 국가 상징을 대표하는 국화國花인 목란, 국견 풍산개, 국

275 위 이지순 외, 3 의 책, p.103.

276 이지순, "우리 국가제일주의의 문화예술적 표상과 시사점," 『KINU Insight』, No. 42019, p. 7.

〈그림 16〉 국가상징 우표, 2017

조 참매, 국수國樹 소나무 와 애국가인 '조국찬가' 등의 우표발행의 단골 주제로 채택하고 있다는 것이다.

북한에서 상징이란 "어떤 개념, 표상, 사상 같은 것을 조건적으로 표현하거나 표시하는 것 또는 그런 표시로 쓰는 물건이나 기호"로 설명하고 있다. 북한은 국가國歌, 국화國花, 국수國樹, 국견國犬, 국호國號, 국주國酒 등과 당기黨旗, 휘장, 대형기념건축물 등등의 국가상징물을 가장 잘 활용하는 국가이다. 이런 지정된 국가상징을 통해 인민을 "하나는 전체를 위하여, 전체는 하나를 위하여"라는 구호 아래 뭉치게 하는 집단주의가 체제를 가장 강조하는 국가이다.

사회주의를 지향하는 국가든 자유와 자본주의를 지향하는 국가든 국가의 조직이나 형태와 상관없이 모든 국가의 통치자들은 국가를 구성하는 3대 요소 중 하나인 국민과 소통하기를 원한다. 즉 자신들의 통치행위인 정치를 대중들에게 전달하려는 정치 커뮤니케이션이 필요하며, 정치

커뮤니케이션의 핵심은 '공동체의 공적公的목적 달성을 위해 구성원의 이해관계를 조정· 통제하는 방식으로 권력을 획득·유지하는 행위로서의 의사소통[277]이다.

정보통신 기술의 발전 특히 매스미디어의 발달로 인해 정보가 국민 대중들과 소통할 수 있는 방식이 다양해졌기 때문에 모든 정부는 가능한 모든 정보통신 기술을 접목한 매스미디어를 정치에 활용하게 된다. 북한 또한 국내정치와 대외정치를 위해 다양한 매체들을 활용하고 있다.

일당 독재체제로 70년 넘게 운영되고 있는 북한에서는 모든 출판이나 방송, 통신 그리고 우표까지 모든 종류의 미디어들이 국가미디어 기능[278]을 하고 있다. 이러한 국가미디어가 해야 할 사명들은, 공산주의 혁명가로 교양 개조시키는 사상교양자적 역할과, 당의 노선과 정책을 선전하는 조직동원자적 역할은 물론, 유일사상 체제를 강화하는 문화교양자적 기

〈표 8〉국가 미디어로서 우표의 기능

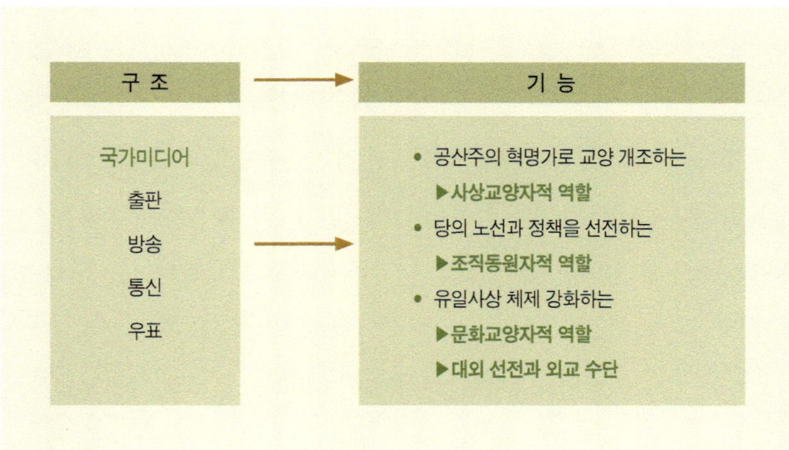

277 이건호, 『미디어와 정치』, 이화여대출판문화원, 2021, p.4.

278 엄기영, 『신문학 개론』, 김일성종합대학출판사, 1989에서 연구자 발췌 후 재정리.

능과 대외선전과 외교채널로서의 역할도 해야함은 당연하다. 국가 홍보 매체 채널 중 자유자본주의 국가들과 큰 차이가 존재하는 부분이 우표를 통한 국가홍보, 특히 대외적 홍보를 위해 북한에서 우표발행을 적극 활용하고 있다는 것을 이번 연구를 통해 확인해 볼 수 있었다.

상징적인 부착물은 표명적인 활동과 연관되며 반면에 인지적인 정향이 많이 개재된 상징적인 부착물은 도구적인 행태와 연관된다.[279] 기념사업이 이루어지는 일련의 과정과 결과는 '기억의 정치'가 어떻게 작동하는가를 보여준다. 기념사업은 선별된 기억과 역사를 공간과 장소에 투사시키는 일련의 행위로 진상을 공공 공간에 펼쳐내는 것임과 동시에 특정 국가 또는 사회의 정체성을 형성시키고 유지하는 데 유용하며 사회통합에 매우 중요한 수단이다.

우표에 사용되는 도상들도 이러한 국가의 '기억의 정치'와 매우 밀접한 연관성을 가지고 준비하게 된다. 기념사업은 과거에 대한 집합기억의 재현으로 기억을 현재의 지평 속에 불러내 재구성하고 이를 통해 공동체적 동시성을 만들어가는 상징 행위이다. 이를테면 기념일과 기념의례는 해마다 같은 날 같은 사건과 인물을 기념하는 행위를 통해 개개인을 국민으로 호명하고 의례에 참여하게 함으로써 과거, 현재, 그리고 미래에 이르는 동일한 운명공동체라는 의식을 각인시킨다. 국가기념일도 이런 상징 자원들 중의 하나라고 할 수 있다. 국가가 무엇을 기념하는가는 '국가 만들기' '국민 만들기'의 중요한 요소이며 '기억의 정치'의 한 측면이다.

국가는 이러한 기억들을 동질화시키며 자발적으로 국가와 자신의 운명을 일치시키는 '국민'을 만들어낸다. 권력을 가진 주체는 자신들의 이미지를 활용하는 데 관심과 노력을 기울이며 권력자에게 시각적 이미지

---

279 이종은,『상징과 정치적 권위, 정치사상연구 17』, 한국정치사상학회, 2011, pp.12-15.

는 매우 중요하다. 특히 국가정체성과 확립에 있어 국가를 대표하는 인물에 대한 상징화 작업은 큰 역할을 한다[280]. 인물이 지니는 상징성은 집단성원의 신념을 강화 시키고 공동체적 결속과 국민의식 통합을 강화하는 강력한 힘을 지니고 있기 때문이다. 이러한 이유로 각 국가들은 자국의 역사에 공을 세운 인물을 '국부'로 추앙하며 신성화되고 의례화된 행위를 통하여 그 인물이 지니는 상징성을 부각 시키고 성스러움을 내포한 신화가 된 그 인물의 활동을 강조한다.[281]

라스웰의 S-M-C-R-E 분석틀을 활용해서 북한의 상징정치와 정치권력의 정당성과의 상관관계를 분석해 보는 것도 선전선동을 커뮤니케이션 관점에서 볼 때 의미 있다 고 판단되어 적용해 보고자 한다. 라스웰은 '누가 무엇을 어떤 채널을 통해 누구에게 어떤 효과를 얻기 위해 소통하는가 Who says what in which channel to whom with what effect'라는 질문의 형태로 커뮤니케이션의 구성요소가 발신자Sender, Source와 메시지Message, 채널Channel, 수신자Receiver, 효과Effect 등 5개 요소로 구성되어 있다고 제시하였다.[282]

라스웰의 모델은 일반적인 커뮤니케이션 과정을 분석하는 도구로서 몇 가지 한계점을 지니고 있다. 무엇보다 커뮤니케이션 과정을 발신자가 수신자에게 보내는 단선적이고 의도적인 메시지의 전달 과정으로 상정한다는 점에서 비판을 받아 왔다. 또한 커뮤니케이션 과정을 단선적이며 일회적 사건의 연결로 파악함으로써 현실에서 볼 수 있는 복잡한 역동성을 무시하는 문제점을 노정한다. 그리고 발신자의 주장이 수신자에게 전

---

280 송승섭,『북한의 출판물 현황과 특징 문헌정보학논집 제9호』, 2007, p.121.

281 이혜숙,『우표로 본 한국사회와 성징정치, 사회와 역사 제120집』, 한국사회사학회, 2018, pp.81-83.

282 Lasswell,H.d.,『The Structure and Function of Communication in Societ;The Communication of Idea』; A series of Address, Harper and Brothers, 1948, p.37.

달되는 것 자체를 효과로 인정함으로써 수신자의 반응을 측정할 기회를 허용하지 않는다는 것이다. 그런데 바로 이와 같은 문제점 때문에 라스웰의 모델은 북한당국이 제시하는 공식 담론의 성격을 분석할 때에는 효율성을 지닌다고 주장하는 논문[283]이 의미가 있다고 생각한다.

상징체계는 정치적 차원에서도 중요한 의미를 갖고 있다고 하였는데, 신생국의 체제발전과정 특히 지배권력 과정에서도 마찬가지다. 기어츠는 인도네시아가 세계 어떤 지역보다 일정 면적당 종교적 상징의 밀도가 높은 지역이라고 하면서 수카르노가 이러한 상징들을 수집하여 신생 공화국의 범교리적 국가종교로 정리하려는 의욕을 갖고 이를 실행하였다고 보고 있다.[284]

다른 사회주의 국가들과 마찬가지로 북한도 다양한 상징체계를 활용함으로써, 국가건설, 체제유지를 추구하고 있다. 뿐만 아니라 분단 상태로 인한 남한과의 체제경쟁을 치열하게 전개하면서 체제의 정당성을 확보하고 내부적 통합과 사회통합과 지배구조의 정당화를 위하여 상징의 중요성은 그 어떤 사회주의 국가들보다도 더욱 간절할 수밖에 없다. 북한도 신생독립국가들이 공통적으로 부딪치는 문제 또한 상존하였기 때문에 정치· 경제· 문화· 역사적 상징화를 활용하려는 의도가 더욱 강조되었다고 볼 수 있다. 북한이 상징체계를 확립해 가면서 위로부터의 통치권력을 아래로부터 인정받을 수 있는 권위로 보이기 위해 가장 빈번하고 반복적으로 활용하는 것이 김일성의 항일무장투쟁 관련 일화들이다. 그중에서도 보천보전투에 대해서는 그 사용빈도 횟수가 압도적으로 많았

---

283 김석향·권혜진,『김정일 시대1998~207 북한당국의 통일담론 분석』, 이화여자대학교, 2006, p.157.

284 클리포드 기어츠 지음, 문옥표 옮김, 『The Interpretation of Culture』, 까치, 1998, p.368.

음을 확인할 수 있었다.

대외적으로 1당 독재 북한체제의 정당화와 내부적으로 주체사상 외에 일체의 다른 정치체제를 허용하지 않으면서도 극도로 통제된 사회체제가 70년이 넘도록 유지될 수 있었던 이유들을 북한 우표에 사용된 도상圖像을 시기별로 분석해 보면 상당 부분 이해가 갈 수도 있다는 것이다. 북한이 권력의 정당화를 아래로부터 동의받기 위해 사용하는 상징화의 대상으로 김일성의 항일무장투쟁 일화뿐만 아니라, 공화국, 국기, 국화, 국견을 물론, 기념비적 대형 건축물과 8.15해방, 조국해방전쟁, 반미관련 상징적 대상물들이 반복적으로 우표도상에 활용되고 있다.

2) 북한 우표의 주제별 분류

필자는 북한이 발행한 7183개의 우표[285]중 선전화로 분류되는 472장의 우표를 선별하고, 이를 다시 이번 연구의 목적에 맞도록 연구의 편리성을 위해 주제별로 다시 한 번 통합해 155개로 분류했다. 그리고 155개 주제로 분류한 우표를 대상으로 1)정치, 2)경제, 3)대외의 3개 부분으로 대분류하였고, 각 분야에서 우표의 상징성이 어떻게 활용되는가를 분석했다. 대분류의 하부 세부 항목은 정치의 경우 항일투쟁, 주체사상, 우상화, 당·정·군, 정치적 목적의 대형건축 기념비, 정치적 목적의 기념일과 국방과 우주 등으로 나눌 수 있고, 경제의 경우 경제건설, 생활향상, 군중동원 등으로 나눌 수 있으며, 대외의 경우 정상회담, 국제기구, 올림픽, 전람

285 참고로, 평양의 조선우표사 박물관에 전시되어 있는 우표종류가 5,341종 이지만검색일:2021.8.23., 지난 수 십년간 북한 우표를 전문적으로 수집해 오신 “Coinnara”에 신동현 회장은 북한에서 초기에 발행된 우표부터 최근 발행분까지 조선우표사 보유보다 많은 북한에서 초기부터 지금까지 발행된 모든 북한 우표총 7183종를 빠짐없이 수집, 보유하고 있으며 전량에 대한 ‘북한 우표앨범’을 제작 제공해주었기에 본 연구에 큰 도움을 제공해 주었다.

회, 국제행사, 역사적 인물, 역사 및 조국통일 등으로 나눌 수 있다. 이러한 세부분류는 북한 우표사가 분류한 것을 기초로 해서 동일군을 통합하고 간략화해서 재분류한 것이다.

올림픽 관련과 국제우표전시회 참가 관련 우표 도안을 대외 부분으로 분류한 것은 1980년대 말부터 사회주의 국가들의 해체와 국제적 제재로 인해 고립이 심화되고 있는 북한이 자신들의 목소리를 해외로 내보내는 중요한 통로 역할을 올림픽과 국제우표전시회 참가로 판단하였기에 대외분야로 분류하게 되었다.

항공·우주 관련 우표를 정치 분야로 분류한 것은 북한의 재래식 무기체계가 미국이나 남한에 비해 크게 열세한 부분을 전략무기 개발로 대체하려는 북한의 의도를 고려하였기 때문이다. 또한 올림픽과 월드컵 참가 관련 우표를 대외분야로 분류한 것은 정치 경제적으로 국제적 제재 하에 있는 북한이 국제적 체육 분야를 통해서는 제약 없이 자신들의 의사를 표출할 수 있기 때문에 대외분야로 분류했다.

〈표 9〉 북한 우표 분류표

대분류(3대분야)	중분류(18개 분야)
정치선전화	항일투쟁/주체사상/우상화/당·정·군/ 국방·항공·우주/건축기념비/훈장
경제선전화	경제건설/생활향상/운송수단
대외선전화	정상회담/국제행사/올림픽/월드컵/전람회참가
	조국통일/역사인물/남북정상회담

특히 남한이 해외에서 개최되는 국제우표전시회를 국가 차원에서 참가하지 않고 있는 반면에 북한의 경우, 노동당 산하에 국가우표발행국 주관하에 1959년 8월 라이프찌히 국제도서예술전람회에 우표 4종을 출품

한 이후 매년 1~4회씩은 해외 국제우표전시회에 출품하거나 참가1959~2019 기간 동안 국제우표관련 전시회에 87회 출품 또는 참가하고 있는 상황을 감안하여 대외 분야로 분류하였다.

한편, 북한의 조선우표사 홈페이지에 올라와 있는 모든 우표인 총 5,341장이 72개의 주제별로 분류되어 있는데[286] 이 연구에서는 조선우표사 분류방식을 최대한 반영하면서 유사한 분류를 통합해서 18개로 간략화 하여 〈표10〉과 같이 재분류하였다.

북한의 거리에서 흔히 볼 수 있는 선전화의 경우, 대다수가 정치선전화와 주민동원을 독려하는 선전화에 치중해있는 반면, 작은 선전화로 분류되는 우표의 경우에는 다량 인쇄되어 외국에 배포된다는 우표의 일반적 기능을 고려하기 때문에 같은 선전화로 분류 된다 하더라도 우리의 예상과는 달리 김일성, 김정일, 김정은 관련 우표를 모두 합한다 하더라도 전체 우표발행 수량에 9.38%에 불과한 반면에 자연, 문화, 역사에 대한 비정치적 우표발행 비율은 35.77%에 달한다는 것만 보더라도 우표가 대외적 국가미디어로서의 기능을 고려해서 내부결속용 선전화와는 다르게 제작 때 국외청중을 신경 쓰며 발행하고 있음을 알 수가 있다.

286 조선우표사 주제별 분류 72개①위대한 수령 김일성동지②위대한 령도자 김정일동지③경애하는 김정은동지④정치⑤군사⑥정책⑦국기⑧국장⑨기념일⑩사상교양⑪선전화⑫조국통일⑬인물⑭적십자⑮전람회⑯국제기구⑰경제⑱우주⑲수송⑳륜전기재㉑기관차㉒배㉓자동차㉔건축㉕우편통신㉖공업㉗농업㉘경공업㉙과학기술㉚천문학㉛등대㉜광물㉝문화㉞반일㉟체육㊱올림픽㊲축구㊳우승자㊴덧인쇄㊵보건㊶아동㊷교육㊸예술㊹미술㊺명화㊻음악㊼력사인물㊽민속㊾력사㊿유적(51)유물(52)화석(53)명산(54)풍경(55)자연보호(56)환경(57)식물(58)꽃(59)란과(60)버섯(61)과일(62)동물(63)바다동물(64)물고기(65)파충류(66)조류(67)량서류(68)갑각류(69)조중친선(70)국제관계(71)비행기(72)곤충장기로 분류되어있음.

〈표 10〉 18개 주제별로 분류한 우표현황

주제 \ 년대		40	50	60	70	80	90	2000	2010	2020	계(단위: 장)	백분율
1	김일성	0	2	27	77	31	80	63	92	1	373	6.98%
2	김정일	0	0	0	0	2	12	37	49	1	101	1.89%
3	김정은	0	0	0	0	0	0	0	20	7	27	0.51%
4	정치·정책·사상교양·선전화·군사	0	65	121	117	99	131	96	126	31	846	15.84%
5	국기·국장·기념일	5	22	18	12	23	39	52	69	7	247	4.62%
6	적십자·국제기구·우편통신·올림픽·전람회·국제관계	0	22	18	125	135	58	25	39	0	422	7.90%
7	경제·수송·륜전기재·기관차·배·자동차·공업·농업·경공업·등대·광물·배행기·건축	9	47	119	117	160	84	100	95	13	744	13.93%
8	과학기술·천문학·우주	0	3	7	26	9	19	15	9	0	88	1.65%
9	문화·덧인쇄·민속·장기	0	4	41	30	30	74	84	47	6	316	5.92%
10	체육·축구·우승자	0	0	42	93	102	45	13	41	4	340	6.37%
11	반일	0	0	19	3	5	1	5	2	0	35	0.56%
12	예술·미술·명화·음악·보건	0	0	20	42	46	19	17	34	4	182	3.41%
13	역사인물·역사·유적유물·화석	0	10	12	27	2	11	26	20	6	114	2.13%
14	명산	8	3	207	184	103	369	186	158	31	1,254	23.48%
15	조중친선	0	0	3	0	0	12	2	2	0	19	0.36%
16	아동·교육	0	0	16	28	17	26	13	4	15	119	2.23%
17	조국통일	0	0	2	8	4	15	1	0	0	30	0.56%
18	인물	0	2	18	3	20	29	9	3	0	84	1.57%
계(단위: 장)		22	180	690	952	793	1024	744	810	126	5,341	100.00%
백분율		0.41%	3.37%	12.92%	17.82%	14.85%	19.17%	13.93.%	15.17%	2.36%	100.00%	

이렇게 분류된 우표를 가지고 해럴드 라스웰 Harold Lasswell이 1948년 발표한 "Who says what, in which channel, to whom, with what effect?" 모델을 적용해서 아래와 같이 분석해 보고자 하였다.

〈표 11〉 라스웰의 커뮤니케이션모델 5단계와 본 연구의 상관관계

발신자	메세지	채널	수신자	효과
조선노동당 국가우표발행국	1차 혁명적 사상 내재화 2차 우리식 사회주의 우월성 강조	우표발행	1차 북한주민 2차 만국우편연합회원국	1차 유일사상 내재화 2차 정상국가북한

북한 체제의 공식 메시지나 외부 정보에 대해 발신자와 수신자 간에 일어날 수 있는 공개적인 상호작용이나 피드백은 북한의 폐쇄된 선전 체계상 불가능하다. 이러한 일방향적 선전체계 구조는 〈그림 17〉과 같이 도식화[287] 할 수 있을 것이다.

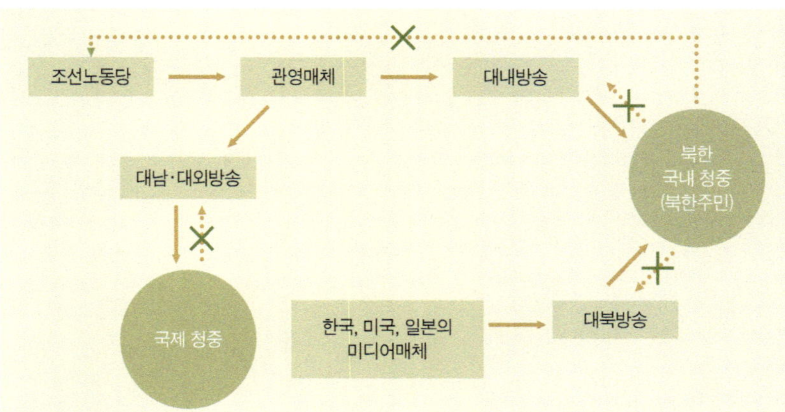

〈그림 17〉 북한의 국가미디어체계 구조

287 송태은, '북한 커뮤니케이션 네트워크의 이중구조와 북한정권의 커뮤니케이션 전략', 『통일문제연구 통권 제59호』, 2013, p.234.

제4장

북한 우표의 정치·경제·외교적 상징성 분석

1. 북한 우표의 정치적 상징성 분석
2. 북한 우표의 경제적 상징성 분석
3. 북한 우표의 외교적 상징성 분석

1. 북한 우표의 정치적 상징성 분석

자유자본주의 국가에서 정치政治란 "국가권력을 둘러싼 여러 계급간의 싸움"으로 정의[288]되어 있지만, 미국과 동맹국은 물론 미국 주도의 국제제재를 70년 동안 받고 있는 북한에서 정치란 "계급 또는 공동의 이익에 맞게 사람들의 활동을 통일적으로 조직하고 지휘하는 사회적 기능, 사람들의 리해관계에 일치하며 단결과 협조가 사회관계의 기본으로 되어 있는 사회에서의 정치는 사회공동의 리익에 맞게 자주성을 옹호하도록 사람들의 활동을 통일적으로 조직하고 지휘하는 기능을 수행하지만 사람들의 리해관계가 대립되여 있는 계급사회에서의 정치는 지배계급의 리익을 옹호하고 인민대중의 자주성을 억제하는 기능을 수행한다"라고 정의되어 있다.[289] 정치의 본질적 목적 자체가 큰 차이점을 보여준다.

자본주의 국가에서 정치의 주된 목적이 '계급간의 이해관계를 조정하면서 다수의 이익을 극대화하는 것'이라면 30년 넘는 일본의 식민통치체제와 소련의 군정통치 기간을 거치자마자 6.25 한국전쟁 기간 동안 미 공군의 공습으로 전 국토와 건물의 80% 이상이 파괴되는 상황을 맞게 되었던 북한에서 정치의 본질은 '생명을 보존하기 위한 생명권 안전'으로 인민들의 이해관계가 일치되고 있다. 주체사상으로 대표되는 '국방·경제·외교·정치'에서의 '자주성 옹호'가 사회공동의 이익으로 정의되어 있기 때문에 정치적 상징성을 띄고 있는 우표 도상圖像들도 이러한 북한식 정치적 의미에 맞게 제작되고 있다.

---

288 철학사전편찬위원회, 『철학사전』, 서울: 중원문화, 1987, p.857.

289 백과사전출판사의 앞의 사전, p.209.

1) 대내적 결속 강화와 주민선동

북한은 노동당 일당 독재의 사회주의 국가이다. 북한체제의 특성이라면 헌법 위에 존재하는 노동당 규약이 존재하고 있고 당 규약 위에 '유일사상체계 확립의 10대 원칙'이 북한을 실질적으로 이끌어가는 핵심 지침이 된다. 그리고 이 유일사상 10대 원칙들은 곧 '북한의 최고지도자 김일성' 일인과 그의 후계자 백두혈통에게 만 집중되어 있다. 북한에서 '지도자뇌수'는 행정부의 수반이라는 정치적 위상, 행정상의 직위나 직책만을 의미하지는 않는다. 조직상의 지도자로서 행정적인 의미보다 정신적인 지도자라는 의미가 더욱 강하다. 수뇌는 머리로 수령이고, 뇌의 생각을 인민들에게 전달하는 신경조직은 당이며, 몸은 인민이다. 육체의 생명력은 뇌가 있을 때 정상적으로 작동한다. 뇌가 없다면 식물인간이나 다름없다.[290]

북한에서 '수령'은 "인민들 속에서 그 무엇으로도 허물 수 없는 높은 권위를 가지고 절대적인 신임을 받는 정치적 영도자" 또는 "혁명과 건설에서 절대적 지위를 차지하고 결정적 역할을 수행하는 당과 혁명의 탁월한 영도자" 등으로 정의한다. 이에 따라 수령은 혁명사상과 혁명이론을 창시하고 아울러 혁명 승리의 전망을 제시하며, 인민대중을 혁명사상으로 무장시키고 이들을 조직화하여 혁명 승리의 조건을 마련하며, 혁명 전통을 계승·발전시키며, 당을 비롯한 혁명조직을 창건하여 혁명 무기를 마련하며, 노동 계급과 당을 영도하며 혁명과 건설을 승리로 이끌어 나가는 등 혁명 위업을 수행하는 데서 결정적 역할을 하는 존재로 규정되어 있다.[291]

따라서 북한에서의 모든 매체들은 김일성의 항일무장투쟁에 근거한

290 전영선, 『글과 사진으로 보는 북한의 사회와 문화』, 경진출판, 2016, pp.56-57.

291 북한문제연구소, 『북한용어 300선집』, 내외통신사, 1993, p.44.

김일성 일인 독재체제의 당위성·정당성을 강조하면서 유일사상 10대 원칙에 복무하도록 이용되고 있다. 또한 대외적으로는 우리식 사회주의의 우월성을 홍보할 수 있도록 기획 제작되어 진다. 당연하지만 출판물 중에서도 선전화에 속하는 우표의 역할도 이 주제들을 충실하게 따라서 제작되고 있다.

(1)사회주의체제 정책 홍보용 우표

북한은 내부적으로 결속을 강화하면서 필요시 주민동원을 독려하기 위해 우표를 활용한다. 북한이 내부결속과 주민선전선동으로 가장 빈번하게 선택되는 주제는 8.15해방, 조국해방전쟁, 당, 군 창건 기념일과 김일성을 영웅화 우상화단계로 가기 위한 밑거름이 되어준 보천보전투 승리와 미군철수 주장을 담은 도상들과 구호들이다.

북한에서는 1946년 2월 임시정부에 해당하는 '북조선임시인민위원회'가 조직됐다. 북조선임시인민위원회는 이후 '민주개혁'을 빠른 속도로 추진했다. 3월의 토지개혁을 시작으로 노동법령[292]46.6.24, 남녀평등법[293]46.7.30, 중요산업국유화법령[294]46.8.10 등이 연이어 제정되었다.

특히 토지개혁의 사회적 파급력은 엄청났다. 해방 당시 농업에 종사하

---

292 북한은 '사회주의노동법'의 시초가 일제시대 당시 김일성 주석이 발표한 '조국광복회10대강령'이라고 설명한다. 여기에는 △노예노동 철폐, △8시간 노동제 실시, △노동조건 개선 등이 담겨있다. 이를 토대로 해방 이듬해인 1946년 6월 24일 '북조선 노동자, 사무원에 대한 노동법령'이 만들어졌다. "온갖 착취와 무권리 속에 오랜 세월 수난만을 강요당해 온 인민들에게 자주적이며 창조적인 노동생활을 누릴 수 있는 법적 제도를 마련해 준 커다란 사회적 변혁"이라고 북한은 강조했다. 여기서 처음으로 하루 8시간 노동과 유급휴가제가 실시됐다. 이는 1978년 4월 18일 최고인민회의 제6기 제2차회의에서 '조선민주주의인민공화국 사회주의 노동법'으로 발전됐다. 이후 1986년 2월 20일, 1999년 6월 16일 개정돼 현재에 이른다. 출처 : 통일뉴스http://www.tongilnews.com검색일: 2022.5.28.

293 본 법령은 공포하는 날부터 효력을 발생한다출처: N.K조선, 검색일: 2022, 5.28.

294 1946년 8월 10일 북조선임시인민위원회 위원장 김일성, 서기장 강양욱. 조선중앙통신사, 『조선중앙연감』, 1950참고

던 7할 이상의 주민들이 빈농 또는 고농雇農 신분이었던 점을 감안한다면 토지개혁법령을 실시함에 따라 북한의 농촌은 첫째, 5정보 이상을 소유했던 약 3만호의 지주계급이 일소되고, 둘째, 총농가 호수의 약 5%를 차지하고 있던 부농층은 2-3%로 저하되었으며, 셋째, 농촌 인구의 대다수를 차지하고 있던 고농과 빈농은 토지를 비롯한 가옥 및 기타 생산수단을 무상으로 분배받아 그 대부분이 중농으로 되고 그들이 농촌 인구의 대다수를 차지하게 되었다. 그리하여 경지면적 1-3정보의 농가가 대다수를 차지하고 농가 1호당 경지면적은 1.8정보5400평가 되는 변화를 가져왔다[295].

해방 이후 한국전쟁 전에 북한에서는 봉건왕조시대 수백 년간 대대손손 자기 땅 한평 가져보지 못했던 고농雇農들과 가족을 먹여 살리기에 부족한 작은 땅만을 소유해서 밥 한 끼니를 걱정하며 살아가야 했던 당시 대다수의 빈농貧農 농업종사자들과 노동자들 그리고 남성들에게 억눌려 살아왔던 여성들을 위한 남녀평등법 시행 등은 사회주의 정책들을 통해 주민들의 마음을 얻게 되었으며 권력에 대한 정당성을 신뢰하고크레덴다, 더 나아가 찬양미란다을 가져다주는 결과로 이어질 수 있었다.

〈그림 18〉 사회주의정책시행 기념우표땅의 주인/산업국유화/남녀평등법/노동법

---

295 김경호,『북한토지개혁의 특징에 대한 고찰』, 한국토지법학회,2005, pp.138-140.

〈그림 19〉 북한의 정부수립 기념우표헌법실시/정부수립/공화국기/인민군창건

토지개혁법령실시와 중요산업 국유화법령시행 등의 사회주의 정책들을 통해 주민들로부터 지지와 신뢰를 얻게 된 북한의 정치 권력자들은 이어서 법적으로 정상적인국가의 모습을 갖추기 시작한다.

1946년 11월부터 북한은 인민위원회 대의원 선거를 실시했다. 그 후 1947년 2월에 입법기관인 '북조선인민회의'를 조직하고, 북조선인민위원회를 정식 출범시켰다. 이를 통해 헌법 초안 마련, 인민군 창설 등 정부수립을 위한 준비 작업을 진행하였다. 1948년 4월 29일 북조선인민회의는 특별회의를 통해 '조선민주주의인민공화국 헌법 초안'를 승인하였다. 그 후 8월 25일 제1기 최고인민회의 대의원 선거를 실시하였고, 9월 2일~10일에는 최고인민회의 제1차 회의를 개최하여 헌법을 최종 채택9월 8일하여 공포했다. 이에 따라 김일성을 내각의 수상으로 하는 '조선민주주의인민공화국'를 수립9월 9일하였다.

북한은 국가수립 과정에 담은 기념우표들을 〈그림 19〉같이 발행하였다.

한국전쟁 이후 북한의 권력층 내부에서는 전화戰禍 복구와 향후 국가발전 전략과 관련하여 정파 간 갈등이 발생하였다. 이러한 갈등은 1956년 '8월 종파사건'으로 이어졌다. 김일성 수상은 이 사건을 통해 중공업 우선의 사회주의 국가발전 전략을 관철시키면서 자신과 대립하던 연안파를 숙청하였다. 그리고 흐루쇼프의 스탈린 격하 운동으로 시작된 중·소 간 수정주의·교조주의 이념 분쟁이 심화되자 김일성은 자주적 사회주의 국가건설을 내세우며 주체사상을 체계화 하면서 유일사상체계를 확립해 갔다.

1950년대 중후반은 파괴된 전후 경제 복구와 더불어 사회주의 경제체제로의 전환을 위한 토대 마련에 집중했던 시기였다. 한국전쟁 이후 와해된 경제· 사회 환경을 재정비하기 위한 작업은 자연스럽게 북한정권의 사회주의 체제 구축과 맞물려 진행되었다. 우선 농업 협동화와 상공업·수공업 분야의 국유화를 동시에 진행함으로써 1950년대 말까지 북한은 모든 생산수단을 협동화 또는 국유화하였다. 한편으로는 전쟁 이후 전후 경제복구건설을 위한 방안으로 군중동원의 정치노선이 등장하였다. 군중동원노선의 대표적 사례가 1956년 시작한 '천리마운동' 과 1960년에 시작한 '청산리정신' 및 '청산리방법', 그리고 1961년에 시작한 '대안의 사업체계' 등이 있었다.

1960년대 김일성은 1967년 5월 노동당 중앙위원회 제4기 제15차 전원회의를 계기로 수령 중심의 유일적 지배체제를 구축하였고, 같은 해 말인 12월 16일에 최고인민회의에서 '위대한 수령 김일성 동지'로 추대되었다. 이후 북한에서는 '수령'을 정점으로 하는 유일적 수령영도체계로 통치되는 시대가 시작되었다.[296]

(2) 훈장제도와 충성심 유도목적의 우표

국가의 존속과 유지, 정체성 확보를 위한 정책들 중에서 보훈 정책은 대표적인 상징정책이다. 상징정책이란 특정의 사건, 현상, 행위, 언어 또

296 국립통일연구원, 『2021 북한이해』, pp. 26-28.

는 추상적 개념 등을 이용해 정책 대상과 집단에게 유형적· 물질적· 직접적 혜택보다는 무형적· 간접적 혜택을 제공함으로써 정책 대상집단의 정책 순응도 내지는 심리적 만족감을 제공하는 정책으로 정의할 수 있다. 전쟁 등 국가 위기 때 국민의 희생과 지원을 얻기 위해서 다양한 상징의 도구들을 이용하여 국민들의 순응과 지원을 확보하고 체제의 근간을 유지하는 정책을 수행하였고, 대표적인 정책이 보훈정책이다[297].

북한에서는 다양한 훈장 수여를 통해 체제에 대한 충성심을 높이려고 한다. 공로자에게 훈장을 수여할 때는 표창식을 열며, 각종 매체에 이를 소개한다. 북한에서 수여하는 훈장의 종류를 급수에 따라 분류해보면, 김일성훈장, 김정일훈장, 국기훈장, 자유독립훈장 등이 있었다. 이들 훈장들은 공화국영웅, 노력영웅, 국기훈장 순으로 패용하도록 정해놓고 있다.

국기훈장은 1948년에 제정되어 1950년 4월에 국기훈장 3종에 대한 우표가 발행되었고, 1951년에 이순신훈장, 51년 4월에 김기옥 영웅, 김기우 영웅8월[298] 그리고 11월 군인명예훈장 기념우표가 발행되었다. 1952년 1월에는 여자 빨치산 리수덕 영웅[299] 우표가 발행되었고, 1963년에는 혁명투사 권영벽, 마동희, 박달, 리제순, 김용범 동지에 대한 영웅기념우표들이 〈그림 20〉과 같이 발행하였다.

북한에서는 이러한 훈장제도를 통해 비록 육체는 죽을지라도 사회정

297 유영옥, "남·북한 보훈정책의 상징성 비교", 『대한정치학학보 13집 1호』, 2005, p.150.

298 신수경, 『해방직후 북한의 국가 상징물 제정 과정과 매체 활용 양상: 국가와 국장을 중심으로 미술사학보』, 2021, p.148.

299 김일성은 교시를 통해, 《리수덕영웅은 하나밖에 없는 조국을 위하여 둘도 없는 목숨이지만 청춘을 바쳐 싸우는 것보다 더 큰 행복은 없다고 하면서 자기의 피끓는 가슴으로 적의 화구를 막아 부대의 전투승리를 보장하였습니다》라고 극찬하였으며 리수복과 그녀의 정신을 이어받기 위해 '리수복순천화확공업대학', '리수복 청년돌격대훈장', '리수복영웅중대 칭호', '리수복청년협동농장' 등 리수복을 이름을 앞아 넣어 주민들로 하여금 체제수호를 위한 희생하더라도 그의 이름과 정신은 영원히 살아 있다는 사회주의생명체 유지를 위한 보훈정책을 실시하고 있다.

〈그림 20〉 북한의 훈장 기념우표

치적 생명체로 불멸하면서 위대한 수령 김일성동지와 영원히 조국수호와 우리식 사회주의 국가를 지켜나간다는 것을 강조한다. 훈장제도를 제정해 운영하면서 영웅들의 죽음 이후에는, '애국열사릉과' 과 '혁명열사릉'[300] 그리고 그들의 유자녀들을 위한 만경대혁명학원에서 배울 수 있는 제도를 이용해 대를 이은 체제수호에 대한 충성과 영웅들에 대한 최고 대우를 통해 충성도 높은 핵심 간부로 성장할 수 있는 제도를 운영하고 있다.

이외에는 북한은 해방기념일 때마다 기념우표를 발행했다. 1945년 해방 이후 1979년까지 35년 동안 8.15해방 기념우표는 총 10회가 발행되었

300 혁명열사릉은 평양시 대성산에 위치해 있으며 해방이전 혁명투사인 항일빨치산 출신들 약 140명합장을 포함하면 160명 이상이 묻혀있으며, 평양시 형제산구역 신미리에 위치해 있는 애국열사릉에는 혁명열사릉에 묻히지 못한 항일빨치산들과 사회주의 건설에 공로가 많은 당, 정 고위 간부들, 인민군 고급 지휘관들, 유명 과학자 및 문예인들, 통일인사 등 약 1000여 기의 시신이 안치되어 있다. 전영선, 앞의 책 p.142.

〈그림 21〉 8.15해방 기념우표

다. 해방10주년까지는 매년 발행되다가 10주년 이후에는 10년 주기로 발행된 것으로 확인된다. 이런 발행 횟수 조정은 아마도 8.15해방을 맞게 된 것이 자위적 무력투쟁을 통해 쟁취한 부분보다는 소련 등 외부에 의한 측면이 강한 것에 부담을 느꼈기 때문으로 판단된다.

8.15해방에 소련의 도움이 컸기에 기념우표 도안에 주로 '해방탑'[301] 이나 '소련국기' 등이 사용되었으나, 조국해방전쟁 발생 직후인 1951년에 발행된 8.15해방 기념우표에는 특이하게도 소련병사 대신 중국인민군과 조

---

301 해방탑에는 "전면위대한 쏘련인민은 일본 제국주의를 쳐부시고 조선인민을 해방하였다. 조선의 해방을 위하여 흘린피로 조선인민과 쏘련인민의 친선은 더욱 굳게 맺어졌나니. 여기에 탑을 세워 전체 인민의 감사를 표하노라. 1945년 8월 15일 후면일본 제국주의자들의 강점으로부터 조선 인민을 해방하고 자유와 독립의 길을 열어준 위대한 쏘련 군대에 영광이 있으라 ! 1945년 8월 15일"란 글귀가 새겨져 있다.

선인민군이 함께 나란히 사용했다. 이것은 '조국해방전쟁'에서 소련의 소극적 지원에 대한 아쉬움의 표현과 반면에 물적, 인적으로 적극적으로 지원을 했었던 중국에 대한 동지 의식을 나타내려는 의도로 판단된다.

2) 혁명전통과 권력 독점화의 정당성 선전 우표

20세기에 발생했던 다수의 사회주의국가들은 모두 사라졌다. 그럼에도 왜 북한은 75년 넘게 정치적으로 일당독재체제와 경제적으로 계획경제 체제를 안정적으로 유지할 수 있을까에 대한 의구심을 가진 사람들이 많다. 모든 상황은 쌍방향의 관점으로 바라보아야 비교적 객관적으로 볼 수 있다. 북한의 체제가 유지되고 있는 첫 번째 요인으로 철저한 폐쇄 상태의 전체주의적 정치체제를 들 수 있겠지만, 그것만으로는 북한의 장기 독재체제 유지를 설명하기엔 부족하다.

그런 측면에서 북한체제가 주체사상을 기반으로 인민들의「아비튀스」[302]를 장악하고 있는 점을 체제 유지 요인으로 고려해 볼 수 있다. 메리엄이 미란다Miranda[303]와 크레덴다Credenda[304]를 '권력의 초석'이라고 규정한

302 부르디외는 아비튀스를 "항상적이고 환치換置가능한 성향, 구조를 구조화하도록 미리 규정된 구조화된 구조, 즉 규칙에 복종함으로써 나타난 단순한 산물이 아니라 객관적으로 '조정되고', '통상적으로' 존재할 수 있으며 의식적인 목적지향이 없이 객관적으로 목적에 적응된-목적 달성에 필요한 동작을 명시적으로 지배하는-행위 및 행위구조를 지칭한다. 이는 마치 지휘자 없이 집단적인 오케스트라가 운영되는 것과 동일한 것이다"라고 규정한다.(부르디외 지음, 현택수 옮김, 『문화와 권력-아비튀스와 상징질서의 새로운 사회이론』, 나남출판, 1993, p.135.

303 미란다란 인간의 감성적· 비합리적 측면에 호소하여 정치적 지배가 가능하도록 하는 것이다. 노래, 제복, 포스터, 슬로건 등의 정치적 상징조작을 동원하여 권력을 미화시켜 피지배자의 복종을 유도하는 것을 예로 들 수 있다.

304 크레덴다는 정치권력자가 권력을 피지배자에게 정당화·합리화시키는 행위로, 권력의 존재를 피지배자에게 이성적으로 납득시키고 권력의 존속에 동의하게 함으로써 권력을 정당화, 합리화시키는 것이다.

것처럼 김일성, 김정일로 이어지는 북한의 세습체제에 대해 북한 주민들의 "아비튀스Habitus: 성격의 행위체계"가 서로 충돌하지 않으며 일치하는 부분이 더욱 크기 때문이라고 생각한다. 상기된 북한 주민들의 아비튀스 형성은 자연발생적으로 이뤄진 것이 아니라 그 중심에는 "주체사상"과 북한의 역사적 상황이 자리 잡고 있다.

주체라는 용어가 공개적으로 처음 등장한 것은 1955년 12월 28일 김일성이 당 선전일꾼들에 대한 연설인〈사상 사업에서 교주주의와 형식주의를 퇴치하고 주체를 확립할 데 대하여〉였다. 처음 제시된 '주체'의 의미는 마르크스-레닌주의의 맹목적 답습이 아닌 '창조적 적용'을 강조한 것이었다. 이후 중국과 소련의 사상적, 정치적 분쟁과 북한 내부의 권력투쟁 등의 요인이 작용하면서 '사상적 관점'으로 제기된 주체가 1970년대에 들어와서는 사상-이론-방법으로 체계화된 주체사상으로 발전되었다.

북한은 1972년 사회주의헌법을 채택하면서 "조선민주주의인민공화국은 맑스-레닌주의를 우리나라의 현실에 창조적으로 적용한 조선로동당의 주체사상을 자기활동의 지도적 지침으로 삼는다"라고 규정하여 맑스-레닌주의 대신 주체사상을 지도이념으로 공식 제시하였다.[305]

주체사상은 형성과정은 북한의 혁명전통 수립과정과 맥을 함께 한다. 1956년 8월 종파사건을 성공적으로 마무리하면서 권력을 확고하게 잡게 된 김일성은 권력의 독점화에 대한 정당성 확립을 위해 자신의 혁명활동[306]을 유일한 혁명전통으로 강조하기 시작한다.

김일성의 혁명 활동을 선전하기 위해 1960년 7월 26일〈조국광복의 큰

---

305 북한문제연구소, 『북한용어 300선집』, 내외통신사, 1993, p.60.

306 북한은 1950년대 후반부터 "우리 당의 혁명전통은 항일무장투쟁 시기에 김일성동지를 선두로 한 공산주의자들에 의하여 이룩되였다"라고 하여 혁명전통의 시작을 김일성의 항일무장투쟁에서부터로 규정하고 있다 조선로동당출판사 대중정치용어사전, 1964, p.438

〈그림 22〉 최초의 김일성 혁명활동 기념우표1960, 7. 26

뜻을 품으시고〉〈공청회의를 지도하시는 위대한 수령 김일성동지〉〈고난의 행군〉〈보천보의 홰불〉〈개선연설을 하시는 위대한 수령 김일성 동지〉등 5종의 우표들이 "위대한 수령 김일성동지의 혁명활동"이란 제목으로 발행되었다. 그림 22

1959년 6월 4일에 "보천보전투승리 22주년 기념"우표가 김일성주석의 동상, 눈에 덮인 백두산전경, 청봉야영지에 구호[307]나무 등 3종으로 첫 발행 이후 항일투쟁혁명 야영지, 전투지역 등에 세워진 사적관, 박물관 등을 통해 김일성의 항일혁명 활동들에 대한 우표들은 북한에서 가장 빈번하게 반복적으로 발행되고 있는 우표 도상이다. 이런 우표 발행을 통해 김일성의 위대성과 독재체제의 당위성 그리고 나아가 백두혈통에 의한 권력의 계승성을 염두에 둔 조치들로 판단된다.

1970년대에 주체사상이 지도이념으로 자리 잡은 이후에는 혁명전통을

307 북한에서 구호는 "대중을 조직동원하기 위하여 일정한 사상, 과업, 요구 등을 간결한 형식으로 나타낸 호소 또는 그것을 표현한 글"로 규정된다. 이우영, 『북한사회의 상징체계 연구:혁명구호의 변화를 중심으로』, 통일연구원 연구총서 2002-05호, p.4

〈그림 23〉 보천보전투승리와 만수대 기념탑 기념우표

상징하는 대규모 기념비들이 세워졌고, 당연히 이를 소재로 하는 우표 도상들도 발행됐다. 보천보전투승리기념탑, 만수대기념비, 왕재산기념탑 등을 소재로 하는 우표들이 대표적 사례이다.

혁명전통 교양의 중심이 조선혁명박물관이다. 북한에서는 조선혁명박물관을 '혁명전통교양의 대전당[308]'이라고 선전하고 있다. 1948년 8월 1일 건립되어 1972년 4월 김일성 주석의 60번째 생일에 맞춰 평양 만수대언

308 북한은 조선혁명박물관의 역할에 대해 "우리 군대와 인민의 사상정신적 기둥이며 등대인 조선혁명박물관은 국보중의 국보, 혁명의 교과서"이라고 설명하기도 한다. (『로동신문』 2017년 3월 28일.

〈그림 24〉 조선혁명박물관과 지방 혁명사적관 기념우표

덕의 김일성 동상 뒤편으로 옮겨 개관했다. 이후 조선혁명박물관은 2017년 3월 30일 새로 증축, 개·보수되었고, 2020년 10월 2일에 조선혁명박물관 내에 '위대한 수령님들과 전우관'이 대대적으로 확장되었다. 2020년 10월 2일 개관식에는 최룡해 북한 최고상임위원회 위원장을 비롯해서 리일환 조선노동당 중앙위원회 부위원장, 로광섭 당 역사연구소 소장 등 주요 인사들이 참가하였다.[309]

북한은 전우관이 확장된 것에 대해 "조선혁명의 영원한 추진력인 혁명적 동지애의 고귀한 전통은 주체혁명 위업의 새 시대와 더불어 더욱 찬연히 빛을 뿌리게 되었다"라고 의미 부여했다.

도상학圖像學으로 분류될 수 있는 북한 우표 발행의 주요 주제변천사를 살펴보면, 해방 직후와 조국해방전쟁 시기와 직후에는 김일성뿐만 아니

309 『로동신문』 2020년 10월 4일.

라, 다양한 항일혁명투사와 공화국 영웅들에 대한 개별 우표들이 함께 발행되어 오다가 1967년 이후에는 김일성 혁명활동 외 다른 항일혁명투사나 공화국 영웅들에 대한 우표발행이 중단되었다. 그런데 김정은 체제가 출범한 후 김정은의 특별지시로 전우관이 확장되면서 김일성과 김정일 외에 '수령의 전사'인 오중흡, 김책 등 340명의 투쟁활동을 보여주는 게시물이 추가된 것이다.

조선혁명박물관을 주제로 하는 우표는 평양의 조선혁명박물관 건물 외에 지방에 건설되어 있는 분관, 각 지에 건설되어 있는 혁명사적관 등을 소재로 발행되었다.

3) '백두혈통'과 가계家系 선전 우표

김일성과 김일성 가계에 대한 우상화 작업은 서둘러 시행되지 않았다. 김일성의 혁명활동을 소재로 조선화형식을 빌려 다양하게 우표가 발행되기는 하였지만 이때 발행된 김일성 관련 우표들은 우상화 작업보다는 항일무장투쟁의 지도자로서의 모습을 강조하는 측면이 강했다. 이와 함께 항일투쟁에 참여하였던 김책, 강건, 안길, 류경수, 김정숙 등의 항일혁명 투사 기념우표들도 함께 발행되고 있었기 때문이다.

1962년 4월 14일에 김일성의 생일 50주년을 기념하여, 〈혁명의 위대한 지도자, 항상 승리하며 강철같은 의지의 훌륭한 지휘관이자 훌륭한 군전력가인 김일성 원수〉,〈위대한 수령 김일성 원수〉등의 우표가 〈그림 25〉처럼 발행되기는 하였지만, 백두혈통 우상화관련 우표로 구분하기보다는 항일혁명 투사로서 강조하는 우표로 구분하는 것이 타당할 것이다.

김일성 가계, 이른바 '백두혈통'을 강조하는 우상화작업 첫 우표는

〈그림 25〉 위대한 수령 김일성 원수탄생 50주년 기념우표.

〈그림 26〉 최초의 백두혈통 우상화관련 기념우표1968. 4.15
우표설명:〈만경대의 위대한 수령 김일성 주석의 생가〉,〈열네살에 큰 뜻으로 천리길을 떠나시는 김일성 동지〉,〈아버님의 교양을 받으시는 김일성동지〉,〈어머님께서 애국주의교양을 받으시는 김일성동지〉

1968년 4월 15일 발행된 〈경애하는 수령 김일성 주석의 어린시절〉그림 26로 판단된다. 1968년 2월 10일까지도 '공화국 영웅'이라는 김일성 외에 이태훈, 최정운, 김화룡, 이수복, 한계열 등 다른 '공화국 영웅' 관련 우표들이 발행되었기 때문이다. 그러나 이후부터는 김일성 외에 다른 항일혁명이나 공화국 영웅에 대한 개별 우표가 발행되지 않고 오로지 김일성의 항일혁명투쟁 관련 우표들만이 발행되었다. 특히 보천보전투승리에 대한 기념우표들은 1년 중 특정 때만 발행된 것이 아니라, 특정날짜와 상관 짓기 어려울 정도로 자주 반복으로 발행되었다.[310]

하지만 다른 '항일혁명투사'인 김책, 강건, 안길, 류경수, 김정숙1962년 4월 23일자 발행에 대한 개인 초상화를 전면에 배치한 개별 우표가 발행되었지만 1967년까지 김일성 개인사를 소재로 하는 우표 발행은 없었다. 1968년 4월 15일 김일성의 67주년 생일을 맞아 처음으로 김일성의 항일혁명투쟁을 주제로 하지 않는 순수하게 김일성을 전면에 배치한 '조선인민의 경애하는 수령 김일성 원수'에 대한 우표가 발행되었고, 같은 날짜에 김일성 개인사를 소재로 하는 '경애하는 수령 김일성 주석의 어린시절'에 대한 우표 5종이 발행되었다. 우표를 활용한 김일성 우상화의 시작이었다. 1968년 4월 15일에 발행된 '경애하는 수령 김일성 주석의 어린시절' 에 처음으로 사용되기 시작한 주제들인, '만경대', '천리길을 떠나시며', '김형직', '강반석' 등의 주제들은 이후부터 계속해서 반복적으로 백두혈통의 권력 독점화에 대한 정당성 및 합리성을 설명하기 위해 사용되었다.

김일성 개인사를 다룬 우표가 발행된 후 김일성 집안을 '애국자 가계家系'라고 강조하며 일가친척을 소재로 하는 우표 발행으로 확장되었다. 가장 먼저 등장한 인물이 김일성의 아버지 김형직이다. 그는 1894년생으로 1912년 18세의 나이에 김일성을 낳았다. 당시 김형직은 숭실중학교 학생이었다. 숭실중학교는 미션스쿨이었지만, 선교사들이 내세운 교육목적뿐 아니라 독립운동에 뜻을 둔 애국청년들이 많이 모여들었다. 대표적 인물로는 상해 임시정부 의정원 초대 부의장을 거쳐 의장을 역임한 손정도 목사, 임정말기 국무위원으로 활동한 차리석, 민족시인 윤동주 등이 있

310 이우영도 자신의 연구를 통해 북한이 김일성 중심과 수령에 대한 강조가 압도적으로 많아지는 시점을 1966년으로 잡고 있다(이우영, "북한사회의 상징체계 연구", 통일연구원 연구총서 2002-05, p.5.

〈그림 27〉 불굴의 혁명투사 김형직의 혁명활동1969. 7.10
조선국민회 회원들과 비밀회의를 하는 김형직(좌)과 명신학교에서 청소년들을 애국주의 사상으로 교육하는 김형직(우)

다. 북한은 김형직이 숭실 동문을 중심으로 핵심을 조직하고 군중적 지반을 구축한 후, 1917년 3월 23일 평양 학당골에 있는 리보식의 집에서 장일환, 배민수 백세빈 동지들과 함께 '조선국민회'를 결성했다고 선전한다. 조선국민회는 1917년 가을 조직이 노출되어 김형직과 지도부 인사들은 옥고를 치렀다.

김형직과 조국국민회는 김일성에게 일생을 두고 영향을 끼쳤다. 김형직이 1926년 33세라는 아까운 나이에 고문 후유증으로 요절한 후 소년 김일성을 돌본 사람들도 바로 조선국민회 활동에 함께 했던 김형직의 동지들이었다고 한다. 김일성은 자기의 자서전인 회고록『세기와 더불어』에서 "자신이 기독교인으로부터 인간적인 도움을 받았다". "손정도 목사가 우리가 요구하는 것이면 무엇이건 다 해결해주고 우리의 혁명활동을 충심으로부터 지지해주었기 때문에 나는 그를 친아버지처럼 따르고 존경하였다"고 서술하기도 하였다.[311]

1968년 4월 15일 김일성의 생일을 기념하기 위한 "경애하는 수령 김

311 https://www.tongiltimes.com/news/article검색일: 2020.11.21.

〈그림 28〉 강반석의 혁명활동 소재 우표들. 〈강반석여사께서 탄생하셨고 김일성원수님께서 창덕학교에서 공부하실 때 계셨던 칠골집〉좌, 〈일제경찰에게 항의하시는 어머님의 강인하고 억썬 투지를 목격하고 있는 김일성 주석〉중앙, 〈부녀회원들을 반일사상으로 교육하고 있는 강반석 여사〉우

일성 주석의 어린시절" 관련 우표들이 5종 발행되었다. 이 우표는 최초로 김씨 일가의 백두혈통과 우상화를 세우기 위한 첫 사례라고 판단된다. 김일성의 고향 만경대집과 아버지 김형직과 어머니 강반석이 어린 김일성에게 애국심 교육을 시키는 모습을 통해 김일성 본인 뿐 아니라, 김씨 가문의 온 가족들이 항일운동에 선구자였음을 은연 중에 강조하고 있기 때문이다.

어머니 강반석은 1892년 5월 7일 평안남도 칠골에서 교육자이며 목회자인 강돈욱의 차녀로 태어났다. 1908년 이웃 마을에 살던 김형직과 결혼한 후 김형직의 독립운동을 적극 뒷바라지하였다고 선전된다. 김일성이 발행하는 '새날'을 배포하기도 하였고, '반일부녀회' 등을 조직하여 일제의 식민지통치를 반대하는 여성대중운동을 조직하고 지도운영하기도 했다고 한다. 북한은 이렇게 '항일여성운동의 선구자'로 추앙된 강반석에 대해 1960년대에 조선민주여성동맹의 주도로 '강반석여사 따라 배우기운동'을 실시하였다.[312].

1975년에는 "나는 열네살 때에 독립하지 않으면 다시 돌아오지 않으리라 굳게 결심하고 압록강을 건넜습니다. 그때 나는 그 누군가가 지은 〈압

---

312 조선민주녀성동맹 중앙위원회 편,『강반석녀사를 따라 배우자』,조선신보사, pp.19-68.

록강의 노래〉를 부르면서 내가 언제 다시 이 땅을 밟을 수 있을까, 내가 자라나고 선조의 무덤이 있는 이 땅에 다시 돌아올 날은 과연 언제일까, 이렇게 생각하니 어린 마음에도 슬픔을 금할 수 없었습니다."란 긴 글을 담고 있는 특이한 기념우표도 발행되었고, 이후에도 천리길 행군 기념우표들은 계속해서 발행되고 있다.

〈그림 29〉 조국해방의 큰 뜻을 품고 압록강을 건너는 김일성 주석1975. 2.3

1972년 4월 15일 김일성탄생 60돐을 맞아서는 〈만수무강을 삼가 축원합니다〉라는 대형시트지 우표가 처음으로 발행되었다. 이때부터 우표의 '인면'을 활용하는 구호口號와 도상圖像들이 결합된 선전화 우표들이 발행되기 시작하였다.

〈그림 30〉 김일성 60돐 만수무강을 축원합니다.

특히 후계자로 김정일이 등장한 후에는 우표 도상에도 문예부분이 활용되기 시작하였다. 북한은 "군중 속에 들어가서 그들의 의견을 귀담아 듣고 그들이 창발성을 내어 일하도록 적극 고무해주며 군중을 발동하여 제기된 문제들을 풀어나가는 것이 바로 영도예술이다"라고 규정하고 있다.[313]

먼저 1972년 4월 1일에는 〈성황당〉〈자위단원의 운명〉〈피바다〉 등 예술영화들을 주제로 하는 우표들이 발행되었다. 1973년 9월 1일에는 김일성 주석의 저술을 소재로 하여 〈우리의 혁명주체에 대하여〉〈김일성 저작선집〉〈우리의 사회주의 제도를 더욱 강화하자〉 등의 우표가 발행되었다.

1973년 8월 1일에는 '만수대예술단[314]'를 소개하는 우표를 통해, 춤 분야의 〈눈이 내린다〉〈사과풍년〉〈조국의 진달래〉 등을 소재로 한 우표가 발행되었다. 1974년 4월 30일에는 혁명가극 〈꽃파는 처녀〉에 대한 기념우표 4종과 대형시트 우표까지 발행되었다.

'조선화'[315]는 북한이 고구려 무덤벽화에서 그 시원을 찾아냈다는 자부심을 갖고 발전시킨 독특한 미술양식이다. 북한에서는 이 '조선화'가 조선민족의 감성에서 태어났으며 조선민족의 감성이 키워낸 어머니 젖줄[316]과 같은 양식으로 대단한 자부심을 가지고 발전시킨 북한만의 고유한 미술양식이다.

---

313 사회과학출판사, 『정치사전』, 사회과학출판사, 1973, p.314.

314 만수대예술단은 1969년 9월 27일 평양에서 창립되었다. 북한은 만수대예술단의 역할에 대해 "위대한 수령님의 주체적문예사상과 친애하는 지도자 동지의 독창적인 문예방침을 자기 활동의 지침으로 삼고 그것을 높은 사상예술적경지에서 구현함으로써 온 사회의 주체사상화 위업을 실현하는데 적극 이바지하는 것을 기본사명으로 한다"라고 규정한다. 출처: 사회과학원 주체문학연구소, 『문학예술사전(상』, 과학백과사전종합출판사, 1988, p.684.

315 북한은 조선화의 특징에 대해 "유구한 력사를 통하여 조선인민의 정서에 맞고 민족적 특성이 뚜렷이 체현되게 발전시켜온 우리나라 고유한 그림형식. 힘있고 아름답고 고상한 것이 특징이다"이라고 규정한다. 사회과학원언어학연구소, 『조선말 대사전 2』, p.238.

316 문범강, 『평양미술 조선화 너는 누구냐』, 서울셀렉션, 2018, p.47.

〈그림 31〉 김일성 저작선집 기념우표

대표적인 조선화 작품으로는 〈남강마을의 여성들〉 〈내금강의 아침〉 〈낙동강 할아버지〉 〈금강산〉 〈강선의 저녁노을〉 등이 있다. 이들 대표적 조선화들은 우표 도상으로 활용되어 조선화의 독특함과 섬세함을 통해 북한예술을 선전하는 효과를 내고 있다.

백두혈통의 계승성과 관련해 주목되는 것이 만경대혁명학원이다. 이 학원은 만경대구역에 김일성의 발기에 의해[317] 1947년 10월 12일에 '혁명자유가족학원'이라는 이름으로 세워졌다. 만경대혁명학원은 초창기에는 일제시기 만주에서 항일무장투쟁을 하다가 죽은 '혁명열사'의 유가족 자녀들을 배려하고 이들을 체제의 핵심간부로 양성하기 위한 목적으로 출발하였다. 6.25 한국전쟁 이후에는 전쟁영웅의 유자녀까지 입학대상에 포함되어 운영하였다. 현재는, 대남공작원, 공화국영웅 칭호를 받은 군인

317 사회과학출판사, 『정치 사전』, 1973, p.366.

이나 주민의 유자녀들이 주류를 이루고 있다.

이 학원 출신들은 졸업 후 군복무가 필수로 알려졌다. 군복무를 거쳐 김일성종합대학, 김일성군사종합대학 등 정치군사 분야 대학에 진학하거나 당· 군·정의 초급간부로 기용되고 있다. 이 학원 출신들은 1960년대 후반부터 북한정권의 주요간부세력으로 자리 잡았다. 혁명위업을 계승하는데 있어 중추세력으로 등장한 그룹이 바로 만경대혁명학원 출신들이었던 것이다. 북한당국이 체제의 골간, 미래의 핵심간부 양성차원에서 물질적 지원을 아끼지 않고 육성한 만큼 그 어느 그룹보다 지도자 개인에 대한 높은 충성도를 가지고 있다고 할 수 있다.

1980년대 말 전 세계적으로 사회주의권 국가들이 붕괴되는 상황에서도 북한의 독재세습체제가 흔들림 없이 튼튼하게 유지되고 있는 비결중 하나가 이러한 혁명유자녀들에 대한 북한당국의 철저한 교육과 대우도 크게 기여하고 있다고 할 수 있을 것이다.

2017년 '만경대혁명학원창립 70돐'을 맞아, 기념우표들이 대형시트 우표형식으로 3종이 발행되었는데, 김일성, 김정일, 김정은 3대에 걸쳐 혁명학원을 찾아서 혁명유자녀들과 함께 하는 모습을 보여주고 있다.[318]

북한이 혁명유자녀들을 어떠한 자세로 바라보고 있는지를 참고할 수 있도록 기념우표에 나와 있는, '만경대 혈통= 백두의 혈통'을 강조하고 자 하는 '만경대혁명학원 교가'를 소개하면 아래와 같다.

"만경봉에 해돋이가 어려/군보의 별 밝게 빛난다/성스러운 빨치산의 정신/가슴마다 우리 지녔다/혁명을 위해 우리 배우자/백두산 장수힘 키우자1절 백두산의 피줄기를 이어/혁명가로 자라는 고향/그 자랑을 붉은 줄로 새긴/우

318 김수연,"북한의 간부양성체계 연구", 경기대정치전문대학원, 박사논문, 2018, pp.245-269.

리 모습 밝고 씩씩해/혁명을 위해 배우자/우리들은 주체위업 빛내갈/만경대의 아들들이다2절

강성조선 어깨우에 떠맨, 우리들은 나어린 투사/당과 혁명 앞장에서 보위할/근위대로 준비해 간다/혁명을 위하여 배우자/백두산 장수힘 키우자/우리들은 주체위업 빛내갈/만경대의 아들들이다3절."

〈그림 32〉 만경대혁명학원창립 70돐 기념우표, 2017.

4) 당 정책 선전매체로서 북한 우표의 기능

(1) 김일성시기 당 정책 선전과 우표

1946년 3월부터 발행하기 시작한 북한의 우표는 국가미디어 매체로서 역할에 충실하였다. 특히 당과 국가의 정책을 선전 선동하는 측면이 두드러졌다. 1950년대까지는 사회주의건설 과정에서 시행된 정책들을 홍보해 주민들의 지지와 독점 권력체제에 대한 정당성 확립을 위한 선전용 우표들이 주로 발행되었다. 그러다가 1958년 9월 13일부터 16일까지 개최된 〈전국생산혁신자대회〉 기념우표부터는 당의 정책 선전과 함께 주민

들을 동원하고자 하는 목적으로 우표들이 발행되기 시작하였다.[319] 당시 발행된 우표를 보면, 남녀의 혁신자 대표들을 태운 '천리마'가 도상圖像으로 나타나고 있지만, '천리마'란 단어는 이때까지 사용되지 않았다.

천리마는 1961년 9월 11일 '조선 노동당 제4차 대회'를 선전하기 위해 발행된 우표 〈사회주의 혁명과 사회주의 건설을 영도하는 위대한 수령 김일성주석〉 〈웅대한 강령을 따라〉에도 배경으로 등장했고, 이때 처음 〈천리마 동상〉을 단독 도상으로 하는 우표도 발행되었다.

'전국생산혁신자대회'는 이후 1959년 3월 강선제강소降仙製鋼所)의 진응원陳應元이 처음 발기했다고 하는 천리마작업반운동으로 이어졌다. 천리마작업반운동은 공장뿐 아니라, 기업체·농장·학교 등 전 분야에서 노력경쟁운동 형태로 확산되었다. 이 운동에 따라 1960년대에는 천리마시대·천리마속도·천리마직장·천리마기수·2중천리마작업반 등 숱한 용어와 훈장·칭호가 등장하였다. 북한은 천리마운동을 단순한 노력경쟁으로 보지 않고 "사회주의 건설에서 당의 총노선"이라고 규정했으며, 천리마운동이 "나라의 사회주의 건설을 힘 있게 밀어주는 강력한 추동력으로서 위대한 생활력을 발휘하였다"라고 평가했다.[320] 그리고 1970년대에 들어서 1976년부터는 '3대혁명 붉은기쟁취운동'이라는 또 다른 이름의 경쟁운동으로 이어졌다.[321]

1950년대까지 우표 도상은 주로 사회주의건설 정책 홍보와 반미, 그리고 경제건설을 독려하려는 부분에 집중되어 발행되었다. 이러한 경향은 이후에도 일관되게 나타나고 있는데, 우표의 도상들에 당의 정책 내용들

---

319 '전국혁신자대회'는 노력 경쟁勞力競爭을 통하여 생산 증대를 꾀하려는 북한의 노동강화 운동의 하나로 1958년부터 본격적으로 시작되었다.

320 백재욱 저, 『천리마 운동은 사회주의 건설에서의 우리 당의 총로선』, 조선로동당출판사, 1965, p.1.

321 이항구, "천리마운동" 한국학중앙연구원, 1996. 한국민족문화대백과사전, 검색일: 2022. 5. 28.

〈그림 33〉 최초의 천리마동상 기념우표

〈그림 34〉 제4기 당 중앙위원회 5차 결성 결정을 실천하자, 1963.

이 구호로 정리되어 들어가기 시작한 것은 1960년대 초부터다.

북한은 1962년 12월에 개최된 조선노동당 제4기 5차 전원회의에서 남한에서 발생한 5.16군사쿠데타 등 새롭게 전개되는 국제정세에 대응하기 위한 전략으로 '4대 군사노선'[322]을 천명하고 군사력 강화에 치중하기 시작하였다.

---

322 북한의 4대 군사노선은 1960년대 국방력 강화를 위해 채택한 노선이며, 1962년 12월 열린당 중앙위원회 제4기 제5차 전원회의에서 정립되었다. 북한지식사전, 통일연구원, 2013, p.344

〈그림 35〉 농촌지역에서의 사상, 기술 및 문화 혁명, 1964.

〈그림 36〉 제4기 당 중앙위원회 7차 총회 결정사항실천, 1964.

이러한 정책을 반영해 1963년 12월 5일에 "제4기 조선노동당 중앙위원회 5차 총회결정사항을 실천하자"라는 제목으로 〈전 인민이 무장해야 한다〉〈기술혁신〉〈채취공업을 발전시키자〉〈사회주의 문화농촌을 이룩하자〉등의 우표들이 발행되었다.

또한 북한은 1964년 12월 30일 발행된 우표를 통해 농촌지역에서의 〈기술혁명 〉〈사상혁명〉〈문화혁명〉을 독려하는 우표들을 발행했다. 그리고 〈모두 다 천리마 대진군에로〉〈인민 소비제품 생산에서 새로운 전환을 일으키자〉〈축산업발전에서 일대 전환을 일으키자〉라는 구호를 담은 우표들도 발행되었다. 이것은 북한에서 3대혁명이란 과제가 이미 1964년 당중앙위원회 제4기 8차 전원회의에서 제기, 결정되었다는 점을 보여준다.

1964년 2월 25일 노동당 제4기 8차 전원회의에서 채택된 "사회주의 농촌문제에 관한 테제"에 대해 김일성은 3개의 기본원칙을 제시했다.

"사회주의하에서의 농민문제와 농업문제를 성과적으로 해결하기 위하여서는 농촌사업에서 반드시 세 개의 기본원칙을 확고히 견지하여야한다.
첫째는, 능촌에서 기술혁명과 문화혁명, 사상혁명을 철저히 수행하여야 하며, 둘째로, 농민에 대한 로동계급의 지도, 농업에 대한 공업의 방조, 농촌에 대한 도시의 지원을 백방으로 강화하여야 하며, 셋째로, 농촌 결의에 대한 지도와 관리를 공업의 선진적인 기업관리수준에 끊임없이 접근시키며 전인민적 소유와 협동적 소유의 련계를 강화하고 협동적 소유를 전인민적 소유에 부단히 접근시켜야 한다》김일성저작선집, 제4권 p.33-34.라고 지적하였다.《농촌에서 사상혁명을 진행한다는 것은 농민들의 낡은 잔재를 극복하고 그들을 선진적 로동계급의 사상으로, 공산주의사상으로 무장시킨다는 것을 의미한다."[323]

김일성이 제시한 농촌에서의 기술혁명, 문화혁명, 사상혁명은 이후 북한 우표의 단골 소재로 등장하였다. 1969년과 1970년에 걸쳐 〈농민들에게 계급교양〉 〈농민들에게 혁명교양을 더욱 강화하자〉 〈농민들에게 당 정책교양을 더욱 강화하자 〉 〈농촌기술혁명 과업, 관개시설, 종합적인 기계화, 전기화, 화학화〉에 대한 우표들이 발행된 것이 확인된다.

북한에서 3대혁명은 사회주의의 완전한 승리를 이룩할 때까지의 과도기적 단계에서 대내 혁명목표로 내세운 물질적 요새와 정신적 요새를 점령하기 위한 전략적 과업으로 사상혁명· 기술혁명· 문화혁명을 말한다[324].

---

323 김일성, 《김일성저작선집 》, 제4권, p.51.

324 2021년 11월 18일 북한에서는 제5차 3대혁명대회가 열렸다. 북한에서 1960년대 초부터 사용하였던 '3대혁명'을 다시금 꺼내드는 것은 사상으로 무장하고 과학기술을 통해 문화강국을 건설하겠다는 의지를 드러낸 것으로 보인다. 북한은 3대혁명을 사회주의, 공산주의건설 강령으로 규정했다. "3대혁명로선은 어제도 오늘도 변함없는 사회주의,공산주의 건설강령이며 우리 당의 총로선입니다. 우리 국가건설의 전 력사는 곧 3대혁명의 력사이며 우리는 3대혁명로선을 실현하는 길에서 사회주의완전승리도 공산주의사회도 맞이하여야 합니다." "3대혁명의 불길을 세차게 지펴올려 사회주의의 전면적발전을 이룩하자" (『로동신문』 2021년 11월 18일

〈그림 37〉 농촌의 사상혁명과 기술혁명 과업, 1969,1970.

'3대혁명'이란 단어는 1950년 말부터 약간의 시차를 두고 개별적으로 언급되다가 1964년 2월 김일성이 제시한 '사회주의농촌테제'에서 "사회주의하에서의 농촌문제 해결의 기본원칙의 하나로, 농촌에서 기술혁명과 문화혁명, 사상혁명을 철저히 수행하는 것"을 제시하면서 개념화되기 시작했고, 1970년 11월 조선노동당 제5차대회에서 "사회주의의 완전한 승리를 위한 물질적·사상적 요새를 점령하는 기본과업"으로 규정되었다. 1972년 개정된 사회주의헌법에도 제11조, 제25조, 제35조에 각각 명문화되었다. 특히 1980년 조선노동당 제6차대회에서는 3대혁명붉은기쟁취운동을 '천리마운동'을 대체하여 사회주의 공산주의건설의 총노선으로 공식 선포하였다. '3대혁명붉은기쟁취운동은 사회주의의 완전승리와 온 사회의 주체사상화를 위한 기본과업으로, 사상·기술·문화의 3대혁명을 대중 속에서 강력하게 추진하기 위해 제창된 대중동원운동으로 1975년 11월 19일 당중앙위원회 제5기 제11차 전원회의에서 발기되었다.

한편, 북한은 1968년에 〈김일성주석의 위대한 주체사상을 완전히 구현하고 독립, 자급자족, 자체방위를 관철하기 위해 전진하자〉와 〈김일성주석이 발표한 위대한 10대 정강을 받드는 당의 자위노선을 관철하자〉라는

〈그림 38〉 10대 정강 관철하자, 1968

구호를 넣은 2종의 '10대 정강' 우표를 발행했다.

정강은 정부가 국가 활동에서 지향하는 기본적인 목표와 방침, 그것을 실현하기 위한 과업 등을 정식화해서 내놓은 정치적 강령을 말한다. 흔히 새로운 정권이 수립되거나 새 정부가 조직될 때에 발표된다.[325]

북한은 지금까지 세 차례에 걸쳐 정부 정강을 발표했다. 1946년 3월 23일의 '20개조 정강'은 해방 후 첫 정권기구로 등장한 북조선임시인민위원회의 명의로 발표되었다. 주로 토지개혁 등 '민주개혁' 조치와 관련된 내용이 담겨 있다.

1948년 9월 10일 발표된 '조선민주주의인민공화국 정부의 정강'은 조선민주주의인민공화국 수립 다음날 개최된 최고인민회의 제1차 회의에서 김일성 수상이 직접 발표하였다. 여기에는 북한이 한반도의 통일정부라는 것, 대한민국 정부는 괴뢰정부이며 불법한 존재라는 것, 남한에서도 북한에서 실시된 민주개혁공산화개혁이 실시돼야 한다는 점 등을 천명하는

325 북한의 『정치용어사전』구월서방, 1971은 정부 정강에 대해 "이미 전취한 성과들을 법적으로 고착시킨 헌법이나, 혁명의 종국적 목적과 장기간의 전략적인 혁명임무를 규정한 정당의 강령과 구별된다"고 밝히고 있다. 이는 조선민주주의인민공화국 정부 정강이 조선노동당 강령과 구별된다는 점을 명시한 것이다.

내용이 담겨 있었다.

그리고 1967년 12월 16일 최고인민회의 제4기 1차 회의에서 발표된 '10대 정강[326]'이 있다. '국가 활동의 모든 분야에서 자주, 자립, 자위의 혁명정신을 더욱 철저히 구현하자'는 제목아래 10개 항목으로 구성되어 있기 때문에 통상 '10대 정강'이라고 부른다. 김일성은 1967년 5월 당중앙위원회 제4기15차 전원회의에서 갑산파를 제거하고 유일체제를 구축하게 되는데 그해 말에 정부 정강을 새로 채택했다. 노동당 내 유일체제 확립을 계기로 김일성 주체사상을 정부의 정책과 활동의 지도적 지침인 정부 정강에 구체화시킨 것이다. 이 정강에서 김일성은 주체사상이 혁명과 건설을 수행하기 위한 맑스-레닌주의적 지도사상이며 모든 국가 활동의 지도적 지침이라는 점을 분명히 했다.[327]

북한의 주체사상은 '사상에서의 주체'를 시작으로, 1956년 '경제에서의 자립', 1957년 '정치내정에서의 자주', 1962년 '국방에서의 자위' 그리고 1966년 '정치외교에서의 자주'를 표방하면서 이론적 체계화를 구축하였다.[328]

북한은 당대회가 열릴 때마다 기념우표들을 발행하고 있다. 북한에서 당대회 기념우표는 1961년 9월 제4차 당대회부터 발행되기 시작했다. 1970년 11월 2일부터 13일까지 12일 동안 열린 조선노동당 제5차 당대회

---

326 10대 정강은 ①김일성동지의 주체사상을 모든 부문에 구현하여 자주, 자립, 자위의 로선을 철저히 관철하자, ②남조선혁명을 지원하며 조국통일의 혁명적대사변을 주동적으로 맞이하자, ③사상혁명과 문화혁명을 더욱 힘있게 추진하여 사회의 모든 성원들을 혁명화, 로동계급화하자, ④관료주의를 없애고 혁명적군중관점을 철저히 확립하자, ⑤사회주의경제건설을 촉진하기 위한 과업, ⑥나라의 과학기술발전을 촉진하며 사회주의적문화를 건설하기 위하여 완강히 투쟁하자, ⑦나라의 방위력을 더욱 강화하고 전국적, 전인민적 방위태세를 갖추기 위하여 모든 힘을 다하자, ⑧다른 나라들과 경제적관계를 맺고 대외무역을 발전시키기 위한 과업, ⑨해외동포들의 리익과 민족적권리를 옹호하기 위하여 적극 투쟁하자 등이다. 참고: 통일부 북한자료센타 요약.

327 출처: NK조선2013년 10월 30일, 검색일: 2022.5.31.

328 김일성, 『우리 당의 주체사상과 공화국정부의 대내외정책의 몇 가지 문제에 대하여』, p.1.

를 기념해 발행한 우표를 대표적으로 들 수 있다.[329]

당 대회 총화보고와 결정사항들은 주요 구호들로 정리되어 〈위대한 지도자 김일성동지〉 〈주체사상의 완전한 승리〉 〈사회주의 경제건설 공업〉 〈농업〉 〈문화건설〉 〈인민생활 수준의 균형발전〉 〈국방력 강화〉 〈남조선 혁명과 조국통일〉 〈재일동포들의 투쟁〉 〈세계혁명군과 단결을 강화하기 위하여〉등의 우표들로 발행되었다. 특이한 점이라면, 제5차 당 대회 기념우표 발행 우표 중 마지막 우표, "세계 혁명군과 단결을 강화하기 위하여" 우표가 도안 중에 실수로 세계인민들이 겨루고 있는 총과 칼의 대상이 U.S. United States가 아니라, S.U. Union Soviet로 인쇄되어 배포된 것을 뒤늦게 발견해서 급하게 거두어 들였다는 것이다.[330]

1970년대에 특징적으로 등장하는 우표 도상은 문화예술과 관련된 것이다. 먼저 1930년대 항일무장투쟁을 소재로 한 예술영화를 들 수 있다. 1972년 4월 1일에 영화예술 관련 첫 우표가〈성황당〉 〈한 자위단원의 운명〉 〈피바다〉 〈꽃파는 처녀〉등 4종이 발행되었다. 이들 예술영화들은 후에 혁명가극으로도 제작되어 오늘날까지도 북한체제에 대한 선전을 담당하는 국가미디어 역할을 수행하고 있다.[331]

다음으로 '조선화'를 도상에 활용한 우표들이다. '조선화'는 북한이 고구려 무덤벽화에서 그 시원을 찾아냈다는 자부심을 갖고 발전시킨 독특한 미술양식이다.[332] 북한에서는 이 '조선화'가 조선민족의 감성에서 태어

---

329 김효승, " 조선로동당 제5차 당대회", 2020, 경기정치전문대학교, pp.34-35.

330 S.U.로 잘못 인쇄되어 배표되었던 우표들은 수집상들 사이에 고가로 판매되고 있다.

331 사회과학출판사, 『사회과학원 정치용어사전』, 1970, p.189.

332 "유구한 력사를 통하여 조선인민의 정서에 맞고 민족적 특성이 뚜렷이 체현되게 발전시켜 온 우리나라 고유한 그림형식. 힘있고 아름답고 고상한 것이 특징이다."사회과학원언어학연구소, 『조선말 대사전 2』, p. 238.

〈그림 39〉 조선노동당 제5차 당대회 주요 구호우표, 1970.

났으며 조선민족의 감성이 키워낸 어머니 젖줄[333]과 같은 양식으로 대단한 자부심을 가지고 발전시킨 북한만의 고유한 미술양식이다.

---

333 문범강, 『평양미술 조선화 너는 누구냐』, 서울셀렉션, 2018, p. 47.

〈그림 40〉 영화예술 관련 우표, 1972.

조선화에 대해서 김일성은 "조선화는 동양화의 고유한 미술형식으로서 힘있고 아름답고 고상한 것이 특징입니다"[334]라고 했고, 김정일 또한 "조선화는 우리 인민의 정서에 맞는 미술형식이다. 조선화에는 유구한 력사를 통하여 이루어진 우리 인민의 고유한 민족적특성이 뚜렷하게 재현되여 있다"라고 평가했다.

이러한 조선화에 대해 문학예술사전에서는 " 조선화는 힘 있고 아름답고 고상한 조선화의 특징은 간결하고 선명한 화법의 특성에 의하여 담보되고 있다"고 설명하면서 조선화의 특징을 "강조와 생략"을 통해서 가장 본질적이고 특징적인 부분을 부각시키고 집약화해서 다른 부분에 대해서는 간략화해서 간결하게 그리는 것으로 설명하고 있다. 북한이 자랑하는 조선화를 그리는데 쓰이는 색깔들은 그 대부분이 자연에서 얻은 색들로 색이 잘 변하지 않고 아름답고 부드러운 것이 특징이다. 조선화 색감

334 김일성, 『김일성 저작집 20권』, p.473.

〈그림 41〉 대표적 조선화 우표들

은 식물의 꽃, 줄기, 뿌리를 가공하여 만든 식물성 색감과 흙이나 보석 등에서 얻어내는 색감, 조개껍질을 가루내어 만드는 색감, 나무나 기름을 태워 만드는 색감 등이 있다.

북한은 천수백 년이 지나도 생생하게 보존되어 있는 고구려 무덤벽화라든가 단청무늬의 색감들이 선조들이 이룩한 색감제조의 높은 기술을 보여주고 있다고 평가한다. 대표적인 조선화 작품으로는 〈남강마을의 여성들〉〈내금강의 아침〉〈낙동강 할아버지〉〈금강산〉〈강선의 저녁노을〉 등이 있다. 북한은 이들 대표적 조선화들을 우표로 발행하여 조선화의 독특함과 섬세함에 대한 탁월한 미술장르를 통해 북한예술에 대한 선전효과를 보고 있다.[335]

북한당국에 의해 생산되는 문헌 중에서 북한의 새해계획을 들여다 볼 수 있는 가장 쉽게 접할 수 있지만 가장 정확하게 들여다 볼 수 있는 창window이 매년 새해 첫 발행되는 '새해 우표'이다. 북한에서 새해 우표가 처음 발행된 것도 1970년대이다. 첫 새해 우표는 1977년 1월 1일에 "위대한 수령님의 만수무강을 삼가 축원합니다"라는 인사말과 함께, '만경대 고향집' 위로 밝게 내리쬐고 있는 햇살을 강조해서 제작되었다.

---

335 사회과학원 주체문학연구소, 『문학예술사전중』, 평양: 과학백과사전종합출판사, pp. 508-509.

〈그림 42〉 새해기념 우표들1977년/1986년/1989년/2002년

이후 새해 우표는 거의 매년 발행되고 있다. 김정은이 후계자로 결정된 후 발행된 2010년 새해 우표 도상은 노동당창건기념탑[336]을 소재로 하고, 주요 구호로 "조선 인민의 모든 승리의 조직자이며 향도자인 조선로동당 만세!"와 모든 인민들을 대표하는 낫농민, 망치산업근로자, 붓지식인과 보조적으로 '백전', '백승' 그리고 '강성대국'과 눈 덮인 소나무들로 제작되었다. 모든 인민들이 똘똘 뭉쳐서 조선노동당을 중심으로 해서 어려운 상황을 극복하고 강성대국으로 나아가자는 선전 내용을 담고 있었다.

김정은 체제가 출범한 후 발행된 2013년과 2014년 새해 우표 도상은 우아할 정도로 단순하게 연속적으로 눈 덮인 소나무와 천리마기념탑을 배경으로 하면서 현대적으로 건설된 평양시 창전거리를 담았다. 새로운 지도자 김정은을 중심으로 일심단결하면 창전거리에 현대적인 아파트에서의 삶이 곧 현실화 될 수 있다는 내부 인민에 시선을 맞춘 메시지 전달

336 당창건기념탑은 위대한 수령 김일성동지께서 혁명적당건설위업에 쌓아올리신 불멸의 업적을 후손만대에 길이 전하기 위하여 조선로동당창건 50돐을 맞으며 세운 기념비적건축물이다. 기념탑은 우리 당의 구성부분을 상징하여 로동자, 농민, 지식인이 틀어쥔 마치와 낫, 붓을 형상한 50m높이의 탑신과《조선인민의 모든 승리의 조직자이며 향도자인 조선로동당 만세!》라는 구호를 부각한 원형띠내부직경 42m, 외부직경 50m,《ㅌ.ㄷ》를 뿌리로 하는 우리 당의 장구한 력사를 의미하는 기단직경 70m, 우리 당의 영광스러운 력사적로정과 자랑찬 위용을 생동하게 보여주는 세편의 동부각상높이 4.1m, 한편의 길이 28m으로 이루어졌다http://web-uridongpo.com/검색일: 2023.1.7.

〈그림 43〉 김정은 시기 새해우표2010/2014/2017

이었다.

2017년 새해우표의 도상은 앞에 눈 덮은 소나무가 존재하지만, '과학기술전당'을 우표 전체 배경으로 했다. 과학기술핵과 미사일을 포함한을 앞세운 당 정책으로 인해 외부로부터 침공당하지 않을 것이니 경제적으로 부강해질 수 있다는 선전효과의 표현이었다.

2009년 1월 김정은이 후계자로 공식화된 이후 5차례의 핵실험과 6차례에 걸친 인공인공을 포함한 장거리미사일ICBM시험발사가 있은 후 마침내 2017년 11월 29일에 '국가 핵무력 완성'을 선언하였다.

2018년 4월 20일 '경제건설 총집중노선'[337]을 천명한 이후 2018년 대한민국 평창올림픽에 북한이 참여하면서 남북한 관계는 물론 북미관계도

---

337 김정은 체제가 2013년 3월 당중앙위원회 전원회의에서 공식적으로 내세운 국가핵심전략은 '경제건설과 핵무력건설 병진노선'이었다. 핵무력을 증대하여 전쟁억지력과 방위력을 갖추고 국가안보를 확보하여 경제건설에 진력하겠다는 것이다. 북한에서는 병진노선을 '정의의 핵보검'이라 하며, 항구적인 국가전략노선이라 하였다. 2016년과 2017년 동안에 경제발전 5개년 계획을 추진하는 등 인민생활향상에 힘을 쏟기도 하였지만, 수차례의 핵실험과 미사일 시험발사를 강행하면서 '국가핵무력건설'을 완성하였다. 2018년 김정은 위원장은 신년사를 통하여 자신들은 어떠한 위협에도 대응할 만큼 '강한 전쟁억제력'을 갖추어 미국도 어찌하지 못할 것이라 하면서도, 남북정상회담을 바로 앞둔 2018년 4월 20일 당중앙위원회 전원회의를 개최하여 병진노선의 전략을 수정하였다. 병진노선의 과업 완수를 선언하고 '경제건설 총력집중'노선이라는 새로운 국가전략을 제시하였다. 이는 대내외정책의 방향 전환을 의미하는 것으로 비핵화에 대한 실행의지도 포함되었다. 김창희, 한국정치정보학회, 『정치정보연구 Vol. 22, no. 2, 통권 49』, 2019, p. 28

좋아 보였다. 2019년 '새해우표'의 도상을 보면, 이 우표도상만을 보고서 이 우표가 지구상 최빈국이자 동족간에 전쟁이 휴전 중인 국가이자 미국이 주도하는 최고로 강력한 국제제재를 받고있는 '조선민주주의인민공화국'의 '새해우표'라는 것을 짐작할 수 있는 사람들은 없어 보일정도로 해맑게 웃고 있는 아들, 딸과 젊은 부부가 발전된 평양의 창전거리를 걸어가는 모습의 우표였다. 아마도 북한에서 발행된 우표 중 가장 행복한 가정 모습을 보여주는 우표라고 생각된다.

2019년 새해우표 도상으로 비정치적, 비경제적 순수한 한 가정의 행복한 모습을 주제로 삼은 것은 평창올림픽 참가 후에는 남북관계는 물론 북미관계도 순탄하게 풀려나갈 수 있으리라 생각했던 것으로 유추된다. 2018년 3월에 김정은 정권 들어 최초의 북·중 정상회담을 마친 후 4월 27일에는 남북정상회담, 6월 12일에는 북·미 싱가포르 정상회담 등이 연이어 개최됐기 때문이다. 2019년에는 "희망찬 새해"를 기대해 볼 수 있는 분위기가 충분하게 조성되어 있었던 것이다. 하지만, 국제관계 특히 북-미 관계의 경우에는 관련된 사안들이 너무나도 복잡하고 중첩되어 있어 새해우표 발행 후 두 달 후에 열린 제2차 북·미 정상회담 결렬로 인해 그 후유증의 충격은 대단히 클 수밖에 없었다.

2009년 김정은이 후계자로 공식적으로 등장한 이후 단 한 번도 건너뛰지 않았던 신년사도 2020년과 2021년 두 해 동안 연속적으로 생략되었다. 이런 현상은 북한이 2019년 2월에 베트남 하노이에서의 북·미 정상회담 결렬을 예상치 못했었기 때문에 "플랜 B"에 대한 준비가 충분히 안 되었기 때문으로 풀이된다.

2020년 새해우표의 도상은, 다시, "천리마를 탄 노동자, 농민, 지식인", "과학의 전당", 그리고 구호로는 "자력갱생'을 내세우는 눈 덮인 국수國樹

소나무[338]로 제작되었다. 이는 험난한 상황이라 할지라도 노동자, 농민, 지식인이 똘똘 뭉친 천리마정신으로 과학기술을 앞세워 극복하겠다는 의지의 천명이었다. 2021년에 새해우표 도상으로는 평양종[339], 눈 덮인 소나무, 평양시로 '구호'는 생략되어 제작되었다. 2020년에 이어서 2021년도 험난한 상황일지라도눈 덮인 소나무, 재해와 재난을 알려준 평양종과 같이 깨어 있어, 우리의 시간으로평양시 만들어 가겠다는 의지의 천명으로 풀이된다.

한편 김일성시대에는 김일성 주석이 아이들과 함께 있는 모습이 선전사진으로 많이 활용되었는데, 소년단원과 함께 있는 모습이 그 중의 하나이다. 이러한 모습은 우표 도상으로도 자주 채택되었다. 북한은 1974년 소년단 창립을 축하는 소년, 소녀들에게 둘러싸여 있는 모습의 김일성의 모습과 위에 길게 김일성 말씀을 넣은 기념우표를 발행하였다. 2012년 김정은이 첫 번째로 참가한 첫 번째 공식행사도 '소년단 창립 66돐기념행사'였다.

북한의 '소년단'은 1946년 6월 6일 북조선민주청년동맹현 사회주의애국청년동맹산하에 조직된 소년 단체이다.[340] 북한은 해방 직후부터 문맹퇴치운동의 일환으로 각급 학교를 신설하면서 인민학교현 소학교를 세우고 교내에 소년단 조직을 만들었다. 이러한 교육제도를 말미암아 북한주민들은 소

---

338 "소나무는 설한풍속에서 푸른 빛을 잃지 않으며 바위에도 뿌리를 내리는 억센 나무이다. 소나무는 우리 민족의 강의한 의지의 상징으로, 민족적기상과 슬기의 상징으로 여겨왔다. 소나무는 죽을지언정 변치 않는 굳은 절개와 기상을 담으며 대대로 사랑해온 우리 인민의 남다른 민족적정서는 만경대가문의 고결한 애국의 력사속에 더욱 빛을 뿌리였다"로 설명하면서, 소나무를 김일성의 아버지 김형직의 아호인 '지원志遠으로 연결해 설명하고 있다. www.ryugyongclip.com/index.php?lang:검색일: 2022.12.17.

339 평양시 대동문결 종각에 걸려있는 종. 원래 대동문 위층 다락에 달았던 것을 1714년에 모란봉 북성의 부장대에 옮겨달았다가 화재로 깨어지자, 1726년에 다시 부어만든 것이 곧 오늘의 종이다. 옛날 성문을 열고 닫는 시간을 알렸는데   으며 경사와 재난 등을 있을 때도 썼다. 출처: 『조선말대사전 2』, 사회과학출판사, 1992, p.803.

340 김정은 총비서는 2023년 1월 2일 제9차 조선소년단 대회에 직접 참가해서 축하했다. 내나라:http://www.naenara.com.kp/검색일: 2023.1.7.

〈그림 44〉 행복한 가정 새해우표 2019, 자력갱생 2020

〈그림 45〉 소년단 창립을 축하는 김일성1974과 김정은2012

학교 2학년부터 소년단에 의무적으로 가입해 어린 시절부터 조직생활을 하게 된다. 소년단은 만 7세부터 13세에 해당되는 소학교와 초급중학교 남녀 학생들로 이루어지고, 현재 단원 수는 300여만 명으로 추산된다.

북한은 2012년 6월 6일 소년단 창립 66주년을 맞아 김정은이 직접 참석하는 등 대대적인 전국연합행사를 열었다[341]. 대를 잇는 최고지도자들의 소년단에 대한 이러한 관심과 특별한 배려는 "인간의 기본성격이 소년, 유년기에 형성되어 성인기까지 지속된다"는 인간 기본욕구의 계층이론[342]을 상기해 볼 때 북한의 지도자들 또한 소년, 서녀들이 자신들의 생각이 굳어지지 전에 어린 학생들에게 애민적인 행동을 보여줌으로써 자

---

341 통일교육원 교육개발과, 『북한지식사전』, 통일교육원, 2013, pp.405-406.

342 Abraham H. Maslow, 『Motivation and Personality』, N.Y. Harper, 1956. 박상철, "북한학강해" p.138에서 재인용.

주적으로 최고지도자를 중심으로 하는 일심단결을 추동케 하고자 하는 의도로 보인다.

(2) 김정일시기 당 정책 선전과 우표

북한에서 붉은기는 "로동계급의 혁명사상을 상징하는 깃발"이다. 이런 상징성 때문에 북한에서는 어려운 상황에 부딪치게 될 때 유독 붉은기와 붉은기운동을 강조하였다. 천리마운동이 1956년 이후 큰 물결을 타고 큰 성과를 거두고 있었지만 잘 달리는 말에 채찍을 때리듯이 1960년 8월 김일성은 조선인민군을 당과 수령께 끝없이 충직한 참다운 주체형의 공산주의 혁명가로 키우며 군사임무수행에서 집단적 영웅주의와 혁신에로 불러일으키는 것을 목적으로 붉은기중대운동[343]을 전개하기도 했다.

중국 덩샤오핑이 1978년 개혁개방을 본격화시킨 후 1978년 중·일 평화우호조약에 이어 1979년 중국과 미국이 국교를 정상화하는 과정을 지켜보면서 북한은 위기감이 고조될 수밖에 없었다. 또한 1971년부터 1976년까지 추진된 6개년 경제계획도 1973년부터 시작된 세계적인 오일쇼크 현상과 북한의 주요 수출품이었던 아연과 동銅에 대한 1차 생산품에 대한 가격이 40%씩이나 하락해 당초 목표달성에 실패할 수밖에 없었다. 미국 CIA에서는 1976년부터 북한의 경제가 남한에 추월당했다는 보고서를 내기도 하였다.[344]

---

343 사회과학출판사 앞의 사전, p. 1528.

344 표언구,『북조선로동당 당대회 요약집』, 2020, p. 40.

345 김일성은 붉은기를 공산주의자들의 혁명적 가치로 중히 요긴다. 1959년부터 붉은기 운동이 전개되었고, 이후 각급 단체의 조직선전부문에 6개 붉은기과라는 부서가 생겼다. 북한에서 "붉은색은 위대한 수령님의 한생이 어리어 있고, 경애하는 장군님의 혁명철학이 깃들어 있는 색"이라 하고 있다. 이우영, 앞의 책, pp. 23-24

〈그림 46〉 붉은기와 붉은기[345] 중대운동

이러한 상황 하에서 조선노동당 제6차 당대회[346]가 제5차 당대회 후 10년 만인 1980년 10월 10일~14일까지 5일간 평양 4.25 문화회관에서 진행되었다. 6차 당 대회에는 사회주의를 지향하는 국가들인 중국, 소련, 유고, 체코, 루마니아 등 세계 각국의 117개 대표단이 초청되었다. 제6차 당대회의 구호는, " 조선로동당 창건 35돐과 당 제6차 당대회를 높은 정치적 열의와 빛나는 로력적 성과로 맞이하자"는 구호가 제시되었다.

---

346 제6차 당대회 결정사항중 가장 중요한 두 가지로는, 당의 지도이념에서 '맑스-레닌주의'가 삭제되고 김일성의 주체사상이 당의 유일적 지도지침이 되었다는 것과, 남조선 혁명론의 변화이다. 이승열, "조선노동당 규약 개정의 주용 내용과 시사점", 국회입법조사처『이슈와 논점 제1852호』, 2021년 7월 5일.

제6차 당대회 결정사항 중 주요 특징으로는 북한이 그동안 견지해 오던 '맑스-레닌주의 + 주체사상사상'에서 '주체사상'으로 당의 지도이념을 단일화하였다는 것과 그동안 '당 중앙'으로 불리던 김정일의 모호한 호칭이 6차 당대회를 통해 공식적인 후계자로 선포되었다는 것이다. 제6차 당대회 총화 12개 사항 중 정치6개, 경제3개, 외교3개로 분류해 볼 수 있으며 정치적 내용은 모두 김일성의 유일사상에 관한 내용이었다. 당 정책상으로는 김일성이 주장한 사상·기술·문화의 3대혁명에 대한 내용과 온 사회를 주체사상화 하는 것, 온 사회의 혁명화·노동계급화·인테리화에 대한 것이었다.

북한은 이러한 제6차 대회를 상징하는 정책을 도안으로 선택해 〈조선로동당 마크〉 〈위대한 주체사상 만세!〉 〈사상도, 기술도, 문화도 주체의 요구대로〉 〈생산도, 학습도, 생활도 항일유격대식으로!〉 〈자력갱생의 혁명정신〉 〈문화예술의 개화발전〉 〈조선은 하나이다〉 〈당의 영도따라 새로운 승리를 향하여 총진군 앞으로〉 〈조선화《몸소 고난의 앞장에 서시여》〉 〈조선화 《석탄전사들을 현지에서 고무격려하시는 위대한 수령님》〉 등의 우표를 1980년 7월 30일에 발행하였다그림 47. 이어서 제6차 당대회 중앙위원회 사업총화로 결정된 사항들에 대해서 다시 1981년 3월 15일에도 우표로 제작되었다.〈온 사회를 주체사상화하자〉 〈온 사회를 혁명화, 로동계급화, 인테리화하자 〉 〈인민경제의 주체화, 현대화, 과학화〉 〈전력 1000억kWh, 석턴 1억 2000만t〉 〈강철 1500만t, 유색금속 150만t〉 〈세멘트 2000만t, 화확비료 700만t〉 〈수산물 500만t, 천 15억m〉 〈알곡 1500만t, 간석지 30만 정보 개간〉 〈고려민주련방공화국 10대시정방침〉 〈자주, 친선, 평화〉등을 소재로 발행되었다그림48.

특히 1980년대에는 김정일이 주도하는 온 사회의 주체사상에 대한 강조되는 우표들이 반복적으로 발행되었다. 1982년 2월 16일 김정일 탄생

〈그림 47〉 조선로동당 제6차대회, 1980.

〈그림 48〉 조선로동당 제6차대회 결정관철을 위하여, 1981.

〈그림 49〉 당의 영도아래 번영하는 조선, 1982.

40주년에도 김정일을 강조하는 우표 도상이 아니라, 당 결정사항에 대한 정책관철을 독려하는〈온 사회를 주체사상화하자〉〈자동화된 철생산기지〉〈사회주의문화농촌〉〈영화예술의 대전성기〉〈모두 다 속도전 앞으로〉〈당의 해빛은 외진 등대섬에도〉〈기념비적 건축물들 〉등의 우표가 발행되었다. 당시만 해도 김정일을 김일성과 동일선상에 올려 보려는 의도가 없었음을 유추해 볼 수가 있다.

북한은 1980년 제6차 당대회를 통해 김정일이 공식적으로 후계자임이 선언된 뒤 7년이 지나서야 김정일을 주제로 하는 우표를 발행하기 시작하였다. 첫 우표의 도상은 1987년 2월 16일에 발행된 "친애하는 지도자 김정일 동지"로 명명된 김정일을 전면에 등장시킨 우표였다. 그후 1989년 2월 김정일 탄생 기념일에는 〈김정일화〉와 〈김정일화에 대한 노래가사〉를 주제로 해서 발행되었다. 백두혈통으로의 권력 세습에 대한 정당성 확립을 위한 준비단계였다.

김정일화花는 김정일을 상징하는 우상화로서 1988년 2월 김정일의 46회 생일 때부터 소개되기 시작했으며 '불멸의 꽃'으로도 불린다. 북한자료에서는 일본의 원예학자인 가모 모도데루가 "조선인민과 일본인민들 사이의 우호와 연대성, 세계평화위업에 공헌하고 계시는 친애하는 김정일 동지를 흠모하여 그의 존함과 결부시켜 꽃의 이름을「김정일화」로 명명하고 1988년 2월 16일에 즈음하여 그 꽃을 김정일 동지께 바치었다"고 주장한다.

김정일화는 김정일 우상화라는 특성에 맞춰 김정일을 찬양하는 내용의 시·대중가요의 소재로도 널리 사용되었다. 대중가요로는 박미성 작곡·우정희 작사 〈김정일화〉라는 노래가 대표적인 것으로 꼽힌다.

1989년 9월에는 백두산에서 발견되었다는 항일무장투쟁시기의 '구호나무'[347]들에 대한 우표들이 발행되었는데, 〈이천만 겨레여 조선의 항일여장수 솟아났다김정숙〉 〈백두산의 광명성 빛나는 조선의 미래 찬란하다〉 〈백두산 장수별 삼천리를 비친다〉등이다.

구호나무란 항일혁명투쟁 당시 빨치산대원들이 껍질을 벗겨 구호를 새겨 넣은 나무를 말하며 구호문헌이란 이러한 구호나무에 새겨진 있는 김일성, 김정일 찬양 글귀를 의미한다. 구호나무는 1961년에 처음으로 19그루가 발견되어 공개된 바 있으나 이를 본격적으로 발굴해 김일성, 김정일 우상화에 이용하기 시작한 것은 1987년 2월 김정일의 45회 생일 무렵부터였다.

---

347 "항일혁명투쟁시기 조선인민혁명군 대원들과 혁명조직성원들이 조국광복의 불타는 일념을 담아 구호들을 쓴 나무, 생나무의 껍질을 벗기고 거기에 썼다." 조선과학출판사, 앞의 사전, p. 322.

북한은 구호나무 발굴 초기에는 백두산일대에서 김일성에 관한 구호문헌들이 발굴되었다고 주장, 발굴사업과 구호문헌의 내용을 일부지역과 김일성에 국한시켰으나 시간이 흐르면서 이를 북한 전역으로, 김일성은 물론 김정일, 김정숙에게까지 확대됐다. 북한 주장에 따르면 구호나무 및 구호문헌은 1991년 2월 현재 북한 전역에서 약 1만2천여 점이 발굴됐다. 구호문헌 가운데 김일성과 김정일에 충성을 다짐하는 글귀가 새겨져 있는 것은 특별히 「충성구호」로 불리는데 1990년 2월 현재 모두 1,810점이 발굴됐다. 이중 김일성과 관련된 것은 1,260점이고, 김정일을 대상으로 한 것 210점, 김정숙을 칭송한 것 330점 등이 발굴되었다고 발표되었다. 대표적인 충성구호들은 우표로도 발행되었다.[348]

1992년 2월 16일 김정일 탄생기념일에도 백두산 밀영집, 백두산전경, 백두산천지, 삼지연가, 김정일이 백두산 정상에 서 있는 〈백두의 눈보라〉가 조선화 형식으로 제작되었다. 우표 도상의 이러한 변화를 살펴보면, 북한이 백두혈통으로의 권력세습을 위해 치밀하게 오랜 세월 동안을 준비하였으며, 서두르지 않고 주민들의 의식 속에서 자연스럽게 김정일의 항일투쟁과 연계지어 가고 있음을 알 수가 있다.[349]

1993년 김정일 탄생 기념우표는 김일성주석이 김정일을 위한 광명성 찬가를 쓰고 있는 모습의 우표 1종과 김정일화[350]를 주제로 한 1종 등 2종이 발행되었다. 1994년 김정일탄생 기념우표로는 〈주체의 태양〉이라는 제목으로 조선화 형식이 아닌 수예로 만든 대형 걸개형식으로 김일성과 김정일이 나란히 서 있는 모습과 김일성화와 김정일화가 주변에 만발해

---

348 북한문제연구소 간, 『북한용어 300선집』, 내외통신사, 1993, p.365, p.379.

349 이우영, 앞의 논문, p.96.

350 북한에서는 김일성화와 김정일화에 대한 꽃전시회가 주요 경축일에 열리고 있다.

〈그림 50〉 김정일 관련 최초의 우표, 1987.

있는 도상으로 제작되었다. 이후부터는 김정일이 전면적으로 우표 도상의 주인공으로 등장하게 된다.

1970년대부터 진행된 김일성 항일투쟁 전설 출판 사업에서 김일성은 '백두산의 장군별'로 묘사되었고, 1980년대 후반부터 구호나무 발견 등 백두산과 관련하여 김정일의 탄생에 관한 신화 창조가 시작되었다. 북한은 1987년 2월 김정일의 출생지로 선전된 백두산밀영을 일반에 공개했고, 1988년 11월 백두산 밀영을 바라보는 봉우리를 '정일봉'이라고 명명했다. 특히 1992년 2월 16일 김정일의 50세 생일을 맞아 김일성 주석이 쓴 '광명

성 찬가'는 북한의 극단적인 상징 창조를 잘 보여준다.[351]

김일성주석의 사망 전인 1994년 6월 19일에는 특별히 기념할 만한 기념일도 아닌데도 '김정일 동지께서 당사업령도 30돐' 기념 우표가〈꺼질 질 모르는 당중앙의 불빛〉〈백두산은 조선의 기상입니다〉〈대자연개조의 웅대한 전망을 펼치시며〉〈혁명영화 '조선의 별' 촬영현장을 찾으신 위대한 령도자 김정일동지〉〈청류관을 찾은신 위대한 령도자 김정일동지〉〈백승의 대오〉등의 주제를 가지고 대형시트지 1종과 함께 별도로 김정일을 주제로 하여 발행되었다그림 52.

이와 같이 우표의 주제가 김일성에서 김정일로 변경되는 우표의 도상을 분석해 보면 1994년 7월 8일 김일성주석이 사망하기 전에 이미 건강상에 상당한 문제들이 있었을 것을 추론해 볼 수 있다.

1994년 7월 김일성 주석의 사망과 함께 북한은 '고난의 행군'이라고 명명된 엄혹한 시기를 맞이했다. 전통적인 우방인 중국과 러시아가 등을 돌렸고, 아사자가 속출할 정도로 체제 위기에 봉착했다. 북한은 다시 '붉은기'와 '붉은기사상'을 선전구호로 꺼내들었다. 그리고 '우리식 사회주의'를 주장하며 군대를 앞세운 선군정치로 체제위기를 극복해 나가겠다는 의지를 표명했다.

1997년 북한은 '선전화'로 명명한 우표 3종을 발행했다.〈주체의 사회주의기치 만세!〉〈온 사회를 우리 당의 붉은기사상으로 일색화하자!〉〈고난의 행군에서 영예로운 승리자가 되자!〉등의 구호가 담겨 있다. 붉은기와 붉은기 사상은 북한이 어려움에 직면할 때마다 사용하는 상투적

351 '광명성 찬가'는 "백두산 마루에 정일봉 솟아 있고/ 소백수 푸른 물은 굽이쳐 흐르누나/ 광명성 탄생하여 어느덧 쉰 돌인가/ 문무충효 겸비하니 모두가 우러느네/ 만민이 칭송하는 그 마음 한결같아/ 우렁찬 환호소리 하늘 땅을 뒤흔든다."라는 내용을 담고 있다.『로동신문』, 1992년 4월 27일.

〈그림 51〉 광명성 찬가 기념우표, 1993.

〈그림 52〉 위대한 령도자 김정일동지께서 당사업령도 30돐, 1994.

인 선전구호였지만 당시 우표 도상에서는 무언가 허공의 선전 메아리처럼 허전해 보인다.

3년간 '고난의 행군' 시기에 위축되었던 북한은 1997년 9월 9일 공화국 창건일에 맞추어 '주체연호' 시행을 공포하였다.[352] 자신감이 되살아났음을 표현하는 행위였다. 주체연호는 김일성의 출생연도인 1912년을 원년으로 하는 북한의 연도 표기 방식이다. 북한은 김일성의 사망 3주기를 기해 종래 사용해 오던 연도표기 방식인 '서기西紀를 대신해 그의 출생 연도인 1912년을 '원년'으로 하는 '주체연호' 사용할 것을 1997년 7월 8일 당중앙위원회, 당중앙군사위원회, 국방위원회, 중앙인민위원회, 정무원현 내각 5개 기관의 공동결정서 〈위대한 수령 김일성 동지의 혁명생애와 불멸의 업적을 길이 빛내일데 대하여〉를 통해 주체연호와 태양절4월 15일을 제정하기로 하였다.

352 대한민국 정책브리핑www.korea.kr,1999.09.16. 국정홍보처

〈그림 53〉 고난의 행군시기 선전화, 1997.

이후 북한에서는 1997년 9월 9일부터 서신거래와 언어생활을 비롯한 일상생활에서 연도표기와 표현에서 주체연호를 사용했다. 원칙적으로 주체연호를 사용하고 사용상 편의를 위해 서기는 주체연호 뒤에 괄호를 넣어 표기했다. 1997년 9월 주체연호 사용개시를 시작으로 고난의 행군시기가 마무리 되어가는 시점에 맞추어 자신감을 대외적으로 표현하기 위해 1998년 8월 31일 서방과 남쪽에서 '대포동 1호' 미사일로 명명한, '광명성 1호'가 발사되었다.

1998년 9월 5일에는 김정일이 국방위원회 위원장으로 추대된 기념우표 2종이 발행되었다. 이어서 조선인민민주주의공화국 창건50돐을 축하하는 〈승리자의 대축전〉이라는 CD 특별우표와 '국기와 국장'을 도상으로 한 우표가 발행되었다. 고난의 행군시기를 극복했다는 대내적 결속 강화와 국방력을 과시하려는 대외적인 표명으로 풀이된다.

김일성 사망 후 4년여 동안 김정일 체제는 새로운 지도이념이나 정책 프로그램을 제시하지 못한 가운데 사망한 김일성의 권위에 의존하여 '김정일이 곧 김일성'이라는 등식 하에 '김일성식대로' 사회주의 혁명과 건설

〈그림 54〉 고난의 행군시기 극복을 표명하는 우표들, 1998.

을 추진한다는 입장을 견지했다. 그러다 북한은 1998년 8월 31일 장거리 미사일 시험발사 이후, 이를 강성대국으로 진입하는 신호탄으로 의미를 부여하면서 대대적으로 선전하기 시작했다. 강성대국强盛大國은 표현 그대로 '부강하고 융성한 나라'라는 의미로, 김정일이 주창한 북한식 생존전략이었다.[353]

선군시대 경제건설노선이란 군사중시, 군사선행 원칙하에서 국방공업을 우선적으로 발전시키는 경제건설 노선이다. 김정일은 이 노선을 '선군경제건설'이라는 이름으로 변형하여 군사선행의 원칙을 명확히 하였다. 이에 따라 김정일시대 이후 북한의 경제정책은 군수공업의 활성화와 발전 문제를 우위에 놓고, 중공업과 경공업, 농업 등의 정상화와 활성화 문제를 배치하는 정책을 시행해 왔다. 1990년대 경제위기 속에서 체제유지의 마지막 보루로 삼는 군수산업 및 군경제에도 위기가 초래하자 축소된 국가재원을 국방공업에 우선적으로 배분하고자 하는 의도로 추진되었다[354].

353 앞 통일부 통일교육원, 『북한지식사전』, 2013, p. 25.

354 통일교육원 앞의 사전, p.392.

〈그림 55〉 강성대국 과 선군경제건설노선 우선우표, 2001.

김정일시대가 되었지만 선대인 김일성 주석과 관련된 우표는 계속 발행되었다. 대표적인 것이 〈배움의 천리길 80돐〉과 〈광복의 천리길 89돐〉 기념우표이다. '배움의 천리길'은 김일성이 12세 때인 1923년 3월 '조국을 알아야 한다'는 아버지 김형직의 뜻에 따라 조국을 배우기 위해 만주의 팔도구에서 고향인 평양 만경대까지 걸어왔다는 도보길이다. 북한은 김일성이 이 길을 17일 동안 걸었다고 주장하며 1974년 3월 31일부터 각급 학교 및 조직별로 청소년·학생 행군대를 조직, 청소년들을 대상으로 한 '배움의 천리길 답사행군'을 실시하고 있다.

'광복의 천리길'은 북한은 김일성이 14세 때인 1925년 2월 5일 "조국이 독립하지 않으면 돌아오지 않으리라" 맹세하고 또다시 도보로 만경대를 떠나 만주의 팔도구로 돌아갔다는 경로를 말한다. '광복의 천리길'은 만

〈그림 56〉 배움의 천리길, 광복의 천리길 기념우표.

경대에서부터 '배움의 천리길'의 경로를 거꾸로 거슬러 올라간 것으로 북한은 1975년 2월 6일부터 청소년 학생들의 답사행군 코스로 지정했다[355]. '배움의 천리길'과 '광복의 천리길'은 반복적으로 우표 발행에서 사용되는 단골소재이다그림 56.

(3) 김정은시대 당 정책 선전과 우표

김일성 시대의 키워드가 '주체'였다면 김정일 시대의 키워드는 '선군'[356] 이었다. 그리고 김정은 위원장은 '인민'을 선택했다. 북한은 사회주의국가의 보편적인 정치·경제체계를 고수하면서도 변화를 모색해왔다.

북한도 다른 나라들처럼 그들의 필요와 요구에 따라 변화를 시도하는 나라이다. 그 시도가 성공하기도 하고, 실패하기도 하고, 어쩌면 아주 느린 속도로 성공하고 있어 성공적으로 평가되지 못하는 경우도 있다. 그러나 최소한 북한은 우리가 생각하는 것 이상으로 변화를 위해 몸부림치는

355 북한문제연구소, 앞의 북한용어 300선집, p.379.

356 진희관, "북한에서 '선군'의 등장과 선군사상이 갖는 함의에 관한 연구",『한국국제정치학회 vol.48, no.1, 2008』, p.375.

국가이다. 선거 결과에 따라 정권이 바뀌는 정치 체제가 아니기 때문에 북한의 변화가 외형적으로 잘 드러나지 않을 뿐이다.

북한이 변하지 않는 것이 아니라 오히려 우리가 북한의 변화를 감지하지 못하고 있으며, '변화를 거부하는 북한'으로 규정하고 있다. 북한의 변화가 외부 세계가 바라는 변화가 아니기 때문이다. 외부 세계가 바라는 북한의 변화는 사회주의를 포기하고 '개혁개방'으로 나오는 것이다. 그러나 북한은 여전히 조선노동당의 '유일적 영도'아래 사회주의를 고수하고 있다. 핵과 미사일도 미국을 위협할 수 있는 수준에 도달했다.

김정은 위원장의 집권 첫 해인 2012년 북한의 '초대 수령'이자 영원한 주석인 김일성 주석의 탄생 100돌이 되는 해였다. 북한에서 다양한 정치 행사와 열병식이 열릴 것으로 예측했다. 그러나 김정은 위원장이 열병식 광장에서 직접 연설을 하리라고는 그 누구도 예측하지 못했다.

김정은 집권 10년은 '인민'으로 상징된다. 2012년 4월 열병식에서 "우리 인민이 다시는 허리띠를 조이지 않게 하겠다"는 김정은 위원장의 발언은 남한사회에서도 상당한 주목을 받았다. 그동안 허리띠를 조이게 했다는 사실을 인정하면서도 앞으로는 반복하지 않겠다는 최고지도자의 다짐을 동시에 밝혔기 때문이었다.[357]

2011년 12월 17일 김정일 국방위원장의 사망이후 김정은이 첫 번째로 우표에 등장한 시기는, 2011년 12월 29일 〈위대한 령도자 김정일동지는 영생할 것이다〉라는 구호로 발행된 2종의 우표 중 하나로, 백두산을 하단 배경으로 하고, 김정일과 김정은이 나란히 서서 현지 지도하는 우표였다.

김정일 국방위원장 사망이후 첫 번째로 맞는 김정일 탄생기념일에는 〈김정일화〉 〈광명성절 제정〉 〈김정일동지께 조선민주주의인민공화국

---

357 겨레하나 평화연구센타 지음, 『김정은시대 북한의 선택』, 블루앤노트, 2022, pp. 15-26.

〈그림 57〉 김정은의 첫 번째 우표 등장, 2011.

대원수칭호 수여〉 등의 우표들이 발행되었다. 그보다 앞선 2012년 김정은 체제 출범 후 발행된 첫 '새해 우표'의 도상은 '김일성화와 주체사상탑'이 선택되었다. 이런 현상은 갑작스런 김정일의 사망으로 권력집권에 대한 안정적인 절차와 주민들의 동의를 얻는데 있어 김정은 체제에서 김정일 체제를 따라가기보다는 김일성 체제을 더 선호했음을 보여준다고 할 수 있을 것이다.

2012년 새해에 김정은 체제 홀로서기 첫해의 공동사설은 "위대한 김정일동지의 유훈을 받들어 2012년을 강성부흥의 전성기가 펼쳐지는 자랑찬 승리의 해로 빛내이자!"라는 구호를 2012년 전당, 전군, 전민이 높이

들고 나가야 할 전투적 구호로 발표했다. 공동사설은 로동신문, 조선인민군, 청년전위 등 3대 주요 신문 공동으로 발표되었다. 공동사설을 통해 김정은은 "당중앙위원회 수반, 혁명무력의 최고령도자"로 호칭되었다.

공동사설에서 주창된 구호들은 새해의 공동사설을 구호로 요약한 〈당과 혁명대오의 위력은 정치사상적위력이며 단결의 위력〉〈경공업부문과 농업부문은 강성국가건설의 주타격방향〉〈새 세기 산업혁명을 최첨단돌파전으로〉〈인민군대는 선군혁명의 기둥, 주력군, 강성국가건설의 돌격대〉〈6.15공동선언과 10.4선언의 기치밑에〉〈자주, 친선. 평화는 우리 당의 변함없는 대외정책〉등 대내적 결속과 대외적 외교방향을 선언하는 내용을 담은 우표들로 발행되었다.

2013년 새해를 맞아 김정일 위원장은 직접 육성으로 신년사를 발표했다. 신년사에는 새해의 국정 전반에 대한 지표를 제시하고, 정책방향을 대내외적으로 밝히는 내용이 담겨 있다.

북한의 신년사 시작은 1946년 1월 1일 0시 평양종 타종식 직후 김일성이 〈신년을 맞으면서 전국 인민에게 고함〉이라는 제목으로 연설을 한 것이 최초였다. 매년 신년사, 축하문, 연설, 신문사설 등으로 형식은 조금씩 변경되었으나 김일성의 육성방송과 로동신문의 1면에 크게 보도되었다. 김일성 사망 후 김정일 시대에는 로동신문, 조선인민군보, 청년전위 등 3개

〈그림 58〉 2012년 공동사설 구호 요약.

신문 공동사설이라는 새로운 형식이 등장했다. 김정일 사망 후 김정은 시대 들어서 2012년은 공동사설 형식이었지만, 2013년부터는 김일성 시대처럼 육성으로 신년사를 발표하였다.

〈그림 59〉 김정은의 첫 신년사 기념우표, 2013.

김정은 체제 출범 후 첫 신년사였던 2013년 신년사 내용은 전반적으로 전년도 공동사설과 유사하였다. 정치적으로 새로운 정책 제시 없이 기존의 김일성, 김정일 주의와 사회주의 제도를 주장하였다. 경제적으로는 경제강국 건설을 가장 중요한 과업으로 제시하면서 농업과 경공업 부분을 주공 전선으로 강조하였다.

공동사설 방식 대신에 직접 인민들을 향해 하는 육성 신년사를 선택한 것을 보더라도 김정은 정권이 김정일 체제보다는 김일성 체제를 모범으로 삼아 운영될 것이라는 예상이 가능했다.[358]

첫 번째 〈신년사〉를 발표하는 김정은의 머리 모양과 의상도 김일성 주석을 꼭 빼닮은 모습이었다. 이런 현상은 김정일 집권 시기보다 김일성 집권 시기에 대해 주민들의 지지 동의가 훨씬 높았던 부분을 감안한 선택으로 볼 수 있을 것이다.

김정은의 첫 신년사 내용들은 〈농업과 경공업은 올해 경제건설의 기본전선〉 〈정치군사적 위력을 백방으로 강화〉 〈사회주의 문명국건설〉 〈조국통일은 민족최대의 과제〉등의 구호와 주제에 맞는 도상으로 우표가 발행되었다.

---

358 차두현, "3대 유훈통치속의 '김정은 시대' 선언", 아산정책연구원, 2013,

〈그림 60〉 김정은 신년사 구호요약 우표, 2013.

2014년 신년사는 김정은 체제의 정치 경제적 안정을 추구하는 가운데 자립을 표현하고 있는 내용으로 이루어져 있다. 특히 김일성과 김정일의 언급이 현저하게 감소하였다. 구체적으로 살펴보면 매년 강조하고 있던 수령님, 장군님, 대원수님들의 용어가 2012년에는 65회, 2013년에는 26회가 등장하고 있는데 비해 2014년에는 8회에 불과했다. 정치적으로는 주민들을 내부적으로 추스르면서 사상교육을 강조하고 있으며, 경제적으로는 농업, 건설, 과학기술을 3대 사업으로 제시하였다.[359]

2014년 김정은의 신년사는 2013년과 동일하게 육성으로 발표되었고, "승리의 신심 드높이 강성국가건설의 모든 전선에서 비약의 불바람을 세차게 일으켜나가자"라는 전투구호와 함께 로동신문 1-2면을 포함해 전체 8면에 거처 보도되었다.

북한은 2012년 12월 '광명성 3호'위성을 탑재한 장거리 로켓 '은하 3호'를

359 이성춘, 『김정은 체제하의 북한 신년사에 관한 연구 인문사회 21, 제12권 2호』, 2020.

〈그림 61〉 김정은에게 충성을 맹세하는 선전화, 2013.

발사했고[360], 이듬해 2월 핵무기 성능을 더욱 진전시킨 제3차 핵실험을 감행하였다. 핵무기와 장거리 로켓을 내세워 대미 협상력을 높이고 북미관계 정상화를 통해 생존과 발전을 보장받고자 한 것이다. 이 전략은 2013년 3월 조선로동당 중앙위원회 전원회의에서 '경제건설과 핵무력 건설 병진노선'으로 구체화 되었다. 핵무력을 통해 비교적 적은 비용으로 국방력을 강화하면서 경제건설에 매진하여 '강성국가'에 도달하자는 것이었다.

핵실험과 장거리 로켓을 발사한 직후 2013년 2월 25일에는 조선화 형식을 빌려 선전화란 이름으로 인민군대가 김정은에 대한 충성을 강조하는 4장의 우표들이 〈장군님의 전사들은 언제나 준비되어있습니다〉 〈명

360 채연석, "광명성 3호보다 로켓 추진체 은하 3호 주목해야", 주간조선, 2012. 3. 28.

〈그림 62〉 경제건설과 핵무력건설 병진 노선 기념우표〉

령만 내리시라!〉〈혁명의 수뇌부를 봉위한 7련대투사들처럼 당중앙을 결사옹위하는 총폭탄이되자〉〈장군님의 녀성근위병들이여! 전투마다에서 무적의 용맹을 떨치자!〉라는 구호와 함께 별도로 발행되었다. 인민군대에 대한 통제권을 확고하게 잡은 김정은 체제의 자신감의 표현으로 볼 수 있는 우표 발행이었다.

2014년 김정은의 신년사는 전해 말에 발생한 장성택 숙청사건을 고려해서인지, 새로운 정책방향을 추진하지 않고 내부 안정에 주력하겠다는 의도를 강조하였다. 그리고 '사상교양', '규율과 질서'를 강조하면서 대외 및 대남 정책에서도 주변국에 자극적 표현은 삼갔다. 2014년 성취하여야 할 과업은 주로 경제부분에 치중하면서, 농업, 건설, 과학기술을 3대 사업으로 제시하였다.

관례대로 2014년 신년사를 구호로 요약한 기념우표 6종이〈농업부분과 건설부문, 과학기술부문이 앞장서 혁신의 봉화를 높이 추켜들고 나가자!〉〈선행부분, 기초공업부문을 비롯한 인민경제 모든 부문에서 혁신의 불바람을 세차게 일으키자〉〈교육을 비롯한 문화건설에서 큰 걸음을!〉〈나라의 방위력방화에 계속 큰 힘을!〉〈우리혁명의 정치사상진지를 더욱 공고히 하자!〉〈위대한 수령님과 장군님의 유훈을 받들어 올해에 조국통일운동에서 새로운 전진을 이룩하자!〉등의 구호를 담아 발행되었다.

김정은 체제 출범 후 북한 입장에서 가장 중요한 행사는 36년만에 개최된 조선노동당 제7차대회였다.

〈그림 63〉 신년사 구호 기념우표, 2014.

1980년 제6차 당대회 이후 36년 동안 개최되지 않았던 당대회가 2016년 5월에 개최된 것이다. 북한은 7차 당대회 개최 전인 2016년 1월에 당대회 개최와 방향성을 알리려는 목적으로 신년사 기념우표를 발행했다. 김정은은 신년사를 통해 〈조선로동당 제7차대회가 열리는 올해에 강성국가 건설의 최전성기를 열어나가자!〉와 경제를 강조하는〈경제강국건설에 총력을 집중하여 나라의 경제발전과 인민생활향상에서 새로운 전환을!〉이라는 두 개의 구호와 〈5대교양〉[361] 〈일심단결〉[362] 〈자강력〉을 크게 강조하는 신년사 기념우표를 발행했다. 우표의 국가미디어적 성격을 활용해 앞으로 김정은 체제가 나아갈 길을 천명한 것이다.

당대회를 앞두고 북한은 1월 6일에 제4차 핵실험수소폭탄 시험을 실시하

---

361 차승주, "김정은시대 북한의 정치사상교육-'5대 교양'을 중심으로", 『한국도덕윤리과학회,19, vol.64』, 2019, p 275.

362 유승무,『북한사회의 합심合心주의 마음문화, 아세아연구 Vol.58, 통권 159호』, 아세아문제연구원, 2015, p.40.

〈그림 64〉 조선로동당 제7차대회를 알리는 신년사우표, 2016.

〈그림 65〉 지구관측위성 광명성-4호기 발사성공기념우표, 2016.

였고, 2월 7일에는 '광명성 4호'[363]로 명명한 로켓을 시험 발사하였다. 북한은 "지구관측위성 〈광명성-4호〉" 발사 성공을 자축한다는 명분으로 2016년 2월 28일에 두 장의 우표를 발행하였다.

내부결속과 대외적 외부 청중을 대상으로 하는 북한의 몰아치기식 로켓실험과 핵실험을 통해 국가적 메시지를 대내외적으로 과시하였지만,

---

363 정연진, 『국제우주법상 북한 광명성 발사의 적법성, 국제법학회논총, vol.62,통권 144호』, 한국항공우주연구원, 2017, p.140.

미국을 위시한 서방세계로부터 아무 긍정적인 반응이 없음을 확인한 북한의 태도는 점점 더 자강력과 일심단결을 강조하면서 미국을 더욱 압박하는 방향으로 나가 가게 된다.

2016년 5월 6일부터 9일까지 열린 제7차 당대회를 통해 북한은 핵보유국을 대내외적으로 천명하면서, 선핵후경先核後經노선을 공식화하면서, 국가발전 5개년전략을 발표하였다.[364] 또한 7차 당대회에서는 온 사회를 김일성-김정일주의를 당의 유일한 지도적 지침[365]으로 삼아, 인민정권을 강화하고 기능과 역할을 높였으며, 사상, 기술, 문화의 3대 혁명을 수행할 수 있었으며, 자강력제일주의, 자력갱생, 간고분투를 통해 사회주의 위업을 완성해 나가고 있다고 평가하였다.

2016년 5월 6일부터 9일까지 있었던 제7차 당대회는 주요결정 사항들이 김정은의 말씀내용과 함께 요약구호로 "조국의 자주적통일을 위하여 조국통일 3대원칙과 6.15공동선언, 10.4선언 실현을 통해 북남관계를 개선하자", "인재중심의 전민과학기술인재와를 통해 과학기술강국을 건설하자", "과학기술을 통해 자력자강, 경제강국건설과 인민경제발전을 국가경제발전 5개년전략을 실천하자", "위대한 인민들이여 당의 령도적 역할과 당의 유일적 령도체계을 위해, 전당 김일성-김정일주의화를 위해 복무하자", "사회주의 보건 체육강국, 교육의 나라, 인재의 나라, 문명강국을 건설하자", "세계의 자주화를 위하여 자주, 친선, 평화를 실천하자", "정치사상강국, 정치군사적위력 강화를 사회주의 국가정치제도를 이룩하자" 등의 구호 등으로 하는 "조선로동당 제7차대회" 기념우표를 발행하였다.

---

364 Peter Ward, 한기범 역,『북한의 '국가경제발전 5개년2016~20 전략' 평가: 수립배경, 달성목표 및 실패요인 분석을 중심으로, 고려대 공공정책연구소, vol.7,통권 13호』, 2021,p.110.

365 이승열,『제4차 당대표자대회 주요내용, 이슈와 논점』, 2021.7.5.

〈그림 66〉 제7차 당대회 주요 구호로 제작된 기념우표들, 2016.

2016년 5월 제7차 당대회를 통해 반미강경노선을 천명한 북한의 변화된 모습은 국가미디어라 할 수 있는 우표 도상을 통해 확인이 가능하다. 대표적 사례로 2016년 6월 25일 '반미공동월간투쟁기간'에 발행된 반미 선동 우표들은 지금까지 발행된 반미우표보다 더욱 강경한 모습을 보여주고 있다. 〈조선인민의 철천지원쑤인 미제침략자를 소멸하라!〉와 신천대학살[366]을 상징하는 〈잊지말라 승냥이 미제를!〉 등 2종의 우표가 대표적이다그림 67. 북한은 전쟁시기에 일어난 신천학살에 대해 "조국해방전쟁의 일시적 후퇴시기인 1950년 10월 중순 신천군에서 50여 일 동안의 미군강점

366 강정구 외2,『종교문화적인 갈등으로 바라본 신천학살사건-황석영의 장편소설『손님』론 외국문학연구, vol., no. 42』, 외대외국문학연구소, 2011, p. 15.

〈그림 67〉 반디공동투쟁월간, 2016.

기간 동안 신천군 주민의 4분의1일에 해당하는 약 3만 5000명의 주민들이 미제국주의자들에 의해 잔인하게 학살되었다"라고 주장하고 있다.[367]

또한 북한은 2017년 신년사 기념우표를 통해 〈자력자강의 위대한 동력으로 사회주의의 승리적전진을 다그치자!〉라는 구호를 담은 원자핵을 강조한 우표를 발행중앙우표하면서 발전된 평양시의 모습과 풍성한 어업, 농업을 포함한, 4대선행부문[368] 을 중심에 넣은 기념우표와 〈훈련의 해, 싸움준비완성의 해〉에는 대륙간탄도미사일과 행군나팔수 그리고 공격전투임무를 목적으로 한 조선인민군 제425기계화부대를 도상圖像으로 한 〈일심단결〉 우표를 발행하였다. 도상 내용 측면에서 내대적인 단결과 자신감 표출, 그리고 대외적인 경고 차원으로 이해할 수 있는 우표 발행이었다.

367 사회과학출판사, 『정치 사전』, 1973, p.671.

368 북한은 인민생활 향상과 경제발전을 위하여 1990년대 후반부터 지속적으로 4대 선행부문을 제기하고 있는데 이는 전력, 석탄공업, 금속공업, 철도운수를 가리킨다. 4개 분야는 생산과 건설에 필수적인 동력과 연료, 기본 자재와 원료, 수송을 보장하는 경제의 선행부문으로 생산의 첫 공정을 담당하는 부문이며, 경제전반의 물질적, 기술적 기본 토대를 제공하는 기초공업부문으로서 인민생활 향상에 관건이라 할 수 있다. 통일부 북한지식사전, 검색일: 2022.6.6.

〈그림 68〉 2017년 신년사 주요 구호를 요약한 기념우표, 2017.

핵과 미사일 기술을 중심으로 하는 국방공업의 발전은 북한의 지속적인 과학기술 중시정책과 연결되어 있다. 북한은 1952년에 이미 '조선민주주의인민공화국 과학원'을 설립하였다[369]. 1962년에는 과학원 창립 10주년 기념우표가 발행되었다.

〈그림 69〉 과학원 창립 10주년 기념우표, 1962.

북한에서 과학원은 "나라의 과학연구사업과 과학후비양성사업 과학대학 운영을 조직 진행하는 최고 과학기관"으로 설립되었다. 이정호는 북한에서 머리가 비상하여 우수한 성적으로 명망 높은 중앙대학을 졸업하고 고위급 간부 자녀들로 가정적 토대가 튼튼한 젊은 사람들이 국방과학원 연구사가 되기 위하여 노력을 하는 이유로 아래와 같이 설명하고 있다.[370] 첫째, 북한 최고 권력자들이 대를 이어가면서 국방과학원 연구사들과 근무자들에 대한 대우가 각별하기 때문이다. 둘째, 학위취득 및 처우에 관한 사안이다. 국방연구사에 대한 학위수여는

369 사회과학언어학연구소, 『조선말대사전1』, 사회과학출판사, 1992, p. 507.

370 이정호, "북한 경제 중심의 국방공업 연구", 경기대 정치전문대학원 박사학위논문, 2020.

다른 학위취득자에 비해서도 우대한 조건이다.

북한의 학위 종류는 우리의 석사에 해당하는 '학사'와 '박사' 그리고 명예칭호인 '원사'가 있으며 대학졸업생들에게는 우리나라와 달리 학위를 수여하지 않고 전문가인문계통와 기사이공계통 자격증을 부여하고 있다. '학사'는 각 대학이나 연구소 등의 연구원과정3년을 마치고 논문이 최고인민회의 상임위 소속의 학위학직수여위원회의 심사를 통과한 자에게 수여하고 있으며 '박사'는 박사원과정2년을 수료하고 해당분야에서 5-10년간 연구업적을 쌓고 논문이 학위학직수여위원회 심사를 통과한 자에게 수여하고 있다. 단, 북한내 유일하게 내각 직속으로 되어있는 김일성종합대학은 '김일성종합대학 학위학직수여위원회'결정으로 김일성종합대학 명의의 학위를 수여하고 있다. '원사'는 박사학위소지자로서 해당분야에서 특출한 연구성과 거양 및 후진양성 등 업적을 쌓은 학자에게 수여하는 명예칭호이다.[371]

국방과학자들은 1998년 8월 31일 처음으로 인공위성발사에서 성공하였을 때 발사시험에 참가한 과학자, 기술자, 노동자 군인들에게 국가훈장 수여를 하면서 동시에 거의 100명의 과학자, 기술자들에게 박사, 준박사 학위를 논문발표 없이 수여받았다. 이때부터 매번 새로운 신형무기들을 연구 개발하여 시험발사를 진행하고 나면 거기에 참가하였던 많은 연구사들이 논문을 쓰지 않고도 준박사, 박사, 원사학위와 교수 칭호를 받는다.

셋째, 국방과학원은 산하에 자재상사자재보장 기관를 가지고 있으며 국내에서 생산되는 모든 자재는 '최고사령관동지 예비물자'라는 무현금 행표나 '99호 우대물자[372]'라고 밝힌 특별증서를 가지고 모든 원료와 자재를 구

371 국정홍보처 정책브리핑 "북한의 학위제도"2000년 2월 22일 국정홍보처 정책브리핑 자료

372 국방공업이 북한경제의 99%라고 해서 불리는 특수자호이다.

입한다. 해당 공장들은 국방과학원에서 필요한 자재를 무조건 생산 보장해야 하며 만약에 요구하는 날까지 보장하지 못하면 공장 당위원회와 행정책임자들은 군사재판까지 회부되어 철칙처벌까지 받을 수 있다. 남들보다 특혜를 가지고 연구사업도 하고 출세와 명예도 얻을 수 있고 국방과학원 연구사를 해야 자기 자신과 자녀들의 미래도 약속되기에 대학을 졸업하고 국방과학원 연구사가 되는 것이 최대의 우상이라고 볼 수 있다.

그동안 북한의 전략전술무기 연구개발을 하고 있는 국방과학원과 생산을 담당하는 제2경제위원회를 비롯하여 전략전술무기들을 보유한 특수부대들에 대하여서는 내외부에 절대로 공개하지 않았었는데 김정은 집권이 시작되면서 공개하기 시작하였고 심지어 열병식에서 부대장들의 이름과 계급까지 공개하기도 하였다. 북한은 핵실험을 실시하면서 다양한 미사일들을 개발하여 시험발사를 병행하였는데 2017년 11월 29일 대륙간탄도미사일ICBM로 판단되는 장거리 미사일 시험발사에 성공한 후 "국가 핵 무력 완성"을 선언하였다. 김정은은 선대지도자들과는 다르게 국방공업에 더 배료를 돌리면서 국방과학원에서 진행하는 신형무기 시험발사에는 매번 밤이나 새벽이나 찬 눈비를 다 맞으면서도 무조건 현장에 나가서 참관하여 평가를 하고 과학자, 기술자들을 고무해주는 관심을 보여주고 있다.[373]

이와 같이 북한에서 과학인재들에 대한 배려와 대우가 특별하고 일하기 가장 좋은 일터환경과 좋은 집과 휴양소 등을 운영하고 있다는 것을 아래 기념우표들을 통해 확인해 볼 수가 있다. 북한에서 과학자 우대정책을 펼치는 이유는 과학기술 발전을 실현하는데 필요한 자금과 자재가 절대적으로 부족한 북한의 현실을 감안해 볼 때 부족한 자산을 가지고 선택

---

373 이정호의 앞의 논문, p.163-201에서 정리.

〈그림 70〉 위성과학자주택지구, 2015.

〈그림 71〉 과학기술전당일터,연풍휴양소(중),미래과학자거리, 2017

과 집중을 통해 체제의 안정성 확보와 북한주민들에게 발달한 과학이 있지만 이렇게 어려운 경제 상황이 미국이 중심되어 주도하는 유엔제재 때문이지 현 북한체제의 무능이나 열의가 부족해서가 아니라는 내부결속의 목적이 더욱 크다는 것을 강조하고는 의도라고 분석된다.

자유자본주의 시각으로만 본다면 2020년 기준 일인당 국민소득 1,500달러에도 못 미치는 북한이 인공위성을 발사하고 대륙간탄도미사일을 시험발사에 성공할 수 있다는 부분에 대해 믿기 어려운 것이 사실이다.

하지만 북한의 국방공업 분야에 대한 통계에 잡히지 않는 경제부분과 1998년부터 5년마다 수립되어 추진되는 '국가과학기술발전 5개년계획' 등을 고려하면 북한의 과학기술의 수준을 추정할 수 있다. 또한 돈이 주인 되는 자본주의 국가들에서는 돈을 많이 벌 수 있는 직업을 최우선으로 선호하게 되지만 '사회정치적 생명체'를 중요시하는 북한에서는 기초

〈그림 72〉 과학기술강국을 강조하는 제7차 당대회2016와 당 전원회의2019.

과학과 첨단과학기술 분야에서 일하는 일꾼들을 더 우대해 줄 뿐 아니라, 의衣·식食·주住는 물론 휴양소 이용 등 최고로 대우해 주기 때문에 인재들이 가진 능력을 극대화 시킬 수 있는 토대가 될 수 있다.

북한은 과학인재교육에서는 2000년대 이후 실리주의를 강조하고 있다.[374] 2013년『교원선전수첩』에 실린 한 논문에서는 교육사업에서 '실리주의'를 구현하는 데 있어서 중요한 요소로 세 가지를 제시하고 있다. 첫째, "나라의 구체적인 현실과 과학기술발전추세에 맞게 교육의 효율성을 최대한으로 높이는 방향에서 교육체계와 교육내용, 교육방법을 개선해 나가는 것"이다. 둘째, "교육사업을 실력본위로 해나가는 것"이다. 셋째, "발전하는 현실의 요구에 맞게 교육사업을 과학화 정보화하는 것"이다.[375]

---

374 조정아 외3, "김정은시대 북한의 교육정책, 교육과정, 교과서", 통일연구원, 2015, PP. 2-4.

375 김용길, "교육사업에서 실리주의를 구현하는데서 나서는 중요한 문제,"교육신문사, 2013, pp.138-139.

〈그림 73〉 과학기술중시 새해우표(2021)& 제8차 당대회(2021).

특히 김정은 위원장은 2014년 9월 5일 10년 만에 열린 전국교육일꾼대회에서 발표한 "새 세기 교육혁명을 일으켜 우리나라를 교육의 나라, 인재강국으로 빛내이자"에서 첫 교육분야 담화를 발표했다. 이 담화문에서 김정은 위원장은 "전민과학기술인재화를 실현해 21세기 사회주의 교육강국이 되는 것"을 "새 세기 교육혁명"의 목표로 제시하고, 교육제도를 근본적으로 개선해 지식경제시대에 걸맞은 실천형 인재를 육성할 것을 강조하였다[376].

이와 같은 '교육강국'과 '인재강국' 표방, 과학기술 강조는 김정은 체제 출범 직후 '교육혁명'을 표방하며 의무교육 연장, 교과서의 전면 개편 등으로 나타났다.

해방 이후 북한은 소련의 후원 아래 사회주의 체제 수립을 위한 일련의 제도를 도입했다. 교육제도 역시 소련식 교육제도를 도입해 실시했고, 초기에는 문맹 해소에 중점을 두었다. 6·25전쟁 후 북한의 교육은 전후 복

376 『로동신문』, 2014. 09. 06.

구와 사회주의 체제 건설에 전념하면서 '일하면서 배우는' 학교 체제를 구축하였다. 북한은 4년제 초등 의무교육1956년, 인민학교 4년과 중학교 3년을 합한 7년제 중등 의무교육1958을 실시했다. 이후 기술 인력 양성을 위해 2년제 기술학교와 고등기술학교를 신설하고 기존의 3년제 중학교에 2년제 기술학교를 통합한 5년제 중학교를 신설해 9년제 의무교육1967년을 실시했다[377]그림 74 우측.

1970년대 주체사상이 북한의 통치이념으로 공식화됨에 따라 교육제도에서도 '주체'가 강조되기 시작하였다. 1972년 노동당 제5기 제4차 전원회의에서는 '10년제 의무교육과 1년간 학교 전 의무교육'을 단계별로 실시할 것을 결의하였다. 이후 1975년 '전반적 11년제 의무교육'이 전면 실시되었다.

〈그림 74〉 북한의 교육제도 관련 우표

377 신효숙 외, 『북한의 교육제도와 교육정책』, 북한연구학회, 2015, p.368.

1980년 중반 이후에는 과학기술 분야의 수재 양성을 위해 각 시·도에 영재교육 기관인 제1중학교를 신설하고 컴퓨터 분야의 중등 영재 교육기관을 지정하며, 대학에 수재반을 설치하였다. 이후 인민학교는 소학교로, 고등중학교는 중학교로 개칭2002년되었다. 김정은 체제 출범 이후 북한은 40년 가까이 이어져 온 '전반적 11년제 의무교육'을 '전반적 12년제 의무교육'으로 개편했고, 중학교를 초급중학교와 고급중학교로 분리했다.[378]

이러한 교육제도의 개편은 우표 도상을 통해서도 확인된다그림 74.

〈표 12〉 북한의 의무교육 제도의 변화

연도	의무교육의 내용
1950년	5년제 초등 의무교육한국전쟁으로 중단
1956년	4년제 초등 의무교육
1958년	7년제 중등 의무교육인민교육 4년+중학교 3년
1967년	9년제 기술 의무교육인민교육 4년+중학교 5년
1972년~ 2012년	11년제 전반적 의무교육유치원 1년+소학교4년+중학교 6년
2014년	12년제 전반적 의무교육유치원1년+소학교5년+초중3년+고중3년

북한은 2021년 1월 조선노동당 제8차 대회를 개최했다. 김정은 집권 10년을 결산하고 새로운 5년을 전망하는 대회였다. 이때를 전후하여 '우리국가제일주의'가 핵심 선전구호로 등장했다. 이러한 분위기는 이미 2016년 7차 당대회 이후부터 준비되고 있었다고 볼 수 있다.

우리국가제일주의가 선전정책의 핵심구호로 등장하면서 북한에서는 '국가'를 강조하는 국장, 국가, 국화 등 '국가 상징물'을 소재로 많은 우표들이 발행되었다.[379]

---

378 김순, "새 세기 교육내용과 방법혁신의 총적 목표에 관한 사상",『인민교육, 평양 교육신문사 제3호』, 2015, p.14.

379 김용현 책임편집,『김정은시대 정치체제 변화: 사회주의 정성국가화 노력, 동국대학교 북

북한의 국가는 '애국가'이다. 국화國花는 목란木蘭이고, 국조國鳥는 참매, 국견國犬은 풍산개, 국수國樹는 소나무이다. 이러한 국가상징물들은 동구권 사회주의 국가들이 붕괴된 이후부터는 종종 우표로 발행되고 있는 것을 볼 수 있었는데, 이러한 현상들은 국가상징물들을 통해 인민들의 단결된 모습을 보여주고자 하는 의도일 것이다. 북한은 2017년 2월 26일에 국가상징물[380]을 나타내는 조국찬가[381]와 국화國花, 국조國鳥, 국견國犬, 국수國樹를 넣은 시트우표를 발행하였다.

〈그림 75〉 조국찬가 우표, 2017.

한학연구총서 11』, 동국대학교 출판부, 2022, p.p.62-74.

380 전영선 외 2, "국가상징의 문화적 형상과 북한의 브랜드 전략", 통일연구원, 2021, pp.121-173.

381 김일성, "애국가와 인민행진곡을 창작할데 대하여: 작가들과 한 담화"1946년 9월 27일『김일성저작집 2권』, 조선로동당출판사,1979.

1950년 6월 25일 한국전쟁을 일으킨 직후인 1950년 6월 28일에 곧바로 미국에 의한 "수출통제국"으로 지정된 이후 북한은 늘 미국의 적대국 신세를 면해 본 적이 없다. 북한 또한 한국전쟁기간 동안 북한지역에 투하되었던 막대한 무차별적 폭격과 피해로 인해 미국을 제국주의 국가의 수뇌이자 적대국으로 공공연하게 외치고 있다.

2016년 9월 9일 제5차 핵실험이 실시되었고, 2017년 7월 4일에는 공공연하게 인공위성 '광명성 발사'가 아니라, 공격용 무기인 '대륙간탄도미사일 화성 14형'을 발사하였고, 이어서 7월 28일에는 '화성 14형 2차'를 발사 성공한 후 관련 우표를 통해 공공연하게 발행하였다. 우표도상에서는 대륙간탄도미사일의 최고정점고도 3724.9km고도를 정상 각도로 발사 시엔 3배 정도 길게 날아 갈 수 있다와 미국 전 대륙이 보이는 우표를 발행하였다. 마음만 먹으며 미 본토에 대한 핵공격이 가능하다는 것을 공개적으로 밝힌 첫 우표였다. 대륙간탄도미사일 '화성-14형 1차 발사'에 이어, 불과 20여일 만에 '화성-14형 2차 발사'가 연이어 있었고, 9월 3일에는 제6차 핵실험이 이어졌다. 같은 해 11월 29일 '화성-15형' 발사가 있은 후에는, "국가 핵무력 완성"을 선언하였다.[382] 2022년 12월 20일 조선노동당 중앙위원회 김여정부부장이 담화에서 밝혔듯이 북한에서는 인공위성 발사시험과 대륙간탄도미사일 시험발사를 구분해서 발표하고 있다. 단지, 우리나라와 미국 등의 서구국가들이 인공위성 발사에 대해서도 장거리미사일을 발사했다고 자의적으로 해석하는 경우가 많은 편이라 생각된다.

382 "어떤 괴뢰전문가라는 놈은 장거리미싸일과 위성운반로케트는 본질상 류사하다는 말같지도 않은 말을 곱씹는 놈도 있더라. 그렇다. 위성을 운반로케트로 쏘지 무슨 풍선으로 위성을 띄우는 기술도 있는가? 우리는 대륙간탄도미싸일을 개발한다면 대륙간탄도미싸일을 쏘지 남조선괴뢰들이 여론을 퍼뜨리는것처럼 위성으로 위장해 장거리로케트시험을 하지는 않는다. 우리가 장거리미싸일기술확보를 위해 위성으로 위장한 장거리미싸일을 쏜다…이제 더 이상 그따위 설득력없는 론거를 내든들 세상이 곧이곧대로 믿을수 있을지 나는 참으로 궁금해진다." 2022년 12월 20일 조선노동당 중앙위원회 부부장 김여정의 담화 내용 정리.

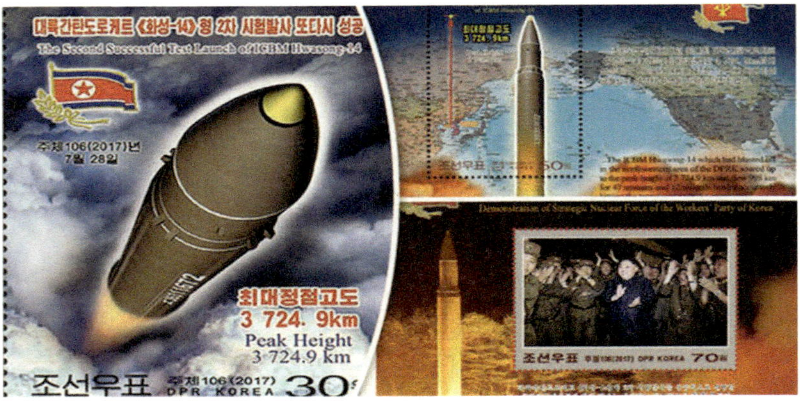

〈그림 76〉 대륙간탄도로케트《화성-14》형 2차 시험발사 성공기념우표, 2017.

북한 우표는 '국가미디어'다. 만국우편연합 192개국에한국과 미국은 예외, 국가미디어로서 기능을 가지고 북한 당국의 꼼꼼한 메시지가 담겨 전달되고 있기 때문이다. 이런 정상 국가로 나아가고자 하는 메시지 전달에도 불구하고 미국의 반응이 전혀 나타나지 않자, 미국과 세계의 관심을 끌 수 있는 고강도 방식으로 북한은 '핵과 미사일' 카드를 사용하고 있음을 알 수가 있다. '화성-14형' 제2차 시험발사부터는 세계지도에 미국을 표시해 놓고, ICBM의 고도와 날아갈 거리까지 정확하게 우표에 기록함으로써 화성-14형 2차 미사일의 타격능력이 미국을 포함하는 어떤 곳이든지 언제든지 타격 가능하다는 국가메시지를 분명히 하고 있다.

2017년 12월 30일 연말에는 "국가핵무력완성의 력사적대업 실현"을 선언하는 성명서에 서명하는 김정은의 친필 사인이 담긴 기념우표를 포함하는 9축자행발사대차에 실려 운반중인 새형의 대륙간탄도로케트 '화성-15'형 시험발사 대성공을 알리는 기념우표들이 발행되었다.[383] 미국을

383 최초로 우표를 발행하기 시작한 1946년 3월 12일 이후 단 한 번도 발행해 본 적이 없었던 "기념특집" 우표였다. 주제는 〈위대한 우리 국가의 무궁한 번영을 위하여〉로 2022년 10월 28일에 3종이 발행되었다. 우표 도상으로는 '화성포-17'형과 "국가핵무력정책과 관련한 법

〈그림 77〉 국가핵무력완성 기념우표, 2018.

비롯한 남쪽에서 주장하는 장거리미사일 발사 징후가 있을 시 발사원점에 대한 '선제타격'에 대한 대비책이 되어 있다는 메시지 전달의 국가미디어로서 우표 발행이었다.

북한에서 10단위로 끝나는 행사는 정권 초기부터 중요하게 생각하기 때문에 항상 보통 시기의 기념행사보다 성대하게 치는 것이 관례였다. 2018년 9월 9일은 조선민주주의인민공화국이 창건된 70돌 기념으로 다른 해에 비해 크게 행사를 치르는 것이 상식적이었다

하지만 2018년 9월 9일 공화국창건 70돌 행사는 참여 인원은 많았지만 대외적으로 보내는 메시지는 매우 절제되어 있었다. 그 배경에는 2017년 11월 29일 '화성 15형' 발사를 성공한 후 "국가 핵무력 완성"을 공식 선언

령을 채택"한 기념우표, 그리고 "위대한 실천강령, 국가발전지침"을 발표하는 김정은 총서기의 모습으로 제작되었다.

한 이후 △ 2009년 김정은이 후계자로 지명된 이후 10년이 지나도록 북한에 관심을 보이지 않았던 중국이 2018년 3월에 김정은을 북경으로 초대해 첫 김정은-시진핑 정상회담을 가졌고, △그 직후 4월 20일에 국가노선을 '경제건설 총집중노선'으로 변경하였으며, △ 4월 27일 김정은-문재인 간 남북정상회담이 열리게 된 훈풍 분위기 등을 정세변화가 깔려 있었다. 그뿐만 아니라 2018년 5월에 제2차 북-중 정상회담에 이어 6월 12일에는 역사적인 첫 북미 정상회담이 싱가포르에서 있었다. 이러한 정세 변화를 고려해 공화국창건 70돌 행사 때 외부를 자극하는 핵과 미사일 관련 열병식을 피했던 것으로 판단된다.

이러한 분위기는 공화국창건 70돌을 맞이하여 발행된 기념우표들에도 반영되었다. 기념우표의 주요 키워드는 '일심단결', '자력갱생', '무적필승 혁명강군' 이었지만, 무적을 강조하는 국방 관련 우표 도상에 핵과 미사일 도상들은 사용되지 않았다.

이때 발행된 6종의 우표들은 〈국장〉〈국기〉〈일심단결〉〈자력갱생〉〈세상에 부럼없어라〉〈무적필승의 혁명강군〉〈영광스러운 우리조국 조선민주주의 인민공화국 만세〉의 구호를 담아 발행되었다.[384] 우표 도상들을 살펴보면 2017년 11월에 '국가 핵무력 완성'을 선언한 이후에 여유가 생긴 북한 상황을 보여주는 도상들로 제작된 우표임을 알 수가 있다.

2018년 북중정상회담, 남북정상회담, 북미정상회담이 연이어 개최된 후 맞이한 2019년도의 신년사 반영 기념우표들은 〈사회주의 우리 국가의 정치사상적 힘을 백방으로 다져나가자!〉,〈사회주의자립경제의 위력을 더욱 강화하자!〉〈인재육성과 과학기술발전사업을 목적지향성있게 높이

384 이우영, "북한사회의 상징체계 연구: 혁명구호의 변화를 중심으로", 통일연구원, 2002, p.23.

〈그림 78〉 조선민주주의인민공화국 창건 70돐 경축, 2018

〈그림 79〉 신년사 구호 요약 기념우표, 2019.

자!〉,〈인민생활을 회기적으로 높이자!〉〈국가방위력을 튼튼히 다지자!〉〈사회주의문명건설을 다그치자!〉〈력사적인 북남선언들을 리행하여 조선반도의 평화와 번영, 통일의 전성기를 열어나자가!〉는 구호를 넣어 발행되었다. 2018년 4월에 표방된 '경제건설 총집중노선'을 실현하자는 취지의 구호와 다짐의 우표 도상들이었다.

그러나 북한이 기대했던 제2차 북미 하노이정상회담은 아무런 성과 없이 결렬되는 최악의 상황으로 막을 내렸다. 북한의 대화주도층으로서는 전혀 예상하지 못한 결말이었던 것으로 풀이된다. 2019년 하노이 북미정상회담 결렬이 가져다 준 충격 때문인지 2020년년 이후 2025년 지금까지 신년사는 생략중이다.

2. 북한 우표의 경제적 상징성 분석

1945년 해방 이후 6.25 한국전쟁 이전까지 북한경제는 전체 경제의 70% 이상을 차지하던 농업 부문에서 토지개혁을 통해 당시 대다수를 차지하던 고농雇農과 소작농 개인들이 자신의 토지를 소유하고 직접 농사짓는 자작농 시대가 시행될 수 있었다. 공업 부문에서는 주요 산업에 대한 국유화조치와 노동법령실시 그리고 남녀평등권법령 실시 등으로 대다수의 농민과 노동자들로부터 절대적 지지를 얻을 수 있는 정치적 토대를 가질 수 있었다.

하지만 1950년부터 1953년까지 한국전쟁을 거치면서 대다수의 농경지가 황폐화 되어 지고 전쟁 기간 동안 남자들의 희생이 많아 일손이 크게 부족하게 되자 전쟁직후부터는 농업협동화에 이어 농업 및 사회 전 분야에서 사회주의화가 급속하게 추진되었다. 경제부문에서 사회주의제도의 특징들을 보면, 첫째는 북한의 모든 경제활동을 계획 대상으로 하는 이른바 '완전계획화 제도'이고, 둘째는 농민을 포함한 북한의 전 주민을 대상으로 실시되는 '식량배급제도', 셋째는 구舊소비에트의 성省 제도에 대안의 사업체계라는 북한식 당지도 체계를 접목한 산업 및 기업관리제도, 넷째는 지방분권적인 위원회 제도와 중앙집권적인 계획화 원리로서의 주체농법을 혼합한 농업관리제도 등이 있다.[385]

경제적 상징성을 보여주고 있는 우표들도 북한경제 제도의 이러한 특징들과 변화에 맞추어 1940년대 말에는 민주개혁을 중시하는 토지개혁

385 이석,『북한의 경제 변화와 지속』, 영인문화사, 2015, p.95.

법령실시, 노동법령실시, 남녀평등법령실시 등을 주요 주제로 삼아 반복적으로 발행되었고, 한국전쟁 직후에는 전쟁복구에 주민동원을 독려하는 우표들이 발행되었다.

한국전쟁으로 인한 피해복구가 당초 계획보다 빠르게 완성된 이후에는 천리마운동을 필두로 하는 7개년 경제계획과 5개년 경제계획 달성을 위한 주민동원 목적의 우표들이 발행되었다. 1960년대 들어서는 계몽운동을 통해 경제발전을 달성하기 위해 사상·문화·기술의 3대혁명에 적극 동참하자는 내용의 우표들과 이런 계몽운동을 통해 주민생활을 향상시키자는 주민동원과 참여를 권유하는 우표들이 자주 발행되었다.

1980년 제6차 당 대회 이후에는 당 대회에서 결정한 경제지표들을 달성하기 위한 구체적인 목표를 제시하는 우표들과 공동사설에서 밝힌 경제목표 달성을 독려하는 우표들이 집중 발행되었다.

김정은 체제 출범 이후 경제적 상징 우표들은 새로 지은 주민 숙소용 고층빌딩 아파트건축물의 반복적 등장과 과학기술을 통해 경제 분야에 대한 단박 도약을 상징하는 우표들이 '인민대중제일주의', '자강력제일주의', '일심단결' 등의 구호와 함께 반복적으로 발행되고 있는 특징을 볼 수 있다.

1) 전후 복구 시기~사회주의 전면발전 시기 경제상징 우표

(1) 사회주의체제 경제정책과 우표

1950년 6월 25일~ 1953년 7월 27일 휴전이 있기까지 3년 동안 남한과 북한에서는 약 300만 명의 사망 또는 실종자가 발생된 것으로 추정되고 있다. 특히 북한의 경우는 미 공군의 일방적인 폭격으로 인해 인명 사상이나 시설물 또는 토지에 대한 손실이 남한에 비해 훨씬 심각했다[386]. 3년간의 전쟁으로 북한은 폐허 상태로 변했다. 1㎢ 평균 18개의 폭탄이 투하될 정도로 융단폭격을 받게 된 북한의 거리와 마을은 잿더미가 되었고, 그중에서도 전쟁 피해가 가장 심한 곳은 공업 부문이었다. 폭격으로 관개시설, 제방 그리고 저수지들이 파괴되었기 때문에 당장 경작할 수 있는 농지가 절대적으로 부족하게 되었다.

전후 복구를 독려하기 위해 발행된 우표들에 여성들이 주로 등장하는 것을 통해 한국전쟁으로 인한 남성 노동력의 손실이 엄청났음을 가름해 볼 수 있다.

북한은 1953년 7월 27일 정전 협정이 체결된 후 곧바로 8월에 조선노동당 제6차 전원회의를 소집하고, 전쟁 결산과 전후 복구계획 수립을 신속하게 결정하였다.[387]

전후 복구 사업은 빠른 속도로 진전되었다. 1954년 실시된 인민경제복구발전 3개년 계획1954년~ 1956은 목표 이상의 성과를 거두었다고 발표되었다. 공업생산은 1953년에 비해 2.8배 증가해 전쟁 전인 1949년 수준보다 1.8배나 넘어섰다. 계획기간 중 연평균 공업성장율은 무려 42퍼센트였다. 농업생산도 1.23배 증가해 전쟁 이전의 수준을 회복할 수 있었다.

북한은 '사회주의 개조改造'를 내세우며 농업의 협동화도 신속하게 추진했다. 전쟁으로 인해 저수지가 파괴되고, 농토가 훼손되고, 전쟁으로 인해 많은 남자들이 사망함으로 인해 농촌에서 일할 일손은 절대적으로 부족할 수밖에 없었다. 부족한 영농 지원을 정부가 충분하게 제공할 수 없는 상황에서 북한은 협동조합을 우선적으로 조직해나기기 시작했다. 부

386 브루스 커밍스,『한국전쟁』, 서울: 현실문화, 2018, p.135.

387 김성보 외 2,『그림과 사진으로 보는 북한 현대사』, 웅진지식하우스, 2004, p.149.

〈그림 80〉 인민민주주의 법령실시 기념우표

족한 일손으로 영농을 유지하기 위해서 농민들은 점증적으로 협동조합 가입을 선호하게 되었으며 농업협동화 시작 4년 후인 1958년 8월에는 농업·수공업·중·소상공업에서 협동화가 완료되었다. 이때 기본적으로 사회주의 제도가 확립되었다고 평가된다.

북한에서 사회주의 경제틀을 바탕으로 한 본격적인 경제계획이 시작된 것은 1961년 제1차 7개년계획1961년~1970년부터였다. 제1차 7개년계획은 1950년대 후반의 5개년계획에서 구축된 공업 기반을 한층 견고하게 발전시키고 주민 생활의 향상을 목표로 추진되었다. 이 시기에 북한경제는 기계제작 공업을 중심으로 한 중공업 우선정책을 강력하게 추진한 결과 공업화를 위한 기반 조성이 어느 정도 달성할 수 있었다. 그러나 1962년

10월의 쿠바 위기를 계기로 북한은 군사력 증강의 필요성을 절감하여 4대 군사노선을 채택하고 군사 부문의 지출을 대폭 증대시켰고, 중·소 분쟁의 영향으로 사회주의 국가들의 대對북한 원조가 격감되면서 제1차 7개년계획은 3년을 연장하였지만, 당초 목표에 미달된 상태에서 마무리되었다.

다음의 6개년계획은1971년~1976년은 3대혁명 수행과 산업의 체질 개선을 기본목표로 추진되었다. 6개년 경제계획 기간에는 해외로부터 자본·기술 및 설비 도입을 추진하였는데 이때 도입한 차관 및 연불수입대금을 제때 상환하지 못함으로써 1975년 이후부터는 심각한 외채 문제가 야기되었다. 또한 경제 규모가 커지면서 에너지·수송 등 사회간접자본 부문에서도 많은 문제점들이 나타났다. 이에 따라 당초 계획 목표달성이 불가능하게 되었고,[388] 북한은 1975년 8월 6개년 계획을 1년 6개월 전에 조기 완수하였다고 발표한 다음 2년간의 완충기를 설정해서 부진한 부문을 조정하는 데 주력하였다.

제2차 7개년계획1978년~1984년에는 인민경제의 '주체화', '현대화', '과학화'를 표방하고, 1977년에 비하여 국민소득 1.9배, 공업총생산 2.2배, 알곡 1000만톤 생산 등을 주요 목표로 제시하였다. 이러한 북한의 경제계획들은 구체적인 목표가 구호가 정리되어 당시 발행된 우표 도상에 그대로 반영되었다.

특히 1960년대는 '천리마운동'의 시기였다. 천리마운동은 북한에서 시행된 최초의 대중을 중심에 둔 군중노선 운동이었고, 이후에는 사회주의 건설의 총노선으로 격상되었다.[389]

이러한 천리마운동에서는 사람과의 사업사상혁명, 설비자재와의 사업기

388 김용현 책임편집, 『북한 경제와 과학기술』, 동국대학교출판부, 2022, pp.194-196.

389 사회과학출판사, 『정치사전』, 1973, p.1110.

〈그림 81〉 천리마 동상 기념우표

술혁명, 책당학습교재 및 김일성 저서 등과의 사업문화혁명 등이 중심 과업으로 제시되었고, 이를 토대로 천리마운동과 3대혁명을 연결시켜 추진하였다. 천리마운동은 곧이어 천리마작업반운동으로 이어졌다.

북한은 천리마운동을 1956년 처음 시작되어 현재까지 이름만 약간씩 수정되어 유효하게 진행 중인 가장 대표적인 군중노선 운동이라고 설명하고 있지만, 1959년 이후 공식화되기 이전에는 '천리마운동'이라는 단어가 사용되지 않았다. 천리마 형상 우표가 1958년 9월 16일 첫 발행되었지만, 천리마란 단어 사용 없이 "전국생산자 혁신자대회"1958년 9월 13일~16일로 발행되었다. 1959년 이후부터는 '천리마'란 용어 사용과 천리마 운동을

〈그림 82〉 7개년 계획 우표, 1961.

독려하고 홍보하고자 하는 우표들이 다양한 모습으로 발행되었다그림 81. 이런 과정을 통해 유추해 볼 수 있는 것이 '천리마운동'이 단순한 노력동원 군중노선 운동으로 보기보다는 "기술혁신"을 통한 사회주의 경쟁운동으로 보는 관점도 필요할 것이다.

1961년 9월 11일 평양에서는 조선노동당 제4차 대회가 열렸다. 이 대회에서 김일성 총비서는 사회주의 기초건설이 완수되었음을 선언하고 이제부터는 사회주의의 전면적인 건설을 위해 노력해야 한다고 강조했다. 그는 경제발전을 위한 7개년계획을 제시했다. 사회주의 공업화를 실현하고, 경제의 모든 부문을 현대화하며, 생활 수준을 획기적으로 높일 것을 목표로 한 계획이었다. 공업 생산액을 연평균 18퍼센트 성장으로 잡고, 알곡 총생산량은 계획이 끝나는 1967년에 600~700만톤에 달하도록 하는 야심 찬 계획이었다. 그의 자신감은 남북문제에서도 나타났다. 그는 5·16군사정변을 비난하면서 남조선혁명과 조국 통일을 위한 투쟁을 7개년 계획에서 주장[390]하면서, 이러한 계획과 목표들을 일상생활에서 항상 볼 수 있도록 부문별 목표가 기록되어 있는 우표들을 발행하였다.

특히 이 시기에 주목되는 것이 비날론 개발이다. 북한의 경우 국제무역 제재와 외화 부족 등 다양한 원인으로 석유 수입이 어려워 섬유생산에 어려움이 항상 존재했다. 북한은 '주체섬유'라고 평가하는 '비날론'의 발명 및 생산을 통해 석유를 대체하고자 했다. 비날론 생산은 석회석과 무연탄을 주원료로 사용한다. 북한은 대량으로 존재하는 석회석과 무연탄을 원료로 이용해 비날론 생산을 하고, 이를 통해 "입는 문제"를 해결하였다고 주장하였다.

비날론은 과학자 리승기[391]에 의해 일제 식민지 시기인 1930년대에 발명됐다. 해방 후 김일성이 이에 대한 연구·개발을 독려하면서 전폭적인 지원을 받아 생산에 성공하였다. 김일성은 비날론에 대해 다음과 같이 평가했다.

"비날론공업은 완전한 우리의 주체적 공업입니다. 그것은 첫째로 비날론을 발명한 것도 조선사람이고 그것을 생산하는 공장을 설계한 것도 바로 조선사람이

---

390 김성보, 앞의 책, pp.210-211.

391 리승기는 일본 교토대학에서 박사학위를 받은 최고 수재였다. 해방 후 귀국해서 서울대학교 공대학장을 역임하였지만 당국과 서울대 국립대학안과 관련하여 대립하게 되어 낙향해 지내던 리승기를 월북시키기 위해 북한에서는 여러 차례 걸쳐 리승기의 월북을 권유하였다. 몇 차례 월북을 거절하던 리승기는 연구에 대한 절대적인 자율과 지원을 제공하겠다는 김일성의 권유를 받아들여 한국전쟁 중 여러 명의 과학자들과 함께 월북하였다. 약속대로 김일성의 전적인 지원을 받을 수 있었던 리승기는 '비날론' 발명을 비롯한 북한의 공업화에 공헌을 많이 세우게 되어, 1959년 처음 제정된 '인민상'과 '로력영웅' 칭호도 받았으며, 후에는 김일성훈장, 김정일 훈장도 받았다. 1996년 91세의 나이로 사망한 그는 평양 신미리의 '애국열사릉'에 묻혀 있다. 강호제, 『과학기술로 북한 읽기, RPScience, 2016, pp.143-144

〈그림 83〉 비날린 공장 준공 및 완공 기념우표

기 때문이며 둘째로 우리나라의 풍부한 원료에 의거하기 있기 때문입니다."[392]

비날론 개발과 생산에 높은 평가를 하고 있는 북한이 우표 도상에 비날론을 등장시키는 것은 당연한 일이었다. 비날론은 석회석과 무연탄을 원료로 한 카바이드 생산공정, 카바이드에 의한 초산비닐합성공정, 폴리비닐알콜제조공정, 방사 및 후처리공정 등 4단계의 공정을 거쳐 생산되는 것을 강조하기 위해 각 단계별 진행 중인 공장에 대한 '기념우표'들이 1961년 2월 2일 생산공장별 4종류 발행되었고, 그해 10월 17일에는 전체 공장을 기념하기 위한 '기념우표들'이 발행되었다.

북한은 7개년계획[393]이 충분히 달성되리라 기대했다. 1961~ 1962년에는 그 꿈이 실제로 이루어지는 것으로 여길 만한 성과가 나타났다. 1962년

---

392 『김일성저작집 제21권』

393 김용현 책임편집, 앞의 책, p. 195.

〈그림 84〉 여섯 개 고지 목표 기념우표, 1962.

신년사에서 김일성은 그해에 여섯 개 고지를 점령하라고 주문했다. 알곡 500만 톤, 직물 2억 5000만 미터, 수산물 80만 톤, 주택 20만 세대, 강철 12만 톤, 석탄 1500만 톤이라는 여섯 개의 목표 고지를 달성하라는 것이었다. 이 여섯 고지 달성을 독려하는 우표들도그림 84과 같이 발행되었다.[394]

그러나 1960년대 중반에 들어서며 7개년계획은 국내외적으로 여러 난관에 봉착했다. 그 시작은 예상치 못한 국제정세의 변화였다. 1962년 10월에 미국과 쿠바 사이에 무력 충돌 위기가 발생하고 미국의 베트남 참전이 확대되면서 북한은 크게 위기감을 갖게 되었다. 휴전선을 경계로 해서 세계 최강의 미군과 마주해야 하는 부담감 속에 북한 정부는 국방비를 늘리는 선택을 하게 되었다.[395] 이에 따라 〈전 인민이 무장해야 한다〉〈기술혁신〉〈채취공업을 발전시키자〉〈사회주의 문화농촌을 만들자〉 등을 구호로 하는 우표들이 발행되었다.

---

394 김성보, 앞의 책, p.214.

395 김성보, 앞의 책, p.217.

〈그림 85〉 계몽운동 독려 기념우표, 1963.

〈그림 86〉 사상·문화·기술 혁명 기념우표, 1964.

1964년 12월 30일에는 농촌에서의 3대 혁명을 완수하자는 도상으로, 〈사상혁명〉 〈문화혁명〉 〈기술혁명〉 〈인민 소비품 생산에서 새로운 전환을 일으키자〉 등 풍요로운 농촌 잘살기 운동을 홍보하기 위한 우표들이 발행되었다.

북한은 1966년 10월 개최된 제2차 당대표자회의를 통해 7개년계획을 3년 연장하여 10개년계획으로 수정하면서, 경제건설과 국방건설을 병진할 것을 결정하였다. 이 결정으로 인해 1960년대 중반까지 군사비 지출은 10%였던 것이 30% 이상으로 대폭 확대되는 계기가 되었다.[396]

군사비의 대폭 확대로 인해 인민들의 생활이 점차 어려워지게 되자 〈과학적, 기술적으로 목축업을 발전시키자〉 〈모든 밭에서 정보당 500kg을 수확하자〉 〈과일재배 발전시켜 인민생활을 향상하자〉는 구호를 담은

〈그림 87〉 인민생활을 향상시키자, 1968.

---

396 김일성, 『김일성 저작집 28』, 조선로동당출판사, 1984, p.534.

우표들과 대중의 필수품들인 일용품, 옷감, 맛있고 영양가 높은 식료가공품을 더 많이 생산하여 인민생활을 향상시키자는 운동을 독려하는 우표들이 발행되었다. 국방비지출이 크게 확대됨으로써 부족한 경제물자를 대체하기 위한 인민들의 노력 동원을 선전선동하는 것이었다.

(2) 풍요로운 농촌과 사회 홍보용 우표

북한은 1950년대 말 농촌 부문에서 협동화를 완성한 이후 1960년대 들어서면서 협동농장들의 경제지도 및 관리에 있어 개혁을 단행하였다. 그 결과 군郡 단위를 중심으로 하는 지역거점의 통일적 농업 지도체제를 조직할 수 있었다. 이는 북한식 농촌 부문에서의 자력갱생 전략이었지만 그 결과 북한의 농업은 공업보다, 농촌은 도시보다 더디게 성장할 수밖에 없는 구조적 제약을 벗어나지 못했다.

이러한 상황을 극복하기 위해 김일성 수상은 〈사회주의 농촌문제에 관한 테제〉를 1964년 2월 25일 노동당 제4기 8차 전원회의에서 내놓았다. 이 테제는 사회주의 하에서의 농촌문제해결의 기본원칙, 사회주의 농촌건설의 기본과업, 사회주의 농촌건설에서의 군郡의 역할과 임무 등 3개 단락으로 구성되었다. 기본원칙으로는 ①농촌에서의 기술혁명, 문화혁명, 사상혁명을 철저히 수행하며 ②농민에 대한 노동 계급의 지도, 농업에 대한 공업의 방조, 농촌에 대한 도시의 지원을 강화하며 ③농촌경리에 대한 지도와 관리를 공업의 선진적인 기업관리 수준으로 끌어올리며 전 인민적 소유와 협동적 소유의 연계를 강화하고 협동적 소유를 전 인민적 소유에로 부단히 접근시킨다 등 3가지 원칙을 제시하였다. 농촌문제 해결의 기본과업으로 농촌에서의 기술혁명을 위해, 수리화·기계화·화학화·전

〈그림 88〉 사회주의 농촌문제에 관한 테제 기념우표

기화라는 '농촌4화사업'이 중점사업으로 제시되었다.[397] 북한은 '농촌4화사업'의 실천을 독려하기 위해 이를 주제로 하는 기념우표도 발행하였다.

농촌테제는 농촌의 협동화를 한 단계 발전시켜 농촌문제를 해결하기 위해 제시된 농촌문제에 관한 종합지침서였다. 농촌기술혁명의 기본과업인 수리화, 기계화, 전기화, 화학화를 의욕적으로 추진하여 단기적으로는 농업생산량 증기에 일정부분 성과를 거둔 것으로 평가된다. 그러나 장기적으로는 경제성장에 필요한 기초적인 자원의 부족으로 한계에 부딪칠 수밖에 없었다.

북한의 경제발전전략에서 빼놓을 수 없는 것이 자력갱생 및 자립적 민족경제건설이다. 이는 1950년 후반에 등장해 1960년대에 강화되었다. 북한의 공식문헌은 자력갱생에 대해 "자국의 혁명을 기본적으로 자기의 주체적 역량에 의거해 이루고자 하는 철저한 혁명적 입장이며 자국의 건설

---

397 북한문제연구소, 『북한용어 300선집』, 내외통신사, 1993, pp. 114-115.

〈그림 89〉 위대한 강령 6개년 계획 기념우표, 1971.

을 자국 인민의 노동과 자국의 자원에 의해서 추진하고자 하는 자주적 입장" 이라고 설명하고 있다. 자력갱생론은 자립적 민족경제건설의 원칙으로 이어진다. 자력갱생의 원칙을 기초로 자국 인민의 힘과 자국의 자원을 동원하여 자신의 기술과 자금에 의거할 때에만 자립적 민족경제건설이 가능하다는 것이다. 물론 자력갱생론이 대외무역을 부정하는 것은 아니다.

하지만 북한에서는 대외무역이 자립적 민족경제건설과 그 발전에 철저히 복무해야 하고, 따라서 자립적 민족경제의 토대에 입각해서 대외무역을 발전시키게 되어 있다. 자력갱생론의 원칙하에 대외무역은 제한된 범위 내에서 이루어질 수밖에 없었던 것이다.[398] 이러한 북한의 경제발전 전략의 원형은 1950년대에 태동해 1960년대에 완성되었다고 할 수 있다. 그리고 공식적으로 50년 이상 경과한 지금까지 유지되고 있다.[399]

398 앞의 경제사전, pp. 206-210 참조.

399 양문수, :북한의 경제발전전략 70년의 회고와 향후 전망"통일정책연구 제24권 2호, 2015,pp. 38-39.

북한은 제1차 7개년계획이 미달된 상태로 마무리한 후 6개년계획1971~1976년을 곧이어 발표하였다. 6개년계획은 김일성에 의해 "위대한 강령"이라고 명명되었다. 6개년계획의 기본과업은 "공업화의 성과를 공고 발전시키며 기술혁명과 새로운 높은 단계에로 전진시켜 사회주의의 물질 기술적 토대를 더욱 확실히 하여 인민경제 모든 부분에서 근로자들을 힘든 노동에서 해방하는 것"으로 설정되었다.

북한은 금속가공업의 자립강화, 화학공업의 다각적인 발전, 여러 가지 거대한 장비들을 대량생산하는 3대 기술혁명 수행, 산업의 체질 개선을 기본목표로 하는 구호를 담아 우표를 발행하였다.

그리고 6개년 계획의 마지막 해인 1976년 10월에 열린 조선노동당 제5기 12차 전원회의에서 밭관개완성, 토지정리, 토지개량, 다락밭 건설, 치산치수, 간석지개간 등을 내용으로 하는 '자연개조 5대방침'을 내놓았다. 이것이 북한의 자연개조사업과 관련된 첫 번째 공식 결정이었지만 북한의 자연개조사업은 그보다 훨씬 앞서 나온 북한의 3대혁명을 출발선으로 보아야 할 것이다. 실제로 북한에서 자연개조사업을 주제로 하는 우표가 1972년에 발행되었다.

1970년 11월 열린 조선노동당 제5차대회에서 1961년부터 10년간에 걸친 기술혁명의 수행과정을 결산하고 '3대기술혁명'이 중요 과제로 제시되

〈그림 90〉 자연개조사업 기념우표, 1972.

〈그림 91〉 풍요로운 농촌과 사회 기념우표, 1972.

었다. 3대기술혁명은 중공업과 경노동의 차이를 없애고, 농업노동과 공업노동의 차이를 없애며, 여성을 가사일로부터 해방시켜주는 것을 말한다[400]. 이 3대기술혁명을 실천하는 과정에서 1972년 11월 1일에는 관개작업개선을 통한 농촌사업증대, 산에 나무를 심어 푸른 산림 만들기와 삼림보호, 간석지개간을 통한 넓은 농지 확보를 독려하기 위한 〈자연 개조 사업〉 우표들이 발행되었다.

북한은 1972년 12월 27일에 사회주의헌법을 제정하였다. 사회주의헌법은 "주체사상을 국가활동의 지도적 지침으로 규정하는 등 모든 분야에서 사회주의 제도에 맞는 내용"으로 채워졌다고 선전된다. 북한으로서는 정치제도의 변화뿐만 아니라 인민들의 동의를 끌어낼 수 있는 방안 '안전하게 일할 수 일터의 존재'와 '잘 먹고 편안하게 쉴 수 있는 공간'으로 보여

400 북한문제연구소, 앞 사전, pp. 107-108.

주어야 했다. 이러한 선전방향은 당시 발행된 우표에 잘 나타나 있다.

1972년 11월에 발행된 우표 도상의 주제는 〈농업과 공업 노동간의 차이가 현저하게 좁혀지고 있다〉 〈중노동과 경노동의 차이가 기계화를 통해 현저하게 좁혀지고 있다〉 〈여성들은 가사일의 무거운 부담을 덜고 있다〉 〈평양 천리마 거리〉 등이었다. 이를 통해 인민들의 삶이 개선되고 있다는 것을 보여주려 한 것이다.

1961년 4월 함경남도 북청군에서 김일성 수상이 참가한 가운데 당 중앙위원회 상무위원회 북청확대회의가 열렸다. 이 회의에서 김일성 수상은 북청을 본보기로 북한 전역에 야산을 과일동산으로 가꿀 것을 지시하면서 《과수원조성사업을 전인민적운동으로 전개할데 대하여》라는 지시를 내렸다[401]. 이후 북한 야산의 상당한 면적이 과수원으로 탈바꿈 되었다. 북청확대회의를 기념하여 1976년 4월 7일에 〈조선노동당 당중앙위원회 상무위원회 북청 확대회의 15주년 기념〉 우표가 발행되었다.

1976년 10월 당중앙위원회 제5기 제12차 전원회의에서 제시된 '자연개조 5대방침'을 선전하는 우표도 발행되었다. 자연개조 5대 방침의 목적은 땅을 보호하고 개량하며 새 땅을 얻어내기 위한 투쟁을 벌여 그 어떤 우연적 요인에도 좌우되지 않는 튼튼한 농업생산토대를 마련하고자 하는데 있다. 그 내용은 첫째로 밭관개를 완성하고, 둘째로 다락밭을 건설하며, 셋째로 토지정리와 토지개량 사업을 하며, 넷째로 치산치수사업을 하며, 다섯째로 간석지를 개간하는 것을 의미한다.[402]

북한은 6개년계획에 이어 1978년 제2차 7개년계획1978~1984년을 발표하

---

401 『조선신보』, 2021년 4월 8일자

402 김일성, "알곡 1,000만 톤고지를 점령하기 위한 자연개조사업을 힘잇게 벌릴데 대하여", 『사회주의농촌체제의 실현을 위하여』, 평양: 조선로동당출판사, 1994, p.118

〈그림 92〉 북청확대회의 및 자연개조 5대방침, 1976.

〈그림 93〉 제2차 7개년계획 목표 기념우표, 1978.

고, 인민경제의 '주체화·현대화·과학화'를 표방하였다. 이 계획에서는 각 분야별로 구체적인 목표치가 제시되었는데, 이러한 목표치는 우표 도상에도 반영되어 〈전력 560억-600억 킬로와트〉 〈석탄 7000만-8000만 톤〉 〈철강 740만 톤-800만 톤〉 〈화학비료 500만 톤〉 〈알곡 1,000만 톤〉 〈간석지 개간 10만 정보〉 등의 수치가 '자력갱생의 혁명정신을 더욱 높이 발휘하자'는 구호와 함께 제시되어 있다.

6개년 경제계획1971~1976년이 1973년 전 세계경제를 강타한 제1차 오일쇼크로 인해 세계경제가 멈추어 서게 되면서 북한의 외채도 크게 늘어나게 되었다[403]. 1974년에는 속도전을 내세우고, 1975년부터는 3대혁명붉은기 쟁취운동을 시작하였지만, 북한의 경기침체는 도무지 벗어날 기미가 보이지 않았다. 미국의 CIA는 1976년을 즈음해서 북한의 경제가 남한에 추월당했다는 주장도 내놓았다. 이러한 어려움을 내부적으로 인정해서 북한은 1976년과 1977년을 '완충의 해'로 설정하면서 연착륙으로 위한 정책으로 변경하기 시작하였다.[404]

북한의 외부환경도 더욱 악화되었다. 1978년 중국이 개혁개방을 본격적으로 추진하면서 같은 해에 중국과 일본이 평화조약을 체결하였고, 1979년에는 중국과 미국의 국교정상화로 북한의 고립이 점점 심화되어 갔다.

이러한 상황을 반전시키고자 북한은 1980년 10월에 '제6차 당대회'를

〈그림 94〉 제6차 당대회 결정사항들을 실천하자, 1981.

403 이주열, 『통계를 이용한 북한경제 이해』, 한국은행, 2014, pp. 159-163.

404 김용현 책임편집, 앞의 책, pp. 195-196.

개최하였다. 제6차 당대회에서 북한은 경제분야에서 '사회주의 경제건설 10대 전망목표'를 제시하였다. 경제목표는 전기, 석탄, 강철, 금속, 시멘트, 화확비료, 천, 수산물, 곡물, 간석지 개간 등 10개 분야에서 구체적인 수치로 제시되었다. 이러한 구체적인 수치를 담아 우표로도 발행되었다. 우표 도상에 나타난 목표는 ①전력: 1000억키로와트, ②석탄: 1억2천만톤, ③강철: 1,500만톤, ④유색금속: 150만톤, ⑤세멘트: 2,000만톤, ⑥화확비료: 7,000만톤, ⑦천: 15억미터, ⑧수산물: 500만톤, ⑨알곡: 1,500만톤, ⑩간석지개간: 30만정보 등이었다.

그러나 1980년 제6차 당대회 결정사항 실천을 독려하기 위해 발행된 경제관련 우표발행 이후 2008년 '공동사설'에 경제분야 기념우표가 발행되기까지 무려 27년 동안이나 경제 상징 도안을 담은 우표는 발행되지 않았다. 1980년~2008년까지 북한 경제가 계획대로 실천되지 못했다는 것을 반증하고 있다고 봐야 할 것이다.

2) '강성대국론' 표방시기 경제상징 우표의 특징

북한은 1980년 제6차 당대회 이후 2016년 제7차 당대회를 열기까지 36년 동안 '당대회'를 개최하지 못했다. 사회주의권의 붕괴, 경제개발계획을 목표 달성 실패, 1994년 김일성 주석의 사망 이후 3년간 '고난의 행군'이라는 최악의 경제난 등 다양한 요인이 작용했을 것이다. 이러한 경제난은 우표 도상에도 영향을 미쳤다. 27년이란 긴 기간 동안 경제상징 도안을 넣은 우표를 발행하지 않은 것이다.

북한은 '고난의 행군'에서 벗어난 1998년부터 '강성대국론' 또는 '강성대국 건설론'을 표방하며 새로운 전환을 모색하기 시작했다. 그리고 10년

〈그림 95〉 2008년 경제부문 공동사설 기념우표.

후인 2008년부터 '사회주의 강성대국건설론'을 제기하며 장기적인 경제계획을 추진할 수 있는 기반을 마련하기 시작했다.

북한은 2008년 신년 공동사설을 통해 2008년을 "역사적 전환의 해"라고 규정하고 2012년을 "강성대국의 문을 여는 해"로 명시하였다. 강성대국强盛大國은 말 그대로 '부강하고 융성한 나라'라는 뜻으로 김정일 국방위원장이 1998년 자강도 현지지도에서 구체화 한 구호다. 북한이 말하는 강성대국은 사상·정치강국, 군사강국, 경제강국을 의미한다. 북한은 그동안 주체사상과 선군사상, 수령과 인민의 일심단결을 통해 정치·사상강국을 실현하였고, 강대한 군사력을 통해 군사강국을 실현하였으므로, 경제강국 실현만 남았다고 선전하였다.[405] 그러면서 2012년을 강성대국에 진입하는 목표연도로 내세웠다.[406] 과거와 같이 경제개발계획을 구체

〈그림 96〉 역사적 전환의 해, 2008

405 통일교육원, 『북한지식사전』, 2013, pp. 25-27.

406 김용현 책임편집, 『김정은 시대 경제정책과 현실』, 동국대학교출판부, 2022, pp. 234-239.

〈그림 97〉 신년 공동사설 경제구호, 2009.

적으로 제시하지는 못했지만 5년을 시한으로 큰 그림의 목표를 인민들에게 제시한 것이다.

북한은 2008년 공동사설에서 2007년 경제부분에서 일정한 성과를 달성하였다고 하면서, 특히 인민경제부문채취공업, 금속공업, 화학공업, 경공업 등에서 '기술개건'과 대규모 수력발전소 건설이 적극 추진된 결과 "원료, 동력기지와 인민소비품생산기지"가 튼튼히 다져졌을 뿐 아니라 '공업의 주체성'이 더욱 강화되었다고 평가하였다. 그리고 강성대국 건설의 '주전공선'으로 '경제건설'을 내세웠다.[407] 이때 비로소 경제상징 우표가 다시 나오게 되었다.

북한은 경제적 목표에 대한 달성을 독려하기 위해 〈인민경제 선행부문과 기초공업부문을 추켜세우는데 결정적 힘을 넣자〉와 〈올해는 인민생활향상에서 실질적인 전환이 일어나는 보람찬 해, 기쁨의 해가 되게 하자!〉〈신심과 락관에 넘쳐 혁명적으로 전투적으로 살며 일하자!〉란 구호를 넣은 기념우표를 발행하였다.

2008년 9월 9일에는 공화국 창건 60돌을 축하는 기념우표 6종을 발행하였다. 그 중 〈경제강국건설에서 새로운 비약을!〉〈콩농사를 잘하여 그

407 통일연구원, "2008년 북한 신년 공동사설 분석", 통일정세분석 2008-01, p.4.

〈그림 98〉 리상이 실현되는 해, 2009

덕을 보게하자!〉 등 2종의 우표가 경제 관련 구호를 담고 있는 콩농사 증산을 독려하는 우표를 발행하였다. ”경제강국건설‘과 먹는 문제해결을 위한 "콩농사 증산독려" 우표 속에 '구호'들이 서로 상충되는 것에서 당시 북한의 '정치적 구호'와 '경제상황'이 충돌하는 상황을 살펴 볼 수 있게 한다.

다음해인 2009년 신년공동사설을 요약한 구호와 도상들은 "혁명적대고조의 위대한 전통을 계승하여 선군조선의 빛나는 전성기를 펼쳐나가자!"는 구호 하에, 구체적인 실행 구호로 "종자혁명, 두벌농사, 감자농사혁명, 콩농사"를 강조하는 우표와 〈천리마대고조시기의 혁명의 정신으로 모든 전선에서 일대비약의 폭풍을 일으키자!"〉라는 우표를 발행하였다.

콩농사, 두벌농사, 감자혁명 등을 강조하고 있는 공동사설의 증산운동 독려 내용을 통해 여전히 북한이 식량부족으로 어려움을 겪고 있었음을 알 수 있다.

2009년의 마지날인 12월 31일에 경제 관련 〈리상이 실현되는 해〉라는 제목으로 9개의 우표가 한 장의 시트지로 동시에 인쇄되어 발행되었다.

첫 번째 우표는 같은 해 4월 5일에 발사 성공한 인공지구위성을 강조한 〈광명성 2호〉였고, 두 번째 우표는 〈우리의 CNC 공작기계공업〉[408]이었다.

2009년도의 경제정책으로 달성 가능성이 높은 특별한 방안이 안 보이다 보니, 두리뭉실한 용어, '혁명적 대고조'라는 구호하에, 50년대식 노동력 동원을 통한 자력갱생을 강조하는 '속도전'과 '천리마대고조', '대비약', '비약의 폭풍' 등의 구호와 함께, 〈우리의 힘과 기술로! 주체철생산, 대형산소분리기생산〉 〈새로운 천리마속도, 희천속도 창조〉 〈남흥가스화대상건설장〉 〈발전된 만수대 살림집〉 〈강성국가농촌 본보기 마곡리〉 등을 소재로 우표를 발행해 사회주의 농촌의 전망이 밝아지고, 평양시를 비롯한 전국이 정비되어 조국의 면모가 일신되었다고 선전한 것이다.

북한은 2010년 1월 1일 로동신문, 조선인민군보, 청년전위는 "당창건 65돐을 맞는 올해에 다시 한 번 경공업과 농업에 박차를 가하여 인민생활에서 결정적인 전환을 이룩하자"라는 제목의 신년 공동사설을 발표하고, 공동사설에서 제시된 부문별 구호들을 넣은 기념우표 9종을 발행하였다. 첫 번째 우표에서는 "주체 99(2010)년 총공세의 해에 더 높이, 더 빨리!"를, 두 번째 우표에서는 "당창건 65돐, 조국해방 65돐"을 중심 구호로 담았고, 경제부분에서는 〈인민소비품생산을 대대적으로 늘이자!〉 〈농업생산을 획기적으로 늘이자!〉 〈4대선행부문[409]은 인민경제의 기관차〉 등의 우표

---

408 CNC란 Computer Numerial Control의 첫 글자로 남쪽용어로는, '컴퓨터수치제어'라고 부르며, 북쪽에서는 '컴퓨터수자조정'이라고 부른다. 컴퓨터 기술이 발달하기 전에는 기계부품을 가공하기 위해서는 기술자들이 수동으로 직접 선반 등 공직기계를 운전해야 했지만, 1970년대 후반 들어 선반 등 공작기계에 컴퓨터 기술이 접목되면서 컴퓨터가 자동으로 조종하는 정밀, 고속, 자동 생산이 가능하게 되었다. 공작기계에 부착된 컴퓨터 시스템컨트롤러에 프로그램을 입력해 다양한 금속기계제품을 생산하는 공작기계용 첨단컴퓨터 숫자조정기술과 그 공작기계를 CNC라고 부른다. 기계부품을 가공하는 기계를 만드는 공작기계이기 때문에 CNC를 북한에서는 '어미기계'라고 부르기도 한다.

409 "전력, 석탄, 금속, 철도운수부문은 사회주의경제강국건설에서 다른 모든 부문의 맨 앞장에 있는 가장 중요한 부문이다. 오늘의 현실은 4대선행부문이 사회주의경제강국건설의 전초선을 튼튼히 지켜나갈것을 요구한다."『로동신문』 2007년 1월 28일

〈그림 99〉 2010년 공동사설 경제부문 구호 기념우표, 2010.

〈그림 100〉 2011년 공동사설 경제부문 구호 기념우표, 2011.

를 발행하였다. 선군정치를 표방하며 국방공업을 우선적으로 발전시키면서 경공업과 농업을 동시에 발전시킨다는 북한의 '선군경제노선'이 우표의 선전 소재로도 활용된 것이다.

특히 경제의 기초공업부문에서 생산이 "획기적으로 장성하고 공업부문이 전반적으로 활성화된 점을 평가하면서, 4대 선행부문에 대해서는 주체철 생산능력 제고금속부문, 발전소 건설전력공업부문, 석탄 증산석탄공업부문 및 철도의 현대화철도운수부문 등의 실현을 강조하였다[410].

특히 북한은 2008년 공동사설을 통해 인민생활향상에 직접적인 관계가 깊은 경공업과 농업부문에 대한 강조를 한 이후 2011년까지 연속 공동사설을 통해 경공업과 농업부문을 강조하는 우표를 발행하였다. 이런 현상은 북한의 인민생활이 매우 어려움을 더 이상 60~70년대와 같이 "유격대정신", "자력갱생" 등의 구호로는 더 이상 주민들의 동원과 동의와 지지를 얻을 수 없다는 절박함을 반영하고 있다고 볼 수 있다.

2011년 공동사설[411] 경제부문 구호로는 〈경공업은 올해 총공격전의 주타격방향!〉 〈농업전선은 인민생활문제해결의 생명선!〉 〈전면공세, 전면돌파전〉 등이 우표 도상에 채택되었다.

3)경제·핵무력 건설 병진노선~경제건설총력집중시기 경제상징 우표

(1) 인민생활 향상 강조 우표

2012년 김정은 체제가 공식 출범했다. 북한은 2012년 신년 공동사설을 통해 "김정은은 곧 김정일"이라는 유훈통치를 강조하였고, 김정은은 2012년 4월 13일 제4차 당대표자회에서 조선노동당 제1비서직을 승계함으로써 제도적으로 공식적인 권력 승계를 완료했다[412]. 김정일 사후 체제의 안정적 유지를 가장 중시한 북한은 김정일 유훈과 체제 정통성강조, 군부통제, 내부결속 강화 등을 통해 김정은 체제의 공고화를 진행했다.

김정은 체제 출범 첫 해인 2012년 신년 공동사설은 "위대한 김정일동

410 통일부, "북한의 2010년「신년공동사설」분석"

411 통일연구원, "2011 공동사설의 의미", 통일연구원, Online Series 11-01, 2011.

412 박상철, "북한체제 유지 및 작동규범 연구: 헌법과 당규약", 『안보학술논집』 제27집 국방대학교 안보문제연구소, 2016, pp.377-379.

〈그림 101〉 2012년 공동사설 경제부문 기념우표

지의 유훈을 받들어 2012년을 강성부흥의 전성기가 펼쳐지는 자랑찬 승리의 해로 빛내이자!"라는 제목으로 전당, 전군, 전민의 결집을 선언하였지만 경제문제 해결은 여전히 숙제로 남아 있었다.

이런 경제상황을 반응한 듯 2012년에 발행된 우표 도상의 특징은 인민생활 향상을 집중적으로 강조하며 시작했다는 것이다. 김정일 시기에 사상을 강조하는 정치관련 우표들이 주를 이루고 있던 반면에 김정은 시기에는 먹고사는 문제해결을 위한 경공업과 농업 부문을 강조하는 '인민생활 향상'에 대한 우표들이 늘어난 것이다. 〈경공업부문과 농업부문은 강성국가건설의 추타격방향〉 〈함남의 불길따라 새 세기 산업혁명을 최첨단돌파전으로〉등이 대표적이다.

〈그림 102〉 김정은 시기 새해우표들

김정은 체제 출범 후 처음으로 발행된 2012년 '새해우표' 도상도 평양 시내의 신설 아파트 살림집을 배경으로 한 〈주체탑〉 〈김일성화〉 〈눈 덮인 국수國樹 소나무〉 등이었다. 이는 2012년 상황은 어려울 지라도, 주체사상으로 똘똘 뭉쳐 풍요로운 인민생활향상을 위해 나아가겠다는 의지를 보여준다.

2012년을 북한을 상징하는 단어는 '인민대중제일주의'였다. 김정은은 4월에 있은 첫 대중연설에서 "우리 인민이 다시는 허리띠를 졸라매지 않도록 하겠다"는 포부를 밝혔다. 새 세기 산업혁명으로 경제를 반드시 일떠세우겠다는 결심도 피력하였다.

이러한 '인민대중제일주의'의 선전 일환으로 2013년과 2014년 '새해우표'의 도상에서도 '주체탑', '천리마', 발전된 평양의 살림집들이 선택되었다. 이를 통해서 김정은 체제 들어서서 경제전선이 주공전선이고, '인민생활향상'을 위한 경공업과 농업부문에 집중하겠다는 의지를 보여줬다고 할 수 있다.

김정은은 2013년 1월 1일 육성으로 첫 신년사를 발표했다. 김정은 체제 출범 후 첫 번째 신년사를 발표하는 김정은의 모습은 의상과 머리스타일 등 할아버지 김일성 주석을 꼭 빼 닮았다. 2013년 신년사 중 경제부문

〈그림 103〉 2013년 신년사 구호 중 경제부문 기념우표.

은 '자립적 민족경제의 토대강화', '인민경제계획'의 엄수, '우리식 사회주의 경제제도를 확고히 고수' 등 공세적 용어 사용이 증가한 데서 알 수 있듯이, 경제정책의 보수적인 기조를 강하게 드러냈다. 한동안 가장 우선적으로 강조하였던 경공업과 농업 부문의 과제는 인민경제 선행부문과 기초공업부문 다음에 제시되었다. 이는 국가의 생산력 증대 기반을 강화하는 일이 인민생활 향상에 비해 시급한 과제로 인식되고 있음을 시사하는 것이다.[413] 신년사 발표 직전인 2012년 12월 12일에 있었던 '광명성 3호 2호기'의 성공적 발사가 김정은 체제 확립에 자신감을 준 것으로 판단된다.

2012년 12월 12일 광명성 3호 2호기 발사 성공과 2013년 1월 1일 신년사에서 밝힌 '자립적 민족경제 토대강화' 와 '우리식 사회주의경제제도 고수' 등의 선언에 이어서 2013년 2월 12일에는 '제3차 핵실험'이 실시됐다. 이어 북한은 3월 31일에 '경제 및 핵무력 건설 병진노선'을 발표했다. 한마디로 '자립적이며 우리식 사회주의 경제제도'를 밀고 나가겠다는 선언이었다.

2013년 신년사 구호를 반영한 경제상징 우표들은 '경제강국건설의 도약대 과학기술의 힘으로'를 구호로 내세우면서, 인공위성 광명성을 강조하기보다는 로케추진체인 '은하9호'를 강조하고, 4대 선행부문인 전력, 금속, 석탄, 철도에 대한 도상을 넣었다. 과학기술의 힘으로 인민들의 먹고

413 통일연구원 북한연구센타, "2013년 북한 신년사 평가", 2013, p. 2.

〈그림 104〉 2014년 신년사 구호 중 경제부문 기념우표

사는 문제들을 해결해서 인민생활을 향상시켜 〈사회주의문명국 건설〉을 〈마식령속도〉로 단숨에 달성하겠다는 의지를 표출한 것이다.[414]

2014년 신년사에서 채택된 구호는 "승리의 신심 드높여 강성국가건설의 모든 전선에서 비약의 불바람을 세차게 일으켜나가자!"였다. 이때 발행된 우표들은 이 구호를 중심으로 '봉화의 불길', '건설에서 번영기', '농업의 주타격방향', '과학기술은 강성국가건설을 추동하는 원동력' 등의 세부 구호를 동시에 담았다. 또한 북한은 농민, 건설자, 과학자를 주인공으로 하는 우표, 경제강국을 떠받치는 쌍기둥인 '금속공업'과 '화학공업'을 중시하는 구호와 함께, 선행부문과 기초공업부문을 비롯한 인민경제 모든 분야에서 혁신을 강조하는 우표를 발행하였다.

2014년 신년 우표의 도상으로 추론해 볼 때 제3차 핵실험을 진행하면서 국제사회와 협상을 통해 고립으로부터 탈피보다는 장기적으로 '자력갱생'을 준비하는 모습을 보여줬다고 분석할 수 있다.

---

414 마식령속도는 "당중앙위원회 제8기 제4차전원회의의 정신을 받들고 우리식 사회주의건설을 전면적 발전에로 확고히 이행시키고 우리 국가의 존엄과 강용한 기상을 남김없이 과시해갈 불같은 일념으로 전체 인민이 새로운 시대정신, 시대속도창조의 불길을 일으켰다"라고 주장하는 운동으로, 마식령스키장 건설을 시작으로 문수물놀이장, 미림승마구락부, 영풍과학자휴양소, 원산애육원, 평양국제비행장 등이 마식령속도를 주창한 이후의 결과물들이다『로동신문』, 2022년 4월 7일 3면

(2) 과학기술을 통한 경제발전 선전용 우표

2014년 북한의 정책노선을 관통하는 키워드는 전민과학기술인재화였다.[415] 김정은 시대의 북한은 과학기술을 국가 발전의 핵심동력으로 간주한다. 과학기술 인재교육을 위해 2014년부터 12년제 의무교육이 시작되었다. 모든 주민들이 대학 졸업수준의 과학기술 지식을 갖추기 위해 '전인민의 이과화'도 추진하고 있다.[416]

북한은 1998년부터 과학기술발전 5개년계획을 세우고 컴퓨터를 통한 수치제어장치인 CNCComputer Numerial Control를 개발했다. 2000년대 초부터 여러 공장에서 CNC 관련 공작기계들을 제작했다. 과학기술발전계획은 CNC에서 성과를 낳고 CNC는 북한 정책의 핵심 요소가 되었다. CNC 기술은 로켓 기술과 연동되어 미사일 개발에도 영향을 미쳤다.[417]

북한의 CNC기술발전과 로켓발사체 기술 등은 상당한 수준으로 평가되고 있지만 그렇다고 먹고사는 인민생활이 자동적으로 향상되는 것은 아니다. 한정된 자원과 자산을 가지고 '핵과 미사일' 개발과 기술 향상에

〈그림 105〉 과학기술전당과 미래과학자거리

415 김수연, "북한의 간부양성체계 연구", 경기대학교 정치전문대학원 박사학위논문, 2018, pp. 142-149.

416 변학문, 겨레하나 평화연구센터,『김정은 시대 북한의 선택 10년의 변화 10개의 키워드』, 길그림, 2022, pp. 16-21.

417 위 책, p. 13.

〈그림 106〉 인민생활향상 동원독려 선전화 우표

주력했다는 것은 그만큼 인민들의 삶은 어려워 진 것을 의미했다.

북한당국 스스로가 인정하는 내부동원 및 결속을 위한 '선전화 우표'를 보면 〈황금해의 새 력사를 창조한 인민군대의 투쟁 기풍을 따라 배워 물고기대풍을 마련하자〉 〈전후에 복구건설을 한 것처럼 산림복구전투에로!〉[418] 〈과학기술의 힘으로 모든 부문을 빨리 발전시키자!〉 등 경제건설에 대한 북한의 '열망'이 나타나 있다.

2016년 1월 20일 신년사 기념우표가 발행되었다. 신년사 구호는 "조선로동당 제7차대회가 열리는 올해에 강성국가건설의 최전성기를 열어나가자!"였다. 경제분야의 세부 구호는 "경제강국건설에 총력을 집중하여 나라의 경제발전과 인민생활향상에서 새로운 전환을!"로 발표되었다. 우표 도상으로는 4대선행 부문인, 전기, 철도, 석탄, 금속을 상징하는 이미지와 핵, 미사일, 미사일을 이동시킬 수 있는 대형궤도차량 등이 선택되었다.

---

418 북한은 1990년대 중반 고난의 행군시기 식량난, 에너지란, 외화란 타개를 목적으로 산림의 남·도벌이 확대로 급속한 산림황폐화로 인한 산사태, 토사유출, 하천 범람으로 인해 농경지와 사회기반시설주택, 도로, 철도, 광산 등의 심각한 파괴를 경험하였다. 김정은 집권초기인 2012년 북한은 산림황폐화를 인정하고, 10년 내 산림을 복구하여 '수림화' 할 것을 지시하면서 2015년에는 '전당, 전군, 전민'을 동원하는 '산림복구전투'를 선언하였다. 산림청 산하 '남북산림협력센터 게시판에서 발췌, 2022년 6월 24일

북한은 신년사 발표 후 1월 6일에 제4차 핵실험을 감행하였고, 한 달 후인 2월 7일에는 '광명성 4호'를 발사하였다. 그리고 5월 6일 조선노동당 제7차 당대회를 개최했다. 1980년 제6차 당대회 이후 36년 만에 열린 제7차 당대회는 김정은이 2012년 집권 4년 만에 당·군·정을 모두 장악했다는 자신감의 표출이자, 당-국가체제를 정상화 하는 시발점이었다. 특히 최악의 경제상황 동안 추진하지 못했던 국가경제발전 5개년2016년~2020년 계획이 발표되었다. 주요 내용은 에너지문제 해결, 인민경제의 선행부문과 기초공업부문의 정상궤도화, 농업과 경공업생산을 늘려 인민생활을 결정적으로 향상 등이었다.

북한에서는 7차 당대회와 '국가경제발전 5개년전략'을 주제로 다양한 우표를 발행하였다.[419] 국가경제발전전략으로 "과학기술강국건설을 위해 인재중시, 전민과학기술인재화를 통한 첨단돌파전"을 위해 과학이 기관차의 역할을 맡아야 함을 강조하는 우표도 발행되었다그림 108.

(3) 일심단결·자강력제일주의 선전 우표

북한은 2016년 7차 당대회를 앞두고 신년 초부터 당 대회를 선전하는 다양한 활동을 전개하였다. 우표 발행도 그 일환이었다. "조선로동당 제7차 대회가 열리는 올해에 강성국가건설의 최전성기를 열어나가자!"란 구호로 상단에 배치해 발행된 우표 도상은 거대한 선전화를 방불케 했다. 눈에 잘 띄는 위치에 원자핵을 상징하는 기호와 지구본을 배치한 후, 4대 선행부문인 전력거대전선 철골탑, 거대 댐, 풍력발전소, 금속철골, 철도기차, 석탄석탄채취을 정면에 배치하였고, 우표의 인면을 활용해서 국방력을 과시하기 위한

419 제7차 당대회의 주요 결정사항들은 1)조선노동당을 '김일성-김정일주의당'으로 규정하고, 2) 김일성을 영원한 수령, 김정일을 영원한 수반으로 규정하였다. 또한 당 총비서를 '당 위원장'으로 변경하고 비서국을 '정무국'으로 변경하였다.

〈그림 107〉 조선노동당 제7차 당대회 홍보용 신년사 우표, 2016.

〈그림 108〉 제7차 당대회 주요구호 기념우표, 2016.

대륙간탄도미사일과 운반차량, 전투기들을 배치하였다. 또한 양띠 해를 의미하는 양 두 마리와 풍요를 상징하는 벼이삭, 사상중시를 강조하는 만수대 대기념비, 수산부분에서 양식업을 통한 풍부해진 물고기들과 함께 "5대 교양", "일심단결", "자강력"의 키워드를 넣었다.

〈그림 109〉 자강력제일주의 만리마 속도전, 2016.

'일심단결'과 '자강력'은 이후 7차 당대회에서도 주요 키워드로 등장했다. 7차 당대회가 끝난 후 7월 15일에 발행된 〈자강력제일주의〉 우표도 자강력을 선전하는 것이었다.

북한은 2017년 1월 31일 발행한 신년사 기념우표를 통해서도 다시 한 번 자강력과 일심단결을 강조했다. 그것은 "우리의 핵과 미사일 기술력을 인정하고 우리에 대한 제재 위력을 멈추고 정상국가로 대우해 달라"는 의지를 우표라는 외교채널을 통한 일종의 무력시위이자 경고였다. 북한은 2017년 신년사를 통해 "우리 당과 조국력사를 특기할 혁명적 경사의 해, 위대한 전환의 해, 2016!" 구호를 내세우면서 "주체혁명의 고귀한 진

---

420 자강력제일주의는 "우리의 자원, 우리의 기술, 우리의 힘'에 의거해여 사회주의 강성국가를 건설하겠다"는 것이다. 김정은 체제는 자강력의 근원을 핵무력과 국방력으로 보았고 이를 자신들의 힘에 의하여 완성했다고 하고 있다. 감창희, "북한의 자강력제일주의와 인민노력운동에 관한 연구", 한국동북아논총 Vol. 22, No. 4, 통권 85호, 2017

421 만리마속도는 2016년 1월 27일 김정은 위원장이 김정숙평양방직공장을 찾아가 "오늘 우리의 당원들과 근로자들은 동무는 천리마를 탔는가라는 물음에 대답하며 기적과 위훈을 떨친 전 세대들의 투쟁정신, 투쟁기풍을 이어받아 동무는 만리마를 탔는가라는 물음에 대답할 수 있게 사려 투쟁해야 한다"고 말한 데서 유래된 경제건설운동이다.

〈그림 110〉 신년사 주요 구호요약 기념우표, 2017.

리"로 자강력과 일심단결을 부각시키는 도상으로 신년사 기념우표를 발행하였다.

다른 신년사 우표에는 "자력자강의 위대한 동력으로 사회주의의 승리적 전진을 다그치자!"는 구호와 함께 "국가경제발전 5개년전략수행에 총력을 집중하자"는 구호를 넣었다.

북한은 2017년 신년사를 통해 강력한 대외메시지를 발송하였지만, 외부 시선은 여전히 냉랭한 것을 재차 확인한 후 2017년 7월 4일 노골적으로 대륙간탄도미사일인 '화성 14형'을 발사하였고, 이어 연속적으로 7월 28일에도 대륙간탄도미사일인 '화성14형 2차'도 시험 발사하였다. 그리고 9월 3일에는 수소탄 실험을 단행했고, 11월 29일에 대륙간탄도미사일 '화성 15형' 발사에 성공한 이후 "국가 핵무력 완성"을 선언하였다.

2017년 11월 "국가 핵무력 완성"[422]을 선언 후 그동안 소원하였던 중국이 먼저 손을 내밀어 다음해 3월 김정은-시진핑의 제1차 북·중 정상회담을 북경에서 열렸다. 이어서 4월 27일과 5월 26일에 두 차례 남북정상회담이 개최되었다. 그리고 5월에 제2차 북·중 정상회담을 거쳐 6월에 역사적인 첫 북·미 정상회담이 싱가포르에서 개최되었다.

---

422 조선우표사는 2022년 12월 〈위대한 우리 국가의 무궁한 번영을 위하여, 국가 핵무력 정책과 관련한 법령을 채택〉 특별 기념우표를 발행했다.

〈그림 111〉 희망에 찬 새해를 축하합니다, 2019.

특히 2018년 2월 강원도 평창에서 열린 동계올림픽에 북한선수단과 응원단이 참가하면서 남북한은 경기장 안과 바깥에서 화기애애한 모습을 연출했다. 2018년은 북한 역사상 가장 드라마틱한 한해였기 때문에 2019년 새해는 가장 희망찬 새해였을 것이다. 예상대로 2019년 북한의 새해우표는 지구상에 가장 행복한 모습의 한 가족이 발전된 평양 시내를 웃으며 걸어가는 그야말로 '사회주의 문명 건설을 완성한 모습'의 도상을 채택했다.

2019년 1월 1일 활짝 함박 웃음꽃이 핀 밝고 행복한 네 가족이 평양 시내를 걸어가는 모습으로 '새해우표'를 발행한 이후, 1월 7일 제4차 북·중 정상회담을 개최할 때까지는 희망찬 기대를 가지고 있었던 것으로 추정된다. 곧 이어질 제2차 북·미 하노이 정상회담에 대해서도 상당한 기대감을 갖고 있었기 때문에 평양에서 하노이까지 기차를 타고 가는 장정長程을 선택했다고 생각된다.

2019년 1월 1일, 새해우표 발행과 동시에 김정은 국무위원장의 신년사가 발표되었다. 신년사에서 김정은 위원장은 " 더 이상 핵무기를 만들지도 시험하지도 않으며 사용하지도 전파하지도 않을 것"이라며 비핵화 의지를 강조했고, "언제든 또다시 미국 대통령과 마주 앉은 준비가 돼 있으며 반드시 국제사회가 환영하는 결과를 만들기 위해 노력할 것"이라며 미국 도널드 트럼프 대통령의 연초 2차 북미정상회담 제안에 화답했다. 또 남북관계 개선에 대해 "지난해는 70여년의 민족분열사의 본적이 없는 극적인 변화가 일어난 격동적인 한 해"라고 평가하면서, 9월 평양정상회담 부속

〈그림 112〉 2019 신년사 경제부문 관련 기념우표

합의서인 남북군사분야 합의서를 "북남 사이 무력에 의한 동족상쟁을 종식시킬 것을 확약한 사실상의 불가침선언"이라고 규정하기도 했다.[423]

신년사에서 김정은 국무위원장은 2018년 4월에 선언한 "경제건설 총집중노선"이 옳은 선택이었음을, "지난해에 전체 인민이 경제건설 총력을 집중할데 대한 당의 새로운 전략적 로선 관철에 떨쳐나 자립경제의 토대를 일층 강화" 할 수 있었다고 평가했다.

정세가 급변했지만 2019년 신년사[424] 역시 핵심 구호는 '자력갱생'이었

423 황영찬, "北 김정은 국무위원장 2019년 신년사" 분석, 노컷뉴스, 2019.01.01.

424 "≪자력갱생의 기치높이 사회주의건설의 새로운 진격로를 열어나가자!≫, 이것이 우리가 들고나가야 할 구호입니다. 우 리는 조선혁명의 전 로정에서 언제나 투쟁의 기치가 되고 비약의 원동력으로 되여온 자력갱생을 번영의 보검으로 틀어쥐고 사회주의건설의 전 전선에서 혁명적앙양을 일으켜나가야 합니다."2019년 김정은 위원장의 신년사에서 발췌

다. 신년사에서 제시된 경제 과업들을 반영해 발행한 우표들에서도 "자력갱생의 기치 높이 사회주의건설의 새로운 진격로를 열어나가자!"란 핵심 구호 하에, 배경으로 '국가 가사'와 '눈덮인 소나무'를 넣었고, '자력갱생, 견인불발' 과 ' 사회주의건설의 전 전선에서 혁명적 양양을 일으켜나가자!' 라는 구호를 빽빽하게 넣은 도상을 채택했다. "사회주의 자립경제의 위력을 더욱 강화하자!"라는 구호 하에 '2019년 5개년전략' 과 4대 선행부문을 위해 진격하는 모습의 광산노동자와 산업노동자를 모델로 한 우표도 발행되었다. 또한 "사회주의 우리 국가의 정치사상적 힘을 백방으로 다져나가자!"란 구호 하에 '인민의 리익을 최우선, 절대시, 인민을 위해 멸사 복무', ' 사랑과 믿음의 정치, 우리 국가제일주의'을 강조하는 우표를 노동당원으로 보이는 지식인과, '당기'와 '조선민주주의인민공화국 국기'를 배경으로 넣어 발행하였다. 이러한 우표 도상들은 2018년 한 해 동안 남북관계를 비롯한 북미관계 개선을 앞두고 2018년 4월에 선언한 경제건설 총집중노선에 따라 경제건설에 집중하려는 북한의 의도를 엿볼 수 있다.

2019년 1월 30일에는 신년사 발표이후 제시된 경제부문의 구호들을 넣어 실천을 독려하는 우표들도 발행되었다. 그중 한 우표는 "5개년전략 목표 수행, 증산돌격운동, 자력갱생, 과학기술" 구호를 전면에 배치하면서, 남녀노동자와 지식인이 각각 천리마를 타고 총진군하는 모습과 4대 선행부문들인 철도·석탄·금속·전기를 상징하는 대형 댐, 전기철탑, 달리는 기차, 핵원자기호, 생산품을 생산하느라 연기를 뿜어내고 있는 공장들, 철근 등을 도상으로 발행되었다. 그 외에도 "금속부문에서 철강재를 더 많이" 구호와 함께 탄광노동자를 크게 확대한 모습과 철강재 생산품을 도상으로 한 우표, "두벌 농사면적을 넓혀 알곡고지

〈그림 113〉 신년사 구호를 실천 독려하는 기념우표, 2019.

를 기어이 점령하자"라는 구호와 함께 잘 정리된 농경지 모습과 풍요롭게 수확한 벼이삭과 감자 그리고 옥수수를 도상으로 한 우표, "탄소하나화학공업을 창설하기 위한 단계별 과업을 제때에 완만히!"라는 구호와 함께 탄소를 의미하는 "C"를 전면에 배치하고, 다양한 원소기호들과 과학실험 용품들을 통해 연구하고 있는 과학자를 전면에 배치한 도상으로 한 우표가 발행되었다.

그러나 2019년 2월 27일 하노이에서 있었던 2차 북·미 정상회담이 소득 없이 결렬되자 북한은 당황한 모습을 여러 측면에서 나타냈다. 그 중에 하나가 4월 12일에 최고인민회의에서 한 김정은 국무위원장의 시정연설[425]이었다. 김정은 국무위원장은 최고인민회의 제14기 1차 회의 둘째 날인 12일 시정연설을 통해, "미국이 제3차 북·미 정상회담을 하자고 한다면 한번은 더 해볼 용의가 있다"고 밝히면서 "하노이에서 미국이 보여주었던 협상 태도와 방안인 "선 무장해제 후, 제도전복 야망"과 "우리 국가의 근본 이익에 배치되는 요구"를 철회해야 한다는 단서를 달아 협상 의지를 밝혔다.[426]

425 홍민·홍제환, "북한 제14기제7차최고인민회의김정은 시정연설분석", 통일연구원, 2019.

426 이제훈, "김정은 최고인민회의 시정연설 3가지 키워드" 한겨레신문, 2019.4.14.

〈그림 114〉 시정연설 현 단계에서의 사회주의건설과 공화국정부의 대외적정책, 2019.

김정은 국무위원장의 시정연설을 선전하기 위해 국가우표발행국에서는 "현 단계에서의 사회주의건설과 공화국정부의 대내외정책에 대하여" 란 구호와 함께 정치군사적 위력의 강화를 통한 "자력갱생"을 강조하면서 '주체화', '현대화'. '정보화', '과학화'를 내세우는 '자립' 과 '자력'의 글귀와 함께 인민군과 산업근로자를 전면에 배치하고, 전기철탑, 만수대의사당, 풍요를 상징하는 벼이삭과 옥수수와 감자, 휘날리는 공화국 국기 등 다양한 요소를 넣은 우표를 발행하였다.

아무런 성과 없이 결렬된 하노이 북미정상회담의 충격을 반영한 듯 2020년과 2021년 연속적으로 김정은 국무위원장의 신년사는 생략되었다.

2020년 '새해우표'에 담긴 구호 역시 "자력갱생"이 또 다시 등장했다. 도상으로는 노동자, 농민, 지식인이 천리마를 함께 타고 비상하는 모습과 간고한 상황을 의미하는 눈 덮인 소나무 그리고 과학기술강국을 강조하고자 할 때 사용되는 과학기술전당이 채택되었다.

북한에서 자력갱생은 오직 자체의 힘으로 온갖 난관을 물리치고 살아가는 것을 의미한다. 즉, "혁명과 건설에서 모든 문제를 자체의 힘으로 끝까지 하려는 혁명정신과 투쟁원칙"을 의미한다. 1960년대 중소분쟁으로 중국과 소련의 원조가 끊어지고 5개년계획1957~1961년에 차질이 생기자, 주민의 노력동원 일환으로 자력갱생 용어가 사용되었다. 이후 자력갱생은 자립적 민족경제건설의 원칙적 요구로 정식화되었으며, 경제정책 수행의 기본자세와 태도로 혁명적 기본노선의 원칙적 입장으로 강조되고 있다.

〈그림 115〉 새해를 축하합니다, 자력갱생, 2020.

김정일 국방위원장은 1982년 3월에 발표한 「주체사상에 대하여」에서 "자력갱생이란 자기의 힘으로 혁명을 끝까지 하려는 공산주의자들의 혁명정신이며 투쟁원칙"이라고 설명하고 있다. 이처럼 사상과 사업원칙으로 절대적 중요성을 갖고 있는 자력갱생은 어떤 어려움이 있어도 중단하지 않는다는 "견인불발堅忍不拔"과 함께 사용되는 경우가 많다.

(4) 정면돌파전과 인민대중제일주의 선전 우표

2019년 12월 28일~31일에는 조선노동당 중앙위원회 제7기 제5차 전원회의가 평양에서 개최되었다. 전원회의의 주요한 주제는 "조성된 대내외 형세 하에서 우리의 당면한 투쟁방향에 대하여"였다. 핵심키워드는 '정면돌파전'이었다. 하노이 북미정상회담 이후 다시 악화된 정세를 정면으로 돌파해나가자는 취지였다. 이후 우표 도상에도 '정면돌파전' 구호가 등장했다.

〈그림 116〉 조선로동당 중앙위원회 제7기 제5차 전원회의 결정사항, 2020.

2020년 1월 "우리의 전진을 저애하는 모든 난관을 정면돌파전으로 뚫고나가자!"란 구호와 함께 "정면돌파전", " 자력부강, 자력번영" 구호를 크게 부각시킨 우표가 발행되었다. 또한 "정면돌파전에서 기본전선은 경제전선"이라는 구호 하에 "농업전선은 정면돌파전에 주타격방향"이라는 구호를 넣은 우표도 발행되었다. 정면돌파전에서 과학기술의 중요성을 부각시키는 우표도 나왔다. "과학기술을 중시하고 교육, 보건사업을 개선하자!"를 주 구호로 하면서, '무진장한 전력자산 과학기술' 구호와 함께 연구실에서 연구하고 있는 두 명의 연구사들을 정면에 배치하고, 보조 도상으로 과학기술전당과 발전된 평양 시내 건물을 도상으로 하는 우표였다.

이러한 우표 도상들은 모두 2020년에는 더 이상 대외환경 개선에 기대하지 않으면서, 자체적인 과학기술을 토대로 부강한 농촌과 교육, 보건사업을 달성하고, 자력으로 부강하고 번영하는 나라를 건설하기 위해 정면

〈그림 117〉 인민대중제일주의 조선노동당 창건 75돐 기념우표, 2020.

〈그림 118〉 새해를 축하합니다, 2021.

돌파 하겠다는 의미를 담고 있다.[427]

북한은 2020년 10월 10일 조선노동당 창건 75주년을 맞아 평양에서 야간열병식을 성대하게 개최했다. 북한이 최초로 야간에 시행한 열병식 행사였다. 열병식 기념연설에서 김정은 국무위원장의 메시지는 군사력 자랑이 아닌 인민들의 생활 향상에 방점을 맞추고 있었다. 우선 "조국보위, 이민보위, 혁명보위"를 위해 자연재해와 국제제재로 인해 망가지고 열악해진 인민경제 복구에 땀 흘리고 있는 인민 장병들의 노고에 대한 감사함을 재차 강조하였다. 인민군 장병들에 대한 호칭도 동무들이 아닌 '동지들[428]'로 지칭하면서 미안함과 감사함을 재차, 삼차 감사하는 말을 전하면서 성과 없었던 내남관계와 대미관계로 인해 인민생활 향상에 도움이 되지 못한 상황에 대해 미안한 마음을 표현하였다. 그리고 '인민대중제일주

427 이정호,『북한 경제 중심의 국방공업 연구』, 경기대학교 정치전문대학원, 박사학위논문, 2020, pp. 279-284.

428 ①하나의 목적을 가지고 한 대오에서 함께 투쟁하는 혁명가, ②영예롭고 고귀한 칭호이며 혁명전우에 대한 믿음과 사랑의 표시호칭, ③존경과 흠모의 정을 나타내는 말(사회과학출판사,『조선말대사전 1』, p. 810.

의'를 전면에 내세웠다.

2020년 10월 조선노동당창건 75주념 기념식을 축하하는 우표를 발행하였는데, 주제어역시 '인민대중제일주의'였다. 이 우표를 통해 북한이 '인민대중제일주의'를 사회주의 기본정치방식으로 정식 채택한 시점은 2021년 1월 제8차 당대회였지만, 이미 그 전부터 선전의 핵심어로 '인민대중제일주의'가 자리 잡고 있었다는 사실을 알 수 있다.

2021년 〈새해우표〉는 2019년과 달리 간고한 상황을 상징하는 '눈 덮인 소나무'와 '평양종' 그리고 '평양시'를 도상으로 간결하게 발행되었다. 신년사를 2년 연속 생략하고 발행한 새해우표의 도상이 의미하는 것은 간고한 현 상황에서도 시간은 우리 편이며 선택권도 우리에게 있다는 것을 상징하는 것으로 판단된다.

북한은 조선노동당 제8차 당대회를 8일2021.1.5.~12에 걸쳐 진행하였다. 2012년 4월에 김정은이 당 제1비서로 추대되면서 시작된 김정은 체제에서 주요 정책 방향은 대외전략, 그중에서도 대미전략에서 성과를 내는데 두었다.

이를 반영해 북한은 8차 당대회에서 지난 5년간의 최대성과로 "전략적 지위 상승"을 강조하였다.[429] 김정은을 유일영도체제로 하는 체제가 안정적으로 구축되었고, 대외적으로는 핵과 미사일 병진노선이 성공하여, 전 세계적으로 비공인 "핵무력 국가" 지위를 잠정적으로 인정받았다고 내부적으로 판단한 것이다.

김정은 총비서는 당대회 개최사에서 현재의 '간고한' 상황에도 불구하고 당대회를 소집한 이유로 "대내외 형세의 변화발전에 미치는 영향

---

429 김강녕, "북미정상회담의 전개와 한국의 향후과제",『한국국회학회 2020, Vol.2, 통권』, 4, pp.5-46.

〈그림 119〉 제8차 당대회 경제부문 결정사항, 2021.

〈그림 120〉 하나는 전체를 위하여, 전체는 하나를 위하여, 2021.

'을 고려했음을 밝혔다. 그는 당사업 총화보고에서 경제 부분에 이틀 반을 할애했고, "사회주의 경제건설 총력집중'을 가장 중요한 혁명과업으로 강조했다. 인사에서도 경제관료 출신을 당 중앙위 정치국에 대거 배치하기도 했다.[430] 그러나 향후 낙관적 전망에 대해서는 말을 아꼈

430 홍 민, "조선노동당 제8차 대회 분석", 통일연구원, 2021, pp. 1-2.

다. 김 위원장은 당대회 결론을 통해 외부적 환경이 '준엄'하고 '첨예'하여 정책 운영이 순탄치 않을 것이라고 전망했다. 이런 인식에 기초해 안으론 "내부적 힘을 전면적으로 정리정돈하고 재편성"해 정면돌파에 맞는 내구력을 키우는데 초점을 맞췄다. 안으로는 당의 영도력 강화, 당적 쇄신을 전면에 내세웠고, 밖으론 핵무기 고도화 선언이라는 압박 카드와 함께 대남 '조건부 관계개선론'과 대미 '상대적 대응론'의 메시지를 발신했다.

북한은 제8차 당대회 개최 기념우표에서 총결기간 이룩한 성과와 향후 과제를 제시하는 구호를 담았다. 당대회에서 채택된 핵심 3대구호는 "이민위천, 일심단결, 자력갱생"이었다. 기념우표에도 '인민대중제일주의정치'를 부각시키면서 그 실현을 위한 이민위천, 일심단결, 자력갱생 구호를 전면에 내세웠다. 또한 지속적인 경제상승을 통한 인민생활의 뚜렷한 개선향상을 위해서, 금속공업과 화학공업 발전을 이룩해 자력갱생과 자급자족을 달성할 것을 독려하는 우표를 발행하였다.

특히 북한은 제8차 당대회 이후 대내적 결속을 다지기 위해 〈동무는 천리마를 탔는가? 보수주의 소극성을 불사르라!〉제목의 대형시트 우표를 발행했다. "천리마시대 강철전사들처럼 당앞에 다진 맹세를 실천하자", "전화戰禍의 불비 속에서도 다수확을 낸 애국농민들처럼, 쌀로써 당을 받들자", "14일만에 한세대의 살림집을 조합한 평양속도창조자들처럼 새로운 평양속도, 건설신화를 창조하자" 등의 구호가 우표 도상에 들어갔다. 이렇게 철 생산과 쌀농사 확대, 건설 독려를 위한 대중 노력동원을 강조한 우표가 발행된 것은 2021년 당시 북한의 간고艱苦한 경제적 상황을 반영하고 있었다.

3. 북한 우표의 외교적 상징성 분석

북한 외교정책의 목표는 사회주의 체제를 굳건히 하면서 주변 상황의 변화와 내부적인 경제난 등 어려움을 극복하고 생존하기 위한 대외 관계를 추진 및 유지하는 것이다. 이러한 목표를 추진하기 위하여 북한은 자주·평화·친선을 외교의 이념으로 삼고 있다. 체제위기에 처한 북한 외교정책의 방향은 생존을 위하여 유연과 강경의 이중외교를 추진하는 것이다. 1980년대 후반 냉전이 종식되면서 북한 외교는 고립과 소외의 상황을 벗어나기 위한 체제수호의 외교를 펼치게 되었다. 결국 북한 외교정책은 한반도 전체의 공산화라는 공세적인 목표에서 체제유지 및 정통성 확보라는 수세적인 목표로 전환되었다.

북한은 자신들을 우호적으로 대하는 나라들과 평등과 호혜의 원칙에서 다방면적인 교류를 진행할 의지를 가지고 있다는 점을 강조하고 있다. "자주성은 자주독립국가의 생명이자 징표이며, 제국주의자들의 고립· 압살 책동에도 불구, 우리가 사회주의를 굳건히 고수할 수 있는 것은 자주의 원칙을 견지하고 있기 때문"이라는 것을 강조하고 있다. '평화'는 "제국주의자들의 침략과 전쟁 책동에 대한 평화옹호 투쟁으로 세계 진보적 인민들을 힘있게 불러일으키는 고무적 기치"라는 점을 강조한다.

북한의 외교정책은 모든 나라들과의 '친선협조관계'의 강화발전을 전제로 하고 있으며, "지난 시기 적대관계에 있었던 나라라고 해도 대對조선 적대적 정책을 버리고 우리를 존중한다면 그들과도 관계를 개선하고 정상화하려는 것이 우리공화국의 변함없는 입장"이라는 점을 밝히고 있다.[431] 유엔에 가입이 승인된 모든 국가들은 자국에 긍정적이며 좋은 이미지를 대외적으로 홍보하기 위해 국정홍보처 등과 같은 범정부조직들을 운영하고 있다. 경제적 선진국의 경우에는 전문적인 민간 홍보 기업에게까지 자국의 긍정적이며 좋은 이미지 획득을 위해 다양한 미디어 매체 홍보를 통해 국가이미지 홍보를 의뢰하고 있다.

북한의 경우도 자국의 체제정당성과 긍정적인 이미지 홍보를 위해 선전선동부와 외무성 뿐 아니라, 대외관계업무 기관에 최고 엘리트들을 배치해서 운영하고 있다. 북한이 운영하고 있는 대표적인 대외채널을 살펴보면, 조선중앙통신과 로동신문, 조선의 소리, 내나라, 메아리 등이 있다. 그러나 타국의 국민들이 북한 매체를 접하기에는 분명한 한계가 있기 때문에 북한 입장에서는 자국의 목소리를 좀 더 효과적으로 전달하기 위한 통로로 우표를 활용하게 된다. 이런 이유로 북한에서 우표는 '나라의 명함', '꼬마 외교관'이라는 애칭으로 불리고 있다.

1) 대외선전과 외교채널 역할

세계사에 유래 없는 3대 세습된 전체주의적 사회주의체제의 폐쇄국가를 70년 넘게 안정되게 유지하고 있는 북한에서는 선전화 뿐만 아니라 모든 문예작품들이 분야와 부문에 상관없이 모두가 김일성 수령형상을 앞세운 권력의 정통성 확립, 우리식 사회주의체제의 우월성, 김일성과 김정일에 대한 우상화를 통해 주체사상과 유일사상에 복무하는 프로파간다 성격을 띤 동일한 주제로 창작되어질 수밖에 없는 현실이다[432]. 다양한 문

431 김계동, "북한의 외교정책 공세외교에서 생존외교로의 전환", 명인문화사, 2015, pp.131-132.

432 김진하 외,『북한외교정책:정책패턴과 북핵외교 사례분석』KINU 연구총서 19-14, 통일연구원,

예작품들 중에서도 직관물이자 출판화에 속하는 우표도 유사한 성격을 띠고 있고, 선전선동 활동과 깊게 연결되어 있다.

선전선동과 우표가 무슨 상관이 있는지를 의구심을 품고 있는 사람들이 많겠지만, 북한에서의 우표는 주제선정부터 도안 선정에 이르기까지 조선노동당 중앙위원회 산하 선전선동부와 국제부 등과 내각의 외무성 등 북한 최고의 인재들이 모두 참여하면서 제작되고 있다. 또한 북한 내부의 사상을 결속시키는 역할과 대외적으로 정상국가로서의 조선민주주의인민공화국의 모습과 사회주의에 대한 우월성을 홍보하는 최전선에서의 외교채널이자 꼬마 외교관으로서의 역할을 광범위한 영역에서 충실하게 감당하고 있다.[433]

북한은 '선전선동의 나라'이다. 선전선동의 핵심은 구호口號로 나타난다. 구호는 압축적인 표현을 통해 북한당국이 대중들에게 원하는 바를 전달하는 수단으로 적극 활용되고 있다. 북한은 구호의 기능을 첫째 노동당의 노선과 정책을 간략하게 집약하여 제시하고, 둘째 수령에 대한 절대복종심, 무조건 충성심을 반복 제시하며, 셋째 당이 제시한 당면 목표 및 과제들을 수시로 제시하며, 넷째 사회주의 제도의 우월성 및 공산주의 필승의 신념을 고취하며, 다섯째 인민대중을 사회주의 애국주의와 프롤레타리아 국제주의 정신으로 무장시키는 수단으로 정리하고 있다. 이러한 구호는 주민생활과 밀접하게 연관되어 있고, 북한의 독특한 광경으로서 가장 북한다운 모습들 중의 하나로 평가되고 있으며, 대표적인 상징조작의 하나로 이해되고 있다.[434]

2019, pp. 55-63.

433 체신성 우표사, 『조선우표목록』, 로동신문 출판인쇄소, 1962, p. 1.

434 이승현 외 지음, 『상징과 장치』, 도서출판 인간사랑, 2013, p. 428.

북한은 프롤레타리아독재를 "혁명의 전취물을 수호하며 사회주의, 공산주의를 건설하기 위하여 실시하는 사회에 대한 로동계급의 정치적 지배』로 규정하고『혁명에 적대 되는 온갖 반혁명적 요소를 철저히 진압하며 근로 인민의 이익과 혁명의 이익을 옹호하는 노동계급의 강력한 무기" 라고 설명하고 있다.[435] 또한 북한은 당 규약 전문에 "조선로동당은「프롤레타리아독재」를 실시하며 사회주의 공산주의건설의 총로선으로서 천리마운동과 사상· 기술· 문화혁명을 추진한다"라고 명시해 놓았다. 북한은 프롤레타리아독재를 "맑스-레닌주의의 정치사상의 중요한 개념으로서 인류역사를 계급투쟁의 역사로 보고 무계급사회를 건설하는 도상途上에서 과도기적으로 프롤레타리아계급에 의한 지배를 정당화하는 개념"으로 사용하고 있다[436].

북한이 맑스-레닌사상에 기초한 프롤레타리아 독재국가임을 대내외에 강조하기 위해 1957년 10월 3일 〈사회주의 10월 혁명 40주년 기념우표〉를 발행한 이후 거의 매년 반복적으로 맑스-레닌 관련 우표를 발행하여 오다가, 1970년 〈레닌탄생 백주년 기념우표〉 발행을 마지막으로 더 이상 발행하지 않았다. 반면에 김일성의 항일무장투쟁 관련 우표와 혁명유적지 관련 우표들이 제5차 당대회1970.11.2. 이후에는 대량으로 발행되기 시작했다. 이러한 변화를 통해 북한이 해방 이후 1955년 스탈린의 사망 이후에도 견지해오던 맑스-레닌주의를 탈피해서 김일성 1인 지배체제 확립과 김일성 개인숭배 운동을 강력하게 전개하기 시작하였다는 것을 유추해볼 수 있다.

이처럼 북한은 상징정치와 권력을 정당화하기 위해서 우표 도안을 적극

---

435 『김일성저작선집』 제2권, p.129

436 내외통신사 북한문제연구소,『북한용어 300선집』, 내외통신사, 1993, p.74.

활용하고 있다. 선전·선동사업에 대해 김일성은 다음과 같이 지적하였다.

> "현단계에서 선전일군들은 매우 중요한 역할을 하고 있습니다. 인민들을 민주주의사상으로 교양하고 단련시키는 사업이 선전일군들에 의하여 수행되며 또한 인민정권을 강화하기 위한 올바른 정책들입니다. 선전사업을 통하여 인민들 속에 침투되고 있습니다. 선전사업이 잘되면 인민들 속에 인민위원회의 모든 정책이 정확히 침투될 것이며 만일 선전사업이 잘되지 못하면 인민들은 인민위원회 정책들을 잘 모르게 될 것입니다."[437]

북한 외교정책의 목표는 사회주의 체제를 굳건히 하면서 주변 상황의 변화와 내부적인 경제난 등 어려움을 극복하고 생존하기 위한 대외관계를 추진 및 유지하는 것이다. 이러한 목표를 추진하기 위하여 북한은 자주·평화·친선을 외교의 이념으로 삼고 있다. 강력한 국제적 체제로 인해 위기에 처한 북한 외교정책의 방향은 생존을 위하여 유연과 강경의 이중외교를 보여주고 있다.

(1) 친중·친소 강조 우표

1945년 해방과 동시에 북한지역에는 1948년 9월 조선민주주의인민공화국이 소련의 지원에 의하여 수립되었다. 이후 북한은 한국전쟁 발발 때까지 소련 일변도의 외교정책을 추진했다. 이러한 동향은 당시 발행된 우표를 통해서도 확인해 볼 수가 있다.

하지만 6.25한국전쟁 과정에서 북한군의 성공적인 초기진격이 실패로

---

437 김일성, "민주조선건설에서의 선전일군들의 임무와 역할에 대하여"각 도선전관계책임자련석회의에서 한 연설, 1947년 9월 7일, 「김일성저작집 3권」, 조선로동당출판사, 1979.

돌아간 상황에서 중국군이 참전하여 북한을 전쟁의 패배 위기로부터 구해주면서 북한은 중국에 대한 외교를 강화했다. 소련 일변도의 우표 도상이 점차 중국 관련 우표 도상으로 변해가는 것을 통해서도 확인할 수 있다.

그러나 소련과 중국 등 공산권 강대국들에 대한 북한의 외교방식은 1950년 후반부터 소련과 중국의 갈등과 분쟁이 시작되면서 제3세계 외교에 비중을 두기 시작했다. 그것이 아시아-아프리카A-A회의와 비동맹외교, 가네포GANEFO 등으로, 이러한 변화양상 또한 우표 도상의 변화를 통해 확인된다.

중국-소련-북한의 3국간 협력적 외교는 소련과 중국이 좋은 관계를 가지고 있을 때만 가능한 것이다. 다른 사회주의 국가들은 거의 모두가 중국 또는 소련 중의 한 국가를 택하였다. 그러나 북한은 이들 두 강대국들과 국경선을 길게 맞닿아 있기 때문에 더욱 신중한 외교정책을 추진할 수밖에 없는 상황의 연속이었다. 그래서 북한은 한 나라에 치우치지 않는 양국에 대한 등거리 외교를 추진하였다. 현실적으로는 사회주의 양 대국에 대하여 균형 외교를 한다는 것이 불가능하였기 때문에 북한은 양국을 오락가락하는 '시계추 외교'를 추진하였다. 다른 표현으로는 '줄타기 외교'라고도 하는데, 북한은 그만큼 양국을 오가면서 이중적이면서 위태로운 외교를 추진할 수밖에 없는 지정학적, 지경학적 상황 속에 있었다.

1990년대 냉전 종식 이후 체제 위기에 처한 북한의 외교정책은 또 다른 이중성을 가지게 되었다. 개정된 사회주의 헌법 제17조는 "우리나라를 우호적으로 대하는 모든 나라들과 완전한 평등과 자주성, 호상존중과 내정 불간섭, 호혜의 원칙에서 국가적 또는 정치, 경제, 문화적 관계를 맺는다"라고 규정하고 있다. 즉, 자본주의 국가라 할지라도 적대감만 보이지 않으면 우호관계를 맺고 수교까지 할 수 있다고 언급하는 등 개방적인 모습으로 변화를 시도했다. 그러나 같은 조항에서 "국가는 자주성을 옹호하는 세계 인민들과 단결하며 온갖 형태의 침략과 내정 간섭을 반대하고 나라의 자주권과 민족적, 계급적 해방을 실현하기 위한 모든 나라 인민들의 투쟁을 적극 지지·성원한다"고 밝힘으로써 기존의 해방, 혁명, 투쟁이라는 요소를 함유하고 있어 북한이 추구하는 외교정책의 이중성을 보여주고 있다.[438]

한국전쟁 중에 중국은 북한에게 가장 가까운 혈맹이었다. 우표로도 이러한 관계가 확인된다. 북한은 1952년 6월 25일에 '조-중 친선'을 강조하기 위해 "피로써 맺저진 조중친선"이라는 인공기와 중공기가 휘날리며 인민군과 중국인민지원군이 함께 전진하는 기념우표를 발행했다. '중국인민지원군' 사령관 팽덕회가 인공기를 휘날리는 배경의 기념우표도 발행했다. 이를 통해 중국의 참전에 대한 감사함과 팽덕회에 대한 감사함을 나타내고 있다그림121.

중국은 정전 후 120만 명에 달했던 중국인민지원군을 1955년부터 단계적으로 철수하기 시작하여 1958년 10월에는 완전 철수하였다. 북한은 중국인민지원군의 완전 철수를 기념하여 두 종의 기념우표를 발행하였다. 하나는 중국인민지원군 전체 장병을 대상으로 한 '조국해방기념'을 도상으로 했고, 다른 하나는 철도를 타고 철수하는 중국인민지원군 한 명을 크게 확대해 전면에 배치하고 많은 조선인민들이 환송해주는 도상으로 발행하였다. 중국군이 인민지원군이란 명칭으로 한국전쟁에 참전하면서 북한은 유엔군 참전으로 절대적 수세에 몰려 크게 후퇴하였던 전세를 역전시킬 수는 있었지만, 참전 초기부터 군통수권 문제로 첨예한 갈등과 대립을 빚기도 했다. 김일성과 중국 권력자들 간 애증 관계가 중국인민지원

---

438 김계동, 『북한의 체제와 정책』, 명인문화사, 2014, pp 134-135.

〈그림 121〉 중국인민지원군 환송기념우표

군 완전 철수로 북중 간에 대립관계는 어느 정도 수습이 되어갔다.

1961년 5월 남한에서 군사쿠데타를 통해 군사정권이 등장하자 북한은 이에 대응해 1961년 7월 7일 소련과 '조쏘우호협조 및 호상원조조약'을 체결하였고, 이어서 7월 11일에는 중국과 '조중우호 및 호상원조조약'을 체결하였다. 북한은 이를 기념하는 우표도 발행했다그림122.

밖으로는 자주외교를 펼치면서 안으로는 인민의 힘에 의지하여 자립적인 사회주의 민족경제를 건설해야 하는 상황에서 북한은 결국 주체사상이라는 새로운 사상체계를 만들어 이에 대처하게 된다. 1965년 4월 14일 김일성은 인도네시아 알리 아르함 사회과학원에서 조선로동당이 일관되게 견지하는 입장은 '사상에서의 주체, 정치에서의 자주, 경제에서의 자립, 국방에서의 자위'라고 주장하였다. 1955년에 '주체'의 개념이 등장한 이후 10년 만에 주체사상이 대외적으로 선언된 것이다.

북한은 주체를 강조하면서 소련이나 중국에 의존하던 외교정책에서 제3세계 국가들의 비동맹외교[439]에 더 많은 관심을 기울이게 된다. 아시아와 아프리카, 그리고 라틴 아메리카 등 비동맹 세력과 힘을 합쳐 반미반제 투쟁정신을 강화하기 위한 목적에서 1977년 9월 이들 국가 대다수를 초청해 북한은 대규모 '주체사상에 대한 국제토론회'를 개최하면서 기념우표를 발행하였다그림 123.[440]

한편 북한은 소련이 추진한 우주 개발 관련 기념우표들도 꾸준히 발행했다. 이를 통해 북한이 언제부터 우주개발과 로켓발사체에 대해 관심이 있었는지를 유추해 볼 수 있다. 1957년 10월 소련이 인류 최초의 스푸트니크 1호 인공위성 발사에 성공하자 북한은 1958년 3월 '지리물리학의

〈그림 122〉 조중우호협조및호상원조조약

439 김계동,『북한의 외교정책:벼랑에 선 줄타기외교의 선택』, 백산서당, 2002, pp.149-155.

440 김성보·기광서·이신철, 『사진과 그림으로 보는 북한 현대사』, 웅진지식하우스, 2004, p.226.

해'를 기념해 우주로 발사되는 로켓을 도상으로 하는 기념우표 4종을 발행하였다. 다음해 5월에는 〈소련에서 달로 우주로케트 발사〉 기념우표 2종을 발행하였고, 1961년 4월에 소련에서 최초의 유인 인공위성 보스토크 1호 발사에 성공하자, 그해 11월에 〈소련우주비행가 가가린소좌〉를 도상으로 기념우표를 발행하였다. 그 중간시기인 1960년 7월에도 〈소련이 발사한 우주 로케트〉란 주제로 2종을 발행하였고, 소련이 유인우주선 발사 이전임에도 불구하고 1961년 2월에는 〈최초 우주선〉이라는 제목으로 달을 향해 날아가는 로케트를 형상화한 우표를 발행하였다.

이후에도 북한은 우주개발 관련 우표를 끊임없이 반복해서 발행하였다. 이것은 북한이 1950년대부터 우주개발에 대한 의지와 도전을 엿볼 수 있게 하는 부분이다.

1960년대 극심한 중소갈등 속에 어느 한쪽에 경도 없이 시계추 외교방식으로 생존해야 했던 북한은 시야를 더 넓고 멀리 보는 외교를 추진하게 되면서 다양한 국제 행사에 관심을 나타내게 되었다. 그 중에 북한이 큰 공을 들여서 참여한 것이 국제우표전시회였다. 북한은 1959년 '라이프찌히 국제도서예술전람회'에 4종의 우표와 시트 우표로 참가한 이후 꾸준하게 국제우표전람회에 참가하였다. 첫 참가한 1959년부터 2019년까지 북한이 참가한 국제우표전람회 횟수만도 86회에 달할 정도로 북한은 국제우표전람회에 강한 애착을 보였다. 이런 현상은 소련이 평화공존론과 소련에 의한 체코와 헝가리 등 사회주의권 국가들에 대한 무력 침공을 지켜보면서 '자주국방', '자주외교' 역량을 키우고 자 하는 북한의 의도로 풀이된다. 또한 1974년에는 이탈리아 공산당 기관지 "우니따" 창간 50주년 기념우표 발행을 통해 전 세계 공산당 간에 유대관계를 강조하였고, 1969년 9월에는 '반미세계기자대회'를 평양에서 개최하기도 하였다.

〈그림 123〉 주체사상 국제토론회 기념우표

(2) 비동맹외교 활성화 선전 우표

북한은 1950년대에 비동맹운동에도 적극 참여했다. 1956년 제3차 당대회에서는 외교 다변화 방침을 표방하며 비동맹국 외교노선을 공식화하였다. 1961년 제4차 당대회에서는 사회주의 국가와의 단결, 제국주의

〈그림 124〉 우주개발 관련 기념우표

진영에 대한 반대투쟁, 신생 독립 국가에 대한 접근 등을 강조하였다. 비동맹국 외교노선의 채택은 북한이 국제무대에서 남북 간에 비교우위를 확보하기 위한 목적도 있었다. 특히 1960년 제15차 유엔총회에 남북한 동시 초청이 제기되는 상황에서 북한은 비동맹 국가의 외교적 지지를 확보하고자 하였다.

중국이 주도한 비동맹국 외교는 1955년 4월 인도네시아 반둥에서 열린 아시아·아프리카회의에서 채택된 '반둥 10원칙'을 기초로 하고 있다.[441] '세계평화와 협력에 대한 촉진에 대한 공동선언'이라고 불리는 반둥 10원칙의 핵심은 세계평화, 반식민주의, 아시아-아프리카 연대 강화였다. 1950년대 말 독립한 신생 아프리카의 국가들이 반둥 10원칙을 외교

441 반둥회의에서 결정된 '평화 10원칙'은 ①기본적 인권과 국제연합 헌장의 목적과 원칙 존중, ②주권과 영토보전 존중, ③인종 및 모든 국가의 평등, ④내정의 불간섭, ⑤국제연합 헌장에 입각한 개별적, 집단적 자위권의 존중,⑥강대국의 이익을 위한 집단적 방위 결정에 불참가, ⑦상호 불침략, ⑧평화적 방법에 의한 국제 분쟁의 해결, ⑨상호 이익과 협력의 촉진, ⑩정의와 국제 의무의 존중이다. 네이버 지식백과, 검색일:2022.3.12.

〈그림 125〉 라이프찌히 국제도서예술전람회 참가기념우표

기조로 삼았고, 비동맹주의의 지도원리가 되었다.

반둥회의는 제2차 세계대전 이후 아시아·아프리카·라틴 아메리카 등 제3세계에서의 신생독립국가들이 많이 세워지면서 그들의 정치 및 외교력 강화된 것과 관련이 있으며 냉전시대 두 강대국인 자본주의 중심의 미국의 지배와 공산 사회주의 중심의 소련의 영향력을 벗어나고 자 제3세계 국가들이 모였던 최초의 회의였다.

반둥회의는 1955년 4월18~24일 인도네시아 반둥에서 아시아·아프리카 정상들이 만나 식민지주의의 종식을 가속화하고 미국·소련 간 냉전에서 중립을 지키기 위해 아시아와 아프리카 국가들이 긴밀한 유대관계를 형성하기 위한 목적으로 개최됐다. 한국과 타이완, 남아프리카공화국, 이스라엘 등은 반공, 호전성, 인종차별주의 등을 이유로 초청받지 못했다. 인도네시아, 미얀마, 실론지금의 스리랑카, 인도, 파키스탄이 중심이 되어 열린 반둥회의는 냉전시대에 냉전의 주역이 아닌 나라들이 주도한 사건이자, 자본주의 대 공산주의라는 범주가 아닌 또 다른 상상력으로 촉발됐다.

이 회의는 아시아·아프리카 냉전의 제약을 넘어 또 다른 국제사회를 일부 실현시켰던 실험장이라는 평가를 받았다. 하지만, 반둥의 회의장에서 드러난 각국의 서로 다른 이해관계는 곧이어 발생한 중국-인도 국경분쟁, 중소분쟁 등이 심화되면서 결국 알제리에서 개최될 예정이었던 '제2차 아시아-아프리카 회의'는 무산되고 말았다. 그렇지만 신생국의 수가 계속 늘어나는 상황 속에서 반둥회의를 계기로 등장한 '비동맹' 그룹은 점차 세를 더해 갈 수 있었으며 이들은 1960-70년대를 지나면서 국제정치의 한 축을 담당했다.

한편, 김일성은 1956년 4월 23일 조선로동당 제3차 대회에서 제국주의 힘의 정책과 전쟁에 당당히 맞설 것임을 천명함과 동시에 지난 8년간 베트남 인민들의 반제투쟁 승리를 축하하기 위해 〈그림 127〉같이 우표로 발행하였다. 또한, 김일성은 1955년 4월 29개국 국가 정상이 참가한 반둥회의를 식민주의를 반대하는 수억 만 아시아, 아프리카 인민들의 장성하고 있는 단결력을 과시했다며 이것은 제국주의자들에 대한 타격이라고 주장하였다.[442]

북한의 희망과는 다르게 반둥회의는 참가국들 간의 극심한 이견으로 지속되지 못했다. 반둥회의1955이후 북한에서는 2회에 걸쳐 〈반둥회의기념우표〉와 〈반둥회의 개최 10주년 기념우표〉들을 발행할 정도로 반둥회의 평화 10원칙에 관심을 보였다. 북한은 반둥회의 중단에 낙심하기보

442 김일성, "조선로동당 제3차 대회에서의 중앙위원회 사업 총결보고-조선로동당 중앙위원회 위원장 김일성," 『로동신문』, 1956년 4월 24일, 1면.

〈**그림 126**〉 제1차 아세아아프리카회의 기념

〈**그림 127**〉 베트남반제투쟁 승리 기념우표

다는 곧 이어서 북한-베트남-쿠바로 이어지는 3국 자주연대 결성을 적극 주도하기도 하였다. 다른 한편으로는 가네포GANEFO: Game of New Emerging Force=신흥역량경기대회 결성 및 활동에도 적극적 참여했다.

'신흥역량'이란 1955년 반둥에서 열린 AA회의에 기원을 두고 있으며, 가네포의 목적 또한 어떠한 형태의 식민주의·제국주의에서 자유로운 새로운 세계건설에 있었다.[443] 제1회 가네포신흥국 경기대회는 1963년 11월 10일 인도네시아의 자카르타에서 개최되었고 아시아, 아프리카, 유럽, 남아메리카의 51개국 약 2,700명의 선수들이 참가하였다그림128.

가네포는 '스포츠는 정치와 무관하다'는 올림픽 허울을 비판하며 '스포츠는 정치와 밀접하다'를 공개리에 천명하였다. 한편 국제올림픽위원회IOC에서는 가네포참가 선수들에게 올림픽참가 출전을 박탈한다는 결정을 직전에 하였기에 사회주의 국가들을 제외한 다수의 국가들은 1964년 도쿄올림픽에 참가하기 위한 주요 선수들은 제외하고 가네포 참가한 국가들도 많았다.

가네포에 참가한 경력이 문제가 되어 세계기록을 인정 받지 못하는 사

---

443 Charter of the Federation of the Games of the New Emerging Force-THE GANEFO, pp.5. 이병한, "냉전시 중국과 아시아:가네포(GANEFO를 중심으로", p.359. 에서 재인용).

〈그림 128〉 가네프와 아세아 경제토론회 기념우표

례도 나타났다. 북한 선수 신금단과 리형욱이 대표적 사례였다. 북한 여자 육상선수인 신금단은 육상 200m, 400m, 800m 부문에서 금메달을 획득하여 3관왕이 되었다. 특히 400m와 800m에서 51초 4와 1분 59초 1로 각각 세계신기록을 수립하였으나, 국제육상경기연맹에서 가네포 참가선수에게 자격정지 경고를 한 바가 있어 이 두 기록을 승인하지 않아 비공인기록이 되고 말았다. 또한 북한의 남자 역도 선수인 리형욱은 역도 용상 부문에서 141kg을 들어 세계 기록을 수립하였지만 이 기록 또한 비공인기록으로만 남게 되었다. 북한의 주요 선수들이 가네포 참가로 이듬해 도쿄올림픽 참가가 막히게 되자, 북한 올림픽위원회에서는 북한 전체 선수가 참가하지 않는 도쿄올림픽대회를 보이콧Boycott 했다.

북한은 어떤 주제에 대해 중요하다고 판단되는 경우에만 우표를 반복 발행하는데, '가네포대회' 관련하여 북한에서는 1964년 10월에 5종, 65년

8월에 2종, 66년 10월에 3종의 우표를 발행[444]하여 가네포대회에 대한 깊은 관심과 애정을 나타내고 있다.

가네포에 인도는 참여하지 않았다. 아니 인도는 가네포의 무산을 위해서 무던히 애썼다. 가네포가 올림픽은 물론 아시안게임을 대체하는 것으로 출발했기 때문이다. 반면에 아시안게임은 인도 네루의 구상에서 출발했던 대회이다. 즉, 가네포의 등장은 인도가 아니라, 인도네시아와 중국이 주도하는 아시아를 의미했다. 가네포는 AA아시아-아프리카도 아니고, 비동맹도 아니며, '신흥역량'이다. 즉 신흥역량운동은 AA운동과의 대립에서 등장한 것이다.[445]

1961년 9월 1일 제1차 비동맹회의가 유고슬라비아 베오그라드에서 열렸다. 제1차 비동맹Non-Aligned with blocs Movement= NAM회의에는 25명의 국가 정상들이 참가했다. 이 회의에서는 '비동맹의 동맹, 동맹을 거부하는 국가들끼리의 동맹' 이라는 개념적 정의와 동시에 정치·군사적 의미까지 포함하였는데, 이 비동맹운동의 자격 기준은 북한이 대외정책에서 절실히 요구되었던 자주와 그것을 실현하기 위한 민족해방투쟁, 즉 반제혁명역량 강화 부분이었다. 이로써 비동맹운동은 냉전시 제3세계의 자주와 생존이라는 목표를 위해 민족해방투쟁을 중심으로 한 국제적 차원에서의 중립노선을 의미하게 되었다.

북한은 1960년대에 소련과 중국 사이에서 등거리 외교를 추진하면서 동시에 비동맹국가와의 외교를 강화하였다. 북한은 비동맹회의 열흘 후

---

444 가네포 휘장은, 회전하는 지구를 형상화하였고, 회전은 역사의 전진을 의미한다. 깃발은 주권의 상징이며, 지구위 12개의 막대는 첫 준비회의에 참가한 12개국을 의미한다. 구호는, '후퇴없는 전진Onward! No Retreat!'으로, 진리와 정의를 향한 불퇴전의 결기를 의미한다. 투표는 다수결이 아닌 'Mushawarah전원합의'원칙으로 정했다.

445 이병한, 앞의 논문, p.390.

인 1961년 9월 11일 조선로동당 제4차 대회를 개최하고 "아세아, 아프리카, 라틴 아메리카의 민족적 독립국가들과 우호적 관계를 맺으며 발전시키는 것을 대외정책의 중요한 고리로 삼고 있으며, 민족적 독립과 사회적 진보를 위하여 투쟁하고 있는 아세아, 아프리카, 라틴 아메리카 나라들과의 국가적 관계를 더욱 강화하며 더 많은 나라들과 외교관계를 맺고 발전시키기 위하여 노력할 것"을 선언하였다. 김일성은 이어 베트남 인민들의 투쟁과 쿠바 인민의 투쟁에 모든 지지 성원을 아끼지 않을 것이라며, 조선로동당이 민족해방투쟁에 대해 일관적 지지를 보내왔음을 강조하였다.[446] 북한은 1966년 8월 '내정 불간섭과 호상 평등'을 표방하는 자주노선을 선언하고, 제3세계 개발도상국들과 함께 비동맹국 외교에 본격적으로 나서게 되었다.[447]

북한은 1976년 8월 15일에는 쁠락불가담수뇌자회의 제5차회의기념우표를 발행하였다그림 129.

사회주의권 국가를 넘어선 비사회주의 국가들을 포함하는 제3세계 비동맹외교에 대한 북한의 태도는 중소분쟁 속에서 북한이 중국의 손을 들어주는 1964년에 북한과 소련의 관계를 최악으로 만들었다. 북한이 소련에 대해 한 신랄한 비판은 1964년 6월 16일 제3세계의 34개 국가가 참여한 가운데 평양에서 열린 '아세아 경제 토론회'에서 분명하게 드러났다. 회의 마지막 날인 23일 발표된 평양선언「자력갱생하여 자립적 민족경제를 건설할 데 대하여」은 북한이 자신의 자립경제의 성과를 과시함과 동시에 자립경제의 원칙과 조건을 밝힌 선언이었다.[448] 사실상 소련의 영향력에서 벗어나 민

446 김일성, "조선로동당 제4차대회에서 한 중앙위원회 사업총화보고1961년 9월 11일," 『김일성 저적집 15』, 조선로동당출판사, 1981, pp 307-309.

447 『로동신문』, "자주성을 옹호하자", 1966년 8월 12일

448 김응서, "1960년 중분 북한의 자주외교노선 채택에 관한 연구", 『대동문화연구 제78집』,

〈그림 129〉 뻘럭불가담 수뇌자회담 기념우표

족경제 건설을 발판으로 정치· 경제적 독립을 선언하는 자리였다. 이때도 아세아 경제토론회 평양선언을 기념하여 기념우표들이 발행되었다.

사회주의 두 대국 소련과 중국의 갈등 상황하에서 자력갱생을 위한 반둥회의-가네포대회-비동맹운동 등을 통해 자구책을 찾아 나선 북한은 위로부터의 정치적 결단만이 아니라 아래로부터의 참여를 이끌어내기 위해 1960년대에는 5.1절 노동자의 날을 맞아 시대 상황을 반영한 아시아, 아프리카, 라틴 아메리카 노동자를 전면에 내세운 기념우표와 비동맹운동을 상징하는 5.1절 기념우표를 발행하였고, 1970년대 들어서는 다시 내부결속용 5.1절 기념우표를 발행하였다.

중소분쟁이 최고조에 달했던 1960년대를 지나 1970년대 들어서면서 북한이 관심을 가지고 적극적으로 국제무대에 참여하기 시작한 부분은 체육분야였다[449]. 북한이 1960년~70년대 집중적으로 국제경기대회에 참가하면서 기념우표를 발행한 목적은 중소분쟁 이전에는 사회주의권 국가들 간의 물물교환방식의 구상무역과 교류만으로도 목표한 경제계획 달성이 가능하였었지만, 중소분쟁이 격하되는 1960년대 들어 소련의 지원이 중단되고 군사비 지출이 크게 늘어남으로써 발전의 한계에 부딪힌 상황과 관계있어 보인다.

---

p.275.

449 최진환,"IOC의 조선민주주의인민공화국 올림픽위원회 승인에 관한 연구", 북한대학원 대학교 박사학위논문, 202, pp.178-185..

〈그림 130〉 5.1절 기념우표

실질적으로 북한은 고립을 피하고 국제무대에서 남한과의 경쟁에 뒤지지 않기 위해서 국제체육대회에만 관심을 보인 것이 아니라 1060년대 후반에 국교 수립과 국제기구 가입에 적극 노력했다. 그 결과 북한이 1970년대까지 사회주의 국가 이외에 25개의 아시아, 아프리카 신생 독립국가들과 총영사 관계를, 프랑스 등 여섯 개 자본주의 국가들을 포함한 80여 개 국가들과 무역 및 통상 관계를 맺었으며, 106개의 국제기구에 가입했다.[450]

북한은 이념을 공유하는 두 강대국 중국과 소련이 자국의 이익을 위해 극심한 분쟁과 충돌하는 것을 지켜보면서, 1964년 제9차 동계올림픽부터, 주요 국제체육대회에 적극적으로 참여하였다. 1960년~70년대 북한이 국제경기에 참여하면서 발행한 기념우표 발행현황은 〈표 13〉과 같다.

---

450 김성보 외3 , 앞의 책, p. 227.

〈표 13〉1960~70년대 북한이 참가한 경기대회들과 기념우표 발행현황

국제대회 명칭	발행년도	종
제9차 동계올림픽 경기대회	1964.8.	3종
제18차 올림픽 경기대회	1964.9.	5종
제1차 가네포 경기대회	1964.10.	5종
아세아 가네포 축구대회	1964.8.	2종
제1차 가네포 경개대회	1966.10.	3종
제29차 세계선수권	1967.4.	3종
뮌헨 제20차 올림픽경기대회	1972.10.	5종
사회주의 청소년여자배구대회	1973.7.	1종
사회주의국가 친선역도대회	1973.11.	1종
세계대회 참가기념	1974.3.	8종
제33회 세계탁수선수권대회	1975.2.	2종
사회주의국가 친선마라톤대회	1975.6.	1종
사회주의 국제소년축구대회	1975.10.	6종
제3차 아시아탁구선수권대회	1976.4.	5종
제21차 올림픽 경기대회	1976.7.	7종
제21차 올림픽메달수상자들	1976.8.	7종
국제대회 행사기념	1976.8.	7종
76몬트리올 올림픽 우승자들	1976.8.	7종
제21차 올림픽경기입체우표	1976.7.	7종
제21차 올림픽경기 메달입체	1976.7.	7종
제21차 올림픽경기 수상자입체	1976.7.	7종
제34차 세계탁구선수권대회	1977.4.	4종
제11차 세계축구선수권대회	1977.12.	4종
78동계올림픽 경기대회	1978.2.	9종
80년 모스크바 프레올림픽	1978.4.	7종
월드컵 역사	1978.6.	13종
월드컵 우승국들	1978.6.	7종
올림픽 경기 역사	1978.6.	16종
제11차 세계축구선수권우승국	1978.12.	4종

국제대회 명칭	발행년도	종
제35차 세계탁구선수권대회	1979.4.	4종
80 모스크바 올림픽 경기대회	1979.7.	6종
제22차 올림픽 경기대회	1979.8.	8종
80 모스크바 하계올림픽경기	1979.9.	7종
합계1960년~ 1979년		189종

〈그림 131〉 올림픽과 월드컵 관련우표들

특히 1966년 북한의 월드컵 8강 진출은 세계적으로도 화제를 불러일으켰다. 〈세계우승컵쟁취자들〉이란 우표는 1966년 7월 19일 조선민주주의인민공화국 대 이탈리아의 영국 미들즈브러의 에이섬파크에서 열린

1966년 FIFA 월드컵의 4조 3차전 경기를 도상으로 하고 있다.[451] 당초 예상으로는 당시 월드컵을 2회나 제패한 이탈리아 축구 국가대표팀의 압승이 예상되었으나 모든 이의 예상을 깨고 조선민주주의인민공화국 축구 국가대표팀이 이탈리아 축구 국가대표팀을 전반 42분에 터진 박두익의 결승골에 힘입어 1 : 0으로 승리를 거두었다. 이것은 아시아 팀이 월드컵에서 거둔 최초의 승리였고 또 월드컵 우승국을 상대로 거둔 최초의 승리였다. 이 경기에서 승리를 거둔 조선민주주의인민공화국 축구 국가대표팀은 아시아 팀으로선 최초로 8강 진출에 성공하는 기염을 토했다. 월드컵 역사에서 거론되는 대표적인 이변경기 중 하나이다. 훗날 영국의 영화감독 대니얼 고든은 이 당시 활약했던 북한 축구 선수들을 만나 인터뷰를 하며 그 인터뷰 과정을 기록한 다큐멘터리 영화 〈천리마 축구단〉을 제작했다. 영국의 데일리 메일은 이 경기를 역대 월드컵에서 가장 충격적인 이변 4위로 선정하기도 하였다.

〈그림 132〉 국제친선전람관 개관 기념우표

1950~70년대 북한의 외국과의 수교현황을 보면, 1950년 말까지는 15개 수교에 불과하던 것이 1960년대 말에는 80개국으로 크게 늘었으며, 1970년 말에는 프랑스 등 여섯 개 자본주의 국가들을 포함한 110개 국가와 수교를 맺을 정도로 적극적인 외교 행보를 보였다. 1970년대 북한이 가입한 유엔 및 국제기구 가입현황[452]은 〈표 14〉과 같다.

451 최진환,"IOC의 조선민주주의인민공화국 올림픽위원회 승인에 관한 연구", 북한대학원대학교 박사학위논문, 2020, pp.145-156.

452 김용현 책임편집,『북한의 외교』, 동국대학교출판부, 2023, pp.141-142.

〈표 14〉 북한이 1970년대 가입한 유엔 및 국제기구들

번호	국제기구명
1	국제의원연맹1973.1월
2	세계보건기구1973.5.17
3	유엔무역개발회의1973.5.19
4	국제법제계량기구1974.5.9
5	국제우편연맹1974.5.29
6	세계발명 및 저작소유권기구1974.8.17
7	유엔교육과학문화기구1974.10.18
8	세계기상기구1975.5.17
9	국제전기통신동맹1975.7.17
10	비동맹운동기구1975.8.25.
11	77그룹1976.5.10
12	비동맹통신사연합1976.7.17.
13	비동맹국공보조정정부간이사회1976.7.13.
14	비동맹국방송기구1977.7.27.
15	국제민간항공기구1977.9.14.
16	유엔식량농업기구1977.11.14.
17	유엔개발계획1979.6.9.

북한은 1978년 8월 26일 묘향산에 국제친선전람관을 [453]" 개관했다. 소련과 중국을 비롯해 비동맹국가의 국가수반, 정당지도자, 외교대표단, 개인 등이 김일성 주석에게 보낸 선물을 전시하기 위한 건축물이었다. 국제친선전람관은 연건평 2만 8천여㎡에 6층의 주건물을 중심으로 크고 작은 건물들이 앞뒤와 양옆에 조화롭게 배치되어 있다. 북한에서는 "주체적 건축예술의 빛나는 정화로 솟아난 국제친선전람회관은 우리 인민들에게

453 사회과학원주체문학연구소,『문학예술사전상』,과학백과사전종합출판사, 1988, pp.240-241.

위대한 수령 김일성동지를 높이 우러러 모신 세계혁명적인 인민들과의 불패의 친선단결을 보여주는 자랑찬 창조물"로 선전하고 있다. 이곳에는 여러 나라 국가수반들과 정부들 그리고 '혁명단체'들과 사회·정치활동가들이 보낸 각종 선물들이 대륙별, 나라별로 전시되어 있다. 북한이 외교적으로 고립되어 있지 않고, 세계 각국과 교류를 하고 있다는 사실을 과시하는 전시장이라고 할 수 있다.

2) 내부결속 및 대남 선전선동 우표

(1) 사회주의체제의 우월성 선전우표

분단 이후 북한은 대남정책의 목표를 '남조선혁명을 통한 공산화 통일'로 설정하였다. 이러한 대남정책의 목표를 달성하기 위해 북한은 대내외적 환경과 혁명역량을 고려하여 적극적 대남정책과 소극적 대남정책을 번갈아 구사하거나 병행해왔다. 냉전시절 김일성정권 시기의 대남정책은 혁명역량이 강화된 시기에는 무력도발을 일으키는 등 적극적으로 남조선혁명을 추구하였으나, 혁명역량이 약화 되었을 경우에는 평화공세 및 남북대화를 추진하였다.

1953년 전쟁이 끝난 이후 북한은 이전 시기에 비해 상대적으로 소극적인 대남정책을 추구하였다. 전반적 혁명역량이 약화 되었다고 판단한 것이다. 무엇보다 전쟁을 통해 미군의 위력을 실감한 북한은 미군이 남한에 남아 있는 한 무력 통일이 불가능하다는 것을 깨닫게 되었다. 또한 전쟁으로 파괴된 정치·경제·사회·군사적 기반을 복구하는 것이 급선무였다. 따라서 북한은 우선 전후복구사업에 전력을 기울이는 한편 대남 정책에 있어서는 '평화통일론'을 앞세우기 시작하였다.

〈그림 133〉 조선의 평화통일을 위하여

북한은 1954년 한반도문제를 해결하기 위한 제네바정치회담에서 남북한 총선거 준비를 위한 '전조선위원회'의 구성, 6개월 내 일체 외국군 무력의 철수 등을 제안하였다. 이후 북한은 외국군 철수 및 감군, 남북대표자회의와 국제회의 개최, 경제·문화교류 및 통행·서신교환, 남북 자유선거 실시 등의 평화 제안을 지속하였다. 이와 같은 평화통일 제안은 1960년의 '과도적 연방제' 제안으로 이어졌다.

소련, 중국을 비롯한 동구 사회주의국가들의 원조에 힘 입어 전후복구사업을 성공적으로 마무리하여 경제력이 회복되고, 정치적으로는 정적들에 대한 숙청을 통해 김일성 1인 독재체제를 확립한 1960년대에 들어와 북한의 대남정책은 다시 공세적으로 변화하였다. 북한은 1964년 '3대혁명역량 강화'를 내세움으로써 대남혁명전략을 체계화시켰다. 김일성은 1966년 "기다리고만 있으면 혁명역량을 축적하는 것이 아니므로 정세에 맞게 정치투쟁과 경제투쟁, 폭력투쟁과 비폭력투쟁, 합법투쟁과 비합법투쟁을 옳게 배합해서 부단한 투쟁을 전개해야 한다"고 역설하며, 남한혁명에 대한 적극성을 나타내었다.[454]

이후 북한의 대남정책은 현저하게 공격적 성격을 띠기 시작하였다. 휴

454 김일성, 『김일성저작선집 4』, 조선로동당출판사, 1968, p.403.

전선 부근에서의 무력충돌사건이 크게 늘어났고 특수 게릴라전을 목적으로 하는 비정규전 부대가 창설되었다. 1968년 1월에 일어난 청와대 습격사건, 10월의 대규모 무장공비 침투사건, 미 해군 정찰선 푸에블로호 나포사건 및 1969년 4월 미 해군 정찰기 EC21 격추사건 등은 북한의 대남 강경노선을 잘 보여주는 대표적 사례들이었다.

〈그림 134〉 재일동포귀국환영 기념우표, 1960.

그러나, 1960년대 말부터 1970년대에 들어서면서 전반적인 국제관계가 동서 냉전으로부터 동서 데탕트로 변화하였다. 미중 화해와 일중 수교 그리고 10여 년간 지속되었던 월남전의 종식 등은 한반도를 둘러싼 국제정세에 큰 변화를 가져왔다. 아울러 1960년 중반이후 북한은 군사비 지출 확대로 인한 경제·사회적 발전 속도가 저하된 반면 남한에서는 체제의 공고화 및 경제발전이 이루어짐에 따라 남한 혁명역량도 약화되었다. 이와 같이 대내외 상황이 불리하게 돌아가자 북한은 강경 일변도의 대남정책에서 물러나 남한과 대화를 시작하였다.[455]

1959년 8월에 일본 적십자사는 귀국을 원하는 재일교포들을 북으로 보내주기로 북한 적십자사와 합의했다. 그해 12월 14일, 북송 제1진 975명을 태운 '토불스크호'가 일본 니가타항을 떠나 청진항으로 향했다. 그로부터 1년 뒤인 1960년 12월 18일에 북으로 귀국한 재일동표는 5만 1,978명

455 홍용표, 『북한의 체제와 정책』, 명인문화사, 2014, pp.255-259.

에 이른다. 전쟁으로 손실된 노동력 보충을 기대했던 북한 정부의 의도와 달리, 초기에 북으로 건너간 재일교포의 과반수는 55세 이상의 고령이거나 18세 이하의 청소년이었다. 1960년 9월 26일 북한은 〈재일동포의 귀국을 열렬히 환영한다〉는 기념우표를 발행하였다.

1959년 12월부터 1984년까지 진행된 귀국사업을 통해 북한으로 건너간 재일조선인은 일본 국적자 6,730여 명을 포함하여 9만 3,340명이 이른다.[456] 재일동포 귀국사업은 북한이 남한과의 체제경쟁에서 우월을 보여주기 위한 체계적으로 추진한 대남사업의 일종으로 판단해야 할 것이다.

1964년 2월 당 중앙위원회 전원회에서 채택된 '3대혁명 역량 강화 방침'은 북한의 혁명기지 강화, 남한의 혁명역량강화, 국제 혁명역량과의 단결을 강화하는 것이었다.

이 방침은 북쪽의 '민주지기'를 강화한 다음 주로 무력에 의지해서 남북통일을 달성하려 한 6·25전쟁 때와는 통일의 방법론이 바뀐 것이었다. 특히 남쪽은 그 자체의 힘에 의해서 수행되는 '남조선혁명'을 강조한 것이었다. 하지만 3대혁명역량의 중심에는 주체사상 중심의 "온사회의남한과 북한을 포함한 전 세계 주체사상화"을 통한 사회주의 건설을 의미하였다.

북한은 1960년대 중반부터 남북 간 군사적 긴장이 고조되면서 기념우표들과 다양한 선전화들을 통해 강력한 대미항전 의지를 보여주었다. 이는 3대혁명역량 강화를 통한 조선의 통일을 위해서는 미군이 남한에서 철거하는 것만이 유력한 방법임을 반복적으로 선전하기 위한 것이었다. 〈미군은 남조선에서 나가라〉 〈외세를 몰아내고 조국을 통일하자〉 〈조선은 하나이다〉 등의 구호를 적은 반미 우표들이 반복적으로 발행되는 이유일 것이다.

---

456 김성보 외 2 지음, 『사진과 그림으로 보는 북한 현대사』, 역사문제연구소, 2004, p.248.

〈그림 135〉 3대혁명역량 강화방침 우표

〈그림 136〉 남조선에서 미군 나가라

(2)통일정책 선전 우표

1973년 6월 23일 체코공산당 총비서 후사크 환영 평양시 군중대회에서 한 연설을 통해 김일성은 '조국통일 5대강령'를 제시하였다. 그 내용은 ①남북한 간 군사적 대치상황의 해소와 긴장상태 완화 ②남북한간 다방면적인 합작과 교류실현 ③북과 남의 각계각층 인민들과 정당·사회단체 대표들로 구성되는 대민족회의소집 ④고려연방공화국의 단일국호에 의한 남북연방제 실시 ⑤단독 유엔가입 반대 및 「고려연방공화국」 단일국호에

〈그림 137〉 조국의 자주적 평화통일을 위한 5대 강령

의한 유엔가입 등이었다[457]. 하지만 북한은 이 제안을 내놓은 지 2개월만인 8월 28일 그동안 진행해 오던 남북적십자 회담과 남북조절위원회 회의 등 남북대화를 일방적으로 중단시켰다. 북한이 '조국통일 5대강령'을 제시한 의도는 주한미군 철수를 통해 남한의 군사력 약화를 기도하는 한편, 대민족회의 소집을 통해 남한 내 반정부세력들과의 제휴함으로써 궁극적으로 적화통일을 이루기 위한 것으로 판단되고 있다. 북한은 1973년 6월 23일에 〈조국의 자주적 평화통일을 위한 5대 강령〉 기념우표를 발행하였다.

1989년 7월 1일부터 8일까지 평양에서 '세계청년학생축전'이 열렸다. 세계청년학생축전은 " 평화와 민주주의, 민족적 독립과 사회주의를 위하여 투쟁하는 진보성향 및 전 세계에 사회주의국가의 청년학생들이 반제·반전反帝·反戰의 기치 아래 모여 친선과 평화, 단결을 도모하는 행사다. 1947년 7월 25일 체코슬로바키아의 수도 프라하에서 제1회 세계청년학생축전이 열렸으며 1957년 소련에서 개최된 제6차 모스크바 축전은 축전 역사상 가장 많은 3만 4,000여 명이 참가했다. 1959년 제7차 축전까지 격

457 북한문제연구소, 『북한용어 300선집』, 내외통신사, 1993, p.353.

〈그림 138〉 제13차 평양 세계청년학생축전, 1989.

년으로 개최되었으나 이후로 4년마다 열리는 것을 원칙으로 했다.

1989년 제13차 세계청년학생축전은 북한조선민주주의인민공화국의 수도 평양에서 열렸다. 177개 국가, 2만 2,000여명이 참가했는데, 참가 국가 수로는 축전 사상 최고를 기록했다. 북한은 남한에서 1986년 아시안게임에 이어 1988년 88서울올림픽을 성공적으로 개최하자 자극을 받아 대내외적으로 자국을 홍보하기 위해 무리수를 두면서까지 평양축전을 국가적인 행사로 준비해 성대히 치렀건 것으로 추정된다.

평양축전에는 남한의 여대생 임수경林秀卿이 전국대학생대표자협의회 대표로 참가했다. 임수경이 북한에 머문 1989년 6월 30일부터 8월 15일까지 『노동신문』, 『조선중앙통신』등 북한의 주요 언론매체는 임수경의 일거수일투족을 시시콜콜하게 보도했다.

1990년에 들어 남북은 민간교류와 당국대화를 시작했다. 남북대화는 남북총리회담으로 이어졌고, 남북기본합의서 채택이라는 성과를 냈다. 당시 민간교류의 대표적 사례가 '남북통일축구경기'였다.

1990년 제11회 베이징 아시아경기대회에 참가중인 남북한 선수단 단장남측 장충식, 북측 김형진은 9월 29일 공동기자 회견을 갖고 '남북통일축구대회' 개최에 합의했다고 발표했다. 당시 노태우 정부는 '7·7선언' 정신[458]에 입각하여 북한과의 체육교류를 적극 추진한다는 방침아래 남북 친선 교류경기를 북한에 제의하였고, 북한이 이를 받아들임으로써 남북 통일축구대회에 관한 협의가 시작되었다. 남북한은 베이징 아시안게임 기간 동안 체육부장관 접촉을 통해 남북통일축구대회 개최에 대해 합의를 함으로써, 분단 45년 만에 처음으로 남북한 체육인들이 서울과 평양을 교환 방문하는 계기가 마련되었다.

남북한 간에는 1990년 첫 번째 '남북통일축구대회'가 개최된 이래, 같은 명칭으로 3차례의 축구 대회가 열렸다. 첫 번째 남북통일축구대회는 1990년 10월 11일과 23일 평양과 서울에서 개최되었으며, 두 번째 대회는 2002년 9월 7일 서울에서 개최되었고, 세 번째 대회는 2005년 8월 14일 서울에서 열렸다. 다만 세 차례의 남북통일축구대회는 매 번 추진 주체가 서로 달랐으며 정례적인 행사는 아니었다.

남북통일축구대회는 남북한 간 체육교류를 활성화하고 이를 통해 화합과 신뢰를 쌓아가자는 취지로 개최되었으며, 1991년 제41회 세계탁구선수권대회, 제6회 세계청소년축구대회 남북 단일팀 출전, 올림픽 남북 공동입장 등 체육교류에 큰 영향을 끼쳤다. 또한 남북통일축구대회는 당시 진행되던 남북당국 간 대화는 물론 경제·사회문화 등 다른 분야 교류 협력의 긍정적 분위기 조성에도 기여했다.

1990년 남북통일축구대회 1차전 경기는 10월 11일 평양 5·1경기장능라도경기장에서 열렸으며, 팽팽한 접전 끝에 북측팀의 2:1 승리로 끝났다. 10월 23일 잠실 올림픽주경기장에서 열린 2차전에서는 남측팀이 1:0으로 이겼다.

2002년 열린 두 번째 남북통일축구대회는 2002년 5월 12일 당시 한국

---

458 노태우 대통령이 1988년 7월 7일 민주화의 진전과 서울올림픽 개최, 국제환경의 변화 등 대북 자신감을 바탕으로 새로운 남북관계를 정립하기 위해 제시한 '민족자존과 통일번영을 위한 특별선언'을 가리킨다. 통일연구원, 『남북관계 지식사전』, 2015.

미래연합 박근혜 대표가 유럽·코리아재단의 이사 자격으로 북한을 방문해, 김정일 위원장과의 면담에서 북한 축구국가대표단의 초청을 제의하고 이를 김정일 위원장이 수용함으로써 성사되었다. 1990년 첫 번째 대회 이후 12년 만에 개최된 남북팀 간의 축구경기에서 양팀은 열띤 공방전을 벌였으나 무승부로 경기를 마쳤다.

〈그림 139〉 남북통일축구경기, 1990.

2002년 9월 남북통일축구대회 이후 북한은 같은 해 9월 29일~10월 14일 부산에서 열린 제14회 아시안게임에 316명의 선수단과 280명의 응원단을 파견하였는데, 이는 남한에서 열린 국제대회에 북한이 처음으로 대규모 선수단과 응원단을 파견한 것이었다.[459]

노태우 정부시기 남북간 관계가 개선되어 다양한 남북교류가 있게 되자, 1992년 7월 4일 〈남북공동선언 발표 20주년〉기념우표가 "자주, 평화통일, 민족대단결"의 구호와 함께 "3대 원칙"이라는 대형 글씨체와 한반도 지도를 도상으로 처음으로 발행되었다. 1972년 7.4남북공동성명은 1972년 7월 4일, 남북 서로 상부의 뜻을 받들어 남쪽의 이후락, 북쪽의 김영주가 서명한 것으로 공동성명 제1항에서 "통일은 외세에 의존하거나 외세의 간섭을 받음이 없이 자주적으로 해결되어야 한다. 통일은 서로 상대방을 반대하는 무력행사에 의거하지 않고 평화적 방법으로 실현되어야 한다. 사상과 이념, 제도의 차이를 초월하여 우선 하나의 민족으로서

459 출처: 통일부 북한정보포털 인터넷판검색일: 2022.6.7.

〈그림 140〉 남북공동선언문 발표 20돐,25돐 기념우표, 1992,1997.

대단결을 도모하여야 한다"는 3대 원칙에 합의했다.

북한은 1997년에도 1991년 12월 13일 남북의 국무총리들이 공동으로 서명한 '남북 사이의 화해와 불가침 및 교류협력에 가한 합의서'에 대한 기념우표가 아니라, 〈7.4공동성명 기념우표 25돐〉 기념우표만을 발행했다.

북한에서는 남북 통일대화와 회합의 출발점을 1948년 4월에 평양에서 열렸던 남북제정당사회단체연석회의남북연석회의에서 찾고 있다. 남북연석회의는 해방 후 남북조선의 제 정당, 사회단체 대표들이 처음으로 한자리에 모여, 조국통일문제를 토의한 력사적인 회의이다. 이 회의는 1948년 4월 20~23일에 걸쳐 평양에서 진행되었다. 회의에는 김구, 김규식을 비롯해 각계각층을 대표하는 남북조선의 56개 정당, 사회단체 대표 545명이 참가하였다.[460]

북한은 1998년 남북연석회의 50돌을 맞아 기념우표를 발행했다. 북한이 남북연석회의를 기념해 우표를 발행한 것은 당시 연석회의를 좀 더 잘 마무리하지 못한 부분에 대한 아쉬움과 함께 그러한 상황에 대한 기대감을 나타내고 있다고 판단된다. 남북연석회의 이후 남북에서는 단선단정 반대운동이 전개되었지만, 실질적인 변화를 이끌어 내지는 못하였다. 결

460 사회과학출판사, 『정치사전』, 1993, p.204.

과적으로 총선거를 통한 통일정부 수립이라는 남북연석회의의 합의는 실현되지 못하였다. 그럼에도 이 회의는 분단의 길목에서 남북의 정치인들이 이념적 대립에서 벗어나 통일정부 수립 방안을 논의하고 합의를 이루었다는데 의미가 있다. 또한 이 회의가 2000년 남북정상회담의 귀감이 되었다는 점에서도 그 의의를 찾을 수 있다.[461]

〈그림 141〉 4월남북련석회의 50돐 기념우표, 1998

또한 북한은 북한의 기준으로 통일운동과 남조선혁명에 참가했다고 평가하는 주요 인물을 도상으로 우표를 발행하기도 했다. 북한은 1993년 8월 15일 김구를 비롯한 최영도, 홍명희, 려운형, 김종태, 김책에게 '조국통일상'을 수여하였고, 2000년 4월 25일에는 문익환목사에게 '조국통일상'을 수여하면서 〈조국통일상 수상자들〉이라는 기념우표를 발행하였다. 수상자들의 면면이 민족주의자, 중도파자, 사회주의자, 비전향장기수, 통일운동가 등 다양한 것을 통해 민족통일에 대한 북한의 복잡한 의도를 어느 정도는 짐작해 볼 수가 있다.

2000년 12월에는 비전향장기수들의 송환을 축하하고자 비전향장기수들의 송환을 대대적으로 환영하는 평양의 모습과 얼굴들이 들어가 있는 대형시트 기념우표를 발행하였다. 비전향장기수는 사상전향을 거부한 채 수십년을 복역한 인민군 포로나 남파간첩 등을 말한다.

이들은 1980년대 후반 노태우 정부 때부터 석방되기 시작해 1999년 말

461 출처: 한국민족문화대백과사전:남북연석회의검색일: 2022.6.8.

〈그림 142〉 조국통일상 수장자들 기념우표.

〈그림 143〉 비전향장기수들의 송환 기념우표, 2000.

신광수, 손성모 씨가 특별 가석방되면서 모두 출소했다. 출소 당시 비전향장기수는 총 102명이었고, 출소 후 남한에 가족이 있어 송환을 거부한 사람들을 제외하고 2000년 6·15 남북 공동선언과 남북 적십자회담에 따라 2000년 9월 북한행을 희망하는 비전향장기수 63명이 북측에 송환되었다.

2000년 첫 남북정상회담 개최이후 남북 간에는 다양한 당국대화와 민간교류가 활성화되었다. 남북정상회담 전후해 북한은 '우리민족제일주의'를 내세우며 '조국통일 3대헌장'을 강조하기 시작했다. 북한이 규정한 3대헌장은 1972년의 7.4남북공동성명에서 채택된 자주·평화·민족대단결이라는 조국통일3대원칙, 1980년 6차 당대회에서 채택된 '고려민주연방공화국 창립방안', 1993년 김일성 주석이 제시한 '전민족대단결 10대 강령'을 의미한다.

〈그림 144〉 조국통일3대헌장기념탑

2001년 북한은 평양시 통일거리에 '조국통일3대헌장기념탑'까지 세웠고[462], 이를 도상으로 우표까지 발행했다.

남과 북은 2000년 6월 첫 정상회담을 열고, 6월 15일 남북공동성명을 발표했다. 서명자는 대한민국의 김대중 대통령과 조선민주주의인민공화국 김정일 국방위원장이었다. 실질적인 최초의 최고통치자들의 공동성명 발표였다.

6.15 남북공동선언에서 남과 북은 남북관계를 발전시키고 평화통일을 실현하기 위해 5가지 합의사항을 담았다. 첫째, 우리민족끼리 힘을 합쳐 자주적으로 해결해나간다. 둘째 남측의 연합제안과 북측의 낮은 단계의 연방제 안이 서로 공통성이 있다고 인정하고 이 방향에서 통일을 지향시켜 나가기로 하였다. 셋째, 흩어진 가족, 친척 방문단을 교환하며 비전향 장기수 문제를 인도적 문제로 조속히 풀어 나가기로 하였다.

넷째, 사회, 문화, 체육, 보건, 환경 등 제반 분야의 협력과 교류를 활성화 나가기로 하였다. 다섯째, 이상과 같은 합의사항을 조속히 실천에 옮

462 출처: 위키백과www.wikipedia.org., 검색일: 2022.6.8.

〈그림 145〉 남북공동선언 기념우표.

기기 위해 이른 시일 안에 당국 사이의 대화를 개회하기로 하였다.[463]

어떤 주제에 대해 반복적으로 사용한다는 것은 그 주제가 그만큼 중요하다는 것을 의미한다. 북한의 우표 도상에 반복적으로 사용되는 '주제'를 잘 파악한다면 북한에서 어느 부분을 중요시하게 생각하는지를 충분히 알 수가 있다. 북한에서 남북 관련해서 반복적으로 가장 빈번하게 사용하는 것이 '6.15 공동선언'이다.

자주 반복적으로 기념우표를 발행하고 있다는 것은 6.15남북합의사항에 대해 북한 측의 관심과 기대가 높다는 것을 의미하고 있으므로 향후 북한과의 공동번영하는 관계설정을 위해서는 새로운 또 하나의 '공동선언문' 작성에 관심을 가질 것이 아니라, 1972년 7.4남북공동성명에 합

463 통일교육원, 『2021 통일문제이해』, 2021, p.219.

〈그림 146〉 6.15 남북공동선언 기념우표들.

의한 사항부터, 1992년 2월에 합의한 '남북 사이의 화해와 불가침 및 교류 협력에 관한 합의서', 2000년 6월에 맺은 '6·15 남북공동선언', 2007년 10월에 맺은 '남북관계 발전과 평화번영을 위한 선언', 2018년 4월에 맺은 '한반도의 평화와 번영·통일을 위한 판문점선언'과 2018년 '9.19군사합의문'까지 남북이 기존에 합의했던 사항들에 대해 불가역적으로 실행 가능할 수 있도록 하는 조치를 통해 남북 간에 신뢰회복의 모습을 보여주는 것이 우선적으로 필요할 것이다.

김정은 위원장은 2018년 신년사를 통해 "새로운 희망과 기대를 안고 새해 2018년을 맞이하자"고 선언했다. 남쪽을 향해서도 "이번 대회평창올림픽를 통해 북남관계를 개선하는 뜻깊은 민족사에 특기할 사변적인 해로 내어야 한다"고 하면서, 북쪽에서 대표단 파견을 포함하는 필요한 조치를 취할 용의가 있다고 밝혔다. 북한의 이러한 변화를 가져오게 하는 데는 2017년 7월 7일 문재인 대통령의 베를린선언이 영향을 미쳤다. 문 대통령은 "우리가 추구하는 것은 오직 평화입니다. 평화로운 한반도는 핵과 전쟁의 위협이 없는 한반도입니다"라고 선언하고, 그해 12월 19일에 미국

〈그림 147〉 제3-5차 북남수뇌상봉과 회담 기념우표, 2018.

의 NBC 회견에서 "평창동계올림픽까지 한미연합훈련을 연기할 용의"가 있다고 제안했다. 이러한 선언과 제안이 3차례 남북정상회담 성사의 지렛대 역할을 하였다고 생각한다.

이러한 남북의 최고지도자간의 원거리 메시지 주고받기가 효과를 발휘하게 되어, 2018년 2월 평창올림픽에 남북이 공동으로 입장하고 공동응원단을 운영하는 등 우호적인 분위기가 조성되었고, 같은 해 4월 27일 판문점 남북정상회담과 9.19평양정상회담으로 이어질 수 있었다.[464] 북한은 이러한 남북정상회담에 대한 기념우표를 대형시트 형식으로 발행했다.

3) 반미·반일·반제투쟁 선동 우표

'조국해방전쟁'이 신속하게 끝날 줄로 예상했던 북한에서는 1950년 7월

464 김용현 책임편집, 앞의 책, pp.43-79.

10일에 "서울해방기념"우표를 발행하기도 하였다. 하지만 예상보다 빠른 미군의 참전으로 북한은 전쟁을 승리로 마무리할 수 없게 되었고 북한지역 주요 산업시설물이 들어서 있던 지역뿐만 아니라 국토 전반에 대한 미공군의 무차별 공습으로 인해 대다수 지역은 불모지가 되었다.

이러한 두 가지 주요 원인으로 북한은 1952년 6월에 〈미제 반대 투쟁의 날〉 기념우표를 첫 발행한 이후, 6월 25일을 기점으로 해서 반복적으로 반미우표를 발행하고 있다. 1952년부터 1958년까지는 〈미제반대 투쟁의 날〉로 발행되었고, 1959년부터 1969년까지는 〈남조선으로부터 미제 침략군 철수를 위한 투쟁의 날〉로 기념우표들이 발행되었다. 북한은 1970년에는 명칭을 바꿔 "남조선으로부터 미제 침략군을 몰아내기 위한 반미연합 투쟁의 달" 로 부르다가, 1975년부터는 6.25일~7.27일 한 달간을 "반미연합 투쟁 월간"으로 부르며 매년 반미투쟁 관련 우표를 발행하고 있다.

우표발행을 통해 반일투쟁을 상기시키는 가장 빈번한 주제는 〈8.15해방〉 기념우표다. 8.15해방 1주년 기념우표 도상의 주인공은 태극기를 배경 삼은 김일성초상화였다. 그 후 1948년부터 1952년까지 〈8.15 해방기념〉 우표에는 조선을 해방 시켜준 소련군대을 기념하기 위해 평양 모란봉구역에 세워진 해방기념탑[465]이 등장했다. 이후에도 노동자와 농민 그리고 해방을 위한 소련의 지원을 잊지 않겠다는 해방탑이 우표 도상에 단골로 등장하고 있다. 해방기념탑에는 앞면에 "위대한 쏘련 인민은 일본제국주의를 쳐부시고 조선 인민을 해방하였다. 조선의 해방을 위하여 흘린 피로 조선 인민과 쏘련 인민의 친선은 더욱 굳게 맺어졌나니. 여기에 탑을 세워 전체 인민의 감사를 표하노라. 1945년 8월 15일."이라고 써져

465 해방기념탑은 "조선의 해방을 도와준 이전 쏘련군렬사들의 위훈을 전하기 위하여" 1947년에 건립되었다. 조선의 오늘, https://dprktoday.com/tourist/68: 검색일: 2023.1.9.

〈그림 148〉 미제반대투쟁의 날, 1953.

〈그림 149〉 미군철거 투쟁의 날, 1959.

〈그림 150〉 반미연합 투쟁월간, 1970.

있고, 뒷면에 "일본 제국주의자들의 강점으로부터 조선 인민을 해방하고 자유와 독립의 길을 열어준 위대한 쏘련 군대에 영광이 있으라! 1945년 8월 15일."라는 글귀가 새겨져 있다.

8.15 해방 기념우표는 북한정권이 정식으로 수립되기 전 시기인 1946년부터 해방1주년 기념우표를 발행하기 시작하였다. 특이한 점은, 1951년 조국해방 6돐 기념우표그림151 우측에는 인민군과 소련병사 뿐 아니라 처음으로 중국인민지원군 병사를 함께 등장시킨 부분이다. 1945년부터 1950년 6.25한국전쟁이 발발하기 전까지 북한정권 초기에는 소련의 지원을 더 많이 받아왔지만, 한국전쟁 발발 이후부터는 소련의 미미한 군사적 지원

〈그림 151〉 반일투쟁 8.15해방 기념우표

을 대신해 전면적인 지원에 나선 중국을 배려한 우표발행이 아니었나 생각이 드는 부분이다.

북한에서 반일은 곧 김일성의 항일무장투쟁과 관련이 되어 있다. 김일성을 항일무쟁투쟁의 영웅으로 탄생시킨 신화의 시작은 1937년 6월 4일에 있었던 '보천보전투'였다.[466] 북한은 1959년 6월 4일 '보천보전투 승리 22주년' 기념우표를 〈최초의 김일성주석의 동상과보천보전투승리기념탑〉 〈백두산〉과 김일성이 무산지구진공작전을 위해 1939년 5월 조선인민혁명군 주력부대를 거느리고 조국에 진출하여 숙영의 첫 밤을 보낸 곳으로 소개하고 있는 양강도 삼지연군 이명수노동지구에 속해 있는〈청봉야영지와 구호나무[467]〉등 3종 발행한 이후 북한에서는 보천보전투에 대한 기념우표를 가장 빈번하게 반복적으로 발행하고 있다.

한편 1967년 이전까지는 노동, 농민운동의 투쟁을 다룬 도안도 사용되었다. 항일투쟁에 주인공들이 노동자들과 농민들이라는 것을 강조하기

466 조선민주주의공화국 사회과학원, 『정치용어사전』, 1970, p.283.

467 1993년 내외통신사에서 발행한 『북한용어사전 300선집』에 따르면 구호나무는 1961년 처음으로 19그루가 발견되어 이를 본격적으로 김일성-김정일 우상화에 이용하기 시작하였다고 기술되어 있지만p.365, 이번 연구를 통해 1959년에 발행된 우표에 이미 '구호나무'의 존재가 사용되기 시작하였음을 알 수가 있다.

〈그림 152〉 대중적인 반일운동, 신흥탄광노동자들의 폭동.

위해, 일제강점기인 1930년에 함경남도 단천에서 일어났었던 농민폭동과 신흥탄광에서 있었던 탄광노동자들의 폭동 투쟁을 기념하는 두 장의 우표를 〈대중적인 반일폭동〉이라는 제목으로 1965년 3월에 발행하였다. 북한은 신흥탄광노동자들의 폭동의거에 대해 다음과 같이 그 의의를 평가하고 있다.

> "첫째, 조선 노동계급이 가지고 있는 혁명적 기질을 남김없이 시위함으로써 노동계급만이 우리나라의 반일제 민족해방투쟁에 있어서 가장 철저한 혁명적 계급역량이라는 것을 확인시켜주었다. 둘째, 조선 노동계급의 일제식민지 약탈자들과의 성과적 투쟁은 종래와 같이 파업투쟁 형태만으로는 보장 될 수 없으며, 일제의 파쑈적 공세에 상응하는 보다 전투적이며 적극적 투쟁형태에 의거해야 한다는 사상을 소유하기 시작하였다는 것이다. 셋째, 신흥 탄광노동자들이 일제 식민지 약탈자들을 반대하는 전투적 폭동에로 솔선 이행함으로써 그의 초보적 모범을 보여주었다는 것이다. 넷째, 근로대중의 투쟁에 대한 수공업적 지도방식에만 머물러 있던 공산주의자들에게 일정한 자극과 신호를 준 데 있다."[468]

468 김경일 편, 『북한 학계의 1920~ 30년대 노동운동연구』, 1989, 창작과비평사, p.226.

〈그림 153〉 대중적인 반일운동, 신흥탄광노동자들의 폭동.

반일투쟁을 선동하는 소재는 아니지만 1950대-60년대에 북한과 일본 사이의 주요 현안 중의 하나는 재일동포들의 북한 입국문제였다. 1959년 8월에 일본적십자사는 귀국을 원하는 재일동포들을 북으로 보내주기로 북한적십자와 합의했다. 그해 12월 14일 북송 제1진 975명을 태운 '토볼스크호'가 니키타항을 떠나 청진으로 향했다. 그로부터 1년 뒤인 1960년 12월 18일까지 북으로 건너간 재일동포는 5만 1978명에 이른다.

6.25 한국전쟁 기간 중 많은 사망자 수로 인해 부족한 노동력 보충을 기대했던 북한 정부의 의도와는 달리, 초기에 북으로 건너간 재일동포의 과반수는 55세 이상의 고령이거나 18세 이하의 청소년이었다. 더 늙기 전에 고국 땅을 밟고 싶은 한 사람들이거나 사회주의 조국에서 무상교육을 받으며 미래를 펼쳐나가길 원하는 젊은이들이 상당수였다.

1967년도에 8년에 걸친 재일조선공민 귀국사업[469] 협정이 종료되었으

469 북한에 초기에 귀국한 재일동포들은 비교적 좋은 대우를 받았다. 북한정부는 의식주를 보장하고 무상교육을 하는 등 당시 조건으로서는 상당한 대우를 해주었다. 이들에게 주어지는 특혜 때문에 북한 주민들의 불만이 많아지면서 이들에 대한 대우도 나빠지기 시작하였다. 북한에서 귀국자의 정치적 지위는 대부분 낮았지만 경제적 지위는 일반 북한 주민들보다 상대적으로 나은 편이었다. 김성보·기광서·이신철, 『사진과 그림으로 보는 북한 현대사』, 웅진지식하우스, 2014, p.248.

〈그림 154〉 재일조선공민들의 귀국실현 60돐, 2019.

나 미귀환자 문제가 남았기 때문에 적십자사를 통한 협상이 계속되어, 1971년부터 귀국사업이 재개되었다. 이때는 재산 반출의 상환선이 없어져 일반 외국인처럼 제한 없이 현금을 가지고 나갈 수 있었다.

1959년 12월부터 1984년까지 진행된 귀국사업을 통해 북한으로 건너간 재일조선인은 일본 국적자 6,730여 명을 포함하여 9만 3,340명에 이른다. 이처럼 재일동포들은 사회주의 조국으로 간다는 꿈을 안고 귀국했으나 그들이 처한 현실은 만만치 않았다. 이들은 열렬히 환영했던 북한 정부로서나 선전을 믿고 북으로 간 재일동포로서나 해결해야 할 일들이 산적했다. 그들이 겪은 경험은 일본의 식민지 지배의 유산과 분단의 비극, 이념과 현실의 괴리 속에서 전개된 한반도의 아픈 상황이라 할 수 있다[470].

재일교포 북송 사업은 북한이 남과 북의 체제경쟁에서 북한사회주의 우월함을 과시하는 선전도구로 사용되기도 하였다. 남북한 체제경쟁에서 우위를 잡아 승리한 사업이 '재일동포 귀국'사업으로 믿고 있는 북한에서는 '재일동포 귀국실현'에 대한 기념우표를 1960년 이후 반복적으로 발행하고 있다.

---

470 김성보, 기광서, 이신철, 앞의 책, pp. 248-249.

〈그림 155〉 조선의 섬 독도, 2004.

북한은 독도를 반일선동의 주요 소재로도 활용하고 있다. 북한은 독도 영유권을 단순한 영토문제가 아니라 영토를 매개로 하는 주권에 관한 문제로 보고 있다. 일본은 한반도를 식민지화하기 전 5년 전에 한반도에서 '독도'를 제일 먼저 강탈했다. 일본에서 '독도영유권'을 주장한다는 것을 남한과 북한에서는 '일본이 한반도 식민지 지배에 대한 연속성'을 주장한다는 것으로 받아들이기 때문에 독도는 한반도에 주권을 상징하는 실체로 간주하고 있으며 독도를 자기와 불가분의 존재로 동일시하고 있다.[471]

2004년 1월 16일 한국에서 '독도우표' 4종을 〈독도의 자연〉으로 발행하

471 차재훈, "독도문제에 대한 현실주의 및 구성주의적 이해", 『평화학연구』, 제13권 4호2012.

였다. 일본 측의 반응이 즉각 나타났다. 당시 일본 총리 고이즈미 준이치로는 독도가 일본 땅이라고 주장함으로써 우리 국민의 감정을 자극했다. 360장이라는 극소량이고 주문자 생산우표이기는 했지만, 일본이 최초의 독도 모습이 담긴 우표를 발행하기도 하였다[472].

이러한 대립에 북한도 개입했다. 북한에서 남쪽의 주장에 힘을 실어주기라도 할 의도였는지 〈조선의 섬 독도〉 우표 5종을 발행하였다. 북한에서는 그 후 2014년에도 10종의 '독도 우표'를 발행하였다. 독도가 남북한이 흔치 않게 이견이 없이 하나로 묶어줄 수 있는 훌륭한 소재라는 것을 보여준 것이다.

---

472 이기열, 『일화로 보는 우편 130년』, ㈜정보엠앤비, 2013, p. 34..

제5장

결론

북한 우표의 변화전망과 제언

결론 : 북한 우표의 변화전망과 제언

북한은 2019년 조선우표박물관을 현대적으로 개건해 문을 열었다. 평양시 중구역에 자리 잡고 있는 조선우표박물관은 1946년 3월에 '우표전시관'으로 창립되었다. 박물관에는 "조선우표의 오랜 발전 력사를 보여주는 수천종의 우표들이 전시되어 있으며, 조선우표박물관에는 세계 및 국제우표전람회들에서 우승하여 수여받은 상장들과 컵, 메달들도 진열"되어 있다.

조선우표사 홈페이지를 보면 "조선우표박물관 개관은 위대한 수령 김일성동지 탄생 100돐을 맞으며 주체101[2012]년 4월 15일에 개관되였으며 위대한 령도자 김정일동지 탄생 77돐을 맞으며 주체108[2019]년에 2월 16일에 개건되었다"라고 소개되어 있다.

2003년 9월 '조선우표전시관'이 새롭게 준공 및 개관되어 운영되다가 2012년에 우표박물관이란 이름으로 개칭되었고, 2019년에 다시 개건공사를 마치고 개관되었다는 것을 알 수 있다. 이러한 사실은 〈조선우표전시관준공기념〉 우표와 〈조선우표박물관 개관기념〉 우표를 통해서도 확인된다.

평양시에는 우표박물관 외에 별도로 '조선우표전시장'이 있고, 개성시에도 조선우표전시장이 마련되어 있다. 우표박물관은 북한에서 발행한 우표의 역사를 집대성해 보여주는 교육공간인 동시에 판매도 하는 곳이고, 우표전시장은 주로 우표전시회 개최 및 우표 판매를 하는 곳으로 활용되고 있다. 이러한 우표박물관과 다수의 우표전시장은 북한이 우표의

〈그림 156〉 조선우표전시관 준공기념우표, 2003.

발행과 활용에 깊은 관심을 갖고 있다는 것을 보여주며, 이 분야에 대한 연구 필요성을 확인시켜 준다.

필자는 북한의 우표를 국가미디어로 규정하고자 첫 우표가 발행된 1946년 3월부터 2021년까지 북한 국가우표발행국에서 발행한 우표 전량을 전수 조사한 후 그중에서 국가적 상징성을 띄고 있는 우표 472장을 선별해서 우표에 사용된 도상圖像들과 구호를 분석해서 재분류한 155개 우표군群을 가지고 북한 우표가 지니고 있는 정치적, 경제적, 대외적 국가적 상징성을 분석하였다.

모든 국가들은 자체적인 국가 홍보를 위한 국가기관 내지 전문홍보업체를 통해서 자국의 국가이미지를 긍정적으로 높이기 위해 다양한 시도

〈그림 157〉 평양시에 있는 조선우표박물관위과 조선우표전시장아래 전경 ⓒ미디어한국학

를 하게 된다. 북한도 예외 없이 자국의 체제 우월성과 자국이 취하는 행동에 대해 국제적으로 이해와 동의를 얻고 싶어 한다. 하지만 북한은 유일 패권국가인 미국과 국교를 맺지 못하고 있으며 국제적으로 대표적인 반미反美국가로 낙인찍혀 있는 상황이다. 특히 현재 다층적인 국제제재하에 처한 북한은 자국의 목소리를 대외적으로 낼 수 있는 통로를 찾기 어려운 상황이다.

이런 상황에서도 북한 우표는 내부적으로 인민을 대상으로 한 선전선동을 통해 사상 결속을 꾀하고, 대외적으로 체제정당성과 경제 발전을 홍보하는 '꼬마외교관'으로서의 역할을 충실하게 해왔다. 북한 우표의 이러한 역할은 김정은 시대에도 지속될 것으로 예상된다. 대외적으로 자국의 홍보채널로 우표만큼 유용한 채널도 없어 보이기 때문에 북한에서는 북한의 신년사와 중요 정책들에 대해 우표 도상으로, 우표에 담은 구호를 통해 자국의 목소리를 내부는 물론 외국에 대해 목소리를 내고 있다.

다만 김정은 시대 북한의 정책방향과 과제 설정에 따라 우표 도안에 담길 내용은 과거와 다르게 나타날 가능성이 있다.

2011년 12월 김정일 국방위원장이 사망하고 김정일 체제가 출범한 후에도 혁명전통, 최고지도자의 활동을 주제로 하는 우표는 꾸준히 발행되고 있다. 김일성-김정일 관련 항일혁명 활동을 배경으로 하는 조선화 형식의 우표들도 여전히 우표 도상의 단골주제로 선택되었다. 하지만 김일성-김정일 시대와는 다르게 젊은 나이인 김정은의 경우에는 '항일혁명투쟁'을 기반으로 선전선동을 하기에는 제한적인 환경일 수밖에 없었다. 따라서 김일성의 항일혁명투쟁과 김정일의 사회주의 수호 공적을 앞 세워 '백두혈통'을 강조하기 시작했다. '백두혈통'의 승계자로서 선대 수령들의 정책을 잇는 계승자로서의 역할을 부각시켰던 것이다.

그리고 시간이 흐르면서 김정은은 선대 수령과는 차별되는 홀로서기 모습을 보여주기 위해 국방력 강화와 인민대중제일주의를 강조하고 있다. 선대가 하지 못했던 핵과 첨단 미사일의 완성을 전면에 내세우면서 지도자의 애민정신을 지속적으로 강조하고 있는 것이다. 실제로 김정은 시기 발행된 우표 도상을 보면 핵과 미사일로 대표되고 있다는 것을 알 수가 있다. 핵과 미사일의 완성으로 6.25전쟁 이후 줄기차게 고민을 안겨

오던 체제 안전과 전쟁 공포에서 벗어났다는 점을 우표 도안의 핵심주제로 선택하고 있는 것이다.

김일성 시대와 김정일 시대에 줄곧 강조되어 온 일심단결과 자력갱생도 김정은 시대의 주요 키워드로 계승되고 있다. 북한정권이 어려움에 처하게 될 때 가장 전면에 내세우는 구호가 '자력갱생'[473]과 '일심단결'이었다. 북한에 어려운 상황이 전개될 때마다 앞세워지는, 〈일심단결〉〈자력갱생〉 우표들이 발행되고 있으며 나아가 공세적인 구호로 "정면돌파전, 자력부강, 자력번영"의 구호가 우표 도상에 나타나기 시작했다. 2017년 11월 핵과 미사일로 대표되는 "국가 핵무력 완성"을 선언 이후에는 미국의 압박에서 벗어나 과학과 과학기술을 통해 자력으로 부강하고 번영된 국가를 만들어 가겠다는 대내적, 대외적 자신감이 나타나는 선언이라 보아야 할 것이다.

북한이 처한 국내, 국외적 환경 변화, 이에 따른 정책상의 변화는 향후 북한 우표의 기능과 역할에도 영향을 미칠 것으로 예상된다.

첫째 도안의 내용 측면에서 전통적인 사회주의 당-국가체제로의 복귀, 즉 당-국가 정상화를 보여주는 다양한 주제가 담길 것이다. 북한은 보통국가로서의 모습을 대내적, 대외적으로 보여주기 위해 사회주의체제의 체제우월성 홍보와 아울러 전대미문의 미국이 주도하는 국제제재 하에서 자신들이 처한 상황을 대외적으로 홍보하기 위한 다양한 방법을 강구하게 될 것이다.

---

473 사전적 의미로는 '자기의 힘으로 일떠선다는 뜻으로 남에게 의존하지 않고 오직 자기 힘을 믿고 자체의 힘으로 온갖 난관을 물리치고 살아나간다는 것' 이지만, 동일 사전에서 그 뜻을 아래와 같이 풀어주고 있다. "혁명과 건설에서 나서는 모든 문제를 남에게 의존하지 않고 자신이 책임지고 자체의 힘으로 끝까지 하려는 혁명정신과 투쟁원칙. 자력갱생의 혁명정신이 있어야만 자기의 힘을 믿고 자기 나라의 내부 원천을 동원하기 위하여 이악하게 노력하게 되며 소극성과 보수성을 짓부수고 부닥치는 난관과 애로를 이겨내면서 높은 창발성과 적극성을 발휘하여 경제적자립을 실현할 수 있다." 사회과학출판사 출판, 『조선말 대사전 2』, 1992, p.16

둘째, 향후 북한의 우표 도상 주제들은 인민들의 생활이 구체적으로 향상된 모습을 구체적이며 숫자적으로도 확인 가능할 수 있는 것들로 더 많이 발행될 것으로 전망된다. 핵과 미사일로 외부로부터의 침략에 대한 공포심을 상당 부분 감소시켰다고 평가될 수 있는 김정은 시기 우표 도상들에서는 '사회주의 문명국가'를 지향하며 발전하는 문화와 경제발전의 모습을 강조하는 주제가 늘어날 수밖에 없을 것이다.

이런 변화는 북한에 새로 등장한 신세대들이 점점 군사와 경제분야의 중요 직을 진출하고, 대외 정보에 접하는 기회들이 늘어나는 조건과도 관련이 있다. 과거의 혁명전통이나 반미 일변도의 선전과 교양만으로는 체제유지가 쉽지 않은 환경이 조성되어 있는 것이다.

셋째, 향후 선전선동에서 차지하는 우표의 역할을 축소될 가능성도 존재한다. 컴퓨터와 스마트폰의 보급, 확산은 텔레비전과 라디오 방송, 신문, 잡지, 길거리 선전화 등 과거의 선전매체와는 전혀 다른 인트라넷망과 SNS의 활용 가능성을 높여주고 있기 때문이다. 북한의 경우에는 미국의 제재로 인한 이유도 있겠지만 경제적 어려움으로 인해 수교중인 외국에 자국의 홍보관을 운영할만한 상황은 안 되기 때문에 해외에 자국의 상황과 장점을 홍보하려는 목적으로 조선의 소리, 민주조선, 우리민족광장, 메아리, 조선중앙통신, 우리민족끼리, 내나라, 통일의 메아리, 금강산 등 다양한 대외 홍보사이트를 운영하고 있다. 최근 들어서는 SNS방식의 인스타그램에 '조선의 오늘dprk_today' 등을 운영하고 있다. 다만 팔로워들이 수백명 수준에 불과하고, 2020년에는 북한에서 운영하던 '조선의 오늘' 페이스북facebook 계정이 국영미디어란 이유로 광고 금지를 당하기도 하였다.[474]

---

474 『중앙일보』, 2020년 6월 6일자

미국과 미국이 주도하는 국제제재가 완화되어 북한이 다른 국가들처럼 자국을 홍보할 수 있는 신문, 잡지, 텔레비전, 라디오, 영화 그리고 다양한 소셜네트워크 등에 대한 다양한 외교홍보 채널들을 활용할수 있는 기회가 열리기 전까지는 북한에서 자국의 목소리를 대외적으로 내기 위한 '꼬마 외교관', '나라의 명함', '종이 보석'이란 애칭으로 불리는 대외적인 홍보목적의 외교채널로써의 우표 활용은 나날이 확대발전 될 것으로 판단된다.

세계의 평화와 번영을 위해서 미국을 위시한 국제사회가 북한을 상대하기 위해서는 이제부터는 새로운 상황변화에 대해 심도 있고 진정성 있는 전략을 가지고 북한을 대해야 할 것이다. 그 답은 정해져 있다고 생각한다. 큰 그림에서 한반도 비핵화와 북한의 다면적, 다층적 제재에 대한 모든 리스트를 협상 테이블에 올려 두고, 한반도 비핵화 프로그램과 남·북·미의 평화협정과 그 실천을 위한 구체적이고 세밀한 협상을 지체없이 시작하는 것이다. 어느 국가든지 국가적 큰 결단을 위해서는 각국에 구성원들인 국민들의 동의가 선결되어야 하므로, 남·북·미 3국간에 나아가, 중국, 일본, 러시아까지 포함하는 6자간에 민간 교류를 통해 함께 망하는 길을 추구할 것이 아니라, 함께 살 수 있는 상생과 번영을 위한 민간교류가 먼저 추진될 수 있기를 제언하고 싶다.

1945년 8월 15일 해방과 동시에 맞게된 국토의 분단상태였던 1946년 3월 15일부터 한국전쟁 직전인 1950년 6월 22일까지 남과 북은 165차례 우편교환을 했던 경험이 있었다. 한국전쟁 이후 멈춰있던 남북 우편물교환에 대해, 1954년 12월에 북한 체신상 박일우가 남한 체신부장관에게 남북우편물 교환을 재개하자는 제안을 했지만 남한 측에서 대응하지 않아 성사되지는 못했다.

핵과 미사일완성으로 핵무력 완성을 선언했을 뿐 아니라 핵무력 정책법령까지 제정한 북한이 선제타격 등에 대한 공포심이 사라졌다는 자신감과 내부적 결속 그리고 대외적 자신감을 보여주기 위해서라도, 남과 북의 우편물교환을 즉각 재개하기를 남과 북의 정책결정자들에게 제언하고자 한다. 천문학적인 비용이 필수적인 보여주기식 남한의 한·미연합군사훈련이나 킬체인 장비 자랑보다, 또한 북한의 핵무기 이동을 담보한다는 장거리 미사일 시험을 통한 대내외적인 과시보다는 전 세계인들에게 평화를 추구하는 모습을 담보하는 우편물교환사업을 쌍방이 동시에 추진 실행되기를 고대한다. 2026년 북한의 새해우표에 동북아시아 평화를 상징하는 도상들이 들어가기를 희망해 본다.

참고문헌

■ 국내 문헌

• 단행본

강응천. 『국호로 보는 분단의 역사』. 경기: 동녘, 2019.

강진웅. 『주체의 나라 북한』. 서울: 오월의 봄, 2018.

강호제. 『과학기술로 북한 읽기1』. 서울: 알피사이언스, 2016.

고경태. 『대한국민 현대사』. 경기: 푸른숲, 2014.

고드윈 츄저. 채백·이범수 역. 『혁명과 커뮤니케이션: 중국 혁명에 대한 새로운 관점』. 서울: 이성과 현실사, 1987.

고유환. 『로동신문을 통해 본 북한 변화』. 서울: 선인, 2013.

권헌익·정병호. 『극장국가 북한』. 경기: 창비, 2020.

권형진. 이종훈. 『대중독재의 영웅 만들기』. 서울: 휴머니스트, 2005.

경남대학교 북한대학원. 『북한 문화, 둘이면서 하나인 문화』. 서울:북한대, 2000.

김갑식. 『한국우표 이야기』. 서울: 우취문화사, 2004

김경일 편. 『북한 학계의 1920~30년대 노농운동 연구』. 서울: 창작과 비평사,1989.

김경호.『북한토지개혁의 특징에 대한 고찰』. 서울: 한국토지법학회,2005.

김경희·유남영. 『우표만 알고 있는 세계역사와 문화 엿보기』. 경기: 글고은, 2012.

김계동 외 11인. 『북한의 체제와 정책』. 서울: 명인문화사, 2015.

김기철. 『냉전 이후』. 경기: 서해문집, 2016.

김병로. 『북한, 조선으로 다시 읽다』. 서울: 서울대학교출판문화원, 2016.

김상수. 『북한을 새롭게 알면 통일이 보인다』. 서울: 두란노, 2019.

김성보. 『북한의 역사 1』. 경기: 역사비평사, 2017.

김성보·기광서·이신철. 『사진과 그림으로 보는 북한 현대사』.서울: 웅진지식하우스, 2017.

김연철.『새로 읽는 남북관계사 70년의 대화』. 경기: 창비, 2018.

김영미.『세계는 왜 싸우는가』. 경기: 김영사, 2019.

김영범.『집합기억의 사회사적 지평과 동학』. 한국정신문화연구원, 1998.

김용현 책임편집,『김정은시대 정체체제 변화: 사회주의 정성국가화 노력, 동국대학교 북한학연구총서 11』,동국대학교 출판부, 2022.

김재은·설은영.『우리역사가 담긴 8가지 우표이야기』. 경기: 작가정신, 2011.

나이토 요스케.『우표, 역사를 부치다』. 서울: 정은문고, 2012.

나이토 요스케.『우표로 그려낸 한국현대사』. 경기: 한울아카데미, 2012.

남조선현대사연구소.『북에서 본 남조선 력사』. 경기: 백년동안, 2014.

내외경제사.『북한실상 종합자료집』. 서울: 내외통신사 북한문제연구소, 1996.

내외통신사.『북한용어 300선집』. 서울: 내외통신사, 1993.

노성호·구정화·김상원.『사회과학 연구방법론』. 서울: 박영사, 2020.

다니엘 튜더, 제임스 피어슨.『조선자본주의 공화국』. 서울: 비아북, 2017.

데이비드 웰시.『독일 제3제국의 선전정책』. 서울: 혜안, 2001..

데이비드 웰시.『프로파간다 파워』. 서울: 공존, 2012.

돌베게 편집부.『북한 '조선로동당'대회 주요 문헌집』. 서울: 돌베게, 1988.

레이첼 매도.『전쟁 국가의 탄생』. 서울: 갈라파고스, 2019.

로날드 잉글하트 저, 정성호 역.『조용한 혁명』.서울:종로서적, 1983.

뤼디거 프랑크.『북한 전체주의 국가의 내부관점 』. 서울: 한겨레출판, 2020.

류종훈.『누가 북한을 움직이는가』. 경기: 가나출판사, 2018.

리봉우 외3.『북한 출판 실태와 현황』. 경기: 범우사, 2021.

리하르트.『독일통일에 관하여 잘못 알고 있는 것들』. 서울: 법무부, 2014.

메레이 에델만. 이성현 옮김.『상징의 정치시대』. 서울: 고려원, 1996.

막스 베버, 이상률 옮김.『카리스마적 지배』. 서울: 문예출판사, 2020.

문범강.『평양미술 조선화 너는 누군가』. 서울: 셀렉션, 2018.

미셜 푸코.『감시와 처벌』. 경기: ㈜나남, 1994.

미하엘 쿤치크 지음, 윤종속·권혁준 옮김.『국가 이미지 전쟁』. 서울: 커뮤니케이션북스, 2008.

박한식. 『선을 넘어 생각한다』. 서울: 부키, 2018.

백낙청. 『평화의 시대를 공부하다』. 경기: 창비, 2016.

박상철. 『정치놈, 정치님』. 서울: 솔과학, 2020.

백정현. 『통일코리아 가는 길』. 경기: 도서출판 새터, 2016.

부르디외. 『사회학의 이해 문화와 권력』. 서울: 나남출판, 1998.

부르디외. 『언어와 상징정치』. 경기: ㈜나남, 2014.

부르디외. 『한국사회 이론과 현실의 비교정치학』. 경기: 살림, 2004.

북대북한연구회. 『김정은시대 북한을 보는 10가지 시각』. 경기: 역사인, 2019. 한울아카데미, 2008.

브루스 커밍스. 『한국 현대사』. 서울: 창비, 2018.

브루스 커밍스. 『한국전쟁』. 서울: 현실문화, 2018.

빌헴름 라이히. 『파시즘의 대중 심리』. 서울: 그린비, 2014.

4.27시대 연구원. 『북바로알기 100문 100답』. 서울: 사람과 사상, 2019.

생보사. 『북한 우표해설집 1946-1992』. 서울: 생보사. 2000.

서동만. 『북조선 연구』. 경기: 창비, 2010.

서보혁·정욱식. 『평화학과 평화운동』. 서울: 도서출판 모시는 사람들, 2016.

서중석. 『사진과 그림으로 보는 한국 현대사』. 경기: 웅진싱크빅, 2018.

서중석. 『현대사 이야기 : 전 국가의 병영화』. 서울: 오월의 봄, 2018.

션즈화. 『 최후의 천조』. 서울: 선인, 2017.

송민순. 『빙하는 움직인다』. 경기: 창비, 2016.

송태현. 『이미지와 상징』. 서울: 라이트하우스, 2005.

신동현. 『NORTH KOREAN STAMP ALBUM 1946-2021』 서울: 신동현우표연구소, 2021.

아자 가트. 『민족-정치적 종족성과 민족주의, 그 오랜 역사와 깊은 뿌리』. 경기: 유당, 2021.

안톤 부젝크 저. 박유봉 역. 『공산주의 언론비판 』. 서울: 형설출판사, 1982.

양문수. 『북한경제의 시장화』, 서울: 한울아카데미, 2010.

여해룡. 『우표 여행』. 서울: 한누리미디어, 2011.

오공단·랄프 해식. 『북한 비정상의 정상국가』. 서울: 도서출판 이조, 2018.

오일환·유호열·이종국·정성장·최대석.『현대북한체제론』. 서울: 을유문화사, 2000.

와다 하루키.『북조선』. 경기: 돌베게, 2009.

와다 하루키.『북한 현대사』. 경기: 창비, 2019.

우문관.『KOREAN POSTAGE STAMP ALBUM 1884-1959』. 서울: 우문관, 1973.

우문관.『한국우표도감 1884-2021』. 서울: 우문관, 2021.

우승지.『남북화해론』. 경기: 인간사랑, 2002.

우정사업본부.『2016년 우편통계집』. 2016.

우철구·박건영.『현대 국제관계이론과 한국』. 서울: 사회평론아카데미, 2016.

원우현.『여론선전전』. 서울: 법문사, 1990.

유영옥.『유교수의 북한교실』. 학문사, 2002.

유영옥.『상징과 기호의 사회과학』. 서울: 홍익재, 2007.

유일상,『선전과 여론설득』, 서울: 도서출판 아침, 2008.

유일상·목철수 편저.『세계선전운동』. 서울: 이웃, 1989.

이건호 지음.『미디어와 정치』. 이화여자대학교 출판문화원, 2021.

이구열.『북한 미술 50년』. 서울: 돌베게, 2001.

이극찬.『정치학』. 법문사. 1987.

이기열.『일화로 보는 우편 130년』. 서울: 한국우편사업진흥원, 2015.

이기우.『북한의 선전선동과 로동신문』. 서울: 패러다임북, 2015.

이덕주.『기독교 사회주의 산책』. 서울: 홍성사, 2011.

이병한.『단번도약, 북한마스터 플랜』. 서울: 라이스메이커, 2021.

이삼열.『평화체제를 향하여』. 서울: 동연, 2019.

이상우. "김일성 체제의 특질",『북한 40년』. 서울: 을유문화사, 1988.

이승현 외 2 지음.『상징과 장치』. 경기: 도서출판 인간사랑, 2013.

이은기.『권력이 묻고 이미지가 답하다』. 파주: 아트북스, 2016.

이재봉.『두 눈으로 보는 북한』. 서울: 평화세상, 2008.

이재봉.『이재봉의 법정증언』. 경기: 들녘, 2016.

이종석.『북한의 역사 2』. 경기: 역사비평사, 2017.

이종석.『조선로동당 연구: 지도사상과 구조 변화를 중심으로』. 서울: 역사비평사, 1995.

이종은 외. 『상징과 정치』. 경기: 인간사랑. 2012.

이주열. 『통계를 이용한 북한경제 이해』, 서울: 한국은행, 2014.

이창현 외 지음. 『상징과 장치』. 경기: 도서출판 인간사랑, 2013.

이항구. 『천리마』 한국학중앙연구원, 1996.

이항동. 『북한의 정치와 발전전략』. 서울: 대영문화사, 1994.

이호규 · 곽정래. 『북한의 사회적 커뮤니케이션 구조와 미디어』. 서울: 한국언론진흥재단, 2011.

임지현·김용우. 『대중 독재』. 서울: 책세상, 2004.

임채욱. 『북한 상징문화의 세계』. 서울: 화산문화, 2002.

자끄 엘륄 지음, 하태환 옮김. 『순수한 신앙과 불온한 선전의 동거 선전』. 대장간, 2012.

장을병. 『정치적 커뮤니케이션론』. 서울: 태양문화사, 1978.

전국역사교사모임. 『살아있는 세계사 교과서』. 서울: 휴머니스트, 2012.

전영선. 『북한의 문학예술 운영체계와 문예이론』. 서울: 도서출판 역락, 2002.

전영선. 『어서와 북한 영화는 처음이지』. 서울: 늘품플러스, 2019.

전영선. 『글과 사진으로 보는 북한의 사회와 문화』. 서울: 경진출판, 2016.

정성장. "북한체제와 스탈린체제의 비교", 『현대북한체제론』. 서울 : 을유문화사, 2000.

정성장. 『현대 북한의 정치·역사·이념·권력체계』. 파주: 한울아카데미, 2011.

정영순 외 3 지음. 『북한의 역사교육』. 한국학중앙연구원출판부, 2020.

제인 포털. 권오열 옮김. 『통제하의 북한 예술』. 경기: 길산, 2005.

조민영. 『북한사회의 새 인식』. 서울: 도서출판 남풍, 1988.

조선 미술과 동맹 편. 『조선 미술사』. 서울: 한마당, 1989.

존 바니콧, 김숙 옮김. 『포스터의 역사』. 서울: 시공사, 2000.

중앙일보 특별취재반. 『조선민주주의 인민공화국』. 서울: 중앙일보사, 1992.

최명해. 『중국·북한 동맹관계』. 서울: 오름, 2009.

최양근. 『한반도형 남북연합과 단계적 연방국가 건설』. 서울: 선인, 2017.

최재영. 『북녘의 교회를 가다』. 서울: 동연, 2019.

카를 카우츠키. 『프롤레타리아 독재』. 경기: 한길사, 2006.

페터 슈나이더, 한윤진 옮김. 『우주를 향한 골드러시』. 서울: 쌤앤파커스, 2021.

토비 클락, 이순령 옮김. 『20세기 정치선전 예술』. 서울: 도서출판 예경, 2000.

통일부 통일연구원. 『북한이해』. 서울: 통일부, 2020.

통일부 통일연구원. 『북한지식사전』. 서울: 통일부, 2016.

통일부 통일연구원. 『통일문제이해』. 서울: 2020.

한국우취연합. 『재미있는 우표교실』. 서울: 한국우취연합, 2016.

한나 아렌트, 『전체주의의 기원 2 』, 경기: 한길사, 2019.

한명섭. 『통일법제 특강』. 경기: 한울아카데미, 2016.

한민주. 『권력의 도상학:식민지 시기 파시즘과 시각 문화』. 서울: 소명출판사. 2013.

황병덕 외 8인. 『사회주의 체제전환 이후 발전상과 한반도통일』. 서울: 늘품플러스, 2011.

황보영조. 『기억의 정치와 역사』. 서울: 역락, 2017.

• 논문 및 연구보고서

강정인·한유동. "이승만대통령의 국가기념일 활용에 관한 연구; '반공'국민을 만드는 국민의식," 『현대정치연구』, 7권 1호, 2014.

강진웅. "문화적 전환 이후의 국가론: 실재와 상상의 앙상블로서의 국가" (한국사회학 제48집 제1호, 2014).

강진웅. "북한의 국가 권력에 대한 미시적 접근 호전적 민족주의와 주민들의 삶" 한국사회학 44집 2호, 2010.

국정홍보처 정책브리핑. "북한의 학위제도"2000년 2월 22일

권오현. "역사적 인물의 영웅화와 기념의 문화정치," 고려대학교 대학원 박사논문, 2009.

권혜진. "노동신문을 통해 본 북한의 선전구호 분석". 이화여자대학교 대학원 석사학위논문, 2007.

김민환. "한국의 국가기념일 성립에 관한 연구," 『한국학보』, 26권 2호, 2000.

김병로. "주체사상과 기독교의 종교양식 비교". 서울: 통일연구원, 2000.

김 석. "사회주의국가의 우표디자인," 『계원논총』, 제1권 1호. 1996.

김수연. "북한의 간부양성체계 연구", 경기대정치전문대학원, 박사논문, 2018.

김순아. "우표를 통해 본 박정희 정권의 일단면". 서울시립대 대학원, 석사학위논문,2011.

김은정·안미경. “해방 공간과 세 개의 깃발: 적기, 태극기, 인공기의 상징성을 중심으로,” 『국제인문학연구』, 11권, 2013.

김정. “해방 이후 반공이데올로기의 형성 과정,” 『역사연구』, 7권. 2000.

김진수. “작은 사각 프라임 속 우표가 들려주는 스토리텔링,” 『우표』, 633호, 2018.

김태옥. “우표와 이데올로기: 스탈린 시대 발행된 우표를 중심으로,” 『동북아문화연구』, 37호, 2013

김판수. “국가에 의한 상징에서 국민을 위한 상징으로: 한국 신권 화폐 도안 선정을 둘러싼 정치적 갈등을 중심으로,” 『한국사회학회 사회학대회논문집』, 2007.

김혜수. “해방 후 통일국가수립운동과 국가상징의 제정과정: 국호, 국기, 국가, 국경일 제정을 중심으로,” 『국사관논총』, 75호, 1995.

김화중. “북한의 선전선동 체제와 김정은 정권 선전선동 특징에 대한 연구”. 상명대학 교대학원 석사학위논문, 2018.

나국희. “대한민국 정부 통합 상징체제 구축에 관한 연구: 국내외 정부 상징체계 사례를 중심으로,” 중앙대학교 대학원 석사논문, 2014.

라훈일, “김정은 후계체제 구축과정과 선전선동”. 북한대학원 대학교 석사학위논문, 2012.

류현국. “북한 정치선전 포스터 디자인의 역사적 변천으로 형성된 북한스타일1945-2019: 시대구분으로 본 북한 선전화의 창작과 그 특징”, 한국디자인학회, 2019.

목수현. “한국 근대 전환기 국가 시각 상징물,” 서울대학교 대학원 박사학위논문, 2005.

문철수. “정부 PR 요소가 내재된 ‘이명박 정부’ 정책의 정치적 상징성 연구: 국내 주요 신문 사설 분석을 중심으로,” 『정치커뮤니케이션 연구』, 15호, 2009.

박상철. “북한체제 유지 및 작동규범 연구”, 『안보학술논집제27집』, 2016.

박상철외 4인. 『북한학 강해』,

박성열 외2. “ 북한의 상징정치: 김정은 시대 삼지연 중심으로”, 『통일정책연구』 제31권 1호, 2022.

박찬모. “북한의 ICT 현황과 남북한 협력방안”, 2020.

송태훈. “북한 커뮤니케이션 네트워크의 이중구조와 북한정권의 커뮤니케이션 전략”, 『통일문제연구』, 통권 제59호, 2013.

신수경, “해방직후 북한의 국가 상징물 제정 과정과 매체 활용 양상: 국가와 국장을 중심으로”,『미술사학보』, 2021.

안재영. “우표로 본 북한 사회주의 건설노선 연구”, 북한대학원 대학교 석사학위논문, 2018.

양무진. “선전선동 사례연구”,『현대북한연구』, 14권 3호, 2011.

양문수. “북한의 경제발전전략 70년의 회고와 향후 전망”, 서울: 북한대학원대학교 통일정책연구 제24권, 2015.

유영옥. “공공정책에 있어 정치적 상징의 이용,”『한국정치학회보 25권 1호』, 1991.

유영옥. “ 남 · 북한 보훈정책의 상징성 비교”,『대한정치학학보 13집 1호』, 2005,

육영수. “이미지와 슬로건으로 읽는 북한의 정치문화: 포스터 분석을 중심으로”,『역사와 경계』, 44권 1호, 2013.

윤지윤. “북한 핵 선전선동연구”, 고려대학교 대학원, 박사논문, 2020.

이경직. “김일성·김정일 ‘수령형상’ 과정에서 선전선동의 역할”, 북한대학원 대학교, 박사학위논문, 2014.

이기석. “시대변화에 따른 우표의 기능과 역할에 대한 연구”, 홍익대학교 대학원, 석사학위논문, 2003.

이기우. “북한통지기제로서 선전선동과『로동신문』의 역할”, 경기대학교 정치전문대학원, 2014.

이성희. “북한의 의무교육체제와 정치교육 부문 연구”, 경기대정치전문대학원, 박사논문, 2018.

이승현. “김일성·김정일의 상징정치: 구호와 상징조형물을 중심으로”,『한국과 국제사회』, 제28권 제2호, 2012.

이정호.“북한 경제중심의 국방공업 연구”, 경기대학교 정치전문대학원 박사학위논문, 2020.

이준일. “정부홍보의 이론과 실제,”『세계의 공보정책』, 한국언론연구원. 1993.

이지순 외 3 지음. “국가상징의 문화적 형상과 북한의 브랜드 전략”,

이지순. “우리 국가제일주의의 문화예술적 표상과 시사점,”『KINU Insight』, No. 4. 통일연구원, 2021.

이우영. "북한사회의 상징체계 연구 : 혁명구호의 변화를 중심으로", 서울: 통일연구원,

이종문. "상징과 정치적 권위", 『정치사상연구』, 제7집 1호봄, 2011.2002.

이창현. "국가상징과 뉴스 미디어의 현실구성," 『상징과 정치』, 인간사랑, 2012.

이혜숙. "우표로 본 한국사회와 상징정치", 『사회와 역사』, 제120집.

이화진. "극장국가로서 제1공화국과 기념의 균열," 『한국근대문학연구』 15호. 2007.

정근식. "기억의 문화, 기념물과 역사교육," 『역사교육』, 97호, 2006.

정병걸·성지은, 2005. "과학기술과 상징정치: 참여정부의 과학기술 정책을 중심으로," 『한국정책과학학회보』, 9권 1호, 2005.

정병호. 『통일문제연구』, 통권 제54호, 2005.

정욱이. "북한의 대내적 선전선동 연구", 경남대학교 북한대학원 석사학위논문, 2007.

제성호. "국가상징에 관한 법률 제정의 타당서," 『법조』, 58권 5호, 2009.

조금주. "우표로 보는 북한사회 변화". 동국대학교 대학원 석사학위논문, 2020.

조은정. "우상화에 동원된 대통령 이승만의 기념조형물", 『내일을 여는 역사』, 38호, 2010.

조은희. "남북한 정통성 만들기 역사와 비교," 『평화와 통일』, 1권 1호, 2009.

조은희. "북한 혁명전통의 상징화 연구", 이화여자대학교 대학원 박사학위논문, 2006.

차재훈. "독도문제에 대한 현실주의 및 구성주의적 이해", 『평화학연구』, 제13권 4호2012

천정환. "해방기 거리의 정치와 표상의 생산", 『상허학보』, 26호, 2009.

최민호. "북한 우표의 표현형식과 기법에 대한 연구", 성균관대학교 대학원 석사학위논문, 2011.

최영희. "북한의 신민국가 형성, 1967-1980: 주체Subject를 형성하는 정치와 문학", 북한대학원 대학교 박사학위논문, 2019.

최우정. "정치적 변화에 따른 북한의 정치 선전화", 이화여자대학교 대학원 석사학위논문, 2003.

최진환. "IOC의 조선민주주의인민공화국 올림픽위원회 승인에 관한 연구", 북한대학원 대학교 박사학위논문, 2020.

하상복. "이명박 정부와 '8.15' 기념일의 해석:보수의 위기의식과 담론정치", 『현대정치연구』, 5권 2호, 2012.

황동하. "국가상장과 현대 러시아의 국가정체성." 『러시아연구』, 제16권 제2호, 2006.

■ 북한문헌

국립공업기술서적출판사. 『우편 통신』. 평양: 평양도서인쇄공장, 1959.

김일성. 『김일성저작집 3권』, 평양: 조선로동당출판사, 1979.

김일성. 『김일성 저작집 28』, 평양: 조선로동당출판사, 1984,

김일성. 『세기와 더불어』, 7권, 조선로동당출판사, 1996.

김성남. 『조선예술』, 평양: 문예출판사, 1999 제1호, 루계 505호.

김성남. 『천리마』, 평양: 문예출판사, 1998.

김용길, "교육사업에서 실리주의를 구현하는데서 나서는 중요한 문제," 평양: 교육신문사, 2013.

김창호. 『조선교육사』, 평양: 사회과학출판사, 1993.

김철만. 『해방된 조선의 우편기관창설과 우표발행에 대하여』, 평양: 사회과학출판사, 2019.

박민옥. 『조선예술』, 평양: 문예출판사, 1989 제6호, 루계 390.

백재욱. 『천리마 운동은 사회주의 건설에서의 우리 당의 총로선』, 조선로동당출판사, 1965.

사회과학원 문학연구소. 『북한의 문예이론』. 서울: 도서출판 인동, 1989.

사회과학원 주체문학연구소.『문학예술사전 상, 중, 하』, 평양: 과학백과사전종합출판사, 1993.

사회과학원. 『대중정치용어사전』, 평양: 조선로동당 출판사, 1964.

사회과학원. 『정치용어사전』, 평양: 사회과학출판사, 1970.

조선로동당출판사. 『대중 정치 용어 사전』, 평양: 조선로동당 출판사, 1964.

조선말대사전. 『조선말대사전 1권-2권』, 평양: 사회과학출판사, 1992

조선민주녀성동맹중앙위원회 편.『강반석녀사를 따라 배우자』,평양:조선신보사, 1967.

조선민주주의인민공화국. "조선민주주의인민공화국 주요경제지대들", 외국문출판사, 2018.

조선민주주의인민공화국, "과학기술로 발전하는 조선", 외국문출판사, 2019.

조선우표사.『KOREAN STAMP CATALOGUE 1946-2002』, 평양:조선우표사, 2002.

체신성 우표사. 『조선 우표 목록』, 평양: 로동신문 출판 인쇄소, 1961

조선우표사. 『KOREAN STAMP YEARBOOK 2019』, 평양: 조선우표사, 2019.

허성길. 『천리마』,평양: 천리마출판사, 2011, 제9호, 루계 제628호.

■ 외국문헌

Abraham H. Maslow. 『Motivation and Personality, 2nd edition』, New York : Harper & Row, 1970.

Anderson, Benedict. 윤형숙 역. 『Imaginated Communities: Reflictions on the Origin and Spread of nationalism, Verso』. 서울: 나남출판, 2002.

Andrew Heywood. 『정치 이론』, 서울: 명인문화사, 2018.

Blumer, H.. 『Symbolic Interactionism: perpective and Method』, N. J. Englewood Cliffs, 1969.

Camphell, K. K. 『Philosophy and Rhetorics』, Spring Cook, T. and Scioli, F, 1975.

Cassirer, E.. 『An Essay on Man』, New haven: Yale University Press, 1944.

Clifford Geertz. 문옥표 옮김, 『The Interpretation of Culture』, 서울: 까치, 1998.

Cohen, A. "An Essay on the Anthropology of Power and Symbolism in Complex", Society, berkely: UCLA Press, 1976.

David Bell. 『Power, Influence and Authority』. New York: Oxford University Press, 1975.

David Heater and Koen De Ceuster. 『 North Korean Posters: the David Heater Collection』, Munich: Prestel, 2008.

E. Durkheim, 『Elementary Forms of Religious Life, translated from the French by Joseph Ward Swain』, Glencoe, Free press, 1947.

Edelman, Murray, 『The Symbolic uses of Politics』, Chicago University of Illinois Press, 1974

Edward, Sapir, 『Symbolism in Encyclopedia of the Social Science』, New York: Macmilan, 1934.

Elder, Charles D. and Roger W. Cobb. 『The Political Uses of Symbol』, New York: Longman, Inc. 1983.

Faulstich, Werner, 황대현 역, 『근대초기 매체의 역사』. 서울:지식의 풍경.

Frankle, C. 『Liberalism and Political Symbols』, in L. Bryson et. al., 1954.

Friedrich, Carl & Brezinski, Zbigniew, 『Totalitarian Dictatorship and Autocracy』. Cambridge, Mass: Harvard University Press, 1956.

Gilis, J. R. 1994. 『Memory and Identity』 Princeton University Press.

Goffman, E. "The Presentation of The Self in Everyday Life", 1959.

Gusfield, R., 『Symbolic Crusade, Status Politics』. University of Illinois Press, 1963.

Harold D. Lasswell, Nathan Leities and Associates. eds. 『Language of Politics: Studies in Quantitative Semantics』. New York: George W. Stewart Publisher, Inc. 1949.

Jin Woong Kang, "Understanding the Dynamics of State Power in North Korea: Militant Nationalism and People's Everyday Lives" . University of Minnesota, 2011.

Kapferer, Bruce. 1988. 『Legend of People, Myths of State: Violence, Intolerance, and Political Culture in Sri Lanka and Australia. Smithonian Institution Press.

Langer, S. K. "A Study in the Aymbolism of Reason, Rite, and Art", Harvard University Press, 1942.

Lasswell, H. D., "The Structure and Function of Communication in Society," The Communication of Idea; A series of Address : New York: Harper and Brothers, 1948.

Lasswell, H. D. & Kaplan, 『Power and Society』, Yale University Press, 1950.

Maceon, R. "Symbols, Myths, and Arguments", Learing and Legitimac, 1954.

Margarett Mead, 『Mind, Self and Society』. Chicago: University of Chicago Press, 1934.

Merriam, C. 『Political Power. N. Y. Colier Books, 1934.

Morgan, G. " Image of Organization, Beverly Hill Press, 1986.

Murray Edelman. 『The Symbol Uses of Politics』. Urbana: University of Illinois Press, 1974.

Peirce, C. S. "Collected Paters of Charles Sander Peirce, Vol.1~6, Harvard University Press, 1935.

Pierre Lavroff, 박호진 엮음, 『문화· 계급· 선전』, 서울: 백산서원, 1996

Pfeffer, J. "Management as Symbolic Action", A. J. Press, 1981.

Sapir, e., "Symbolism" in Encyclopedia of Social Science. Vol.14, New York Macmillian, 1934.

Whitehead, A. N., "It's meaning and Effect", Cambridge University Press, 1928.

Wilson, B. N. " The Role of Symbols in Forming the Public of the War on Poverty", University of Minnesota, 1979.

■ 인터넷

www.stampworld.com

김일성종합대학 홈페이지: www.rongnamsan.edu.kp.

로동신문: www.rodong.rep.kp.

만국우편연합: www.upu.int

신동현 우표 블로그 www.blog.naver.com/nkstamp.

우체국 https://stamp.epost.go.kr/

우표박사 오평호 블로그 www.blog.naver.com/5koreapax.

자주시보 www.jajusibo.com

조선민주주의인민공화국 『내나라』 www.naenara.com.kp.

조선우표사 www.korstamp.com.kp.

한국민족문화대백과사전우표(郵票: http://encykorea.aks.ac.kr/

그림 목차

※ 북한 우표들의 출처: 조선우표사, www.korstamp.com.kp

표 목차

북한 우표와 국가 상징성

초판 1쇄 인쇄 2025년 12월 08일
초판 1쇄 발행 2025년 12월 15일

지 은 이　안재영

발 행 인　한정희
발 행 처　경인문화사
편　　집　양은경 김지선 한주연 김한별 정효민
마 케 팅　하재일 유인순
출판번호　제406-1973-000003호
주　　소　경기도 파주시 회동길 445-1 경인빌딩 B동 4층
전　　화　031-955-9300　팩스 031-955-9310
홈페이지　www.kyunginp.co.kr
이 메 일　kyungin@kyunginp.co.kr

ISBN 978-89-499-6903-9 93300
값 36,000원